novas buscas em psicoterapia

VOL. 44

CB027784

Dados Internacionais de Catalogação na Publicação (CIP)
(Câmara Brasileira do Livro, SP, Brasil)

Haley, Jay.
 Terapia não-convencional: as técnicas psiquiátricas de Milton H. Erickson / Jay Haley [tradução: Norma Telles]. - São Paulo: Summus, 1991. (Novas buscas em psicoterapia; v. 44)

ISBN 978-85-323-0075-1

1. Hipnotismo - Uso terapêutico 2. Psicoterapia de família
3. Erickson, Milton H. I. Título. II. Série.

	CDD-615.8512
91-0452	-616.89156

Índices para catálogo sistemático:
1. Família : Técnicas da psicoterapia   616.89156
2. Hipnotismo : Uso terapêutico : Medicina 615.812
3. Psicoterapia de família   616.89156

www.summus.com.br

Compre em lugar de fotocopiar.
Cada real que você dá por um livro recompensa seus autores
e os convida a produzir mais sobre o tema;
incentiva seus editores a encomendar, traduzir e publicar
outras obras sobre o assunto;
e paga aos livreiros por estocar e levar até você livros
para a sua informação e o seu entretenimento.
Cada real que você dá pela fotocópia não autorizada de um livro
financia o crime
e ajuda a matar a produção intelectual de seu país.

Terapia não-convencional

As Técnicas Psiquiátricas de Milton H. Erickson

Jay Haley

summus
editorial

Do original em língua inglesa
UNCOMMON THERAPY
Copyright© 1986 by Jay Haley
Direitos desta tradução adquiridos por Summus Editorial

Tradução: **Norma Telles**
Capa: **Ruth Klotzel**

Summus Editorial

Departamento editorial
Rua Itapicuru, 613 – 7º andar
05006-000 – São Paulo – SP
Fone: (11) 3872-3322
http://www.summus.com.br
e-mail: summus@summus.com.br
Atendimento ao consumidor

Summus Editorial
Fone: (11) 3865-9890

Vendas por atacado
Fone: (11) 3873-8638
e-mail: vendas@summus.com.br

Impresso no Brasil

NOVAS BUSCAS EM PSICOTERAPIA

Esta coleção tem como intuito colocar ao alcance do público interessado as novas formas de psicoterapia que vêm se desenvolvendo mais recentemente em outros continentes.

Tais desenvolvimentos têm suas origens, por um lado, na grande fertilidade que caracteriza o trabalho no campo da psicoterapia nas últimas décadas, e, por outro, na ampliação das solicitações a que está sujeito o psicólogo, por parte dos clientes que o procuram.

É cada vez maior o número de pessoas interessadas em ampliar suas possibilidades de experiência, em desenvolver novos sentidos para suas vidas, em aumentar sua capacidade de contato consigo mesmas, com os outros e com os acontecimentos.

Estas novas solicitações, ao lado das frustrações impostas pelas limitações do trabalho clínico tradicional, inspiram a busca de novas formas de atuar junto ao cliente.

Embora seja dedicada às novas gerações de psicólogos e psiquiatras em formação, e represente enriquecimento e atualização para os profissionais filiados a outras orientações em psicoterapia, esta coleção vem suprir o interesse crescente do público em geral pelas contribuições que este ramo da Psicologia tem a oferecer à vida do homem atual.

PARA
SRA. ELIZABETH ERICKSON

SUMÁRIO

PREFÁCIO À EDIÇÃO BRASILEIRA 9

PREFÁCIO 12

I. TERAPIA ESTRATÉGICA 19

II. O CICLO DE VIDA FAMILIAR 42

III. O PERÍODO DO NAMORO: MODIFICANDO O
JOVEM ADULTO 64

IV. REVISÃO DE CARÁTER DO JOVEM ADULTO ... 107

V. O CASAMENTO E SUAS CONSEQÜÊNCIAS 143

VI. O NASCIMENTO DOS FILHOS E O CUIDADO
DA PROLE 175

VII. O CASAMENTO E OS DILEMAS DA FAMÍLIA 212

VIII. DESEMBARAÇANDO PAIS E FILHOS 251

IX. A DOR DE ENVELHECER 281

PREFÁCIO À
EDIÇÃO BRASILEIRA

As psicoterapias (a exemplo do que acontece em todo o mundo) vêm, nos últimos anos, se desenvolvendo muito e, paradoxalmente, quanto mais chegam "coisas novas", mais elas se parecem com a sabedoria oriental, velha e viva!

Desde o enunciado de Breuer: "Percebo que quando as pessoas falam daquilo que as aflige elas costumam melhorar", as psicoterapias têm percorrido um caminho sinuoso, passando por várias premissas (todas, claro, influenciadas pelo paradigma e pela situação sócio-política da época e pelo "humor" do universo). Os paradigmas (formas de uma ou mais pessoas conceberem a vida) têm mudado, e estes "câmbios" estão intimamente ligados às descobertas da física. Os enunciados recentes da física quântica têm desestabilizado velhos conceitos, jeitos de ver, pensar e conceber as coisas. As dicotomias têm sido descartadas (começando pelas idéias de Descartes), já a crença de que tudo está interligado, de que tudo é parte de um sistema (a "unidade" dos orientais) está promovendo a proliferação dos circuitos holísticos/sistêmicos ao redor do planeta. Geralmente, quando concebemos algo na vida, como idéias e juízos a respeito de nós mesmos, do mundo, de pessoas e de situações, estamos circuitando cerebralmente no mesmo caminho de outros: pais, professores, propaganda de TV, religião, sistema político, currículo escolar etc... Esta programação paradigmática (muito aprendida; escassa de real experiência) reduz o contexto, e "setores cerebrais" permanecem pouco ou nada ativados. Soluções novas, possibilidades ficam interditadas, e a criação, no mais amplo sentido da palavra, comprometida. As "novas" terapias objetivam ativar outras áreas cerebrais, ampliar contextos, possibilitar a percepção dos próprios paradigmas e mudá-los, de acordo com seu caminho na vida e, principalmente, conectar-se com a saúde e a possibilidade. Ou seja, o terapeuta não é "catador de lixo", o profissional das psicoterapias não é apontador *só* da doença. Aliás, se ele não "conhecer" a real possibilidade-saúde, como irá se posicionar no tempo? O tempo atual traz a unidade, o sistema, a relação, a interação harmônica, e doença é fragmentação, desconexão. E como partir de premissas cindidas em trabalhos de resgate da saúde?

O terapeuta que não está centrado na saúde não estará, também, instrumentalizado para promover com eficácia seu trabalho, já que essa exigência vem da demanda, de nós, seres humanos, habitantes de um planeta em final de século. E eu penso que cada um sabe o que acarreta viver este tempo.

A primeira vez que li Milton Erickson, minha reação foi: como eu queria tê-lo conhecido pessoalmente, como eu queria ter degustado sua sabedoria e me beneficiado dela! Achei que estes sentimentos fossem só meus. Ledo engano! Essa mesma admiração era compartilhada por meus alunos do Curso de Formação em Terapias Contemporâneas, amigos e terapeutas conhecidos.

Ao se tomar contato com Milton Erickson, tem-se a impressão de um terapeuta que utiliza e usufrui do seu potencial de forma intensa. A sensação é de uma aula de criatividade, de habilidade e de estratégias para lidar com os impedimentos psíquicos, ativando novas possibilidades.

Foi a primeira vez que me deparei com um terapeuta que tinha uma profunda e precisa percepção do outro (jogos, mecanismos, premissas equivocadas, cultura, habilidades, essência, conexão com o negativo, saúde) e transformava (numa alquimia brilhante) esta percepção em estratégia de mudança, como se captasse o que a própria essência (saúde!) do cliente faria por si mesma, se os condicionamentos lhe dessem espaço.

O que Milton Erickson possuía, para atrair clientes e terapeutas-aprendizes de todas as partes dos EUA e do mundo? Perspicácia! Que vem de presença, espirituosidade, alerta, vivacidade, qualidades básicas de quem está realmente vivo e, no caso dele, paradoxalmente vivo: ele teve poliomielite, estava numa cadeira de rodas, com seu estado agravado por outras seqüelas.

Ele usava contos e anedotas que, muitas vezes, vistos pelos olhos do hemisfério cerebral esquerdo, não faziam nenhum sentido, mas provocavam mudanças substanciais nas pessoas.

Neste seu costume de narrar anedotas e contos, Erickson seguia, desde muito cedo, uma antiga tradição — a de contar estórias para transmitir sabedoria. Leitor de Gurdjieff e de contos da tradição sufi, parece que foi desta antiga escola de desenvolvimento que retirou o ensinamento:

"Nossos condicionamentos não nos deixam enxergar além do limite do que é óbvio, visível, palpável. E muito menos nos permitem perceber que a conduta dos personagens de um conto (homens, mulheres, crianças, animais) ou situações (horários, lugares e movimentos) simbolizam certa área da mente, ou a forma como às vezes a consciência humana se comporta''.

Feliz por prefaciar este trabalho árduo de Jay Haley, que o compilou durante dezessete anos, e entusiasmado com a repercussão que a postura não convencional de Milton Erickson possa provocar nos leitores, nas psicoterapias, apresento-lhes esta edição brasileira.

''Se você atende uma pessoa que o procura pela ótica da doença, insanidades e mazelas irão aparecer por todos os lados. Mas se sua referência é a saúde e o equilíbrio, certamente você 'puxará' isto do cliente; daí, o crescer é uma questão de disciplina, técnicas efetivas, humor e uma profunda fé na essência do ser humano.''

HÉRCOLES JACI
Psicólogo clínico

PREFÁCIO

No epílogo para a publicação original deste livro, escrevi:

"O próprio Milton H. Erickson está chegando a seu capítulo final. Muito doente e confinado a uma cadeira de rodas, só ocasionalmente recebe um paciente. Durante os últimos anos, sua abordagem dos problemas humanos tem uma simplicidade e uma eficiência que nos recordam o trabalho tardio de muitos artistas. Picasso adquiriu mais simplicidade em seus desenhos, Borges voltou-se para uma maneira mais elementar de contar histórias e Erickson conquistou uma economia no estilo terapêutico, talvez compensatória de sua crescente fraqueza física, que se assemelha aos golpes de um cortador de diamantes. Parece que apreende os fundamentos da situação humana com notável rapidez, e suas intervenções terapêuticas são simples e precisas, sem desperdício de energia. Com a idade, sua sabedoria cresceu, no exato momento em que perdia sua força pessoal para colocá-la em ação, talvez uma das inevitáveis ironias da vida".

Desde a morte de Erickson, em 1980, sua abordagem estratégica à terapia cresceu em popularidade e é estudada e ensinada em todos os lugares. De figura controversa no campo da terapia, ele se tornou uma figura universalmente admirada. Todo mês aparece um livro sobre ele, e muitas pessoas estão oferecendo *workshops* sobre a terapia ericksoniana. Ele está assumindo a estatura de uma figura de culto, e centenas de admiradores comparecem a reuniões da fundação formada em sua honra.

Penso que Erickson teria prazer em constatar que seus anos de trabalho diligente para inovar as maneiras de influenciar pessoas resultaram em tal número de seguidores. Como era um homem prático, teria ficado menos lisonjeado com o culto que se construiu ao seu redor. No entanto, ele mesmo gostava de criar uma aura de mistério ao redor de seu modo de trabalhar. Certa vez, cogitei de intitular seu livro "Feitiçaria e senso comum", pois esses dois aspectos faziam parte de sua vida.

Em janeiro de 1953 foi-me dada uma rara oportunidade: fui empregado por Gregory Bateson em seu projeto de pesquisa de estudo da comunicação. John Weakland também juntou-se a nós naquela época, e Bateson nos deu plena liberdade para investigar o que quiséssemos, desde que lidássemos de algum modo com os paradoxos que surgem no processo comunicativo. Naquele ano, Milton H. Erickson passou pelo lugar oferecendo um dos seus seminários de fim de semana sobre hipnose. Eu disse a Bateson que gostaria de assistir, e ele arranjou para que isto se desse. Ele conhecera o dr. Erickson durante um período anterior de sua vida, quando, com Margaret Mead, o consultara sobre os filmes de transe que ambos haviam feito em Bali.

Depois desse seminário, minha investigação incluiu os aspectos comunicativos da relação hipnótica. John Weakland juntou-se a mim neste empreendimento, e começamos a fazer visitas regulares a Phoenix, onde o dr. Erickson mantinha uma clínica particular. Ficávamos horas conversando com ele sobre a natureza da hipnose e observando-o trabalhar com pacientes. Viajando várias vezes por mês por todo o país, para ensinar e dar consultas, ele também administrava uma movimentada clínica particular. A despeito de seus dois ataques de pólio e da necessidade de andar desajeitadamente com muletas, ele era vigoroso e gozava de boa saúde. Seu consultório funcionava em sua casa, num pequeno cômodo ao lado da sala de jantar, e a sala de estar era sua sala de espera. Durante os anos 50, vários de seus oito filhos eram ainda pequenos e ficavam em casa, de modo que seus pacientes se misturavam à família. Era uma modesta casa de tijolos numa rua tranqüila e, com freqüência, eu ficava cogitando no que deveriam pensar os pacientes, de várias partes do país, que provavelmente esperavam que um psiquiatra proeminente tivesse um consultório mais pretensioso.

Depois de termos estudado a hipnose do dr. Erickson durante algum tempo, nosso interesse voltou-se para seu estilo de terapia. Em meados da década de 50, comecei minha prática psicoterapêutica, especializando-me em tratamentos breves. Minha tarefa era fazer com que a pessoa superasse seu problema tão rapidamente quanto possível, em geral utilizando a hipnose. Logo me dei conta de que só hipnotizar as pessoas não as curava; de que precisava fazer alguma coisa para que mudanças ocorressem. Procurei um consultor de métodos de tratamentos breves e, naqueles dias de psicoterapia de discernimento a longo prazo, não havia ninguém acessível. Don D. Jackson, que supervisionara a terapia que conduzíamos com esquizofrênicos em nosso projeto de pesquisa, poderia ter sido útil, mas sua experiência com terapia breve era limitada. Quando procurava ao meu redor alguém que pudesse me aconselhar, descobri que a única pessoa que conhecia com experiência especial em terapia breve era o dr. Erickson. Através de nossas conversas sobre hipnose, sabia que tinha um estilo especial de terapia que algumas vezes envolvia a hipnose e outras não. Comecei a visitá-lo para discutir problemas relativos aos casos que estava tratando. Logo se tornou óbvio para mim que ele possuía um estilo original de terapia que nunca fora adequadamente apresentado à área. Tentei descrever sua abordagem num artigo sobre terapia breve, que posteriormente foi incorporado como capítulo a *Strategies of psychotherapy* (Estratégias de psicoterapia).* Com o decorrer dos anos, várias vezes ocorreu-me a idéia de apresentar sua abordagem de modo mais amplo em forma de livro. Hesitava devido ao enorme trabalho da tarefa, e também porque não tinha uma moldura teórica apropriada que me permitisse refletir a respeito do assunto e apresentar seus métodos de terapia. Nosso projeto de pesquisa, naquela época, era investigar uma variedade de formas de terapia, e estávamos gravando e filmando diversos profissionais. Ainda assim, o dr. Erickson se destacava como uma escola única, e as premissas comuns da psiquiatria e da psicologia não eram adequadas para descrevê-lo.

Durante este período ocorreu uma revolução no campo da terapia com a introdução da idéia de orientação familiar. O que uma vez fora denominado sintoma, ou problema individual, começou a ser redefinido como produto de relações pessoais. À medida que explorávamos o desenvolvimento do novo campo da terapia familiar em nossa pesquisa, e à medida que comecei a tratar casais e famílias, percebi que a abordagem do dr. Erickson era especialmente reveladora. Começou a parecer possível colocar sua terapia dentro do arcabouço da teoria da família. A orientação familiar estava implícita em seu trabalho, e conversar com ele e examinar seus casos me ajudou a encontrar uma nova visão da família como centro dos dilemas humanos. Quando comecei a considerar os problemas humanos como inevitáveis devido à maneira como a família se desenvolve no tempo, percebi que a terapia do dr. Erickson se baseava amplamente nessa mesma concepção. Havia encontrado o referencial para descrever seu trabalho.

O leitor de alguns desses casos extraordinários que não conhece o dr. Erickson e que deseje saber mais sobre ele encontrará em

---

* Jay Haley, *Strategies of psychotherapy* (Estratégias de psicoterapia), Nova York, Grune & Stratton, 1963.

*Advanced techiniques of hypnosis and therapy,** que reúne toda a obra do dr. Erickson, uma introdução com informações biográficas, assim como um apêndice que oferece uma discussão geral de seu trabalho. Para aqueles que desejem aprofundar ainda mais seus interesses, há também nesse livro uma bibliografia completa do que escreveu.

Mas algumas palavras sobre a formação profissional do dr. Erickson podem ser úteis. Ele cursou a Universidade de Wiscosin e recebeu seu diploma médico no Colorado General Hospital, onde simultaneamente diplomou-se como mestre em psicologia. Após completar treinamento especial no Colorado Psychopathic Hospital, começou como psiquiatra no Rhode Island State Hospital. Em 1930, juntou-se à equipe do Worcester (Massachussetts) State Hospital e se tornou psiquiatra-chefe do Serviço de Pesquisa. Quatro anos mais tarde, foi para Eloise, Michigan, como diretor de pesquisa e treinamento psiquiátrico do Wayne County General Hospital and Infirmary. Era também professor associado de psiquiatria no Wayne State University College of Medicine e professor de pós-graduação. Concomitantemente, foi, durante um breve período, professor de psicologia clínica na Michigan State University, em East Lansing. Em 1948, estabeleceu-se em Phoenix, Arizona, principalmente por causa de sua saúde, e iniciou a clínica particular. Foi membro tanto da American Psychiatric Association quanto da American Psychological Association, assim como da American Psychopathological Association. Além disso, foi membro honorário de numerosas sociedades de hipnose médica na Europa, América Latina e Ásia; presidente fundador da American Society for Clinical Hypnosis, assim como editor da revista profissional dessa sociedade. Depois de 1950, sua vida profissional inclui tanto a movimentada clínica particular de Phoenix quanto viagens constantes para ministrar seminários e palestras através dos Estados Unidos e de muitos países estrangeiros.

Não obstante a colaboração de idéias, o ponto de vista genérico expresso neste trabalho não é necessariamente o do dr. Erickson. É minha própria maneira de descrever a abordagem dele à terapia. Ele leu e aprovou o manuscrito, mas seu ponto de vista terapêutico está expresso naquilo que escreveu. Os relatos de caso que incluí estão em suas palavras; muitos, retirados de seus artigos, foram editados para enfatizar os pontos que eu queria ressaltar. Este trabalho é somente um retrato parcial da terapia de Erickson. Ele escreveu uns cem artigos científicos, e tenho gravadas mais de cem horas de

---

* Jay Haley, ed., *Advanced techiniques of hypnosis and therapy: The selected papers of Milton R. Erickson, M.D.* (Técnicas avançadas de hipnose e terapia: Obra completa de Milton R. Erickson, M.D.), Nova York, Grune & Stratton, 1967.

conversação com ele. Esta seleção de seus casos representa somente parte da grande quantidade de dados sobre seu trabalho. Ele possuía uma ampla gama de técnicas hipnóticas que não foram incluídas aqui, assim como uma variedade de abordagens aos indivíduos e famílias que não foram exploradas.

Este trabalho também não oferece uma revisão crítica do dr. Erickson e de seu trabalho. Não dou ênfase a minhas discordâncias com ele, mas enfatizo o mais claramente que posso suas idéias sobre o que a terapia deveria ser. Quando concordo com ele, cito meus próprios casos, nos quais usei sua abordagem, mas, quando discordo, apresento suas idéias e não as minhas. Alguns leitores podem se irritar com a contínua ênfase que este livro dá aos tratamentos bem-sucedidos. Não é que o dr. Erickson não fracassasse em seus casos ou não tivesse limitações. Ocasionalmente, os fracassos são mencionados para ilustrar uma idéia. Mas este é um livro sobre maneiras bem-sucedidas de resolver os problemas humanos e, por conseguinte, os casos aqui incluídos são aqueles em que sua abordagem funcionou. Temos tido inúmeros livros sobre métodos de psicoterapia que consistentemente falham, embora algumas vezes os autores ressaltem a beleza das teorias e não o parco resultado da terapia.

Comumente, nessa nossa era tecnológica, quando se quer descrever o terapeuta em seu trabalho apresentam-se filmes sobre ele com seus pacientes, ou ao menos gravações, para documentar os envolvimentos intrincados do empreendimento terapêutico. Este livro é mais antiquado. É um histórico de caso baseado amplamente na descrição que o terapeuta faz de seu trabalho. Por isso tem o demérito de ser uma interpretação subjetiva do que acontece na terapia. Múltiplas oportunidades de desvio surgem quando um terapeuta descreve seu próprio trabalho. Mas, não importa que facilidades técnicas estejam disponíveis para uma apresentação dos encontros terapêuticos, penso que sempre haverá lugar para a descrição do trabalho pelo próprio terapeuta. Descrevi terapeutas através da utilização de gravações deles durante o trabalho, usando vídeo e filmes, os comentários feitos pelo terapeuta a respeito das gravações e discussões da teoria com o profissional. O exemplo da situação na qual o terapeuta conta como encarou um problema e o que fez a respeito dele continuará sendo uma maneira valiosa de compreender a abordagem terapêutica. O tipo de livro de estudo de caso oferecido aqui permite uma cobertura resumida de um vasto número de técnicas através das quais se pode enfocar inúmeros problemas humanos. Cada caso é discutido brevemente para ilustrar algumas idéias, mas qualquer um deles, se apresentado de modo mais completo, poderia ser um livro em si mesmo. Devido às simplificações excessivas dessas trocas complexas, este trabalho é realmente um livro de historietas de caso; resumos destinados a apresentar incidentes cruciais em terapia. Em geral, o dr. Erickson descreveu sua abordagem com notável clareza, algumas vezes acrescentando um toque de drama, pois era propenso a enxergar o mundo dessa maneira. Com freqüência, gostava de apresentar o problema que enfrentava como uma questão impossível e, a seguir, revelar a solução. O que fazia em terapia parece tão razoável, quando se consegue apreender seu ponto de vista, que se pode dizer que, se não fizesse as intervenções terapêuticas, outra pessoa as faria. Por mais de dez anos, experimentei seus métodos, o mesmo fizeram muitas outras pessoas, e eles são eficazes. Pode-se adaptar sua abordagem ao nosso próprio estilo. Era uma característica de Erickson se envolver intensamente com a pessoa, e o paciente que recebia sua total atenção experimentava o impacto de sua personalidade. Mesmo assim, outros terapeutas, com personalidades diferentes e menos envolventes, podem usar muitas de suas técnicas.

Relendo esse livro para sua reedição, alegra-me perceber que não me arrependo do que disse e que não faria alterações. As idéias e teorias ainda são básicas, e os casos são eternos: é característico do trabalho de Erickson o fato de sua terapia ser cristalina em cada caso. Ainda me agrada a moldura dos estágios do ciclo de vida da família que criei para descrever o trabalho de Erickson. A idéia é amplamente utilizada hoje, e tem-se como certo que existem estágios da vida familiar que são relevantes para a terapia. Na época que este trabalho foi escrito essa idéia era nova.

Durante os anos 60, quando comecei a escrever este livro, tive a sorte de por quase um ano poder trabalhar nele em período integral. Pensei que seria suficiente. Na verdade, passaram-se cinco longos anos de esforço antes que o trabalho estivesse completo. Precisei escutar e transcrever gravações das conversas com o dr. Erickson que abrangiam um período de mais de dezessete anos e cobriam uma grande variedade de tópicos, que iam da terapia à hipnose, a muitos tipos de experimentações humanas.* Tive também de descrever a abordagem de Erickson de maneira a dar-lhe sentido quando idéias tradicionais a respeito de terapia não eram aplicáveis a seu trabalho. É sempre difícil descrever as idéias e invenções de outra pessoa, pois nunca se pode estar certo de que os fatos estejam corretos e de que as idéias expressas serão aprovadas por ela. Isto é particularmente verdadeiro quando as idéias são novas, ainda obscuras, em processo de formação. O que mais me agradou na recepção que o livro obte-

---

* Uma compilação dessas conversas foi publicada. Jay Haley, *Conversations with Erickson* (Conversações com Erickson), volumes 1, 2 e 3. Washington, D.C., Triangle Press, 1985; distribuído por W.W. Norton, 500 Fifth Avenue, Nova York, N.Y. 10110.

ve foi que Erickson ficou satisfeito com ele como expressão de seu trabalho. Encomendou muitos exemplares e gostava de presenteá-los aos colegas e estudantes.

Devo muitas das idéias sobre o trabalho de Erickson a John Weakland. Partilhamos durante anos um interesse comum pela hipnose e pela terapia. Gregory Bateson contribuiu para esse trabalho não só fornecendo idéias, como também abrigando a pesquisa em seu projeto, muito mais amplo, sobre comunicação. Nos estágios finais do manuscrito, as conversas com Braulio Montalvo foram de imensa ajuda para esclarecer muitas idéias.

Jay Haley, 1986.

I
TERAPIA ESTRATÉGICA

A terapia pode ser chamada de estratégica quando o clínico inicia o que se desenrola durante a terapia e designa uma abordagem particular para cada problema. Quando um terapeuta e uma pessoa com um problema se encontram, a ação que ocorre é determinada pelos dois, mas na terapia estratégica a iniciativa é amplamente tomada pelo terapeuta. Ele precisa identificar problemas solucionáveis, estabelecer objetivos, planejar intervenções para atingir esses objetivos, investigar as respostas que recebe para corrigir sua abordagem, e, por último, examinar o resultado de sua terapia para verificar se foi efetiva. O terapeuta precisa ser realmente sensível e receptivo ao paciente e ao seu campo social, mas a maneira como age é determinada por ele mesmo.

Durante a primeira metade deste século, os clínicos eram treinados para evitar planejar ou iniciar aquilo que aconteceria na terapia e para esperar que o paciente dissesse ou fizesse alguma coisa. Só então o terapeuta podia agir. Sob a influência da psicanálise, da terapia rogeriana e da terapia psicodinâmica em geral, desenvolveu-se a idéia de que a pessoa que não sabe o que fazer e procura ajuda deveria determinar o que ocorre na sessão terapêutica. Esperava-se que o clínico se sentasse passivamente e só interpretasse ou fizesse retornar ao paciente aquilo que este estava dizendo ou fazendo. O terapeuta também só podia oferecer uma abordagem, não importa quão diferentes fossem as pessoas ou os problemas que a ele chegassem. Considerava-se um comportamento "manipulativo" enfocar um problema, estabelecer objetivos, intervir deliberadamente na vida de uma pessoa ou examinar os resultados de tal terapia. Essa abordagem passiva fez com que se perdessem para a profissão clínica muitas das estratégias terapêuticas efetivas que estavam se desenvolvendo antes deste século.

A terapia estratégica não é uma abordagem particular ou uma teoria, mas um nome para os tipos de terapia nos quais o terapeuta assume a responsabilidade de influenciar diretamente as pessoas. Em meados deste século, durante os anos 50, uma variedade de abordagens terapêuticas estratégicas começou a proliferar. Muitos tipos de terapia familiar e as terapias condicionantes se desenvolveram baseadas na premissa de que o terapeuta deveria planejar o que fazer. Durante algum tempo houve controvérsia sobre se era errado o terapeuta agir para ocasionar uma mudança, mas agora parece claro que a terapia efetiva requer esta abordagem, e as discordâncias acabaram.

Embora a terapia tenha passado de passiva para ativa, a continuidade com o passado é mantida pelos procedimentos terapêuticos que utilizam a hipnose. Faz parte da natureza da hipnose o hipnotista iniciar o que vai ocorrer. A influência da hipnose sobre todas as formas de terapia ainda não foi devidamente apreciada. Pode-se argumentar que a maior parte das abordagens terapêuticas têm sua origem naquela arte. As terapias condicionantes, com seus diferentes nomes, vêm de Thorndike, através de Skinner, mas suas premissas básicas derivam de Pavlov, que estava imerso em teorias hipnóticas. A terapia comportamental na forma de inibição recíproca foi criada por Joseph Wolpe e nasceu em parte de sua experiência como hipnotista. A psicoterapia dinâmica, particularmente em sua forma psicanalítica, surgiu no grande período de experimentação hipnótica do final do século passado. O método de Freud estava enraizado na hipnose e, embora ele tenha mudado da indução direta do transe para uma abordagem mais indireta, seu trabalho provém da orientação hipnótica. Uma possível exceção à influência da hipnose em todas as formas de terapia refere-se a certas formas de terapia familiar. Um terapeuta de família que tente mudar os indivíduos numa família levou muitas idéias da hipnose para o campo familiar. Outros terapeutas de família, no entanto, que enfocam a seqüência, o processo ou o comportamento entre dois ou mais membros da família, parecem menos influenciados por ela. Uma exceção dentro deste último grupo é Milton H. Erickson, que mudará o comportamento entre as pessoas com uma abordagem que foi desenvolvida diretamente da orientação hipnótica.

Erickson pode ser considerado o mestre da abordagem estratégica à terapia. Há tempos é conhecido como o médico hipnotista mais proeminente do mundo; passou sua vida fazendo trabalho experimental e usou a hipnose em terapia de maneiras infinitamente variadas. A menos conhecida é a abordagem estratégica que desenvolveu para indivíduos, casais e famílias sem o uso formal da hipnose. Durante muitos anos, ele dirigiu uma intensa prática psiquiátrica, lidou com todos os tipos de problemas psicológicos e com famílias em todos os estágios da vida. Mesmo quando formalmente não utiliza a hipnose, seu estilo de terapia se baseia tanto na orientação hipnótica que o que quer que faça parece ter origem nessa arte. Levou para a terapia uma gama extraordinária de técnicas hipnóticas e, para a hipnose, uma expansão de idéias que a ampliaram para muito além de um ritual de um estilo especial de comunicação.

Uma das maneiras de encarar a terapia estratégica de Milton Erickson é como uma extensão lógica da técnica hipnótica. Do treinamento em hipnotismo resulta a habilidade para observar as pessoas e os modos complexos como se comunicam, para motivar as pessoas e levá-las a seguir as instruções, e para usar as próprias palavras, entonações e movimentos corporais para influenciar as pessoas. É também da hipnose que vêm a concepção da pessoa como mutável, uma apreciação da maleabilidade do espaço e do tempo e idéias específicas sobre como levar outra pessoa a se tornar mais autônoma. Assim como um hipnotista pode pensar em transformar um sintoma grave num mais brando, ou de curta duração, ele pode pensar em transformar um problema interpessoal em uma vantagem. É mais fácil para uma pessoa hipnoticamente treinada, do que para a maioria dos terapeutas, apreender a idéia de que os sentimentos subjetivos e as percepções se transformam quando há uma mudança na relação. O modo de pensar estratégico é crucial para a abordagem hipnótica quando usado adequadamente, e Erickson conduziu-o aos seus máximos limites. Ele é tanto um hipnotista experimental quanto um terapeuta experimental que transfere idéias da hipnose para procedimentos terapêuticos onde não se esperaria encontrá-las. Uma vez encontradas, elas podem esclarecer e afiar as habilidades de qualquer terapeuta.

A maioria das pessoas, incluindo muitos profissionais clinicamente treinados, pensa que a hipnose é uma situação especial diferente de outras situações na vida. As pessoas não treinadas em hipnose acreditam que ela é um procedimento no qual o hipnotista diz "Relaxe", o sujeito "dorme" e então são-lhe dadas sugestões. Ou que se pede a uma pessoa para olhar para a luz ou para um objeto e se diz que seus olhos ficarão pesados e que ela adormecerá. A pessoa ingênua pensa que, a menos que seja seguido este ritual que envolve o sono, não há hipnose. Devido à idéia de que a hipnose é um ritual estereotipado que envolve o sono, é difícil ver sua relação com um tipo de terapia na qual aquelas palavras não são pronunciadas e onde o terapeuta pode até mesmo estar entrevistando um grupo familiar.

No sentido em que é empregada neste livro, a palavra "hipnose" não se aplica a um ritual, mas a um tipo de comunicação entre pessoas. Milton Erickson explorou uma quase infinita variedade de maneiras de induzir o transe hipnótico. Examinando seus trabalhos e o trabalho de outros hipnotistas contemporâneos, percebe-se como é difícil afirmar com clareza qual é a relação hipnótica e qual não é. Erickson pode usar uma forma ritual de indução de transe, mas pode também, sem nunca mencionar a palavra "hipnose", simplesmente manter uma conversação. Pode hipnotizar uma pessoa enquanto fala com outra, dar uma palestra e, ao enfatizar certas palavras, induzir ao transe alguém da audiência que só mais tarde, ou talvez nem então, perceberá que foi hipnotizado. A partir deste tipo de exploração, Erickson redefiniu o transe hipnótico, aplicando-o não ao estado de uma pessoa, mas a um tipo especial de troca entre duas pessoas. Uma vez que se tenha apreendido este ponto de vista, é possível pensar a hipnose em termos mais amplos e ver sua presença numa variedade maior de situações, particularmente nos intensos envolvimentos da terapia.

As preocupações do clínico com a hipnose podem limitar sua compreensão sobre o uso das habilidades hipnóticas. Deve-se ter em mente que a hipnose pode variar com o clima ideológico da época. Quando a terapia era vista como uma experiência religiosa, a hipnose era um ritual místico. Com o desenvolvimento da teoria psicodinâmica, a hipnose passou a ser considerada um fenômeno de transferência. (Foi até mesmo, como parte das políticas da terapia, descartada pelos psicanalistas como terapia frívola ou de apoio, ou distorcida para uma mutação peculiar, a hipnoanálise.) Atualmente, atravessamos um período onde a hipnose é excessivamente examinada pelos cientistas. Um número considerável de pesquisas estão sendo desenvolvidas para demonstrar que a hipnose não existe, ou melhor, que nada pode ser realizado melhor em transe do que num estado de alerta. Numa época científica, a hipnose passa a ser definida como uma situação sem importância. Essas pesquisas são muito insignificantes para os clínicos, porque a hipnose pesquisada e a hipnose em terapia são duas ordens de fenômenos diferentes. Como um modo de criar uma relação de trabalho com pessoas com problemas, a hipnose continuará a ser usada, mesmo que as investigações de laboratório venham a constatar que não existe algo como a "hipnose". Se ela pôde sobreviver ao período religioso, também sobreviverá ao período científico. O próximo passo será provavelmente redefini-la como fenômeno condicionador, se as terapias condicionantes se desenvolverem mais e se tornarem mais populares. Será necessário aprender a teoria, e o transe será explicado dentro desta moldura.

Neste livro, será enfatizado especialmente um aspecto da hipnose. Ela será encarada como um tipo especial de interação entre pessoas, ao invés de ser um fenômeno religioso, uma situação de transferência ou um processo condicionador. Deste ponto de vista, a hipnose é um processo entre pessoas, uma maneira pela qual uma pessoa se comunica com outra. A abordagem de Erickson torna possível enxergar esse mistério dentro de um enquadramento interpessoal.

Deste ponto de vista, a relevância da hipnose para a terapia pode ser ilustrada generalizando-se o que ela propõe em comum, acima e apesar dos rituais específicos dos terapeutas ou hipnotistas. Quando a hipnose é utilizada de maneira eficiente, a abordagem é estratégica, e as estratégias são similares àquelas que podem ser encontradas em diferentes abordagens terapêuticas. Podem-se esboçar paralelos entre hipnose e terapia em termos de objetivos, procedimentos e técnicas específicas para se lidar com a resistência.

Num nível mais geral, o objetivo de um hipnotista é modificar o comportamento, a resposta sensorial e a consciência de outra pessoa. Um objetivo subsidiário é ampliar a gama de experiências da pessoa: provê-la com novos modos de pensar, sentir e se comportar. Obviamente, esses também são os objetivos da terapia. Tanto o hipnotista quanto o terapeuta procuram, através do relacionamento com a pessoa, introduzir variedade e estender a série de habilidades.

Observando os vários procedimentos terapêuticos, assim como a ampla variedade de métodos de indução de Erickson, descobre-se que há um tema comum, assim como uma seqüência de passos que são seguidos, a despeito da diversidade de formas. O hipnotista *dirige* a pessoa para que ela *espontaneamente* mude seu comportamento. Como uma pessoa não pode responder espontaneamente se estiver seguindo um comando, a abordagem hipnótica é a colocação de um paradoxo. Dois níveis de mensagem estão simultaneamente sendo comunicados pelo hipnotista: ele está dizendo: "Faça o que digo" e, dentro do mesmo enquadramento, está afirmando: "Não faça o que digo, comporte-se espontaneamente". O sujeito tem uma maneira de se adaptar a esse conjunto de comandos conflitantes: é sofrer uma mudança e se comportar do modo que é descrito como comportamento de transe.

Os passos nesse procedimento obedecem a dois tipos de comando: (a) O hipnotista leva o sujeito a fazer algo que ele pode fazer *voluntariamente*, assim como olhar para um ponto, concentrar-se numa mão, sentar-se em certa posição, pensar em uma imagem, e assim por diante. (b) A seguir, o hipnotista leva o sujeito a responder *involuntariamente*, ou com um comportamento espontâneo. Pede que uma mão se mexa sem que o sujeito a mova, que ele sinta as pálpebras pesadas, ou um relaxamento muscular, solicita-lhe que veja algo que não está ali, que diferentes processos psicológicos sejam acionados ou estancados, ou outras respostas que não estão sob controle voluntário. Os mesmos passos são com freqüência seguidos sem um ritual hipnótico formal. Pode-se pedir a uma pessoa que fique confortável e que tenha então uma idéia, note uma nova sensação, tenha um pensamento diferente ou experimente alguma outra coisa involuntária. Quando um médico diz ao paciente: "Tome este comprimido três vezes ao dia e você se sentirá melhor", está solicitando algo que pode ser feito voluntariamente e, a seguir, uma mudança involuntária. O hipnotista não deseja somente uma resposta involuntária, pois não deseja que o sujeito faça o que lhe pedem como um robô. Ele quer que ele siga diretivas, mas que também participe, respondendo autonomamente.

As várias formas de terapia também utilizam esses dois procedimentos. O terapeuta dirige o paciente para as coisas que pode fazer voluntariamente, e então pede, ou comunica, uma expectativa de mudança espontânea. Escolas diferentes de terapia enfatizam um ou outro aspecto do processo. Algumas minimizam os aspectos de comando e enfatizam a espontaneidade, enquanto outras minimizam a espontaneidade e enfatizam a importância de serem diretivas.

Por exemplo, na psicanálise o terapeuta leva o paciente a fazer o que pode voluntariamente, tal como aparecer em horas determinadas, pagar uma certa taxa e deitar-se no divã. Então, solicita um comportamento "involuntário" pedindo ao paciente que diga qualquer coisa que lhe venha à cabeça ou tenha sonhos espontâneos que podem ser analisados. O analista não quer que o paciente faça meramente o que lhe é solicitado. Deseja que o paciente participe, respondendo autônoma e independentemente. A ênfase ideológica é colocada na espontaneidade, e os aspectos diretivos da abordagem são minimizados e disfarçados no emolduramento da terapia.

Na terapia comportamental, um procedimento similar é seguido. O paciente é levado a fazer o que pode voluntariamente, como fazer uma lista das situações de ansiedade, colocá-las em ordem hierárquica e sentar-se numa determinada posição. O terapeuta então o leva a "relaxar" e "não ficar ansioso", o que não pode ser feito voluntariamente, mas deve simplesmente ocorrer. O terapeuta também manda o paciente para a rua, para "afirmar-se" em determinadas situações. Ele não quer que o paciente simplesmente faça o que lhe dizem para fazer, quer que mude espontaneamente, de modo a não se sentir mais ansioso e se afirmar sem esforço.

Os procedimentos de reforço, positivo ou negativo, de um terapeuta condicionante também seguem as mesmas fases. Presume-se que, ao responder ao sujeito com um estímulo correto na situação terapêutica — o que é essencialmente dirigir seu comportamento —, ele generalize "espontaneamente" este tipo de comportamento para outras situações. O condicionador só deseja uma resposta de robô temporariamente, não pretende que ela se perpetue, pois quer que o sujeito passe a responder independentemente de modo apropriado. Os condicionadores tendem a enfatizar os aspectos diretivos de seus procedimentos e a não mencionar tanto a mudança espontânea que buscam. Algumas vezes, disfarçam esta mudança sob a palavra "aprendizado".

Há ainda uma outra similaridade entre a hipnose e a terapia. Ambas se baseiam comumente em relações voluntárias: os procedimentos não são impostos a uma pessoa que não os deseje, mas a alguém que procurou este tipo de relacionamento. Porém, tanto o sujeito quanto o terapeuta com freqüência resistirão às diretivas oferecidas, mesmo tendo se prontificado voluntariamente a entrar na situação. Um aspecto essencial, tanto da hipnose quanto da terapia, é a necessidade de motivar a pessoa a cooperar inteiramente na obediência dos comandos e lidar com a resistência quando esta surge.

Embora a relação seja voluntária, tanto a hipnose quanto a terapia requerem persuasão, um trabalho de vendedor, no início do processo. O sujeito ou paciente precisa ser motivado para cooperar, o que usualmente se consegue enfatizando-se o que ele tem a ganhar se cooperar e o que tem a perder se não o fizer. Mas mesmo quando motivados, sujeitos e pacientes ainda resistirão aos benefícios oferecidos pelo patrocinador. Na hipnose, há dois tipos principais de resistência: não ser suficientemente cooperativo ou ser cooperativo demais.

Quando um sujeito não responde tão bem quanto devia, e portanto resiste, o hipnotista tem maneiras rotineiras de lidar com o problema. Milton Erickson, mais do que qualquer outro hipnotista, se preocupou em desenvolver técnicas capazes de persuadir sujeitos resistentes e levá-los a atingir seus objetivos. Enquanto explorava a resistência hipnótica, Erickson desenvolvia ao mesmo tempo meios de lidar com os problemas humanos em terapia. Sua maneira de lidar com pessoas com problemas quando não está usando formalmente a hipnose é essencialmente a mesma que utiliza quando há resistência à hipnose. Uma vez que se tenha apreendido esta similaridade, muitas das técnicas terapêuticas de Erickson seguem-se logicamente.

Quando uma pessoa tem um sintoma, por definição está indicando que não pode ajudar a si mesma. Seu comportamento é involuntário. O fóbico, o compulsivo, o alcoólico ou a família angustiada insistem em modos que causam sofrimento, enquanto protestam que não podem fazer nada, a não ser se comportar como fazem. Da mesma maneira, o sujeito que voluntariamente procura a hipnose com freqüência não obedece a um comando. Ele não o recusa; simplesmente demonstra que não é capaz de obedecê-lo. Ou pode responder de maneira contrária, enquanto demonstra que não é responsável pelo ocorrido. Por exemplo, pede-se a um sujeito que coloque a mão no braço da cadeira e, a seguir, se diz que ela ficará mais leve e subirá. Ele pode fazer com que não suba, ou dizer: "Está ficando mais pesada". A arte da hipnose está em lidar com este tipo de resistência e ocasionar a mudança, e é nisto que reside a arte da terapia.

ENCORAJANDO A RESISTÊNCIA

Quando se pede a um sujeito que faça com que sua mão fique mais leve e ele diz: "Minha mão está ficando mais pesada", o hipnotista não retruca: "Ora, pare com isso!". Ao contrário, aceita essa resposta, e até mesmo a encoraja, afirmando: "Está certo, sua mão pode ficar ainda mais pesada". Essa abordagem de aceitação é típica da hipnose, e também é a abordagem fundamental de Erickson para os problemas humanos, quer ele use ou não a hipnose. O que acontece quando "aceitamos" a resistência do sujeito e até mesmo a encorajamos? O sujeito é apanhado numa situação onde sua tentativa de resistir é definida como comportamento cooperativo. A analogia usada por Erickson é a de uma pessoa que quer mudar o curso de um rio. Se ela se opõe ao rio tentando bloqueá-lo, o rio simplesmente o engolfa e o circunda. Mas se ela *aceita* a força do rio e a desvia para uma nova direção, a força do rio cortará um novo canal. Por exemplo, se uma pessoa procura ajuda porque sofre de dores de cabeça que não têm causa física, Erickson "aceita" a dor de cabeça como aceitaria a resistência hipnótica. Ele se concentrará na necessidade da dor de cabeça, mas a duração, a freqüência ou a intensidade podem variar, até a dor chegar a um ponto em que desapareça.

Exemplos da terapia de casais ou familiar de Erickson mostram como intervenções terapêuticas diferentes podem estar relacionadas a suas origens hipnóticas e particularmente ao encorajamento da resistência. Em geral, com um casal ou com uma família, Erickson usa uma seqüência de abordagens na qual pede a eles que façam algo deliberadamente, em geral o que já estão fazendo, e então ou solicita uma modificação espontânea ou a mudança ocorre como conseqüência do seu encorajamento do comportamento usual. Com esta abordagem de "aceitação", se um casal briga com freqüência e resiste ao bom conselho, é provável que ele os leve a ter uma briga,

26

mas mudará o lugar, o momento ou algum aspecto dela. A resposta é uma mudança "espontânea" do comportamento.

OFERECER UMA ALTERNATIVA PIOR

Um terapeuta prefere que o paciente inicie ele mesmo um novo comportamento e escolha seu próprio rumo na vida. Mas, ao mesmo tempo, quer que o paciente mude dentro do enquadramento que considera importante. Um problema, tanto na terapia quanto na hipnose, é conseguir que o paciente ou sujeito siga as diretivas, mas também adquira autonomia para tomar decisões e novos caminhos.

Um dos procedimentos típicos empregados por Erickson dirige o paciente numa determinada direção para que ele seja provocado a procurar outra. Se Erickson deseja que um sujeito hipnótico responda de certa maneira, pode solicitar uma resposta em relação à qual o paciente é indiferente, e o sujeito então escolherá uma alternativa da qual participe plenamente. Por exemplo, se Erickson deseja que um sujeito responda com amnésia, pode pedir que esqueça algo que ele preferiria lembrar. Como alternativa, o sujeito esquecerá um outro item completa e totalmente, porque *ele* assim escolheu.

Ao discutir esta questão, Erickson afirma: "Com este tipo de diretiva, estabelece-se uma classe de coisas que o paciente deve fazer, assim como a classe de 'exercícios'. Então, oferece-se um item desta classe que ele não ficará muito contente em fazer. O que se deseja é que ele encontre 'espontaneamente' outro item nesta classe. É um modo de inspirar alguém a encontrar as coisas que pode fazer, que são boas para ele e que pode apreciar e conseguir fazer".

Embora tanto o terapeuta quanto o hipnotista sejam motivados pela benevolência, com freqüência tornam as coisas difíceis para a pessoa que não quer cooperar. Certas vezes isto é feito calculadamente através da oferta de algo que a pessoa não aprecia, de modo que ela terá que escolher alguma outra. Outras vezes, um desafio ou procedimento é usado para que a pessoa mude ao tentar evitar algo pior. Por exemplo, um hipnotista pode dizer: "Você prefere entrar em transe agora ou mais tarde?". Ao colocar as coisas desse modo, evita discutir se o paciente quer entrar em transe ou não, ao mesmo tempo que lhe oferece uma saída fácil. O sujeito pode dizer: "Mais tarde", para escapar ao transe imediato. Ou então, um hipnotista dirá: "Você pode entrar num transe *profundo* ou num *leve*". O sujeito geralmente se agarra ao transe leve para evitar o profundo, quando poderia não o ter escolhido se algo pior não lhe tivesse sido oferecido.

Erickson tem uma variedade de procedimentos que tornam mais difícil para a pessoa manter um problema do que desistir dele. Alguns desses procedimentos envolvem uma prova benévola, tal como mais exercícios do que o paciente deseje fazer, pela manhã ou em qualquer dia em que ocorra o sintoma. Noutros momentos, Erickson combinará "distrair", que é uma técnica típica da hipnose, com uma prova para provocar a mudança.

OCASIONAR MUDANÇA ATRAVÉS DA COMUNICAÇÃO POR METÁFORAS

Quando um sujeito resiste às diretivas, uma maneira de lidar com o problema é comunicar-se em termos de uma analogia, ou metáfora. Se o sujeito resiste a A, o hipnotista pode falar sobre B, e quando A e B estiverem metaforicamente relacionados, o sujeito fará a ligação "espontaneamente" e responderá de maneira apropriada. Nas complicações da indução hipnótica, a analogia pode ser comunicada por meios verbais ou não-verbais. Tipicamente, quando um hipnotista sugere que a mão de um sujeito fique mais leve e suba, ele levanta a cabeça e a voz, indicando metaforicamente como a mão deverá se mover. O sujeito responde a esta mudança espacial e vocal. Se um sujeito foi previamente hipnotizado e o hipnotista deseja um transe "espontâneo", ele pode começar comentando como *esta* sala, ou situação, é semelhante à outra na qual o sujeito foi previamente hipnotizado. O sujeito responderá à analogia produzindo o mesmo comportamento que produziu naquela outra sala ou situação. Do mesmo modo, se uma pessoa está sendo hipnotizada na presença de outra, é possível falar metaforicamente com a outra pessoa e induzir um transe no sujeito enquanto ele não está sendo ostensivamente enfocado. A abordagem analógica ou metafórica à hipnose é particularmente eficaz com sujeitos resistentes, pois torna-se difícil resistir a sugestões que não se sabe conscientemente que se está recebendo.

Milton Erickson é um mestre no campo da metáfora. No modo como escuta e observa um sujeito, assim como na maneira que responde, ele lida com mensagens metafóricas múltiplas que constantemente estão sendo comunicadas entre as pessoas em suas relações. Ele utiliza tão facilmente a metáfora como a maioria das pessoas usam a comunicação consciente, lógica. Suas diretivas para os pacientes não são, em geral, simples e diretas, mas incluem uma variedade de analogias que se aplicam aos problemas do paciente. A abordagem metafórica que ele utiliza quando não está formalmente usando a hipnose está claramente relacionada com seus anos de experimentação com sugestões metafóricas externas à percepção do sujeito.

Como um exemplo típico, se Erickson está lidando com um casal que tem um conflito de relacionamento sexual e prefere não discuti-lo diretamente, ele abordará o problema metaforicamente. Escolherá algum aspecto de suas vidas que seja análogo às relações sexuais e o utilizará como uma maneira de modificar o comportamento sexual. Pode, por exemplo, sugerir que jantem juntos e, através disso, descobrir suas preferências. Discutirá com eles como a esposa aprecia aperitivos antes do jantar, e como o marido prefere lançar-se diretamente à carne e às batatas. Ou a esposa pode preferir um jantar tranqüilo e vagaroso, enquanto o marido, que é rápido e direto, quer apenas que a refeição acabe. Se o casal começar a relacionar o que está sendo dito com as relações sexuais, Erickson "rapidamente soprará o vento" para outros tópicos e depois retomará a analogia. Poderá encerrar esse tipo de conversa com uma instrução para que o casal marque um jantar agradável numa noite satisfatória para ambos. Quando obtém sucesso, esta abordagem desloca o casal de um jantar agradável para relações sexuais mais agradáveis, sem que eles percebam que este objetivo foi deliberadamente colocado.

A disposição de trabalhar com metáforas não se aplica somente à comunicação verbal, mas também a pessoas que vivem uma vida metafórica. Este estilo de vida é típico dos esquizofrênicos, e Erickson afirma que com um esquizofrênico a mensagem importante é a metáfora. Por exemplo, quando Erickson fazia parte do grupo do Worcester State Hospital, havia um jovem paciente que se autodenominava Jesus. Ele alardeava ser o Messias, usava um lençol enrolado no corpo e tentava impor o cristianismo às pessoas. Erickson se aproximou dele no recinto do hospital e disse: "Pelo que sei, você já teve experiência como carpinteiro, é certo?". O paciente só pôde responder que sim. Erickson envolveu o jovem num projeto especial para a construção de uma estante de livros e o deslocou para o trabalho produtivo.

Num outro caso, no mesmo hospital, Erickson lidou com um industrial competente que havia perdido uma fortuna e estava deprimido. Ele passava o tempo chorando e repetidamente movia as mãos para a frente e para trás. Erickson lhe disse: "Você é um homem que teve seus altos e baixos", e pediu-lhe que modificasse o movimento, que mexesse suas mãos para cima e para baixo, ao invés de para a frente e para trás. Então levou-o ao terapeuta ocupacional e solicitou sua ajuda. Apontando para os movimentos para-cima-para-baixo do homem, disse: "Coloque um pedaço de lixa em cada uma de suas mãos e fixe uma prancha tosca perpendicular entre elas. Deste modo ele pode aparar e polir a madeira". O homem começou a fazer algo produtivo e parou de chorar. Passou a trabalhar com madeira, entalhou jogos de xadrez e os vendeu. Melhorou tanto, que foi para casa numa estadia experimental e, um ano após ter tido alta, ganhou dez mil dólares com negócios de verdade.

Embora Erickson se comunique com os pacientes por metáforas, o que mais agudamente o distingue dos outros terapeutas é sua falta de disposição para "interpretar" os significados. Ele não traduz a comunicação "inconsciente" numa forma consciente. A qualquer coisa que o paciente diga de forma metafórica, Erickson responde do mesmo jeito. Através de parábolas, de ação interpessoal e de diretivas, ele trabalha dentro da metáfora para ocasionar a mudança. Parece acreditar que a profundidade e a rapidez da mudança podem ser impedidas se a pessoa ficar sujeita a uma tradução da comunicação.

Evitar a interpretação não se aplica somente às afirmações verbais dos pacientes, mas também a seus movimentos corporais. Erickson é famoso por sua observação aguda do comportamento não-verbal, mas a informação que recebe permanece não-verbal. Por exemplo, uma paciente certa vez disse a seu terapeuta: "Eu gosto de meu marido", e colocou a mão sobre a boca enquanto falava. O terapeuta interpretou o gesto declarando que, como ela tapara a boca, deveria ter alguma restrição a respeito do que dissera. Ele a estava ajudando a se tornar consciente de seu gesto "inconsciente". Erickson jamais faria um tal comentário; aceitaria o gesto da mulher como um modo perfeitamente válido de se comunicar. Traduzir sua mensagem numa linguagem diferente seria disruptivo e descortês. Pior ainda, simplificaria em demasia uma declaração extraordinariamente complexa. Tipicamente, as interpretações dos *insights* da comunicação inconsciente são absurdamente reducionistas; é como resumir uma peça shakespeariana numa sentença.

Erickson trabalha com a metáfora não só em suas manobras terapêuticas, mas até mesmo no modo como coleta informação. Por exemplo, um dia, na presença de um visitante, conversava com um paciente que o tinha procurado devido a uma dor fantasma num membro. O paciente, um homem de setenta e um anos, havia caído de um telhado e machucado tão gravemente o braço que este teve que ser amputado. Ele sofria, há meses, de dor no membro desaparecido, e não conseguira alívio com várias formas de tratamento. Finalmente, viajara até Phoenix para ser tratado por Erickson. Durante a conversa, na qual o homem discutiu sua recuperação, ele mencionou dois irmãos. Mais tarde, falando com o visitante, Erickson comentou que só tinha notícia de um irmão. Talvez o homem tivesse outros parentes que não mencionara. Erickson afirmou também que o homem usara uma frase vaga, que indicava que talvez tivesse se casado mais de uma vez. O visitante perguntou por que Erickson não inquiria o homem sobre seus parentes. Erickson replicou: "Esse homem ganhou a vida durante vinte e sete anos assentando chãos. A maioria dos homens não agüentaria quinze anos este tipo de trabalho, mas ele resistiu quase o dobro desse tempo. Se realmente quisesse descobrir mais sobre seu *background* familiar, eu poderia falar a respeito de guiar no deserto. Eu descreveria como é guiar pela estrada e ao redor de uma elevação surgida do chão do deserto. Subitamente, ao rodear essa elevação, enxergaria uma solitária árvore de madeira dura. Um dos galhos havia sido quebrado, provavelmente pelo vento, que destroçava tudo ao redor daquela elevação. "Eu usaria a imagem da 'madeira dura' por causa da história de trabalho do homem. Uma árvore de madeira dura com um galho quebrado. Provavelmente devido ao vento que assola o lugar alto. Então discorreria sobre os arbustos que crescem ao redor da árvore. Eu ficaria sabendo algo sobre seus parentes, porque a árvore não está lá sozinha. 'Se eu for a última folha de uma árvore.'"

Intrigado com esse modo de coletar informação, o visitante perguntou por que ele simplesmente não indagava sobre os parentes do homem. Erickson respondeu: "Porque quando pergunto sobre a irmã, o irmão, os pais, a pessoa os coloca na moldura social adequada à sua educação. Quando faço isto de maneira indireta, a informação é diferente. Há aquele galho quebrado na solitária árvore de madeira dura". Erickson parecia gostar dessa imagem, talvez porque, com a força hercúlea com que enfrentava suas dificuldades físicas, ele mesmo fosse um tanto parecido com a árvore do deserto. Continuou: "Quando menciono olhar em volta à procura de artemísia tridentada, arbustos mais altos, o homem falará sobre netos e parentes mais altos que os netos".

ENCORAJAR A RECAÍDA

Algumas vezes, quando um paciente está melhorando, particularmente quando está melhorando muito rapidamente, Erickson o conduzirá a uma recaída. Isto parece ser um procedimento incomum, sem relação com a maior parte das técnicas de terapia. Mas, quando se examina a resistência à hipnose, essa abordagem tem uma seqüência lógica.

Um dos problemas típicos da hipnose é o sujeito muito cooperativo. Algumas vezes, um sujeito seguirá muito prontamente todas as diretivas — de fato, ele com freqüência as antecipará —, de modo que não fica claro quem está dirigindo o que ocorre. Muitas vezes, um sujeito assim deixará de ser cooperativo num certo ponto, dizendo: "Não acredito de jeito nenhum neste trabalho". Graças à sabedoria desenvolvida na história da hipnose, este tipo de resistência tem sido enfrentado como um "desafio". O hipnotista desafia o sujeito a resistir, o que é um modo de lhe pedir que tente não cooperar e fracasse. Por exemplo, o hipnotista diz: "Quero que tente abrir seus olhos e descubra que não pode". De maneiras sutis ou diretas, o desafio força o sujeito a tentar resistir e reconhecer que não consegue.

Com o paciente muito cooperativo que melhora muito rapidamente, os terapeutas psicodinâmicos tendem a interpretar a melhora como resistência, ou fuga para a saúde. Algumas vezes, fazem isto porque a teoria argumenta que não é possível melhorar rapidamente, e por isso eles, erroneamente, tomam uma melhora rápida como supercooperação. Em outros momentos, a interpretação funciona como um desafio.

Erickson lidou, muitas vezes, com tais situações usando o desafio, que é uma ordem, e não uma interpretação. Se um paciente é muito cooperativo e parece estar se recuperando muito rapidamente, é provável que ele se torne relapso e expresse desapontamento com a terapia. Para evitar isto, Erickson aceita a melhora, mas induz o paciente a ter uma recaída. O único modo pelo qual o paciente pode resistir é não se tornar relapso e continuar melhorando. Erickson emprega explicações diferentes para tornar esta abordagem aceitável para o paciente. Um de seus procedimentos mais gentis é dizer-lhe: "Quero que você volte e se sinta tão mal quanto se sentia quando veio aqui pela primeira vez, porque quero que veja se há alguma coisa daquela época que deseja recuperar e salvar do incêndio". Quando dada efetivamente, a ordem para recair impede a recaída, do mesmo modo que o desafio compele a uma resposta hipnótica.

ENCORAJAR UMA RESPOSTA ATRAVÉS DE SUA FRUSTRAÇÃO

Outra técnica para lidar com a resistência e encorajar a pessoa a iniciar uma resposta, fazendo uma contribuição "espontânea", é típica tanto da hipnose de Erickson quanto de seu trabalho com famílias, em que supostamente a hipnose não está envolvida. Erickson recomendava que o hipnotista inibisse a resposta. Isto é, ele deveria levar o sujeito a se comportar de certo modo e, conforme este começasse a fazê-lo, o hipnotista deveria cortar a resposta e mudar para outra área. Quando retornasse àquela diretiva novamente, o sujeito responderia melhor porque desenvolvera uma presteza para responder e fora frustrado.

Erickson levou este mesmo procedimento para o trabalho com famílias. Algumas vezes, quando entrevista toda a família, um membro do grupo não quer falar, mesmo quando encorajado. Formalmente, este é o mesmo problema que o do sujeito hipnótico que responde menos quanto mais é encorajado a responder. Na entrevista da família, Erickson lida com o problema inibindo a fala da pessoa.

Erickson utiliza um procedimento semelhante para fazer com que um marido não-cooperativo decida "espontaneamente" participar do tratamento da esposa. Se o marido se recusa a comparecer às sessões, Erickson receberá a mulher sozinha. Em cada encontro, menciona algo com o que sabe que o marido não concordaria e diz: "Acredito que seu marido concordaria com isso", ou "Não sei bem como seu marido compreenderia isso". Ao saber, pela esposa, que o doutor o está compreendendo mal, o marido exercitará sua livre vontade e insistirá para que ela marque uma hora para que ele possa esclarecer o assunto com Erickson, tornando-se, assim, disponível para a terapia.

O USO DO ESPAÇO E DE POSIÇÕES

A hipnose, num de seus outros aspectos, preocupa-se com a orientação espacial. A do sujeito em se desorientar em relação ao espaço e ao tempo mostra ao hipnotista que espaço e tempo são experiências subjetivas. Um sujeito pode se sentar numa sala e acreditar que está em outra, pode se sentar num lugar e ver-se do outro lado da sala. Pode sentir que o tempo é um outro tempo e que o hipnotista é outra pessoa. Com a experiência, o hipnotista percebe que as pessoas se orientam em termos de sugestões visuais e auditivas e que mudanças nessas sugestões podem modificar a orientação da pessoa.

Aparentemente devido a seu *background*, Erickson, quando entrevista uma família, percebe como o comportamento de cada membro em relação aos outros pode mudar se suas orientações espaciais forem alteradas. Mais do que a maioria dos terapeutas familiares, ele tende a mudar os membros da família para diferentes cadeiras, assim como para diferentes configurações no consultório. Como ele mesmo diz: "Quando vejo uma família, posso lidar com ela em conjunto, mas gosto também de ter a liberdade de mandar as pessoas entrarem e saírem do escritório. Enquanto estão lá dentro, gosto de estabelecer um fundamento, determinando que o pai se sente numa determinada cadeira, e naturalmente a mãe naquela outra, e a irmã aqui e o irmão daquele outro lado. Determinando isto de várias maneiras, eu os defino geograficamente. Cada um deles tem uma posição espacial na entrevista. Quando lhes falo, falo para aquele espaço particular e os outros escutam. Quando alguém se dirige a mim os outros lhe prestam atenção. As compartimentalizações espaciais comumente impedem que os outros se intrometam na conversa e os força, impiedosamente, a conseguir um ponto de vista mais objetivo.

"Se mando alguém para fora da sala — por exemplo, a mãe e a criança —, eu cuidadosamente mudo o pai de sua cadeira e o coloco na cadeira da mãe. Ou se mando a criança para fora, posso colocar a mãe em sua cadeira, ao menos temporariamente. Algumas vezes, teço um comentário: 'Quando você se senta onde seu filho estava sentado, você pode pensar mais claramente sobre ele'. Ou: 'Se você se sentar onde estava sentado seu marido, talvez isto lhe dê um relance de como ele me vê'. Durante uma série de sessões com uma família inteira, misturo todos eles, de modo que aquela que, originariamente, era a cadeira da mãe, seja agora ocupada pelo pai. O agrupamento familiar permanece, mas ao mesmo tempo está sendo rearranjado, que é o que se busca quando se está mudando uma família."

A orientação espacial não só parece, em geral, reminiscente das preocupações hipnóticas, como também se relaciona especificamente ao procedimento hipnótico de Erickson. Os passos que esboça para o trabalho com a família devem primeiro definir a pessoa em termos de sua posição, e então alterar sua posição de modo que ela mude com isso. De maneira similar, quando lida com sujeitos hipnóticos resistentes, ele aceita a resistência de vários jeitos e a classifica localizando-a numa posição geográfica. Por exemplo, ele dirá algo como: "Você se percebe muito resistente sentado nessa cadeira". Pede então à pessoa que se desloque para outra cadeira, deixando a resistência no lugar antigo, onde ela fora estabelecida.

ENFATIZAR O POSITIVO

No final do século XIX, a noção de "inconsciente" parece ter se ramificado em duas correntes diferentes. Sigmund Freud enfatizou que o inconsciente era composto de impulsos reprimidos que tentavam penetrar na consciência. Seu método de terapia foi construído sobre uma desconfiança das idéias externas à consciência, à percepção racional. A outra corrente era composta majoritariamente por hipnotistas, que enfatizavam que o inconsciente era uma força positiva. O inconsciente daria um jeito de que a pessoa fizesse o que era melhor para ela. Por isso, os hipnotistas tendiam a recomendar que se permitisse que o inconsciente se expressasse na vida da pessoa. Erickson se inclina para essa última visão e, tanto em sua hipnose quanto no trabalho com famílias, tende a enfatizar o que é positivo no comportamento da pessoa. Este procedimento baseia-se, em parte, na idéia de que há um desejo natural de crescimento dentro da pessoa e, em parte, no ponto de vista de que haverá uma maior cooperação do paciente se se enfatizar o positivo. Ao contrário dos terapeutas psicodinamicamente orientados, que interpretam para fazer surgir sentimentos negativos e comportamento hostil, Erickson reclassifica o comportamento de modo positivo, para encorajar a mudança. Ele não miniminiza as dificuldades, mas encontrará nelas algum aspecto que possa ser usado para melhorar o funcionamento da pessoa ou da família. Ao invés de presumir que há algo hostil no inconsciente que precisa ser trazido à tona, acredita que há forças positivas nele que precisam ser liberadas para um maior desenvolvimento pessoal. Quando trabalha com casais e famílias, ele não enfoca as maneiras infelizes com que as pessoas se relacionam, mas encontra um aspecto de seu relacionamento que vale a pena e pode ser ampliado. Esta ênfase no positivo parece derivar diretamente da sua experiência com a hipnose.

SEMEAR IDÉIAS

Nas induções hipnóticas, Erickson gosta de "semear" ou estabelecer certas idéias e mais tarde trabalhar sobre elas. Enfatizará certas idéias no início da interação, de modo que mais tarde, se quiser conseguir uma certa resposta, já tenha uma base estabelecida para ela. De modo similar, com as famílias Erickson introduzirá, ou enfatizará, certas idéias no estágio de coleta de informações. Mais tarde, pode trabalhar essas idéias, se a situação for apropriada. Sendo assim, a hipnose e a terapia que emprega apresentam uma continuidade, à medida que algo novo é introduzido, mas sempre dentro de um enquadramento que o liga com aquilo que foi feito previamente.

AMPLIAR UM DESVIO

Uma das características do trabalho hipnótico de Erickson é a tentativa de obter uma pequena resposta e então trabalhá-la, amplificando-a até que tenha atingido o objetivo. Ele sempre alertou os hipnotistas sobre a inconveniência de se tentar conseguir algo depressa demais, ao invés de aceitar o que é oferecido e ampliar isso. Também é característica do trabalho com família de Erickson a procura de uma pequena mudança que depois será dilatada. Se ocorrer numa área crucial, mesmo uma mudança aparentemente pequena pode alterar todo o sistema. Algumas vezes, ele usa a analogia de um buraco num açude; não é preciso uma brecha muito grande para alterar toda a estrutura do açude.

No campo da família, há uma crescente percepção de que o terapeuta familiar se concentra em modificar um sistema no qual os padrões se repetem, e que portanto é estável. Acredita-se que duas abordagens gerais são apropriadas: uma é induzir na família uma crise que desestabilize o sistema, de modo que ela tenha que se reorientar por padrões diferentes; a outra é escolher um aspecto do sistema e fazer com que se desvie do conjunto. Este desvio é encorajado e amplificado até que o sistema entre em colapso e precise se reorganizar num novo conjunto de padrões. Erickson inclina-se a induzir uma crise para ocasionar a mudança, mas, ainda mais que a maioria dos terapeutas, tende a influenciar pequenos desvios e então trabalhá-los até que modificações maiores ocorram. Esta abordagem parece característica da maneira que ele aprendeu a ampliar as respostas de um sujeito hipnótico.

AMNÉSIA E O CONTROLE DA INFORMAÇÃO

Diferentes escolas de terapia familiar têm diferentes premissas sobre o que causa a mudança, e procedimentos correlatos. Não é incomum, por exemplo, um terapeuta acreditar que a expressão de afeto e os discernimentos são causas de mudança. Por conseguinte, ele encorajará os membros da família a expressarem seus sentimentos uns aos outros e os ajudará a compreender por que se comportam de acordo com resíduos do passado. Também é freqüente que os terapeutas familiares procurem encorajar o fluxo aberto de comunicação entre os membros da família, de modo que tudo que está na cabeça de cada um seja dito aos outros. A terapia de família de Erickson não parece seguir esta orientação. Embora em casos específicos ele possa enfocar o afeto ou a compreensão, ou encorajar a comunicação aberta, geralmente ele não o faz. Muitas vezes recebe separadamente os membros da família e, quando os reúne, gosta de organizar o que deve ser falado e como deve ser dito, de modo que o que acontece é dirigido para objetivos particulares. Algumas vezes, recebe a esposa para lhe dar certas instruções, e então entrevista o marido e lhe dá diretivas diferentes. Ele não encoraja, e pode mesmo impedir, a discussão a respeito do que está acontecendo. Com freqüência, fornece instruções separadas, que mais tarde ocasionarão um encontro entre o marido e a esposa e uma comunicação aberta entre eles. Em geral, consegue seguir uma regra fundamental da terapia familiar — não tomar sistematicamente o partido de um dos membros da família contra outro ou de uma parte da família contra outra. No entanto, quando ele entra num sistema familiar, seu *input* pode ser dirigido para várias partes da família, com controle cuidadoso de como a nova informação deve ser distribuída entre os membros. Como essa abordagem é muito diferente das da maioria dos terapeutas de família, pode-se cogitar a respeito de suas origens. Penso que ela cresceu a partir da técnica hipnótica. Não só sua experiência como um hipnotista lhe dá uma prontidão para ficar no comando, dar instruções e controlar o que acontece, mas, como muitos hipnotistas, ele tem sido um especialista no controle da percepção consciente dos sujeitos. Tende a conceitualizar a pessoa em duas partes, e controla o fluxo de idéias inconscientes para a percepção consciente. Um exemplo óbvio é fazer vir à consciência uma experiência traumática passada, um tipo de abordagem que Erickson empregou no início de seu trabalho hipnótico. Ele treina o paciente em amnésia e então, sistematicamente, influenciará a maneira como o trauma será lembrado. Tipicamente, a experiência é recordada ou revivida, mas o sujeito desperta com amnésia em relação a esta recordação. Então, pouco a pouco, de maneiras específicas controladas por Erickson, a informação é alterada de uma percepção inconsciente para uma consciente. Algumas vezes, o passo incluirá um discernimento sobre a situação, que então também é tornado amnésico e só mais tarde será trazido à tona. Para mim, este procedimento é formalmente semelhante ao modo como Erickson controla a informação entre os membros da família: ele permite que certa informação seja trocada, mas não outra, e isto passo a passo, até que o objetivo que procura seja atingido.

DESPERTAR E DESAPRENDER

Tanto quanto outros terapeutas de família, Erickson focaliza as realizações de autonomia dos membros da família, ao mesmo tempo que enfatiza o surgimento da vivência em conjunto. Se há um problema infantil, ele tende a observar qual dos pais está mais intensamente envolvido com a criança e então intervém para proporcionar maior separação e espaço. Se o problema é a esquizofrenia adolescente, tende a trabalhar na direção de desembaraçar o jovem adulto de seu envolvimento patologicamente intenso com a família e o desloca para fora, para uma vida que lhe seja própria. Esta preocupação com o envolvimento diádico intenso, onde duas pessoas respondem tão fortemente uma à outra que impedem que outros se aproximem, me parece muito natural para o hipnotista. Um hipnotista enfoca seus sujeitos e procura fazer com que respondam plenamente a ele, e não a outros estímulos. Quando um hipnotista observa o modo como os membros da família se relacionam, ele imediatamente reconhece e lida com a díade onde haja um envolvimento demasiado intenso. Eu diria, também, que o conhecimento do processo pelo qual um hipnotista desperta um sujeito é relevante para que a intervenção terapêutica possa deslocar as pessoas de um envolvimento intenso para um mais casual. Em geral, pensamos que o despertar de um transe é uma simples questão de resposta a uma sugestão, tal como "Desperte", ou contar até três. Mas, quando se observa um hipnotista e seu sujeito juntos, percebe-se que o processo é mais complexo. O hipnotista não só fornece a sugestão, mas também altera todo o seu comportamento. Seu movimento corporal muda, sua entonação vocal se torna diferente, e com freqüência ele dirige seu interesse para outro lugar. O sujeito também passa do comportamento de transe para uma interação mais social. Quando um sujeito reluta em despertar, tende a continuar com o comportamento tipo transe, o hipnotista então, em geral, exagera o seu comportamento social, não hipnótico, exigindo assim que o sujeito lhe responda de modo mais desprendido, mais social. Parece-me que Erickson se apoiou em sua vasta experiência em despertar sujeitos e utilizou-a para sustentar maneiras de intervenção capazes de alterar o comportamento dos membros de uma díade familiar superintensa.

EVITAR A AUTO-EXPLORAÇÃO

A disposição de Erickson em propor uma tarefa para modificar uma relação só é igualada por sua determinação de não ajudar as pessoas a compreenderem como ou por que estiveram lidando umas com as outras de maneiras desastrosas. O que parece radical em sua abordagem terapêutica é a ausência de interpretações das supostas causas do comportamento. Embora Erickson possa não afirmá-la energicamente, em seu trabalho está implícita a idéia de que o terapeuta que tenta ajudar as pessoas a compreender "por que" se comportam como o fazem está impedindo uma mudança terapêutica real.

Na psiquiatria dinâmica, a idéia mais básica sobre a causa da mudança é a seguinte: se uma pessoa compreende a si mesma, e suas motivações, ela se livrará de sintomas aflitivos. Esta idéia parece ter se originado da noção de homem racional do século XIX. Freud decidiu que os homens não eram tão racionais, mas que, se compreendessem as forças em seus inconscientes, se tornariam racionais. Na teoria freudiana, a repressão era considerada a causa básica da psicopatologia, e a supressão das repressões através de um discernimento consciente era o enfoque fundamental da terapia. A técnica se centrava na interpretação do que dizia e fazia o paciente e em torná-lo consciente de suas distorções de transferência.

À medida que a psiquiatria foi se tornando mais interpessoal, o enfoque alterou-se levemente. Sullivan trouxe a ênfase em ajudar a pessoa a perceber suas dificuldades interpessoais. Se o paciente pudesse "ver" o que estava fazendo, particularmente se pudesse "fazer uma conexão" com seu passado, ele seria transformado e se recuperaria.

Mais tarde, quando os terapeutas começaram a entrevistar famílias inteiras ao invés de indivíduos isolados, muitos deles, impensadamente, levaram para seu trabalho esta mesma idéia — que a percepção consciente causa a mudança, sendo a percepção experimental ou emocional uma variante ocasional do tema. Se os membros da família pudessem entender como estavam lidando uns com os outros, e por que, o sistema familiar seria transformado. Algumas vezes, o terapeuta usava interpretações psicodinâmicas para ajudar os membros da família a descobrir suas introjetadas imagens passadas. Outras vezes, as interpretações eram mais sullivanianas, na medida em que se ajudava os membros da família a descobrir suas dificuldades e provocações interpessoais. Com freqüência, as interpretações referiam-se às provocações ou ao relacionamento de transferência dos membros da família em relação ao terapeuta.

Nas últimas décadas, os terapeutas condicionantes propuseram uma teoria alternativa da mudança. Procedimentos de inibição recíproca e a modificação do comportamento através de reforços intencionais não se baseiam na idéia de que tornar-se consciente de seus comportamentos é uma mudança causal. Presume-se que, mudando-se os reforços do comportamento, o comportamento mudará. Do mesmo modo, alguns tipos de terapia familiar acarretam uma mudança, independente da percepção dos participantes. Por conseguinte, tornou-se mais aceitável sugerir que a mudança terapêutica ocorre sem que a pessoa compreenda o significado ou a função de seu comportamento. A mudança também parece ser mais duradoura do que aquela que se obtinha quando se ajudava as pessoas a compreenderem por que se comportavam como o faziam.

Ainda assim, grande parte dos clínicos bem-treinados ainda tendem a fazer interpretações, quase como um reflexo. Eles podem falar sobre comportamento interpessoal, teoria dos sistemas, reforço ou acontecimentos experimentais, mas sua técnica terapêutica se apóia amplamente na caracterização do comportamento das pessoas e em ajudá-las a compreender as causas desse comportamento. A maioria dos clínicos sentiria dificuldades se não enfocasse a compreensão. O repertório terapêutico seria limitado a alguns condicionamentos não familiares e procedimentos de alteração de comportamento. Outra alternativa é a abordagem geral de Erickson apresentada neste livro.

Milton Erickson foi adequadamente treinado como psiquiatra e, ainda assim, seguiu um caminho próprio, original. Na época de seu treinamento, as objeções de Freud à hipnose haviam vedado esta arte a várias gerações de jovens psiquiatras. Mesmo assim, Erickson aprendeu hipnose e a utilizou amplamente no tratamento. Mesmo os clínicos que usavam hipnose trabalhavam com uma moldura freudiana. Praticavam hipnoanálise e traziam à percepção consciente traumas passados e idéias inconscientes. Erickson experimentou esta abordagem e a abandonou, desenvolvendo, em seu lugar, um uso muito diferente da hipnose. Em vez de ajudar as pessoas a se tornarem conscientes de por que faziam o que faziam, ele passou a pensar em como ocasionar uma mudança terapêutica. Com essa alteração, abandonou o método tradicional da psiquiatria. Não o fez arbitrariamente, mas porque examinou os resultados de sua terapia e delineou novos procedimentos para melhorá-los. Atualmente, seu método terapêutico é o resultado de trinta anos de experimentação com modos diferentes de propiciar mudanças.

É mais fácil dizer o que Erickson não faz em terapia do que dizer o que faz, a não ser oferecendo exemplos de casos. Seu estilo de terapia não se baseia em discernimento dos processos inconscientes, não ajuda a pessoa a compreender suas dificuldades interpessoais, não faz interpretações da transferência, não explora as motivações da pessoa, nem simplesmente as recondiciona. Sua teoria da mudança é mais complexa: parece estar baseada no impacto interpessoal do terapeuta fora da percepção do sujeito, fornece instruções que causam mudanças de comportamento e enfatiza a comunicação por metáforas.

O CICLO DE VIDA FAMILIAR

A estratégia que Erickson delineou para aliviar os problemas das pessoas fica incompleta se não forem levados em consideração seus objetivos terapêuticos. Mais do que qualquer outro terapeuta, ele tem em mente os processos "normais" ou comuns da vida das pessoas. Ele não trataria de um casal recém-casado como faria com outro, casado há vinte anos, nem abordaria uma família com crianças pequenas do mesmo modo que uma família cujos filhos já têm idade para sair de casa. Com freqüência, a conclusão de seus relatórios soa apropriada porque, em geral, seus objetivos são simples. Na época do namoro, o sucesso é a realização do casamento. Durante a primeira fase deste, o sucesso é o nascimento de filhos. Qualquer

40

que seja o estágio da vida familiar, a transição para o próximo estágio é um passo crucial no desenvolvimento da pessoa e de sua família. O esquema desse trabalho se baseia no ciclo de vida familiar, desde o namoro até a velhice e a morte. As estratégias utilizadas por Erickson para solucionar os problemas em cada um desses estágios estão relacionadas nos casos exemplares que se seguem. Sua terapia é facilmente compreendida quando se leva em conta os processos de desenvolvimento da família e os picos de crise que surgem quando as pessoas passam de um estágio a outro do ciclo de vida familiar.

II
O CICLO DE VIDA FAMILIAR

A vida familiar é a arena da paixão humana, mas só recentemente este contexto passou a ser realmente observado e levado a sério. Torna-se cada vez mais evidente que com o tempo as famílias passam por um processo de desenvolvimento, e que a infelicidade humana e os sintomas psiquiátricos surgem quando este processo é interrompido. No entanto, tem sido difícil para o profissional, tanto do campo da clínica quanto da ciência social, levar a sério essas questões comuns da vida. Parece que tanto na psiquiatria quanto na psicologia houve um enfoque mais profundo das questões da identidade, das formações delusórias, das dinâmicas inconscientes ou das leis da percepção concernentes aos dilemas surgidos quando homens e mulheres se unem e criam filhos. Agora que começamos a compreender a enorme influência do contexto social íntimo sobre a natureza do indivíduo, estamos diante do fato que os contextos sociais mudam com a passagem do tempo e que só possuímos informações muito limitadas a respeito desse processo.

Afirmar que deveria ser empregada uma abordagem estratégica em terapia é levantar a questão do objetivo para o qual a estratégia é planejada. Nos últimos vinte anos, progredimos rumo a uma visão cada vez mais abrangente do funcionamento dos sintomas e outros problemas humanos. Outrora, os sintomas eram vistos como a expressão de um indivíduo, independentemente de sua situação social. A crise de ansiedade, ou de depressão, era a expressão do estado de uma pessoa. A seguir, surgiu a idéia de que os sintomas eram a expressão de uma relação entre pessoas e serviam a um propósito tático entre íntimos. Numa crise de ansiedade, a questão era descobrir a função que ela preenchia no casamento, na família, no trabalho ou na relação com o terapeuta. Atualmente, há uma visão ainda mais abrangente, que está implícita na terapia de Milton Erickson. Os sintomas aparecem quando há um deslocamento, ou uma interrupção, no desabrochar do ciclo de vida de uma família ou outros grupos naturais. O sintoma é um sinal de que a família tem dificuldades em ultrapassar um estágio em seu ciclo de vida. Por exemplo, uma crise de ansiedade na mãe, quando dá à luz, é a expressão da dificuldade da família em atingir o estágio de educar crianças. A estratégia terapêutica de Erickson, embora enfoque nitidamente os sintomas, tem como objetivo maior a resolução dos problemas da família, para fazer com que o ciclo familiar se movimente de novo. A admiração por seu virtuosismo técnico pode nos fazer perder de vista os pressupostos básicos sobre a vida familiar que guiam sua estratégia.

Quando se aceita a importância do processo de desenvolvimento das famílias no transcurso do tempo, descobre-se, de imediato, como é pouca a informação que se tem sobre o ciclo de vida das famílias. Estudos longitudinais, baseados na observação da família, não foram empreendidos. Existem, unicamente, pesquisas nas quais se pergunta a cada membro da família sobre sua vida, mas elas se mostraram altamente indignas de confiança. Toda a informação restante se baseia em famílias que buscaram a terapia quando estavam com problemas; sendo assim, temos observado diferentes estágios no ciclo familiar, sem saber o que vem antes e o que naturalmente se segue. O clínico que deseje compreender o desenvolvimento natural das famílias para direcionar sua estratégia descobre que ignora esse processo e trabalha sob o fardo de mitos a respeito de como a família deveria ser, ao invés de saber como ela é.

Um problema adicional é que, qualquer compreensão que tenhamos sobre o desenvolvimento da família pode ficar rapidamente desatualizada, pois a cultura muda e novas formas de vida familiar aparecem. A família nuclear, constituída apenas por pais e filhos que moram em casas separadas do restante de seus parentes, é um fenômeno recente. À medida que começamos a entender a família nuclear, descobrimos que estão aparecendo novas formas de famílias comunais, e o terapeuta que trabalha com jovens pode ser pego pensando em termos de um modelo obsoleto. Um clínico precisa ser tolerante a respeito dos diversos modos de viver e, ao mesmo tempo, ter domínio dos processos de desenvolvimento das famílias, que lhe permitirão reconhecer estágios críticos.

Um breve resumo de alguns desses estágios de crise nas famílias de classe média americana talvez ofereça um pano de fundo para a compreensão da abordagem estratégica de Erickson, embora esteja bem longe de ser inteligível e ignore as diferenças de classe e cultura. A extraordinária complexidade da família em qualquer momento dado, que é maior ainda durante seu período de vida, torna impossível que se tente mais aqui. Esta é uma moldura rudimentar para os capítulos posteriores, que apresentam os modos como Erickson resolve problemas em diferentes estágios da vida familiar.

Mas antes de tentar descrever o ciclo familiar, talvez devêssemos abordar uma possível objeção a esta visão terapêutica. Afirmar que o objetivo da terapia é ajudar as pessoas a ultrapassar uma crise rumo ao próximo estágio da vida familiar pode levar alguns clínicos a considerá-la um modo de "ajustar" as pessoas a suas famílias, ou à sociedade que modela a família. Um tal ponto de vista é ingênuo, pois não leva em conta o fato de que a liberdade e o crescimento do indivíduo são determinados pelo grau de sucesso que ele obtém de sua participação no grupo natural e em seu desenvolvimento. Pode-se pensar que o indivíduo socialmente isolado é mais livre do que a pessoa que participa do amor e do trabalho, mas isso não é verdade quando se examina as restrições que sofre aquele que vive isolado da sociedade.

Há duas maneiras de "ajustar" a pessoa à sua situação sem produzir mudança de crescimento. Uma é estabilizar a pessoa através do uso de medicamentos. Se um jovem atingiu certa idade e a família não consegue atingir o estágio de liberá-lo, ele manifestará sintomas. Os medicamentos evitarão problemas, mas não impedirão a mudança e tornarão a situação crônica, tanto para o jovem quanto para a família. Outro modo de ajustamento é uma longa terapia individual, centrada em ajudar a pessoa a compreender seu desenvolvimento na infância e suas incompreensões, ao invés de tentar abordar a situação de sua vida presente. Muitas esposas, por exemplo, descontentes com o estreito padrão de vida suburbana, foram estabilizadas durante anos pela análise intensa. Ao invés de encorajá-las a começar a agir, o que as conduziria a uma vida mais rica e mais complexa, a terapia impediu a mudança, impondo a idéia de que o problema estava em sua psique e não em sua situação.

Quando se pensa na terapia como um meio de introduzir variedade e riqueza na vida de uma pessoa, o objetivo é livrá-la das limitações e restrições da rede social. Os sintomas comumente surgem quando uma pessoa está numa situação impossível, tentando livrar-se dela. Já se pensou que focalizar o sintoma era "meramente" aliviá-lo à medida que a pessoa se ajustava. Esta noção era sustentada por clínicos que não sabiam como curar um sintoma e por isso não percebiam que, com raras exceções, um sintoma não pode ser curado sem produzir uma mudança básica na situação social da pessoa, que a libera para crescer e se desenvolver. Ataques de ansiedade, por exemplo, que são um produto da situação interpessoal restrita, não podem ser aliviados a não ser que o terapeuta intervenha para ajudar o paciente a encontrar outras alternativas na vida.

O PERÍODO DO NAMORO

O estudo sistemático da família humana é muito recente e coincidiu com o estudo dos sistemas sociais de outros animais. Desde os anos 50, os seres humanos, assim como os animais do campo ou os pássaros do ar, têm sido observados em seu meio ambiente natural. Tanto as semelhanças quanto as diferenças cruciais entre os homens e os outros animais, que ajudam a esclarecer a natureza dos dilemas humanos, estão se tornando evidentes. Os homens têm em comum com outras criaturas o processo de desenvolvimento do namoro, o acasalamento, a construção do ninho, a criação dos filhos e seu desalojamento rumo à própria vida, mas, devido à organização social mais complexa dos seres humanos, os problemas que surgem durante o ciclo de vida da família são únicos entre as espécies.

Todo aprendizado animal compreende os rituais de namoro na idade apropriada, e a gama de variações possíveis é ampla. Em espécies que vivem em rebanhos anônimos, na época propícia um indivíduo se acasala com qualquer um que esteja passando no momento, preferivelmente um membro do sexo oposto. Em outras espécies o acasalamento é menos anônimo; uma criatura encontrará seu parceiro durante a estação de acasalamento anual, mas não haverá acasalamento em outras épocas. Muitas espécies também escolhem parceiros por toda a vida e procriam regularmente durante anos. O ganso selvagem, por exemplo, se associa para a vida toda, e, se um parceiro morre, o sobrevivente o pranteia e pode não se acasalar novamente.

A espécie humana, dada a sua complexidade, pode adotar qualquer dos hábitos de acasalamento dos outros animais. Um homem pode copular com qualquer mulher que passa, quanto mais anônima melhor. Os homens podem também ter *affairs* clandestinos, relacionar-se com uma mulher específica somente em ocasiões sexuais e nunca vê-la em outros momentos. Os seres humanos também tentaram o arranjo de múltiplos maridos ou esposas característicos de algumas espécies. Mais comumente, os homens selecionam uma única parceira para toda a vida e permanecem constantemente com ela; ao menos, esse é o mito da monogamia da classe média americana, que é o centro de nossa discussão.

Uma diferença crucial entre os homens e todos os outros animais é o fato de o homem ser o único animal com parentes. A parentela está envolvida em todos os estágios da vida familiar humana, quando em outras espécies há descontinuidade entre as gerações: os pais criam seus filhos, que então vão embora e escolhem parceiros sem a assistência dos mais velhos. A mãe ursa não diz à filha com quem deve se acasalar nem supervisiona o modo como ela cria seus filhotes, mas os pais humanos selecionam parceiros potenciais para seus filhos e ajudam a criar os netos. O casamento, então, não é meramente a junção de duas pessoas, mas uma reunião de duas famílias que exercem suas influências e criam uma rede complexa de subsistemas.

Este envolvimento com a parentela extensiva é mais importante para diferenciar a espécie humana de outros animais do que o polegar preênsil, o consistente uso de instrumentos ou o cérebro maior. De fato, o cérebro maior do homem pode ter se desenvolvido para poder lidar com a rede social mais complexa. É também possível que o envolvimento de múltiplas gerações tenha produzido nos seres humanos problemas psiquiátricos que não são encontrados entre os outros animais. (Neurose ou psicose em animais parecem ocorrer somente quando os seres humanos intervêm — não naturalmente.)

Vários dos maiores dilemas da vida humana aparecem durante o período da adolescência, em que o jovem passa por modificações para se tornar um membro adulto da comunidade. O que ocorre nesta época pode ter efeitos permanentes sobre o lugar que o indivíduo ocupará na hierarquia social. Esta é uma das épocas mais importantes da vida, quando a ajuda profissional é solicitada e as conseqüências dessa intervenção podem ser mais duradouras do que em qualquer outro momento.

Quando os seres humanos, ou os animais de qualquer espécie, entram na fase final da adolescência, eles começam a perder a tolerância de que gozam os adolescentes à medida que se integram à comunidade adulta. Há um certo período, felizmente relativamente longo na espécie humana, para que o jovem estabeleça seu *status* em relação aos outros e escolha um parceiro. Entre a maioria dos animais, aqueles que não conseguem estabelecer um território próprio durante este período crucial são relegados ao *status* mais baixo da comunidade e não se acasalam. Tornam-se animais periféricos, que vagam pelas margens do território dos outros, e, se tentam lutar para ganhar espaço e *status*, se confrontam com a regra de que a criatura que controla o espaço quase invariavelmente ganha quando luta em seu próprio terreno. Esses párias descobrem que as fêmeas não estão inclinadas a se acasalar com machos que não adquiriram *status*, e as fêmeas que não são selecionadas como parceiras, por sua vez, tornam-se criaturas periféricas, ignoradas pelos machos e atormentadas por todas as fêmeas que conseguiram machos, e por conseguinte *status*. Os animais periféricos da maioria das espécies não são defendidos nem cuidados. São os descartados da natureza, oferecidos aos predadores como parte da proteção do grupo. Suas vidas são comparativamente mais curtas, e eles não procriam ou se reproduzem.

Na espécie humana, os descartados periféricos são oferecidos às profissões assistenciais: caridade, serviço social, psicologia e psiquiatria se aplicam a eles. As profissões de ajuda são, por natureza, auxiliares benévolos e também agentes do controle social. Em seu aspecto benevolente, tentam ajudar aquele que se desviou socialmente a obter um emprego e um parceiro e se tornar uma parte atuante da comunidade. Como controladores, tentam conduzi-lo de volta ao rebanho da instituição, onde ele é impedido de se tornar um transtorno para aqueles que ganharam espaço e adquiriram *status*. Algumas vezes, também se acredita que isso é ajuda.

Embora saibamos menos sobre o comportamento de namoro dos jovens adolescentes americanos do que sabemos sobre outros animais (a corte do ganso selvagem é estudada há séculos), sabemos que existe um fator tempo e um fator risco. Há um período em que os jovens estão todos aprendendo a cortejar e participando desta atividade, e quanto mais uma criança retardar este processo, mais periférica ela se torna à rede social. Um jovem que até os vinte anos não tiver tido nenhum encontro se sentirá marginalizado ao lidar com outros jovens da sua idade, que estiveram experimentando procedimentos de namoro durante anos. Não é só que o jovem inexperiente não tenha aprendido a lidar com o sexo oposto, ou que não possa provocar as respostas físicas adequadas, mas seu comportamento social não é apropriado; aqueles que escolhem cortejar já praticaram o comportamento de namoro avançado, enquanto ele está ainda se inserindo nos estágios iniciais do processo.

Se o namoro fosse um processo racional, o problema seria menos complexo, mas claramente ela não é. Os jovens se casam para fugir de casa, para salvar um ao outro, porque simplesmente se apaixonaram, porque desejam ter filhos e por muitas outras razões. O primeiro encontro entre dois jovens pode conduzir a resultados imprevisíveis. Um problema específico para o adolescente humano é seu simultâneo envolvimento com a família e seus pares. As maneiras que precisa apresentar para se adaptar à sua família podem impedir seu desenvolvimento normal com as pessoas de sua idade. Essencialmente, o problema é de desaleitamento, e este processo não se completa até que o filho saia de casa e estabeleça laços íntimos fora da família. O longo período nutriente, requerido para o desenvolvimento humano, pode induzir os mais jovens a nunca deixarem o lar, ao invés de prepará-los para uma vida separada. A mãe ursa mandará os filhotes subirem na árvore e os abandonará. Os pais humanos podem soltar seus filhos, mas podem também enredá-los perpetuamente na organização familiar.

Muitos adolescentes que se tornam pessoas periféricas não conseguem nunca se separar suficientemente de suas famílias, ou origens, para percorrer os estágios necessários de escolher um parceiro e construir seu próprio ninho. Em algumas culturas a seleção do parceiro é definida explicitamente como direito dos pais, mas mesmo em culturas com idéias mais românticas sobre o casamento o jovem não é suficientemente livre para escolher suas companhias do sexo oposto. Tão logo um moço se aventura para fora da própria família e se liga seriamente a uma moça, dois pares de pais se tornam parte do processo de tomada de decisões. Mesmo quando os jovens escolhem parceiros por despeito, porque os pais se opõem à escolha, ainda assim eles são apanhados pelo envolvimento parental, porque a escolha não é independente. O que já foi encarado como uma "escolha neurótica de parceiros" evidentemente envolve um processo de decisão familiar.

Para muitos adolescentes, a ajuda de um terapeuta profissional se torna uma cerimônia de iniciação, na medida que provê uma relação com um estranho cujo objetivo é ajudá-lo a adquirir independência e maturidade. É uma maneira pela qual a cultura ajuda o jovem a se livrar dos laços da organização familiar, entrar no casamento e constituir a própria família.

A terapia, quando obtém sucesso, transfere o jovem para uma vida na qual ele pode tirar o melhor partido de suas habilidades potenciais. Quando não obtém sucesso, a pessoa se torna uma criatura periférica; e a terapia pode contribuir para esse malogro. Quanto mais drástica a intervenção do terapeuta — por exemplo, quando impõe a hospitalização ou insiste em anos de tratamento —, mais permanentemente o estigma de ser uma pessoa "especial" persegue o adolescente. A própria relação terapêutica pode diminuir, ao invés de aumentar, suas chances. Tratamentos a prazo longo podem introduzir um viés na vida de um jovem de muitas maneiras: perpetua o envolvimento financeiro dos pais, cria uma relação de dependência baseada num relacionamento, como substitutivo de relacionamentos mais naturais, e cria uma espécie de adolescente particularmente centrado em se tornar consciente de por que faz o que quer que seja e com uma restrita ideologia de explanação.

À medida que os terapeutas aperfeiçoam sua destreza, a formulação dos objetivos do tratamento se torna mais precisa e as técnicas terapêuticas mais eficientes. Uma alteração importante decorreu da percepção de que todos os adolescentes com problemas não podem se encaixar num único método de terapia; cada indivíduo é um contexto único, e a terapia precisa ser suficientemente flexível para se adaptar às necessidades da situação singular. O tratamento da maioria dos adolescentes ocorre quando os jovens sentem que não conseguem participar como gostariam do amor e do trabalho, e então estabelecem os objetivos que o terapeuta deveria ajudá-los a atingir. Com freqüência, ambos, o terapeuta e o paciente, formulam o objetivo, mas no processo de tratamento um terceiro tipo de objetivo aparece, sem ter sido previsto por nenhum dos participantes. Quando um profissional de ajuda intervém na vida de uma pessoa, o resultado não é de modo algum previsível.

Um dos problemas para o clínico que lida com jovens é que ele precisa ter sabedoria suficiente para ser um guia, mas não pode ter uma visão estereotipada, que o leve a "ajustar" os jovens a idéias de como eles deveriam viver. É comum, por exemplo, que jovens se casem e criem filhos, mas muitos que não escolhem este caminho podem levar vidas satisfatórias. Se um jovem busca a terapia porque deseja se casar, ou ter sucesso na carreira, e não consegue, o clínico deveria saber como ajudá-lo a atingir seu objetivo; se, no entanto, um jovem não escolhe este caminho de vida, impô-lo, porque é o comportamento "aceitável", é irreal e pode tolher os esforços terapêuticos. Felizmente, nossa cultura americana ainda é suficientemente diversificada para permitir que as pessoas vivam de maneiras que não se enquadram na norma da classe média, da família nuclear do subúrbio.

Se um clínico acredita que o objetivo da terapia é introduzir complexidade e riqueza na vida de uma pessoa, ele estará mais ocupado em encorajar modos alternativos de viver do que o conformismo a um padrão socialmente aceito. O problema para o clínico é reconhecer que muitos jovens vivem vidas estreitas porque não conseguiram se desembaraçar de suas famílias. Por exemplo, alguns jovens vivem vidas marginais porque são parte de uma cultura jovem que busca estilos alternativos de vida. Outros vivem de modos periféricos porque é sua função na família serem o fracassado. Não estão respondendo a seus pares, mas ao que aconteceria em casa se escolhessem um caminho mais convencional, e, embora pareçam ter feito uma escolha, estão na verdade respondendo impotentemente à complicação familiar. Falar com eles sobre um modo diferente de vida é como falar com um prisioneiro a respeito de como poderia usar sua liberdade. A dificuldade para o clínico é determinar as restrições que impedem o jovem de conseguir uma vida mais complexa e interessante, o que em geral é impossível sem conhecer toda a família.

Assim como os jovens podem evitar o casamento por razões familiares internas, eles podem também correr para o casamento prematuramente, numa tentativa de se desembaraçar de uma infeliz rede familiar. Com freqüência, a tarefa do clínico é impedir que o jovem passe muito rapidamente para o próximo estágio da vida familiar, antes que ele tenha reconhecido a possível diversidade de modos de vida.

A abordagem do dr. Erickson para resolver os problemas da corte é apresentada no Capítulo III.

O CASAMENTO E SUAS CONSEQÜÊNCIAS

A importância da cerimônia do casamento, não só para o jovem casal, mas para a família inteira, está começando a se tornar mais aparente à medida que os jovens desistem dela. Os rituais que muitas vezes parecem supérfluos aos jovens podem ser demarcações importantes dos estágios, que ajudam as pessoas envolvidas a fazer a alteração para novas maneiras de se relacionarem. Na maioria das culturas, as cerimônias que cercam o nascimento, a puberdade, o casamento e a morte são protegidas como algo crucial para um viver estável.

Qualquer que seja a relação entre um par de namorados antes do casamento, a cerimônia altera a natureza do relacionamento de maneiras imprevisíveis. Para muitos casais, o período de lua-de-mel e a fase anterior ao nascimento dos filhos são deliciosos. Para outros, ao contrário, uma tensão desnorteante pode ocorrer, rompendo o elo matrimonial ou produzindo sintomas no indivíduo mal tenha começado o casamento.

Alguns casamentos são problemáticos desde o início devido ao motivo que os originou. Por exemplo, jovens que se casam principalmente para fugir de suas famílias podem descobrir, uma vez casados, que a razão para o casamento desapareceu. Eles escaparam, mas para um casamento que não tem nenhum outro propósito, e, para que este continue, devem descobrir alguma outra base. A ilusão sobre o casamento com freqüência está muito distante do que ele realmente é.

Embora o ato simbólico do casamento tenha um significado diferente para cada pessoa, ele é, em primeiro lugar, um compromisso de um para com o outro por toda a vida. Nessa época de divórcios fáceis, pode-se entrar num casamento com algumas restrições, como se fosse um teste. Mesmo assim, na medida em que é um compromisso, os jovens se descobrirão respondendo um ao outro de novas maneiras. Algumas vezes sentem-se enredados e começam a agir com rebeldia, discutindo a respeito de problemas de autoridade; ou sentem-se livres para serem "eles mesmos" e apresentam comportamentos inesperados para o outro cônjuge. Pelo ato do casamento, o casal é absolvido de esconder alguma coisa um do outro; este movimento para uma intimidade sem reservas pode ser bem-vindo, mas pode também ser assustador. Muitos jovens conservadores ainda adiam as relações sexuais até estarem casados, e diferentes idéias sobre esta aventura, assim como expectativas prévias exageradas, podem causar desapontamento e confusão.

Quando o casal inicia uma vida em comum, precisa elaborar uma série de ajustes necessários a qualquer par que viva em íntima associação. Deve concordar sobre a maneira de lidar com as famílias de origem, com seus pares, com os aspectos práticos da vida comum e as diferenças sutis e genéricas entre eles enquanto indivíduos. Implícita ou explicitamente, precisam resolver um extraordinário número de questões, algumas das quais não poderiam ter sido previstas antes do casamento, incluindo quem decidirá onde irão morar, quanta influência a esposa terá na carreira do marido, se um deles deverá julgar os amigos do outro, se a esposa deverá trabalhar ou permanecer em casa, e centenas de outros assuntos, aparentemente triviais, tal como quem deverá guardar a roupa de quem. Suas informações a respeito do casamento, e suas experiências reais, são duas ordens diferentes de entendimento.

À medida que soluciona sua relação, o jovem casal precisa também planejar modos de lidar com as divergências. Com freqüência, neste período inicial, evitam as controvérsias ou afirmações críticas devido à aura benevolente do novo casamento e porque não querem ferir o sentimento um do outro. Com o tempo, as áreas controversas que evitaram tornam-se maiores, e eles seguidamente se vêem à beira de uma briga e se descobrem misteriosamente irritados um com o outro. Algumas vezes os assuntos que não podem ser discutidos ficam embutidos no casamento. Com maior freqüência, um traz à tona uma questão menor, o outro revida na mesma moeda e os dois têm uma briga que explicita as questões que até o momento haviam comunicado só indiretamente. Essas brigas, em sua maioria, são assustadoras devido às emoções inesperadas que provocam, e o casal faz juras e votos de não brigar novamente. Mas, gradualmente, assuntos não discutidos se imiscuem no casamento, até que explode uma nova briga. No processo, eles descobrem modos de resolver as divergências e ordenar as conseqüências. Algumas vezes, as próprias soluções são insatisfatórias, levando a um crescente descontentamento, que emerge posteriormente no casamento. Por exemplo, um casal pode achar que a controvérsia pode ser resolvida somente se um dos dois ceder ao outro mais do que ele ou ela acredita ser apropriado. Neste período inicial, maridos e esposas aprendem o poder manipulativo da fraqueza e da doença, assim como o poder da força.

A maioria das decisões tomadas pelos recém-casados são influenciadas não só pelo que eles aprenderam em suas respectivas famílias, mas também pelas emaranhadas alianças atuais com os pais, que são um aspecto inevitável do casamento. Individualmente, os jovens devem deixar de ser dependentes de seus pais para se relacionarem com eles como adultos independentes e se comportarem diferentemente em relação a eles.

As decisões que o par recém-casado toma não podem, facilmente, ser separadas da influência parental. Por exemplo, se a mulher deve ou não trabalhar ou onde o jovem casal irá residir são questões influenciadas pelos pontos de vista dos pais. Os jovens precisam estabelecer um território com alguma independência da influência parental, e os pais, por seu lado, precisam modificar a maneira de lidar com os filhos depois do casamento. Muita ajuda benevolente pode ser tão danosa para o jovem casal quanto a censura destrutiva. Quando os pais continuam a prover apoio financeiro, há uma barganha implícita ou explícita sobre o direito que terão de ditar o modo de vida em troca daquele apoio. Dar dinheiro pode ser uma ajuda ou algo pernicioso, e surgem questões a respeito do assunto: o dinheiro deveria ser dado em espécie, em presentes, para um ou para o outro, ou para os dois como casal? Deve ser dado livremente ou com uma crítica implícita de que a ajuda não deveria ser necessária? Uma cisão pode ser criada num casamento recente devido à natureza do envolvimento dos pais, em geral sem muita percepção do que está causando o mal-estar. Quando o casamento é enredado em conflitos com os parentes extensivos, sintomas podem se desenvolver. A esposa que não consegue evitar a intrusão de sua sogra no casamento, por exemplo, pode desenvolver sintomas como um modo de lidar com a situação.

Alguns casais tentam tornar seu território totalmente independente, separando-se totalmente da família extensiva. Em geral, isto não tem sucesso e tende a erodir o casamento, porque a arte do casamento exige que o casal consiga independência enquanto, simultaneamente, permanece emocionalmente envolvido com os próprios parentes. (Casos que ilustram maneiras de resolver problemas no início do casamento são apresentados no Capítulo IV.)

PARTO E CUIDADO COM O BEBÊ

Parte da aventura do casamento é que, quando os problemas de um estágio começam a ser resolvidos, o próximo se inicia, trazendo novas oportunidades problemáticas. Um jovem casal, que tenha elaborado um modo agradável de convivência durante o período do início do casamento, descobre que o parto faz surgir novas questões e desestabiliza as antigas. Para muitos casais, este é um período delicioso de antecipação e acolhimento da criança, mas para outros é um período de sofrimento que assume formas diversas. A esposa pode ficar extremamente transtornada durante a gravidez, ter problemas físicos misteriosos, que impedem que a gravidez chegue a seu termo, ou começar a se comportar de modo perturbado ou bizarro imediatamente após o nascimento da criança. Alternativamente, o marido, ou algum membro da família extensiva, pode desenvolver uma enfermidade que coincida com o evento do parto.

Neste período, quando surge um problema, a "causa" não pode ser facilmente determinada, porque são muitos os diferentes arranjos estabelecidos no sistema familiar, que são revisados com a chegada da criança. Os jovens casais que consideram seu casamento um teste descobrem que a separação se tornou mais difícil. Outros casais, que pensavam estar comprometidos um com o outro, descobrem sentimentos relacionados com a chegada da criança e, pela primeira vez, a fragilidade de seu contrato de casamento original.

O tipo de jogo que um casal elaborou antes do parto é um jogo íntimo, a dois. Eles aprenderam a lidar um com o outro e descobriram modos de resolver muitos assuntos. Com o nascimento de uma criança, eles automaticamente formam um triângulo. Não é um triângulo com alguém de fora ou com um membro da família extensiva; ciúmes de um novo tipo podem se desenvolver quando um cônjuge sente que o outro está mais envolvido com a criança do que com ele. Muitas das questões que o casal enfrenta começam a ser tratadas através da criança, tornando-se ela o bode expiatório e a desculpa para os novos problemas e para antigos problemas não resolvidos. Maridos e mulheres à beira da separação podem agora concordar que devem permanecer juntos pelo bem da criança, quando poderiam não ter se separado de forma alguma. Esposas descontentes podem decidir que seu estado deve-se à criança, ao invés de encarar velhos problemas com o marido. Por exemplo, a mãe de uma jovem psicótica de dezoito anos certa vez asseverou que a filha sempre estivera entre ela e o marido. Citou, como prova, uma carta que havia escrito quando a filha tinha alguns meses de idade, na qual chamava a atenção do marido porque ele e a filha estavam sempre do mesmo lado, contra ela. Se uma criança se torna parte do triângulo deste modo, quando tiver idade suficiente para deixar o lar surgirá uma crise, porque o casal se verá frente a frente, sem a filha como estratagema entre eles; questões que não foram resolvidas há anos, antes do nascimento da criança, são reativadas.

Em muitos casos, um casamento é precipitado devido a uma gravidez, e o jovem casal não vê a vida comum como uma parceria. O casamento começa e continua como um triângulo até que a criança saia de casa. Com freqüência, um casamento forçado por esse motivo não se torna um problema. Em outros casos, a criança é a desculpa para o casamento e será culpada por todas as dificuldades maritais e extramaritais.

O nascimento iminente de uma criança representa a reunião de duas famílias e cria avós, tias e tios, dos dois lados. Um arranjo tão simples, tal como os acordos de visita, serão revisados quando os avós aparecerem. As duas famílias podem discutir sobre questões como o nome a ser dado à criança, como ela deve ser criada e educada, qual família influenciará seu desenvolvimento, e assim por diante. Em geral, os parentes consideram o casamento temporário até que a chegada da criança força a questão. A possibilidade, ou realidade, de uma criança defeituosa pode levantar dúvidas potenciais sobre todos os ramos da família e ser usada como munição numa luta familiar.

Afastado de suas famílias pela chegada da criança, o jovem casal está também mais entrelaçado no sistema familiar. Como pais, são agora mais individualizados como adultos e menos crianças eles próprios, mas o filho os aproxima mais ainda da rede total de parentes, na medida em que velhos elos alteram naturezas e novos elos se formam.

Durante este período, quando surge sofrimento, em geral ele assume a forma de sintomas e distúrbios em um dos participantes. No entanto, a pessoa que exibe o sofrimento não é necessariamente o foco apropriado de tratamento. Uma esposa perturbada pode estar reagindo a um marido que se sente enredado porque uma criança está no caminho, ou respondendo a uma crise na família extensiva.

À medida que o jovem casal sobrevive ao nascimento da criança, ele se torna excessivamente ocupado durante os anos necessários aos cuidados dos bebês. Cada novo parto modifica a natureza da situação e levanta novas e antigas questões. O prazer de criar os filhos é, com freqüência, contrabalançado pela tensão gerada pelo contínuo envolvimento com problemas complexos, que eles precisam aprender a resolver por si mesmos, porque, nesta época de mudanças, relutam em utilizar os mesmos métodos educacionais de seus pais.

É no estágio de cuidar dos filhos pequenos que um problema especial surge para as mulheres. Ter filhos é algo que elas almejam como uma forma de auto-realização. Mas tomar conta dos bebês pode ser fonte de frustração pessoal. Tendo sido educadas para o dia que se tornariam adultas e seriam capazes de usar suas habilidades especiais, elas se vêem amputadas da vida adulta e vivendo, de novo, num mundo de crianças. O marido, ao contrário, é capaz de participar do mundo de trabalho dos adultos e desfrutar as crianças como uma dimensão a mais em sua vida. A esposa que fica confinada à conversação com as crianças pode também se sentir denegrida com a etiqueta de dona-de-casa e mãe. Um anseio por uma maior participação no mundo adulto, para o qual estava preparada, pode fazê-la sentir-se descontente e invejar as atividades do marido. O casamento pode começar a se desgastar à medida que a esposa solicita mais ajuda do marido para cuidar dos filhos e mais atividades adultas, enquanto ele se sente oprimido pela esposa e pelos filhos e tolhido em seu trabalho. Algumas vezes, a mãe tentará exagerar a importância de criar filhos, encorajando a criança a ter um problema emocional, ao qual pode então devotar sua atenção. A tarefa do terapeuta é solucionar o problema da criança, ajudando a mãe a se separar dela e a encontrar uma vida própria mais plena.

Apesar das dificuldades que surgem com as crianças pequenas, o período mais comum de crise é a fase escolar. No passado, quando as crianças começavam a se comportar mal ou relutavam em ir à escola, o procedimento usual era permitir que permanecessem em casa enquanto iniciavam uma terapia individual, na esperança de que se recuperassem e, principalmente, passassem a querer ir à escola. Entrementes, elas ficavam cada vez mais atrasadas em relação a seus pares. Com a orientação familiar, tornou-se mais comum levar a criança para a escola e tratar a situação global, reconhecendo que o problema poderia estar em casa, na escola, ou em ambos os lugares. Nesta idade, a criança com freqüência funciona mal, em parte devido ao que se passa na complexa organização familiar, mas também porque está se envolvendo mais em atividades fora dela. Conflitos entre os pais sobre como educar crianças se tornam mais manifestos quando seu produto é exibido. O início da fase escolar dá também aos pais a primeira oportunidade de enfrentar o fato de que os filhos um dia sairão de casa e os dois terão de se defrontar.

É neste estágio que a estrutura da família se torna mais visível para o terapeuta consultado devido a um problema com uma criança. Os padrões de comunicação na família se tornaram habituais, e certas estruturas não se adaptam ao envolvimento da criança fora da família. Vários tipos de estruturas infelizes são comumente encontradas, e todas elas dizem respeito às brechas nas linhas das gerações dentro da família. O problema mais usual é um dos pais, comumente a mãe, se alinhar consistentemente com a criança contra o outro, em geral o pai, protestando que este é muito duro com a criança, enquanto ele afirma que ela é muito mole. Neste triângulo, os pais estão tentando salvar a criança do outro, oferecendo-lhe assim a oportunidade de jogar um deles contra o outro. Este triângulo pode ser descrito de vários modos, e uma maneira adequada é perceber um dos pais como "superenvolvido" com o filho. Em geral, a mãe, embora muito prestativa, revela-se exasperada em relação à criança e frustrada em suas tentativas de lidar com ela. O pai é mais periférico, e, se intervém para ajudar a mãe, ela o ataca e ele se retira, deixando-a incapaz de lidar efetivamente com o filho. Este padrão se repete infindavelmente, impedindo as crianças de amadurecerem e a mãe de se desembaraçar do cuidado com os filhos e encontrar uma vida própria mais produtiva. À medida que o padrão continua, a criança se torna o meio através do qual os pais se comunicam sobre questões que não conseguem enfrentar diretamente. Por exemplo, se existe uma questão a respeito da masculinidade do pai que não pode ser encarada dentro do casamento, a mãe pode indagar se o filho é afeminado, enquanto o pai pode insistir que o menino é suficiente macho. A criança coopera comportando-se de modo feminino para fornecer à mãe um argumento e de modo suficientemente masculino para apoiar o pai. O filho aparenta não saber bem a que sexo pertence, enquanto atua como uma metáfora dentro do triângulo. Fora de casa, o padrão estabelecido é ameaçado, e sintomas na criança podem assinalar a dificuldade da família em ultrapassar este estágio.

Este triângulo pode ocorrer mesmo que os pais estejam divorciados, uma vez que o divórcio legal necessariamente não modifica este tipo de problema. Se uma mulher que está criando seu filho sozinha o apresenta como um problema, um terapeuta alerta buscará um ex-marido que ainda esteja envolvido, e seu objetivo será ajudar a família a atravessar o processo de realmente desengajar um membro.

Em famílias com um só dos pais, uma estrutura problemática típica deste estágio é a avó, que consistentemente se alia à criança contra a mãe. Se a mãe é jovem, a avó geralmente trata a filha e o neto como se fossem irmãos, e a criança é apanhada numa luta entre a mãe e a avó através das linhas de geração. Isto é especialmente típico em famílias que vivem na pobreza.* Na classe média, a mãe com freqüência se separa do marido após lutar com ele a respeito do filho, e a avó a substitui para continuar a luta.

As lutas de geração dentro de uma família em geral se tornam evidentes somente quando a criança atinge a idade de se envolver com a comunidade fora da família. Neste ponto, os padrões familiares

---

* Salvador Minuchin *et al.*, *Families of the Slums*. Nova York, Basic Books, 1967.

que haviam funcionado com razoável sucesso se quebram, e pede-se a um terapeuta que intervenha para ajudar a família a passar ao próximo estágio. (A abordagem de Erickson para tais problemas é apresentada nos Capítulos V e VII.)

DIFICULDADES NO MEIO DO CASAMENTO

Entre a maioria das espécies animais, uma unidade familiar composta de pais e filhos é de breve duração. Tipicamente, os pais procriam anualmente, e os jovens vão para o mundo reproduzir sua própria espécie, enquanto os pais começam uma nova ninhada. Os pais humanos são responsáveis pelos filhos durante vários anos e precisam continuar ligados a eles mesmo quando deixam de tratá-los como crianças e passam a tratá-los mais como iguais. Em última instância, quando os pais envelhecem, os filhos começam a tomar conta deles. Este arranjo é único e requer que os membros da família se adaptem a mudanças extraordinárias de relacionamento mútuo através dos anos. À medida que um relacionamento muda dentro da família, a relação marital sofre constantes revisões.

Falar em problema marital é criar uma entidade "casamento" que negligencia todas as influências externas que a atingem. O limite que traçamos ao redor do casal, ao redor da família nuclear, ou ao redor do sistema de parentesco, é arbitrário e deve-se a propósitos de discussão. Quando se examina a influência da saúde na família pobre, ou a intrusão de uma corporação na vida privada dos executivos de classe média, torna-se evidente que os problemas do casal são só parcialmente descritos quando se enfoca o casal. Se um homem não está empregado e sua esposa recebe um seguro social, o "problema marital" inclui o modo pelo qual o governo intervém nesse casamento. Do mesmo modo, um casamento pode ter como fonte principal de dificuldade a intrusão de uma sogra, o comportamento das crianças ou quaisquer outros fatores. É importante ter sempre em mente que a família é um grupo em funcionamento, sujeito a influências externas cambiantes, com uma história, um futuro e estágios de desenvolvimento, assim como com padrões habituais entre os membros.

Na família como a conhecemos hoje, o casal que esteja casado há dez ou quinze anos enfrenta problemas que podem ser descritos em termos do indivíduo, do par marital ou de toda a família. Nesta época, o marido e a mulher estão chegando aos anos intermediários de seus ciclos de vida. Em geral, esse é um dos melhores períodos da vida. O marido pode estar desfrutando o sucesso no trabalho e a esposa pode partilhar este sucesso que ambos se esforçaram por alcançar. A mulher também está mais livre, pois os filhos a exigem menos, e pode desenvolver talentos e dar continuidade à sua própria carreira. As dificuldades iniciais que o casal possa ter experimentado se resolveram com o tempo, e sua abordagem da vida se abrandou. É um período no qual a relação marital está se aprofundando e ampliando, e no qual as relações estáveis com a família extensiva e o círculo de amigos já estão estabelecidas. As dificuldades de cuidar de crianças pequenas se encerraram e são substituídas pelo prazer conjunto de vê-las crescer e se desenvolver de modos surpreendentes.

O clínico só recebe famílias neste estágio quando a vida não está indo bem. Para muitas famílias, este é um período difícil. Com freqüência o marido atingiu um ponto de sua carreira em que percebe que não irá realizar suas ambições da juventude. Seu desapontamento pode afetar toda a família, e particularmente seu *status* com a esposa. Ou, ao contrário, o marido pode ter tido mais sucesso do que imaginara e, enquanto desfruta de grande respeito fora do lar, a esposa continua a se relacionar com ele como fazia quando ele era menos importante, com conseqüentes ressentimentos e conflitos. Um dos inevitáveis dilemas humanos é que o homem, quando atinge a meia-idade e adquire *status* e posição, se torna mais atraente para as mulheres jovens, enquanto a esposa, mais dependente da aparência física, se sente menos atraente para os homens.

Quando todas as crianças tiverem ido para a escola, a esposa sentirá que precisa fazer alterações em sua vida. O aumento do lazer força-a a considerar suas ambições anteriores em termos de carreira, por exemplo, e ela pode se sentir insegura quanto a suas habilidades. A premissa cultural de que ser dona-de-casa e mãe não é suficiente se torna um problema cada vez maior à medida que as crianças precisam menos dela. Em certos momentos, ela pode sentir que sua vida está sendo desperdiçada em casa e que seu *status* está declinando no momento exato em que o marido está se sentindo mais importante.

Nesses anos intermediários, o casal já atravessou muitos conflitos e elaborou modos muito rígidos e repetitivos de relacionamento. Eles mantiveram a estabilidade da família através de padrões complicados de intercâmbio para resolver problemas e para evitar as soluções. À medida que os filhos crescem e a família sofre mudanças, os padrões podem se mostrar inadequados e surge uma crise. Algumas vezes, há um acúmulo de problemas de comportamento, tais como bebida ou violência, que ultrapassa o ponto tolerável. Um ou os dois esposos podem sentir que, para a vida melhorar um pouco, eles precisam interromper a relação agora, antes que fiquem muito velhos.

Os anos intermediários podem forçar um casal a tomar uma decisão a respeito de continuarem juntos ou tomarem caminhos separados. Este período, quando os filhos permanecem menos em casa, força também os pais a perceberem que no final eles irão mesmo embora e os dois terão que se defrontar. Em muitos casos, concordaram em ficar juntos pelo bem dos filhos e, quando percebem estar se aproximando o momento da partida, entram em crise conjugal.

Várias tensões maritais e divórcios podem ocorrer nestes anos intermediários, embora o casal tenha sobrevivido a muitas crises anteriores. Muitos outros períodos de tensão familiar ocorrem quando alguém entra ou sai da família. Nos anos intermediários, o conjunto não está mudando; mas num certo sentido está, porque este é o período em que os filhos estão deixando de ser crianças e se tornando jovens adultos. O que é conhecido como crise de adolescência pode ser visto como uma luta dentro do sistema familiar para manter o arranjo hierárquico anterior. Por exemplo, uma mãe pode ter desenvolvido maneiras de lidar com sua filha enquanto criança e modos de lidar com a competição das mulheres; quando a filha cresce, ela se torna uma competidora, e a mãe não consegue se relacionar com ela de maneira consistente. O pai, apanhado entre as duas, pode sentir que a experiência é atordoante. Uma alteração similar ocorre conforme o filho cresce e se torna rapaz, e o pai deve lidar com ele como filho, mas também como homem adulto. O filho ou um dos pais pode apresentar sintomas como uma maneira de estabilizar o sistema, mas talvez, com mais freqüência do que em outros períodos, o surgimento de problemas é reconhecidamente o tormento familiar.

Resolver um problema conjugal no estágio intermediário do casamento é, em geral, mais difícil do que durante os anos iniciais, quando o jovem casal ainda vive um estado de instabilidade e elabora novos padrões. No estágio intermediário, os padrões estão estabelecidos e são costumeiros. Com freqüência, o casal tentou vários modos de reconciliar as diferenças e retornou aos padrões antigos a despeito do sofrimento. Como um dos padrões típicos para estabilizar o casamento é o casal se comunicar através dos filhos, surge uma crise quando eles saem de casa e o casal novamente fica face a face.

DESEMBARAÇANDO PAIS E FILHOS

Parece que toda a família entra num período de crise quando os filhos começam a ir embora, e as conseqüências são várias. Com freqüência, o casamento é atirado numa turbulência que progressivamente se aquieta quando os filhos partem e os pais elaboram o relacionamento a dois. Eles conseguem resolver seus conflitos e permitir que os filhos escolham seus parceiros e carreiras, fazendo a transição para se tornarem avós. Em famílias onde há somente um dos pais, o afastamento do filho pode ser sentido como o início de uma velhice solitária, mas a perda precisa ser vivida e novos interesses encontrados. Ultrapassar este período, ou não, depende, em alguma medida, da gravidade que ele representa para os pais e, em alguma medida, de como um profissional intervenha no momento crucial.

Em muitas culturas, a separação entre filhos e pais é assistida por uma cerimônia que define a criança como adulto recém-criado. Esses ritos de iniciação fornecem à criança um novo *status* e exigem que os pais as tratem de modo diferente a partir de então. Na classe média americana, não há uma demarcação tão clara; a cultura não tem uma maneira de anunciar que o adolescente é agora um adulto individualizado. A formatura escolar serve parcialmente a este propósito, mas a graduação do segundo grau é em geral somente um passo rumo à universidade, que exige um suporte parental contínuo. Mesmo o casamento, em casos onde os pais continuam a financiar o casal, não define claramente a separação, nem oferece um completo cerimonial de afastamento.

Algumas vezes a crise entre os pais surge quando o filho mais velho deixa o lar. Em outras famílias, o distúrbio parece tornar-se pior progressivamente, à medida que cada filho vai embora, enquanto em outras isto ocorre na hora em que o mais novo se prepara para partir. Muitas vezes, pais que observaram seus filhos partir, um a um, sem dificuldades são repentinamente enredados numa crise, quando um deles atinge a idade de sair de casa. Em tais casos, o filho foi de especial importância para o casamento. Talvez ele seja aquele através de quem os pais conduziam a maior parte da comunicação mútua, ou aquele que mais lhes dava trabalho e que os uniu na preocupação comum e no cuidado com ele.

Uma dificuldade marital que pode emergir neste período é os pais descobrirem que não têm nada a dizer um ao outro e nada a partilhar. Eles não conversaram sobre nada a não ser sobre os filhos. Algumas vezes, o casal volta a discutir questões que discutia antes de ter filhos. Como esses assuntos não foram resolvidos, mas meramente deixados de lado com a chegada dos filhos, eles agora surgem de novo. Com freqüência, o conflito conduz à separação ou ao divórcio — um evento que pode parecer trágico após tantos anos de casamento. Também não é raro que, se o conflito for grave, haja ameaças de assassinato e tentativas de suicídio.

Não parece acidental que as pessoas em geral enlouqueçam — ou se tornem esquizofrênicas — por volta dos vinte anos, idade na qual se espera que os filhos abandonem a casa e a família. A esquizofrenia e outros distúrbios graves podem ser observados como um modo extremo de tentar solucionar o que ocorre na família neste estágio da vida. Quando filhos e pais não toleram se separar, a ameaça pode ser abortada se algo de errado acontecer ao filho. Ao desenvolver um problema que o incapacite socialmente, o filho permanece dentro do sistema familiar. Os pais podem continuar a partilhá-lo como fonte de preocupação e desacordo, e sentem não ser necessário lidar um com o outro sem ele. O filho pode continuar a partilhar da luta triangular com os pais, oferecendo a si mesmo, e a eles, sua "doença mental" como uma desculpa para todas as dificuldades.

Quando os pais trazem um adolescente ao terapeuta como um problema, este pode centrar a terapia nele, submetê-lo a um tratamento individual ou hospitalizá-lo. Se isto for feito, os pais parecem mais normais e preocupados e o filho manifesta um comportamento mais extremado. O que o especialista fez foi cristalizar a família nesse estágio de desenvolvimento, rotulando e tratando o filho como "paciente". Os pais não precisam resolver seus conflitos mútuos e seguem para o próximo estágio marital; e o filho não tem que se mover rumo a relações mais íntimas fora da família. Uma vez acertado este arranjo, a situação fica estável até que ele melhore. Se ele se torna mais normal e ameaça seriamente se casar, ou consegue se sustentar, a família mais uma vez entra no estágio dos filhos que deixam o lar e o conflito e a dimensão ressurgem. A resposta dos pais a esta nova crise é suspender o tratamento do filho ou voltar a hospitalizá-lo como caso reincidente, e, uma vez mais, a família se estabiliza. À medida que este processo se repete, o filho se torna um doente "crônico". Com freqüência, o terapeuta encara o problema como uma questão filho *versus* pais e toma o partido do filho vitimizado, ocasionando mais dificuldades para a família. Com um ponto de vista semelhante, o médico do hospital algumas vezes aconselha o jovem a deixar a família e nunca mais tornar a vê-la. Com muita freqüência esta abordagem fracassa; o filho tem um colapso e continua sua carreira de enfermo crônico.

Embora não saibamos muito a respeito de como o filho se liberta dos pais e sai de casa, parece que ele sairia perdendo se fosse para qualquer um dos dois extremos. Se deixar a família e jurar nunca mais vê-la, sua vida irá mal. Se, nesta cultura, ficar com os pais e deixar que eles dirijam sua vida, ela também irá mal. Ele deve se separar da família, mas permanecer envolvido com ela. Este equilíbrio é o que muitas famílias conseguem e o que os terapeutas familiares contemporâneos buscam.

O terapeuta familiar a quem um adolescente é apresentado como um caso não vê o filho como o problema, mas sim toda a situação familiar. Seu objetivo não é promover a compreensão e a união entre o jovem e a família, mas funcionar como uma cerimônia de iniciação, lidando com o problema de tal modo que o filho entre no mundo adulto e os pais aprendam a tratá-lo, assim como um ao outro, de maneira diferente. Se o terapeuta tira o jovem da família e resolve os conflitos que surgiram com a separação, o filho se liberta dos sintomas e fica livre para construir seu próprio caminho.

Quando o jovem deixa o lar e começa a estabelecer uma família própria, os pais precisam atravessar a maior mudança em suas vidas, que é se tornarem avós. Geralmente, eles têm pouca ou nenhuma preparação para dar este passo, principalmente se os rituais de casamento adequados não foram efetuados pelos filhos. Eles precisam aprender a se tornarem bons avós, elaborar as regras de participação na vida dos filhos e se relacionar somente com o outro em casa. Com freqüência, neste período precisam também lidar com a perda de seus próprios pais e a dor que a acompanha.

Um dos aspectos da família a respeito do qual estamos aprendendo é o processo natural pelo qual as dificuldades se tornam remédios quando surgem. Um exemplo é a chegada de um neto. Certa vez, uma mãe afirmou, como piada, que continuava a ter filhos para não estragar o caçula. Com freqüência, as mães se envolvem demais com o filho mais moço e têm dificuldades em se apartar dele à medida que ele caminha para uma vida mais independente. Se, nesse ponto, um filho mais velho produzir um neto, a chegada da nova criança pode liberar a mãe de seu filho mais moço e envolvê-la no novo estágio de se tornar avó. Quando se pensa no processo natural dessa maneira, percebe-se a importância de manter o envolvimento entre as gerações. Se os jovens virarem as costas aos pais, privam seus filhos dos avós e também tornam mais difícil para os pais ultrapassar um estágio de suas vidas. Cada geração depende de todas as outras gerações de uma maneira complexa, que estamos começando a apreender à medida que observamos a disrupção da família nesta época de mudanças. (A concepção de Erickson sobre a importância da continuidade da vida familiar fica mais evidente na maneira pela qual ele resolve problemas de engajamento e desengajamento entre os jovens e seus pais, descritos no Capítulo VIII).

APOSENTADORIA E VELHICE

Quando um casal foi bem-sucedido na liberação dos filhos, de modo a se envolver menos com eles, em geral parece entrar num período de relativa harmonia, que pode continuar com a aposentadoria do marido. Algumas vezes, no entanto, a aposentadoria pode complicar o problema, pois o casal tem de conviver vinte e quatro horas por dia. Não é incomum uma esposa desenvolver algum sintoma incapacitante na época da aposentadoria do marido, e o terapeuta deve criar condições para que o casal entre num relacionamento amigável, ao invés de tratar o problema como se este só envolvesse a esposa.

Embora os problemas emocionais individuais das pessoas mais velhas possam ter causas diversas, uma primeira possibilidade é a proteção de alguma outra pessoa. Por exemplo, quando uma esposa desenvolvia uma inabilidade para abrir os olhos, o problema era diagnosticado como histeria. O enfoque recaía sobre ela e sobre seu estágio de vida. De um ponto de vista familiar, sua inabilidade poderia ser vista como um modo de apoiar o marido durante uma crise. O problema surgiu na época da aposentadoria do marido, quando ele foi afastado de uma vida ativa, útil, em direção a uma situação que, a seu modo de ver, equivalia a ser colocado numa concha sem função útil. Quando a esposa desenvolveu seu problema, ele passou a ter algo importante para fazer — ajudá-la a se recuperar. Ele a levou de médico em médico, organizou a vida diária de modo que ela pudesse fazer alguma coisa apesar de ser incapaz de enxergar e se tornou extremamente protetor. Seu envolvimento no problema se tornou evidente quando a esposa melhorou e ele começou a ficar deprimido, alegrando-se somente quando ela teve uma recaída. A função de ajudar a solucionar problemas, aparente através da vida familiar, é igualmente importante quando um casal tem somente um ao outro em seus anos de declínio.

No devido tempo, sem dúvida, um dos parceiros morre, deixando o outro sozinho, tendo que encontrar um modo de se envolver com a família. Algumas vezes, uma pessoa mais velha pode encontrar uma função útil; outras, ela se torna meramente supérflua à medida que o tempo passa, e os velhos são encarados como irrelevantes pela geração mais jovem. Neste estágio, a família deve encarar um difícil problema: ou cuida dos idosos ou os expulsa para um lar onde outros cuidarão dele. Este é um ponto de crise, que com freqüência não é manejado com facilidade. Ainda assim, o modo como os mais moços cuidam dos mais velhos torna-se o modelo de como serão tratados quando também ficarem velhos, de acordo com um ciclo familiar sem fim.

III

O PERÍODO DO NAMORO: MODIFICANDO O JOVEM ADULTO

Quando os jovens passam do *status* juvenil para o de adulto, entram numa rede social complexa que requer uma variedade de tipos de comportamento. Uma tarefa primária neste período é se engajar e ter sucesso no comportamento de namoro. O sucesso nesta aventura envolve muitos fatores: os jovens devem vencer inadequações pessoais, devem ser capazes de se ligar a pessoas de sua idade, devem alcançar um *status* adequado em sua rede social, devem se desengajar de sua família de origem — e esses fatores exigem uma sociedade suficientemente estável para permitir que os passos do namoro cheguem a se completar. Muitos problemas embaraçam os jovens neste período da vida, e a terapia pode resolver alguns deles.

As dificuldades tomam muitas formas — uma preocupação excessiva com as imperfeições físicas, comportamento social infeliz, fracassos em processos mentais, medos que embaraçam a mobilidade da pessoa, medo do sexo oposto e assim por diante — e elas podem ter diferentes funções. Se um jovem é requerido em sua família de origem, podem surgir problemas que o levem a fracassar no trabalho ou no namoro, causando um colapso de retorno à família. Este aspecto do problema será discutido no Capítulo VIII. Algumas vezes as dificuldades não se relacionam à família de origem, mas aos amigos. Qualquer que seja a função do problema, o objetivo da terapia é ajudar o jovem a ultrapassar o estágio de namoro e entrar no do casamento. Isto não significa que qualquer pessoa deva se casar ou que seja anormal não fazê-lo, mas muitos jovens que procuram a terapia nesta época têm tal finalidade em mente.

Uma série de casos de Milton Erickson será oferecida aqui para ilustrar os modos de resolver alguns problemas de um jovem neste estágio. Geralmente, há dois tipos de jovens problemáticos: aqueles que estão começando a cair fora da corrente normal da vida e aqueles que já se tornaram periféricos e são, sem dúvida, marginais sociais. Com ambos os tipos, Erickson enfatiza principalmente a mudança em direção ao sucesso no trabalho e no amor. Ele usualmente não revisa seus passados, nem os ajuda a compreender por que têm problemas. Sua abordagem geral é aceitar o comportamento do jovem, enquanto simultaneamente introduz idéias e atos que levem à mudança. Sua atuação com um paciente em particular varia, e por conseguinte ele aborda cada nova pessoa com a mente aberta em relação a possíveis intervenções. Num dado caso, ele pode trabalhar com hipnose para causar uma elaborada alteração de idéias; em outro, pode reduzir o problema ao absurdo; e, em outro, pode exigir atos específicos. Por exemplo, ele foi procurado por um rapaz que sofria de asma e era completamente dependente da mãe. "Ele era o menininho asmático da mamãe", disse Erickson, "e ela era a doce mãe que lhe traria um copo de água, um sanduíche, um guardanapo. Persuadi o jovem a começar a trabalhar num banco — ele não tinha o menor interesse nisso. Então, comecei a vê-lo uma vez por semana, uma vez cada quinze dias, cada três semanas. Em cada sessão, perguntava-lhe a respeito de algum pequeno detalhe do serviço bancário que ele conhecia. Ele começou a sentir grande prazer em me contar coisas sobre seu trabalho. Cada vez que ele cometia um erro no trabalho, eu mostrava interesse no procedimento que ele usara para corrigi-lo, nunca nos detalhes de como cometera o erro. Como ele fora corrigido, e qual fora a atitude de Fulano de Tal que o ajudara a corrigi-lo? Mais tarde, ele se tornou muito entusiasta e passou a encarar o sistema bancário como um delicioso emprego temporário para ganhar dinheiro para pagar o colégio. Antes ele nem planejava entrar para o segundo grau. Agora, considera os ataques de asma um absurdo e seu entusiasmo está nos planos para o colégio."

É típico de Erickson neste trabalho com jovens não apontar, ou interpretar, que têm medo disto ou daquilo. Ele se dedica a causar mudança e expandir o mundo da pessoa, não a adestrar suas inaptidões. Sua abordagem envolve ação para causar a mudança.

Um requisito essencial para um jovem ser bem-sucedido no namoro ou no trabalho é a habilidade em ser geograficamente móvel. Se alguém não pode viajar de um lugar para o outro ou entrar em algum edifício, está socialmente incapacitado nesta era de mobilidade. Parece ser único da espécie humana que os indivíduos possam definir o espaço público como fora dos limites. Algumas vezes, o medo de certas áreas é chamado de fobia, mas Erickson reluta em descrever o problema deste modo. Por exemplo, ao falar sobre um rapaz que trabalhava num emprego sem importância, abaixo de sua capacidade, e que perambulava por ruas laterais e aléias mas era incapaz de entrar em muitos edifícios públicos, Erickson disse: "Por que tratar isto como medo de ruas e edifícios? Neste caso, o rapaz está evitando as mulheres de modo elaborado, e, com uma mãe como a sua, tinha razão para estar farto delas. Não conversei com ele a respeito de seu medo das mulheres. Demonstrei interesse por seu físico e elaborei com ele o tipo de apartamento que um homem com sua musculatura, sua força e seu cérebro deveria ter. Ele se mudou para um apartamento próprio, longe de sua mãe. Nós discutimos seus bíceps e seu quadríceps, e não lhe era possível se orgulhar deles sem se orgulhar do que estava no meio. À medida que sua imagem corporal melhorou, ele modificou seu comportamento. Por que deveria dizer-lhe que tinha medo das mulheres? Ele não tem mais. Ele se casou".

Um exemplo de problema de mobilidade, e do modo de intervenção de Erickson para causar modificação, é o caso do rapaz que não conseguia atravessar certas ruas ou entrar em certos edifícios sem cair desmaiado. Havia um restaurante em particular — vamos chamá-lo Loud Rooster — no qual ele era incapaz de entrar. Também evitava uma variedade de outras coisas, inclusive as mulheres. Como relata o dr. Erickson:

Decidi que poderia fazer com que o rapaz superasse seu problema de entrar naquele restaurante particular e, desse modo, ajudá-lo em relação a seus outros medos, especialmente seu medo das mulheres. Perguntei-lhe o que achava de ir jantar no Loud Rooster, e ele disse que inevitavelmente desmaiaria. Então descrevi-lhe vários tipos de mulher: a jovem ingênua, a divorciada, a viúva, e a velha senhora. Elas podiam ser atraentes ou não. Perguntei-lhe qual era a mais indesejável das quatro. Ele respondeu que não tinha dúvidas — ele tinha muito medo de garotas, e a idéia de se ligar a uma divorciada atraente era a coisa mais indesejável em que ele poderia pensar.

Disse-lhe que queria que ele nos levasse para jantar no Loud Rooster, minha esposa e eu, e que haveria alguém mais conosco. Poderia ser uma jovem, uma divorciada, uma viúva ou uma velha senhora. Ele deveria chegar às sete horas de terça-feira. Disse-lhe que eu dirigiria porque não gostaria de estar em seu carro quando desmaiasse. Ele chegou às sete, e eu o fiz esperar nervosamente na sala de estar até que a pessoa que iria nos acompanhar chegasse. Naturalmente, havia arranjado uma divorciada extremamente atraente, que deveria chegar às sete e vinte. Ela era uma dessas pessoas charmosas, que travam amizade com facilidade, e quando ela entrou pedi a ele que se apresentasse. Ele conseguiu fazer isto, e então contei nossos planos à jovem divorciada. O rapaz nos levaria para jantar no Loud Rooster.

Fomos até meu carro, e eu dirigi até o restaurante e parei no estacionamento. Quando saíamos, disse ao rapaz: "Este é um estacionamento recoberto de pedregulhos. Ali está um belo terreno plano onde você pode cair e desmaiar. Você gosta do lugar ou quer escolher outro melhor?". Ele respondeu: "Tenho medo de desmaiar quando chegar à porta". Assim, andamos até a porta, e eu disse: "Esta é uma calçada de boa aparência. Você provavelmente baterá a cabeça com força quando cair. Ou será melhor ali na frente?". *Ao mantê-lo ocupado, rejeitando meus planos de desmaio, impedi que ele encontrasse um lugar de sua escolha.* Não desmaiou. Ele disse: "Podemos ficar numa mesa bem perto da porta?". Eu respondi: "Vamos ficar com a mesa que eu escolher". Atravessamos o recinto e fomos para uma sessão elevada no canto extremo. A divorciada sentou-se ao meu lado, e, enquanto esperávamos para fazer o pedido, ela, minha esposa e eu conversamos sobre assuntos que estavam acima do nível intelectual do rapaz. Contamos piadas obscuras e particulares e rimos entusiasticamente delas. A divorciada tinha mestrado, e conversamos sobre assuntos que ele não conhecia e contamos enigmas mitológicos.

Nós três nos divertimos, e ele ficou de fora, sentindo-se cada vez mais miserável. A garçonete aproximou-se da mesa. Iniciei uma briga com ela. Foi uma briga desagradável e barulhenta; pedi para falar com o gerente e então briguei com ele também. Enquanto o rapaz ficava sentado lá, cada vez mais embaraçado, a briga culminou com minha exigência de ver a cozinha. Quando chegamos lá, disse à garçonete e ao gerente que estava zombando de meu amigo e eles entraram na brincadeira. A garçonete começou a bater com raiva os pratos na mesa. Enquanto o rapaz comia seu jantar, eu o intimava a limpar o prato. O mesmo fazia a divorciada, acrescentando comentários prestimosos, tais como: "A gordura é boa para você".

Ele sobreviveu ao jantar e nos levou para casa. Eu havia instruído a divorciada, e ela disse: "Você sabe, sinto vontade de dançar esta noite". Ele dançava muito pouco, mal tinha aprendido no ginásio. Ela o levou para dançar.

Na noite seguinte, o rapaz chamou um amigo e disse: "Vamos jantar fora". Levou o amigo ao Loud Rooster. Após ter passado por todo aquele jantar nada mais o assustava; o pior havia acontecido, e qualquer outra coisa seria um alívio. A partir daí, também pôde entrar em outros edifícios, e isto estabeleceu o terreno para fazê-lo superar o medo de certas ruas.

Este caso ilustra como Erickson consegue fazer com que uma pessoa medrosa entre num lugar que teme, enquanto ele bloqueia o tipo de comportamento usualmente associado ao medo. Desta feita, Erickson esteve pessoalmente envolvido e manipulou a situação, levando sua terapia para fora do consultório, para a área onde o medo ocorria. Ele forçou o rapaz a sobreviver a uma situação à qual ele acreditava não poder sobreviver.

Numa abordagem bem diferente, Erickson resolveu o medo de viajar de um jovem que insistia que queria solucionar somente este problema. O rapaz só conseguia dirigir o carro em certas ruas e não conseguia sair dos limites da cidade. Se chegava até as fronteiras da cidade, sentia-se nauseado e, depois de vomitar, desmaiava. Guiar com amigos não ajudava. Se continuasse andando, assim que se recobrava, desmaiava de novo. Erickson pediu-lhe que dirigisse até os limites da cidade às três da madrugada seguinte, usando suas melhores roupas. Era uma via expressa pouco utilizada, com largo acostamento e uma vala arenosa que corria ao longo de toda a extensão da estrada. Quando o rapaz atingisse os limites da cidade, deveria encostar o veículo à beira da estrada, saltar do carro e correr para a vala pouco profunda ao lado da estrada. Deveria deitar-se ali no mínimo por quinze minutos. Deveria então voltar para o carro, dirigir por alguns poucos metros e deitar-se de novo na vala por mais quinze minutos. Repetindo a seqüência várias vezes, ele deveria continuar até que pudesse dirigir de um poste de telefone a outro, parando ao primeiro sintoma e permanecendo quinze minutos deitado de costas na vala. Sob protestos, o rapaz seguiu as instruções. Posteriormente, relatou: "Pensei que fosse uma maluquice tola o que você me fez prometer fazer, e quanto mais repetia as instruções, mais raivoso ficava. Assim, desisti e comecei a apreciar o passeio de carro". Treze anos depois, ele continuava não tendo nenhum problema para dirigir.

Quer use ou não a hipnose, Erickson tipicamente leva as pessoas a se comportarem de maneiras específicas. Embora muitos terapeutas relutem em dizer às pessoas o que fazer, parcialmente porque temem que elas não o façam, Erickson desenvolveu uma variedade de maneiras de persuadi-las a fazer o que lhes pede. Certa vez, comentando o assunto durante uma conversa, Erickson disse: "Os pacientes em geral fazem o que lhes peço com freqüência porque espero que o façam. Uma paciente me disse: 'Você nunca faz um cavalo de batalha a respeito das coisas que quer que eu faça, você só espera que eu as faça, de modo que tenho que fazê-las. Quando me esquivo e tento evitar realizar o que você me pede, sempre quero que você tente me forçar, mas você sempre se contém. Então tento com mais insistência fazer com que você me obrigue a fazê-las'. Deste modo, ela acaba se aproximando da execução do que deseja que ela faça.

"Mas, veja você, é assim que os seres humanos são. Toda vez que se começa a privar alguém de alguma coisa, ele insistirá para que você a dê. Quando instruo um paciente a fazer alguma coisa, o paciente sente que estou lhe dando uma ordem. Ele deseja que eu fique na infeliz posição de fracasso em relação à ordem. Por conseguinte, ele tem de me manter na tarefa ativa de lhe dar ordens. Quando paro de fazê-lo, no momento adequado, então ele me substitui e faz as coisas por si mesmo. Mas não percebe que está me substituindo.''

Ao encarar o comando de diretrizes deste modo, Erickson leva em conta, mas sem excessiva preocupação, que fornecer direções tornará a pessoa dependente do terapeuta. Quando o enfoque é levar a pessoa a se envolver com outras, ela se torna independente do terapeuta. Um caso ilustra seus usos de diretivas para resolver um problema extremamente difícil num curto espaço de tempo.

Uma moça de vinte anos procurou Erickson em busca de ajuda. Ela gostaria de encontrar um marido e ter um lar e filhos, mas nunca tivera um namorado. Sentia-se um caso perdido e destinada a ficar solteirona. Ela disse: "Penso que sou muito inferior. Não tenho amigos, vivo sozinha e sou muito sem graça para me casar. Decidi consultar um psiquiatra antes de cometer suicídio. Vou tentar por três meses, e então, se as coisas não se endireitarem, será o fim".

A jovem trabalhava como secretária numa firma de construção e não tinha vida social. Nunca tivera um encontro. Um rapaz do escritório ia até o bebedouro toda vez que ela para lá se dirigia, mas, mesmo achando-o atraente e apesar das propostas que ele lhe fazia, ela o ignorava e nunca lhe falara. Vivia sozinha, pois seus pais haviam morrido.

Era uma moça bonita, mas dava um jeito de não parecer atraente, porque o cabelo era embaralhado e desigual, a blusa e a saia não combinavam, havia um rasgão em sua saia e seus sapatos pareciam chinelos e não eram engraxados. Seu principal defeito físico, segundo ela mesma, era uma abertura entre os dentes da frente, que ela cobria com as mãos quando falava. Na verdade, a separação entre os dentes era visível. De modo geral, a moça estava indo ladeira abaixo; era candidata ao suicídio e sentia-se impotente em relação a si mesma e resistente a qualquer ato que pudesse ajudá-la a realizar seu objetivo de se casar e ter filhos.

Erickson abordou o problema com duas intervenções importantes. Propôs à moça uma última tentativa, já que, de qualquer modo, estava descendo a ladeira. Esta última tentativa incluía tirar o dinheiro que tinha no banco e gastá-lo consigo mesma. Deveria ir a uma loja determinada, onde uma mulher a ajudaria a escolher um conjunto de bom gosto, e a um cabeleireiro para cuidar dos cabelos. A jovem estava ansiosa por aceitar a idéia, pois não acreditava que ela seria um modo de melhorar, mas parte da descida e meramente uma última tentativa.

Então Erickson lhe deu uma tarefa. Ela deveria ir para casa e, na privacidade de seu banheiro, praticar esguichar água através da abertura entre os dentes da frente até que conseguisse atingir, com precisão, uma distância de dois metros. Ela achou isto uma tolice, mas foi em parte o absurdo que a fez ir para casa e praticar conscienciosamente esguichar água pela separação entre os dentes.

Quando a jovem já estava adequadamente vestida, parecendo atraente e perita em esguichar água através dos dentes, Erickson lhe fez uma sugestão. Propôs que, quando fosse trabalhar na segunda-feira seguinte, pregasse uma peça no rapaz. Quando ele aparecesse ao mesmo tempo que ela no bebedouro, ela, com a boca cheia de água, esguicharia o jato em cima dele. A seguir, deveria virar as costas e correr, mas não só correr; deveria começar a correr em direção a ele e então dar meia-volta e "correr feito louca pelo corredor".

A moça rejeitou a idéia. Depois, pensou que era uma fantasia grosseira, mas um tanto divertida. Finalmente, decidiu pregar a peça no rapaz. Estava a fim de fazer uma última tentativa.

Na segunda-feira, foi ao escritório vestida com suas melhores roupas e com o cabelo arrumado. Dirigiu-se ao bebedouro, e, quando do o jovem se aproximou, encheu a boca de água e esguichou. Ele disse algo do tipo: "Sua desgraçada maldita!". Isto fez com que ela risse enquanto corria, e o rapaz saiu em seu encalço e a apanhou. Para sua consternação, ele a agarrou e a beijou.

No dia seguinte, a moça se aproximou do bebedouro tremendo um pouco, e o rapaz surgiu de trás de uma cabine telefônica e a respingou com uma pistola de água. No dia seguinte, estavam jantando juntos.

Ela foi ver Erickson de novo e contou-lhe o que tinha acontecido. Afirmou que estava revendo sua opinião sobre si mesma e que desejava que ele fizesse uma revisão crítica com ela. Ele assim o fez, destacando, entre outras coisas, que ela havia cooperado, que antes se vestia muito mal, mas que havia mudado, e que anteriormente ela pensava ter um defeito dental ao invés de uma vantagem. Depois de alguns meses, ela enviou a Erickson um recorte de jornal que anunciava seu casamento com o rapaz e, um ano mais tarde, o retrato de seu bebê.

Este caso demonstra uma abordagem que parece estar fora da corrente tradicional de terapia. Não é típica de nenhuma escola terapêutica, inclusive da hipnoterapia. Mas é típica do trabalho de Erickson, e penso que se desenvolveu a partir da orientação hipnótica. Assim como um hipnotista tipicamente aceita a resistência de um sujei-

70

to e até mesmo a encoraja, Erickson aceitou a maneira como aquela garota lidava com ele e a encorajou — mas de tal modo que uma mudança ocorreu. A jovem se definia como alguém que estava escorregando ladeira abaixo e chegando ao fim da estrada. Erickson aceitou isto e a encorajou, somente acrescentando que ela deveria fazer uma última tentativa. A moça era hostil aos homens e não faria um esforço para ser agradável com eles. Erickson aceitou este comportamento e arranjou para que ela cuspisse num homem. Mas as conseqüências foram, para ela, inesperadas. A maneira como ele a motivou para fazer o que sugeria e seu modo de manipular sua resistência são uma abordagem característica da hipnose. No entanto, ele colocou em jogo o cenário social. Ao invés de fazer com que ela seguisse deliberadamente as instruções, e então provocasse um acontecimento feliz por si mesma, ele fez com que ela seguisse direções e o evento feliz acontecesse através da resposta de outra pessoa.

Há, naturalmente, outros aspectos deste caso peculiarmente ericksoniano. É típico seu modo de fazer com que um sintoma se torne uma vantagem, assim como sua disposição em intervir, ocasionar a mudança e desengajar-se, de modo que o paciente possa se desenvolver independentemente dele, enquanto ele apenas verifica se a melhora continua. Ele também usa aquilo que está disponível no contexto social do paciente. Ele não só dispunha de uma consultora de modas e de um cabeleireiro que pôde utilizar, como o rapaz que estava no horizonte da moça foi imediatamente incluído em seu futuro.

Outro exemplo ilustra como Erickson usa diretivas para ajudar uma jovem a ficar independente da família, e dele próprio, guiando-a na passagem do estágio do namoro para o do casamento.

Um médico de uma cidade próxima me enviou uma jovem com a sugestão de que eu provavelmente teria que colocá-la num hospital psiquiátrico. Ela sofria de uma variedade de medos e era terrivelmente inibida. Os medos haviam se tornado extremados nos últimos quatro anos, depois que ficara noiva de um rapaz da Força Aérea. Todo ano ela adiava o casamento. Concordava em se casar em junho e depois adiava para dezembro. Em dezembro, adiava para o próximo mês de junho. Durante esses anos, ela desenvolveu medos quase incapacitantes. Não conseguia entrar num ônibus, trem ou avião. De fato, não podia nem mesmo passar perto da estação porque lá havia trens, e nem se aproximava do aeroporto. Odiava entrar num carro, e só com a ajuda da mãe e da tia conseguira entrar no carro que a trouxera a meu consultório.

A garota pertencia a uma família espanhola muito fina. Contou-me que amava o noivo, que agora já saíra da Força Aérea e vivia em North Dakota. Queria casar-se com ele. Mostrou-me uma carta dele.

Mas tinha medo, medo, medo, medo. Fiz com que o rapaz me escrevesse para descobrir seus pontos de vista sobre o casamento: ele queria se casar com ela.

Eu acreditava que a jovem se sairia bem se seus medos horríveis fossem corrigidos, mas sabia que isto levaria tempo. A primeira coisa que fiz foi tirá-la da casa da mãe e fazer com que tivesse um apartamento próprio. Ela poderia voltar para casa nos fins de semana. A avó ditava as ordens para que ela não deixasse a casa, mas eu havia dado as minhas ordens primeiro. De algum modo, fui mais efetivo do que a avó.

A seguir, passei a enfocar o problema de suas viagens. Disselhe para fazer uma viagem de ônibus, e que ficasse de olhos fechados na parte de trás do veículo. Ela fez isto. Não sei o que os outros passageiros pensaram de uma bela moça espanhola, de olhos fechados, se amparando na parte de trás do ônibus. Ela ficou tão aflita de ter de entrar se apoiando que não conseguiu perceber que o ônibus era um meio de transporte para me visitar em Phoenix.

Depois, fiz com que subisse num trem de trás para a frente. O condutor não gostou, mas seus comentários não a aborreceram, porque entrar no trem havia sido terrivelmente difícil. Fiz com que praticasse andar de ônibus e trens, sentando-se no banco de trás e olhando pela janela.

Quando a questão do sexo surgiu, essa jovem tímida e inibida desenvolveu uma surdez. Ela ficou lívida e aparentemente não conseguia ver ou ouvir. E ela queria se casar.

Para a sessão seguinte, eu lhe disse que deveria trazer, em sua bolsa, os *shorts* menores e mais curtos que se pudesse imaginar. Disse-lhe que devia retirá-los da bolsa e me mostrar. Ela fez isto. Então lhe dei uma escolha. Em sua próxima sessão, ela poderia entrar usando esses *shorts* ou então vesti-los no meu consultório. Ela preferiu chegar usando-os. Desejava discutir sexo com ela como parte de sua preparação para o casamento, por isso disse: "Agora você vai me escutar enquanto discorro sobre sexo, ou farei com que dispa estes *shorts* e os recoloque em minha presença". Ela me escutou falar sobre o assunto e não ficou surda.

Quando se tornou capaz de viajar, tornou-se capaz de usar *shorts* e de falar sobre sexo, eu lhe disse que, já que desejava se casar, não deveria adiar mais o casamento. Disse: "Estamos em 1º de julho. Você tem até o dia 17 deste mês para se casar com o rapaz. Tem que tomar um trem até North Dakota para vê-lo e visitar sua família, e não tem muito tempo, já que o casamento vai se realizar antes do dia 17".

Ela fez a viagem até North Dakota e, depois disso, ele veio e se casou com ela. Agora ela tem dois filhos.

Em certas ocasiões, Erickson ataca diretamente os medos da pessoa e o modo pelo qual ela deveria lidar com eles; em outras ocasiões, é extremamente protetor e sutil em seus movimentos para ocasionar mudança. Um exemplo dessa abordagem mais sutil é o caso que ele enfrentou muitos anos atrás, quando uma moça desenvolveu um medo que tornava o namoro impossível.

Segundo seu relato, uma jovem capaz, de vinte e três anos, começou a ficar angustiada e ineficiente em seu trabalho. Gradualmente, afastou-se de qualquer relação social e permanecia reclusa em seu quarto. Se a companheira de quarto implorava, ela comia, mas a maior parte do tempo ela soluçava e expressava o desejo de morrer. Quando lhe perguntavam o que estava errado, ela se tornava bloqueada e inibida. Visitou vários psicanalistas, fez alguma terapia, mas não demonstrava nenhuma melhora. Continuava incapaz de discutir seu problema, e a família cogitava em hospitalizá-la. Erickson decidiu utilizar a hipnose com ela, mas sem seu conhecimento, porque ela se mostrara muito resistente aos outros psiquiatras.

Pela família e pelos amigos, ele ficou sabendo que a família dela era rígida e moralista, e que a mãe morrera quando ela tinha treze anos. A jovem tinha uma amiga chegada, e ambas se apaixonaram pelo mesmo homem. A amiga se casara com ele e, mais tarde, morrera de pneumonia. O homem se mudou para longe, mas um ano depois voltou. Eles se encontraram por acaso e recomeçaram a se ver. Ela estava "tão apaixonada que caminhava no ar", de acordo com sua companheira de quarto. Uma noite, ela voltou de um encontro com ele doente e nauseada, e com o vestido manchado de vômito. Disse que não era capaz de viver e, quando perguntada se o homem fizera alguma coisa, começou a vomitar e chorar. Quando ele a procurou, ela teve outro acesso de vômito e se recusou a vê-lo.

O rapaz relatou ao psiquiatra que naquela noite do encontro eles haviam estacionado o carro para observar o pôr-do-sol. A conversa havia se tornado séria, e ele disse que a amava e que desejava se casar com ela. Ele havia hesitado em dizer isto antes devido à amizade da jovem com sua esposa morta. Ela parecia retribuir seus sentimentos, mas, quando ele se inclinou para beijá-la, ela o repeliu, vomitando e ficando histérica. Ela soluçava palavras como "detestável", "sujo", "degradante". Recusando-se a deixar que ele a acompanhasse até sua casa, ela lhe disse que não deveriam se encontrar de novo e fugiu para longe.

Erickson abordou o caso fazendo com que a companheira de quarto confidenciasse à jovem que estava fazendo psicoterapia hipnótica e queria que ela fosse a uma sessão como acompanhante. A paciente consentiu, mas sem interesse e de uma maneira apática. Erickson sentou as duas em cadeiras adjacentes e ofereceu uma série de sugestões prolongadas, tediosas e trabalhosas à companheira de quarto, que logo desenvolveu um excelente transe, estabelecendo assim um exemplo efetivo para a pretendida paciente. Ele relata:

Durante o transe, as sugestões que dei à companheira de quarto eram sugestões que, por graus imperceptíveis, seriam aceitas pela paciente como aplicáveis a si mesma. Foi possível sugerir à amiga que inspirasse e expirasse mais profundamente, de modo que o ritmo de sua respiração coincidisse com os movimentos respiratórios da paciente. Repetindo o mesmo procedimento cuidadosamente várias vezes, pude finalmente observar que qualquer sugestão dada à companheira a respeito de sua respiração era automaticamente realizada também pela paciente. De modo semelhante, tendo observado que a paciente colocava a mão na coxa, sugeri à companheira que colocasse a sua no mesmo local e que a sentisse repousar. Essas manobras fizeram com que, gradual e cumulativamente, a paciente se identificasse com a companheira, de modo que minhas sugestões também a ela se aplicavam. Gradualmente, tornou-se possível para mim fazer sugestões à companheira enquanto olhava diretamente para a paciente, criando assim nela um impulso para responder, o tipo de impulso que qualquer pessoa sente quando se olha para ela enquanto se dirige uma pergunta ou comentário a outra pessoa.

Após uma hora e meia, a paciente caiu em transe profundo. Tomei várias precauções para me assegurar de sua cooperação e ter certeza de que poderia usar o tratamento hipnótico no futuro. Disse-lhe, gentilmente, que estava num transe hipnótico e assegurei-lhe que nada que não quisesse seria feito. Por conseguinte, não havia necessidade de uma acompanhante. Disse-lhe que poderia romper o transe se eu fizesse alguma coisa que a ofendesse. Então, disse-lhe para continuar dormindo profundamente por um tempo indefinido, escutando e obedecendo somente o comando legítimo que lhe era dado. *Assim, dei-lhe a ilusória mas tranqüilizadora sensação de que tinha escolha.* Tomei cuidado para que se sentisse amigável a meu respeito e, visando objetivos futuros, consegui dela a promessa de desenvolver um transe profundo a qualquer momento para um propósito legítimo. Essas preliminares tomaram muito tempo, mas eram vitalmente necessárias para salvaguardar e facilitar o trabalho a ser realizado.

Do mesmo modo, dei-lhe enfáticas instruções para "esquecer absoluta e totalmente muitas coisas", omitindo cuidadosamente o que deveria ser esquecido. O processo explanatório que estava diante de nós seria facilitado pela permissão de reprimir as coisas mais dolorosas, desde que seria automaticamente aplicado às que causavam mais ansiedade.

A seguir, progressivamente, eu a desorientei em relação ao tempo e ao espaço, e então, gradualmente, a reorientei para um vago período na infância, algum lugar entre os dez e os treze anos de idade.

74

Esses anos foram escolhidos porque precediam de pouco a morte da mãe e deveriam também incluir o surgimento de sua menstruação, sendo portanto um ponto de alteração crítico em sua vida emocional e em seu desenvolvimento psicossocial.

Em nenhum momento lhe solicitei que nomeasse e identificasse especificamente a idade para a qual o transe a havia reorientado. Por lhe ser permitido evitar este detalhe específico, ela foi compelida a fazer algo mais importante, ou seja, falar em termos gerais do que significara para ela a experiência global daqueles anos.

Logo a paciente demonstrou, pelo infantilismo da postura, pelos modos e respostas a afirmações casuais, que havia regredido a um nível de comportamento juvenil. Disse-lhe então enfaticamente: "Você agora sabe muitas coisas, coisas que nunca vai conseguir esquecer, não importa o quanto cresça, e você vai contá-las para mim agora, tão logo eu termine de falar". Repeti estas instruções várias vezes, advertindo-a de que deveria obedecê-las, compreendê-las plenamente e estar preparada para cumpri-las. Isto continuou até que seu comportamento geral parecia dizer: "Bem, estou pronta. O que estamos esperando?".

Pedi-lhe que relatasse tudo o que sabia a respeito de sexo, especialmente em relação à menstruação, durante esse período da infância propositalmente indefinido, restabelecido pela hipnose. A paciente reagiu com alguma apreensão, e então, de uma maneira tensa e infantil, prosseguiu obedientemente falando em breves sentenças, frases e palavras desconexas. Seus comentários se relacionavam à atividade sexual, embora nas instruções dadas a ênfase tivesse recaído sobre a menstruação, e não sobre o acasalamento.

"Minha mãe me contou tudo sobre isto. É detestável. As meninas não devem deixar os meninos fazerem nada com elas. Nunca. Não correto. Meninas corretas nunca fazem. Só meninas más. Mamãe ficaria doente. Meninas más são nojentas. Eu não vou fazer. Não se pode deixar que eles nos toquem. Provoca sensações desagradáveis. Não se deve tocar em si mesma. Nojento. Mamãe me disse para nunca fazer, nunca, e eu não vou fazer. Preciso ter cuidado. Preciso ser boa. Coisas terríveis acontecem se não tomar cuidado. Daí não se pode mais fazer qualquer coisa. É tarde demais. Farei como diz mamãe. Ela não vai me amar se agir de outro jeito."

Enquanto ela falava, não tentei introduzir nenhuma questão, mas, quando parou, perguntei-lhe: "Por que sua mãe lhe diz todas essas coisas?". "Para que eu seja sempre uma boa menina", foi a resposta simples, séria e infantil.

Meu estratagema foi adotar um ponto de vista tão idêntico ao da mãe quanto possível. Primeiro, tive que me identificar inteiramente com a mãe. Só no final ousei introduzir um traço de reserva qualificativa. Assim, comecei dando à paciente confirmação imediata e enfática: "Naturalmente, você sempre será uma boa menina". Então, imitando a atitude severa, rígida, moralista e repressora da mãe (inferida a partir das palavras e do comportamento da paciente), cuidadosamente revisei cada idéia atribuída à mãe nos mesmos termos e seriamente as *aprovei*. Disse-lhe que deveria ficar contente por sua mãe ter-lhe dito tanto coisa importante, que toda mãe deveria dizer para a sua filhinha. Finalmente, instruí-a a "lembrar-se de me contar todas aquelas coisas, porque vou fazer com que me conte de novo tudo isto num outro momento".

Gradual e sistematicamente, eu a reorientei para sua idade atual e sua situação na vida, restabelecendo assim o transe hipnótico original. No entanto, as instruções anteriores para "esquecer muitas coisas" ainda tinham efeito, e uma amnésia foi induzida e mantida para todos os eventos do estado de regressão hipnoticamente induzido.

Quando acordou, ela não demonstrou ter consciência de ter estado em transe, mas queixou-se de cansaço e afirmou espontaneamente que talvez a hipnose pudesse ajudá-la, pois parecia estar ajudando sua companheira. Propositalmente, não retorqui. Ao invés disso, disse abruptamente: "Conte-me, por favor, qualquer instrução especial sobre temas sexuais que sua mãe possa ter-lhe dado quando você era uma garotinha".

Após demonstrar hesitação e relutância, a paciente começou, numa voz baixa e num modo afetadamente rígido, a repetir essencialmente a mesma história que contara no estado de transe regressivo anterior, exceto que desta vez empregava um vocabulário adulto, pomposo, e frases estruturadas, e mencionava muito a mãe. Dizia: "Minha mãe deu-me instruções cuidadosas em muitas ocasiões na época em que comecei a menstruar. Minha mãe imprimiu em mim muitas vezes a importância de toda menina se proteger de ligações e experiências indesejáveis. Ela me fez perceber quão nauseante, sujo e detestável o sexo pode ser. Minha mãe me fez perceber o caráter desregrado de qualquer que se entregue ao sexo. Aprecio as instruções cuidadosas que minha mãe me deu quando era menina".

Ela não fez nenhum esforço para elaborar qualquer dessas afirmações, e obviamente ansiava por se ver livre do assunto. Quando concluiu seu relato sobre os ensinamentos da mãe, eu sistematicamente os repeti para ela sem nenhum comentário ou crítica. Ao contrário, dei-lhes plena e séria aprovação. Disse-lhe que devia ser muito grata à mãe por ter aproveitado todas as oportunidades para contar aquelas coisas à sua filhinha, e que todas as crianças deveriam estar ao par delas e começar a entendê-las desde a infância. Depois de marcar uma nova sessão na semana seguinte, eu a despedi apressadamente.

Na segunda consulta, a paciente prontamente desenvolveu um transe profundo, e chamei sua atenção novamente para o fato de sua mãe tê-la repetidamente instruído. Perguntei: "Quantos anos você tinha quando sua mãe morreu?''. Ela replicou: "Tinha treze". Imediatamente, com uma ênfase calma, eu disse: "Se sua mãe tivesse vivido mais tempo, teria conversado muito mais vezes com você para lhe dar conselhos. Mas, como morreu quando você só tinha treze anos, não pôde completar essa tarefa, e você deve terminá-la sem sua ajuda''.

Sem lhe dar a mínima oportunidade de aceitar ou rejeitar este comentário, ou reagir a ele de qualquer modo, rapidamente eu a distraí pedindo que descrevesse os eventos que haviam ocorrido imediatamente após ela ter acordado de seu último transe. Quando completou o relato, dirigi sua atenção para o caráter repetitivo das preleções de sua mãe e fiz o mesmo comentário cuidadoso sobre a natureza inacabada do trabalho dela. Em seguida, reorientei-a para o mesmo período da infância. Então, acentuei nitidamente o fato de todos esses sermões terem sido ministrados *em sua infância. E que, à medida que ficasse mais velha, sua mãe teria mais a lhe ensinar.* Sugeri que ela podia muito bem continuar por si mesma o curso de instrução sexual que sua mãe começara, mas não pudera terminar devido à sua morte. O melhor seria ela começar a especular seriamente a respeito do conselho que a mãe lhe teria dado durante os anos entre a infância e a adolescência, e entre a adolescência e a feminilidade adulta. Quando ela aceitou esta sugestão, acrescentei outras instruções. Disse-lhe que levasse em conta todos os aspectos intelectuais e emocionais. Imediatamente após esta instrução, disse-lhe que, quando acordasse, ela repetiria os vários relatos que fizera na sessão hipnótica.

Quando a paciente acordou, sua narrativa foi decididamente breve. Ela lentamente combinou tudo o que dissera numa história única e concisa. De modo significativo, falou no pretérito passado: "Minha mãe tentou me fazer entender o sexo. Tentou me ensinar de um modo que uma criança como eu pudesse entender. Ela fixou em mim a seriedade a respeito do sexo; e também a importância de não ter nada a ver com ele. Ela tornou isto muito claro para mim como criança''.

Ela fez esta afirmação com longas pausas entre cada sentença, como se estivesse pensando profundamente. Interrompeu-se várias vezes para comentar sobre a morte da mãe e a incompletude de suas instruções, e para afirmar que, se a mãe tivesse vivido, lhe teria dito mais coisas. Repetidamente ela disse, como se falasse para si mesma: "Fico pensando como mamãe me teria contado coisas que eu deveria saber agora''. Agarrei-me a esta afirmação como um ponto para terminar a sessão e despedi-a.

Assim que ela chegou para a terceira sessão, hipnotizei-a e instruí-a a rever rapidamente, e em silêncio, todos os eventos das duas sessões anteriores, e a recordar as instruções e sugestões que lhe haviam sido dadas, e suas respostas. Sua declaração final resume sua atuação da maneira mais adequada. Ela disse: "Pode-se dizer que mamãe tentou me contar coisas que eu precisava saber, que ela me teria dito como tomar conta de mim mesma de um modo feliz e como esperar com confiança a época em que eu poderia fazer as coisas apropriadas a minha idade — ter um marido, um lar e ser uma mulher adulta".

Disse-lhe que, quando acordasse, deveria esquecer completamente as três sessões, incluindo até mesmo o fato de ter sido hipnotizada, exceto que seria capaz de lembrar seu primeiro relato acordada, aquele empolado e afetado. Esta amnésia deveria incluir qualquer entendimento novo e satisfatório que houvesse incorporado. Disse-lhe ainda que, quando acordasse, eu lhe faria uma recapitulação sistemática de suas instruções sexuais da forma que eu ouvira dela mesma. Mas que, devido à sua amnésia total, esta recapitulação lhe iria parecer uma construção hipotética de probabilidades construídas por mim sobre seu primeiro relato acordada. Ela deveria estudá-las com grande interesse e crescente compreensão. Ela descobriria verdades, significados e aplicações compreensíveis somente para ela em qualquer coisa que fosse dita. À medida que esses conceitos se desenvolvessem, ela iria adquirir uma capacidade de interpretá-los, aplicá-los e reconhecê-los como realmente seus, e faria isto com uma capacidade que ultrapassava a minha compreensão.

À primeira vista, pode parecer estranho sugerir a repressão de discernimentos como um dos passos culminantes no procedimento terapêutico. No entanto, esta medida foi empregada por três razões. Em primeiro lugar, porque boa parte do discernimento afetivo pode permanecer ou se tornar de novo inconsciente sem por isso perder seu valor terapêutico. Em segundo lugar, porque protege o sujeito do sentimento perturbador de saber que outra pessoa sabe sobre ela coisas que agora ela sabe, mas que deseja manter para si própria; daí a importância da sugestão de que ela compreenderia muito mais do que eu. Em terceiro lugar porque, ao encarar o material como minha construção meramente hipotética de probabilidades, a paciente gradualmente recobraria os discernimentos de modo lento e progressivo à medida que fosse testando a estrutura hipotética.

Eu a despertei e a convidei a especular sobre a natureza e o provável desenvolvimento da instrução sexual que lhe fora dada, e recapitulei todo o material que ela havia fornecido em termos gerais, que lhe permitissem aplicá-los livremente a suas experiências.

Deste modo, pude dar à paciente um relato geral do desenvolvimento das características sexuais primárias e secundárias: o fenômeno da menstruação, o aparecimento dos pêlos púbicos e axilares, o desenvolvimento dos seios, o provável interesse no crescimento dos mamilos, a primeira vez que usou um sutiã, a possibilidade de os meninos terem notado sua nova figura e de alguns deles lhe terem dado tapinhas, e assim por diante. Nomeei cada fenômeno em ordem de sucessão, sem enfatizar qualquer um individualmente, e em seguida passei a discutir sobre a modéstia, as primeiras agitações da consciência sexual, os sentimentos auto-eróticos, as idéias sobre o amor na puberdade e na adolescência, e as possíveis idéias sobre de onde vêem os bebês. Deste modo, sem nenhum dado específico, uma ampla variedade de idéias e experiências típicas foram mencionadas pelo nome. Depois disso, fiz uma afirmação genérica sobre as especulações que poderiam ter passado alguma vez por sua cabeça. Mais uma vez, isto foi feito vagarosamente, e sempre em termos vagos gerais, de modo que ela pudesse aplicar essas afirmações de forma pessoal e abrangente.

Logo depois de iniciado esse procedimento, a paciente respondeu com uma demonstração de interesse e com toda a manifestação externa de discernimento e compreensão. No final, ela declarou simplesmente: "Sabe, posso entender o que está errado comigo, mas estou com pressa agora e lhe conto amanhã". Foi a primeira vez que reconheceu ter um problema.

Ao invés de permitir que fosse embora correndo, eu prontamente a re-hipnotizei e enfaticamente a instruí a recobrar *toda e qualquer memória* de suas experiências de transe que pudessem ser valiosas e úteis; ela foi levada a ver *todas elas* como possivelmente úteis. Isto distraiu sua atenção de qualquer sentimento conflituoso sobre essas lembranças e ajudou sua recuperação plena e livre. Disse-lhe que deveria se sentir livre para pedir conselhos, sugestões e qualquer instrução que desejasse, e para o fazer livre e confortavelmente. Tão logo estas instruções foram firmemente fixadas, eu a despertei.

Imediatamente, mas com menos urgência, ela disse que queria ir embora, mas acrescentou que primeiro gostaria de fazer algumas perguntas. Disse-lhe que poderia fazê-las, e ela me pediu para dar minha opinião pessoal sobre "beijar, acariciar e ficar agarrado". Com muita cautela e usando as palavras dela, expressei minha aprovação aos três, com a reserva de que cada um deveria ser feito de tal modo que se adaptasse as suas próprias idéias, e que uma pessoa só deveria se entregar a um comportamento amoroso que estivesse de acordo com os ideais essenciais da sua personalidade individual. A paciente recebeu esta declaração pensativamente, e então perguntou se eu achava correto sentir desejos sexuais. Respondi, cuidadosamente, que o desejo sexual era um sentimento normal e essencial para toda criatura viva, e que sua ausência nas situações apropriadas era errado. Acrescentei que ela com certeza concordaria que sua mãe, se ainda estivesse viva, diria a mesma coisa. Depois de refletir sobre isto, ela foi embora apressadamente.

No dia seguinte, a paciente voltou para declarar que passara a noite anterior em companhia de seu pretendente. Corando muito, acrescentou: "Beijar é um ótimo esporte", e partiu depressa.

Alguns dias mais tarde, eu a vi na hora marcada, e ela estendeu a mão para exibir o anel de noivado. Explicou que, como resultado de nossa conversa durante a última sessão terapêutica, ela adquirira uma compreensão totalmente nova de muitas coisas. Isto tornara possível para ela aceitar a emoção do amor e experimentar desejos sexuais e sentimentos, de modo que estava agora inteiramente crescida e pronta para a experiência da feminilidade. Ela não parecia disposta a discutir mais o assunto, a não ser perguntar se poderia ter outra entrevista comigo num futuro próximo. Explicou que então gostaria de receber instruções sobre o coito, pois esperava se casar logo. Disse ainda, com um leve embaraço: "Doutor, no outro dia eu queria fugir. Não me deixando fazê-lo, o senhor salvou minha virgindade. Eu queria ir procurá-lo e me oferecer imediatamente".

Algum tempo depois eu a vi, a seu pedido, e lhe forneci um mínimo de informações. Descobri que não tinha ansiedades ou preocupações específicas sobre o assunto e encarava francamente seu desejo de ser instruída. Logo depois disto, ela retornou para contar que iria se casar dentro de poucos dias e que antecipava com contentamento a lua-de-mel. Um ano mais tarde, ela voltou para me contar que sua vida de casada era tudo que poderia desejar, e que esperava feliz a maternidade. Dois anos depois, eu a vi novamente, e ela estava feliz com o marido e a filhinha.

Parece claro que, de várias maneiras, Erickson oferece ao jovem a permissão de um adulto, e portanto do mundo adulto, para envolver-se com comportamentos que eram proibidos quando a pessoa era mais jovem e ele não era apropriado. Esta iniciação a visões maduras pode ser feita de modo ativo, direta ou indiretamente, através de uma variedade de sugestões sutis. Erickson consegue fazê-lo em termos que o jovem pode compreender facilmente.

Este caso ilustra vários aspectos da abordagem de Erickson. O mais importante é sua elaborada proteção da jovem. Ela é suavemente atraída para a situação de tratamento, gentilmente induzida ao transe e cuidadosamente protegida de qualquer idéia que pudesse causar-lhe perturbação. É também protegida de qualquer ação impulsiva quando ele a impede de sair correndo em busca do namorado. Erickson não só demonstra uma vasta experiência com o controle de idéias que surgem na consciência; ele também mostra uma percepção acurada da situação social real da jovem.

Assim como a moça deve ser capaz de estabelecer relações íntimas, também o rapaz deve ter sucesso nessa tarefa. Quando um rapaz procura uma parceira, muitos fatores estão envolvidos, e uma necessidade primária é uma habilidade para conseguir uma resposta sexual normal.

80

No final da adolescência, o macho começa a aprender a ficar sexualmente excitado pela fêmea e a estabelecer ligações com as mulheres, em preparação para uma união mais permanente. Neste período, que em geral é uma prova sexual de tentativa e erro, o rapaz que continuamente vivencia a derrota ao ser incapaz de participar adequadamente de relações sexuais fica em desvantagem no processo de seleção de parceiros. Os problemas mais comuns, além da inabilidade de se ligar satisfatoriamente a qualquer mulher, são a ejaculação precoce e a impotência. Em qualquer caso, o contrato sexual não é realizado, e a frustração se desenvolve no lugar de uma experiência crescente de intimidades mais sutis.

Um rapaz pediu ao dr. Erickson que o tratasse de ejaculação precoce através da hipnose. O dr. Erickson relata:

Esse jovem tinha trinta anos e era solteiro quando veio me ver. Sofrera de ejaculação precoce em sua primeira tentativa de relação sexual, quando tinha vinte anos. Teve uma reação muito infeliz à experiência e pensou que fosse punição por sua imoralidade. Sentia-se incompetente. A partir daí, tornou-se obcecado pelo assunto e leu tudo o que pôde encontrar sobre sexo. Procurava mulheres novas e diferentes de todos os estratos da sociedade, de todos os grupos raciais e tipos físicos, tudo em vão. Ele realmente havia provado a si mesmo que sofria de ejaculação precoce.

Quando lhe pedi que descrevesse com todos os detalhes seu comportamento no ato sexual, ele declarou que este era invariavelmente o mesmo quer sua parceira fosse uma prostituta bêbada e envelhecida ou uma jovem atraente, charmosa e bem-educada. Ele não tinha dificuldade alguma em ter e manter uma ereção mesmo após a ejaculação. No entanto, a qualquer tentativa de penetração, a ejaculação ocorria primeiro. Muitas vezes ele não levava em conta a ejaculação precoce e se engajava no coito ativo, mas isto não lhe dava nem prazer nem satisfação. Ele encarava isto como um esforço desagradável, um desejo desesperado de adquirir competência sexual. Em geral, ele persistia nesta masturbação intravaginal até que estivesse pronto para uma segunda ejaculação, depois do que ele se retirava involuntária mas compulsivamente. Ele se sentia incapaz de nova penetração até que ejaculasse por completo externamente. Ele me procurou como último recurso.

Durante uma meia dúzia de sessões, permiti que ele se lastimasse de suas dificuldades. Mas ele entrou em transe, com considerável quantidade de amnésia pós-hipnótica. Num dos transes, questionei-o extensamente sobre suas ligações atuais e descobri que ele assiduamente cortejava uma prostituta que vivia num prédio de apartamentos, numa suíte do segundo andar, localizada em cima da entrada de um pátio. Era necessário subir uma escada e andar por um balcão para chegar ao apartamento. Sugeri que, quando fosse visitá-la, ele tivesse uma ereção assim que entrasse no pátio e a mantivesse até sair dali, sozinho ou na companhia dela. Ele nunca tivera problemas com a ereção; portanto, que tivesse uma ao entrar no pátio. Então gastei umas duas horas numa conversação longa e divagante. No entanto, sistemática e desembaraçadamente, eu misturava ao monólogo toda uma série de sugestões pós-hipnóticas. Fiz elaborações confusas até que a lista toda tivesse sido apresentada. Sugeri que idéias neuróticas servem a um propósito da personalidade. Esta foi uma das sugestões pós-hipnóticas. As manifestações neuróticas são em geral aparentemente constantes, mas são fundamentalmente inconstantes, porque o propósito a que servem muda conforme o tempo passa e as circunstâncias e a personalidade se alteram. Muitas variedades de sintomas neuróticos podem inverter-se, e o fazem. A correção de um problema neurótico pode ocorrer efetivamente e acidentalmente devido a medidas coincidentes, assim como por esforço deliberado. Nenhum neurótico pode realmente saber o que acontecerá com seu problema num *determinado* momento. A repressão de um problema neurótico pode ocorrer devido ao desenvolvimento de outro, em si mesmo benéfico. Um sintoma neurótico específico como a ejaculação precoce pode transformar-se repentinamente num assustador retardamento da ejaculação, um retardamento de meia hora ou mais. Se isto lhe acontecesse, ele realmente teria algo com que se preocupar. Ele saberia realmente como se preocupar, consciente e inconscientemente. Um tal desenvolvimento sem dúvida resultaria numa ejaculação interna totalmente inesperada. Então ele seria confrontado com o enorme problema da sexualidade realizada, que iria requerer utilização construtiva.

Durante a semana seguinte, ou uns dez dias, ele sentiu um grande desassossego, pressagiando e impedindo a mudança em sua vida. Neste ponto, proibi qualquer discussão e disse-lhe que não fizesse nada por algum tempo, nem mesmo pensar, mas que simplesmente descansasse confortavelmente. Marquei-lhe uma consulta para o dia seguinte, que era uma terça-feira, e para a quarta e a sexta-feira. Na terça, eu o vi brevemente, mas não lhe permiti falar. Disse-lhe que lhe seria concedido, em troca da brevidade daquela entrevista, um encontro muito especial no domingo. Eu sabia que sábado à noite era a data de seu encontro regular com a prostituta. A sessão de quarta-feira foi conduzida de maneira similar, e enfatizei ainda mais o encontro de domingo, para que ele realmente tivesse que se preparar para aquela entrevista. O encontro de sexta-feira também foi propositalmente breve, e voltei a enfatizar o caráter especial daquilo com que ele teria que lidar no domingo. Três breves entrevistas, cobradas a taxa integral, e uma promessa de suprir a brevidade do tempo com uma entrevista especial no domingo. No entanto, quando ele chegou, domingo de manhã, explicou-me que tinha algo muito mais urgente do que qualquer coisa que eu tivesse em mente para aquele encontro. Devido a certos acontecimentos que havia vivenciado, o que eu pretendia propor tinha que ser adiado.

Contou-me que as três breves entrevistas anteriores, ou "foras", como ele as denominou, o haviam deixado desassossegado, infeliz, inseguro. Ele se sentira tão constrangido depois da sessão de sexta-feira que procurara uma jovem que costumava ver com freqüência, mas com quem não tinha tido relações sexuais. Sugerira jantar e teatro. No entanto, durante a noite, estivera desatento e preocupado. Recorrentemente, pipocava-lhe na mente a questão de se seria ou não capaz de ejacular intravaginalmente. Uma dúvida! Antes ele sabia que não podia! Mas agora estava na dúvida se conseguiria. Quando tentava se lembrar do que estivera pensando, a idéia imediatamente sumia de sua cabeça. Logo a idéia explodia de novo, para desaparecer a seguir. Várias vezes isso tinha ocorrido.

Quando foi levar a companheira de volta à sua casa, sentiu uma ereção assim que entrou no pátio do edifício. Embora ele estivesse preocupado com seu pensamentro esquivo e não pensasse em relações sexuais, a ereção persistia. Não obstante, ao entrar no apartamento, a companheira mostrou um comportamento amoroso tão agressivo que ele prontamente foi para a cama com ela. Como ainda estivesse preocupado, permitiu que ela desempenhasse o papel agressivo, e sua reação à penetração foi um medo súbito de *não* conseguir ejacular. Tão absorvente era esse medo que "esqueci completamente toda a pipocação mental. Só conseguia pensar que gostaria de estourar dentro dela e tinha medo de não conseguir". Ele reagiu ao medo com o coito ativo, e, por alguma razão desconhecida, "olhando o ponteiro de minutos de meu relógio de pulso, que nunca levo para a cama". Depois de quase meia hora, ele estava cada vez mais excitado e ao mesmo tempo mais ansioso e temeroso. Então, de repente, mas sem saber o tempo até uns vinte minutos depois, ele experimentou uma ejaculação intravaginal satisfatória. Sua ereção continuou, e, após um pequeno repouso dentro dela, ele voltou ao coito ativo, teve uma ejaculação intravaginal completamente satisfatória e esperou a desintumescência antes de retirar o pênis. Dormiu confortavelmente e, no dia seguinte, foi viajar de automóvel. Na noite seguinte, sábado, tivera mais atividade sexual normal. Depois de completar sua descrição, o paciente perguntou: "Há alguma explicação para eu ter ficado tão normal?". Respondi que nem ele nem eu precisávamos explicar o normal, que era infinitamente mais agradável aceitar o normal como algo a que todos têm direito.

Sua relação com a mulher continuou por uns três meses e depois se separaram. Manteve outras relações antes de se interessar seriamente pelo casamento. Então, ficou noivo.

Algumas vezes, uma dificuldade sexual pode impedir que o jovem se engage em relações sociais normais e, outras vezes, um sintoma o impedirá de trabalhar ou freqüentar a escola. Durante a Segunda Grande Guerra, quando fazer parte do exército era mais popular do que é hoje, Erickson era consultor de uma junta de alistamento e ajudou muitos rapazes a entrarem para o exército quando eles assim o desejavam mas não conseguiam. Em geral, esses moços tinham problemas relativamente menores, mas que os impediam de funcionar no exército como seus companheiros. Um problema comum era molhar a cama, o que é particularmente embaraçoso para um jovem adulto. Certa vez, numa única sessão, Erickson resolveu o problema de um jovem que queria se alistar, mas fazia xixi na cama desde que era criança.

Durante o exame psiquiátrico, um convocado contou que molhava a cama desde a puberdade. Nunca ousara dormir fora de casa, embora com freqüência desejasse visitar os avós e outros parentes que viviam a uma distância considerável. Ele queria especialmente visitá-los por causa de seu iminente serviço militar. Ficou angustiado ao saber que a enurese o excluiria do serviço e perguntou se algo poderia ser feito para curá-lo. Explicou que tomara tonéis de remédios, havia sido examinado com cistoscópio, e tinha utilizado vários outros procedimentos sem resultado algum.

Eu lhe disse que provavelmente poderia receber alguma ajuda efetiva se estivesse disposto a ser hipnotizado. Ele concordou prontamente e logo desenvolveu um transe profundo. Neste estado de transe, assegurei-lhe enfaticamente que sua enurese tinha origem psicológica e que ele não teria nenhuma dificuldade real em dominá-la se obedecesse totalmente às instruções.

Na forma de sugestões pós-hipnóticas, eu lhe disse que, após voltar para casa, fosse até a cidade vizinha e se instalasse num quarto de hotel. Deveria pedir que as refeições fossem servidas no quarto e permanecer ali três noites. Quando entrasse no quarto, deveria se pôr confortável e pensar como ficaria assustado e angustiado quando a camareira descobrisse a cama molhada, como sua mãe sempre fazia, na manhã seguinte. Pedi-lhe que passasse e repassasse esses pensamentos, especulando tristemente a respeito de suas inevitáveis reações de humilhação, ansiedade e medo. Subitamente, um pensamento lhe passaria pela cabeça: e se depois de todas essas horas de agonia a criada fosse surpreendida por uma cama *seca*?

Essa idéia não teria nenhum sentido para ele, que ficaria confuso, tonto, e se sentiria incapaz de pôr a mente em ordem. A idéia surgiria constantemente em sua mente e logo ele se sentiria miserável, desamparado, especulando confusamente sobre sua vergonha, sua ansiedade e seu embaraço quando a camareira descobrisse a cama *seca*

84

ao invés da cama molhada que ele havia planejado. O esquema das três noites era: se o plano fosse eficaz, a primeira noite seria de dúvida e incerteza; a segunda, de certeza; e na terceira ele faria uma transição da ansiedade de molhar a cama para outra situação de ansiedade. Este pensamento o confundiria tanto que finalmente, em desespero, ele teria tanto sono que veria com bons olhos a hora de se deitar, porque, por mais que tentasse, não seria capaz de pensar claramente.

Na primeira manhã sua reação seria sentir um medo abjeto de estar no quarto quando a camareira descobrisse a cama *seca*. Ele procuraria desesperadamente em sua mente uma boa desculpa para sair do quarto, não encontraria e teria que olhar miseravelmente para fora da janela para que ela não percebesse sua angústia.

No dia seguinte, começando à tarde, o mesmo desnorteamento; pensamentos confusos voltariam, com os mesmos resultados. No terceiro dia, a mesma coisa se repetiria.

Disse-lhe que, na terceira noite, quando fechasse a conta do hotel, ele devia se sentir dilacerado pelo conflito de visitar ou não os avós. A dúvida de não saber que avós deveria visitar primeiro, os maternos ou os paternos, seria um pensamento agonizante e obsessivo. Este dilema ele finalmente resolveria permanecendo na casa do primeiro casal um dia menos do que na do segundo. Uma vez chegado ao seu destino, ele se sentiria muito bem e anteciparia alegremente visitar todos os seus parentes. Não obstante, ele ficaria obcecado por dúvidas a respeito de quem visitar a seguir, mas sempre apreciaria uma estadia de vários dias.

Todas essas sugestões foram repetidamente reiteradas, num esforço para assegurar a implantação desses pseudoproblemas, de modo a redirigir seus medos e ansiedades enuréticos e transformá-los numa ansiedade a respeito da visita aos parentes, ao invés de uma ansiedade a respeito da cama molhada para sua parenta mais próxima, sua mãe.

Mandei-o embora após aproximadamente duas horas de trabalho, depois de uma sugestão pós-hipnótica de uma amnésia abrangente. Quando despertou, disse-lhe rapidamente que o chamaria de novo dentro de uns três meses, e que sem dúvida seria então aceito no serviço militar.

Dez semanas depois, ele foi novamente enviado a mim, que era consultor da junta de alistamento local. Relatou em detalhes sua "espantosa experiência" no hotel, sem aparente consciência do que a tinha ocasionado. Explicou que "quase fiquei louco no hotel, tentando molhar aquela cama, sem conseguir. Até mesmo tomei água, mas não adiantou. Então fiquei tão assustado que caí fora e comecei a visitar todos os meus parentes. Isto fez com que eu me sentisse bem, a não ser por estar mortalmente assustado a respeito de qual deles visitar primeiro, e agora estou aqui".

Recordei-lhe suas queixas originais. Com um sobressalto de surpresa, ele replicou: "Não fiz mais isto desde que fiquei louco no hotel. O que houve?". Respondi que o que havia acontecido era que ele parara de molhar a cama e agora podia usufruir de uma cama seca. Duas semanas mais tarde, ele foi visto de novo no centro de alistamento, e, desta vez, foi prontamente aceito para o serviço militar.

Erickson não usa necessariamente a hipnose para tratar de problemas, particularmente o de molhar a cama. Ele tem muitos procedimentos alternativos, e também gosta de destacar que fazer com que um jovem adulto supere este tipo de dificuldade o libera para se lançar ao comportamento normal em muitas outras áreas.

Os jovens podem se isolar através de algum comportamento marginal, e podem também se marginalizar através de alguma característica física que os deixa em desvantagem no namoro. Algumas vezes, há um problema físico, como a obesidade, que faz com que a pessoa não seja atraente. Outras vezes, eles evitam se tornar atraentes para o sexo oposto. Algumas vezes, o dr. Erickson trabalha ajudando diretamente os jovens a se remodelarem. Em outros casos, pode enfocar a concepção que eles têm de si mesmos, particularmente sua imagem corporal.

Quando trabalha com moças, Erickson usa ao máximo sua própria masculinidade. Ele acredita que, se persuadir a jovem de que é atraente para ele, ela generalizará essa idéia e se aceitará como uma mulher atraente para os homens. Dentro da relação resguardada da terapia, a mulher pode se sentir admirada por um homem, e então é desviada para homens apropriados em sua rede social e reage a eles de modo diferente daquele que teria empregado no passado. Erickson usa a relação que a paciente mantém com ele como um ritual que induz na jovem um quadro mental de corte que tem sucesso com outros homens.

Por exemplo, uma jovem procurou Erickson em busca de ajuda porque se sentia terrivelmente gorda. Ela estava acima do peso, mas mesmo assim era realmente mais atraente do que insistia ser. Era uma jovem que ia muito à igreja, extremamente empertigada e decente. Seu puritanismo, assim como sua concepção de si mesma como horrivelmente gorda, fazia com que evitasse o namoro normal. Erickson relata:

Quando vi a garota esperando para ser recebida, ficou imediatamente claro que ela era uma jovem muito decente e empertigada. Fiz com que entrasse no consultório e se sentasse, e, embora eu fosse cortês, só olhei para ela de relance. Pedi-lhe que me contasse sua história, e, enquanto ela falava, peguei um peso de papel de cima de minha escrivaninha e fiquei examinando-o. Enquanto ela me contava seu problema, eu apenas a olhava ocasionalmente de soslaio e dirigia grande parte de minha atenção para o peso de papel.

Quando terminou, ela disse que duvidava que eu a aceitasse como paciente, já que era tão chocantemente sem atrativos. Mesmo se perdesse peso, ela ainda seria a mais feia dentre todas as criaturas.

Respondi dizendo: "Espero que me perdoe pelo que fiz. Não olhei para você enquanto falava, sei que isto é rude. Brinquei com o peso de papel ao invés de olhar para você. Acho muito difícil olhar para você, e prefiro não discutir os motivos disto. Mas, como esta é uma situação terapêutica, realmente preciso lhe contar. Talvez você encontre a explicação. Bem, deixe-me colocar as coisas assim. Tenho uma sensação forte de como ficará quando perder peso — ao menos de tudo que vejo em você; eis por que evitei ficar olhando para você — tudo indica que ficará ainda mais atraente sexualmente. Sei que não deveríamos discutir isto. Mas você é, sem dúvida, muito atraente sexualmente. E o será bem mais depois de perder peso. Mas não devemos discutir este assunto".

Conforme eu falava, a jovem corava e se entusiasmava e se contorcia. O que eu disse não foi muito traumático, mas, segundo o seu código, era terrivelmente desagradável. Ainda assim, um homem a quem ela respeitava imensamente havia afirmado que ela era atraente, e que notara isso instantaneamente.

Mais tarde, ela emagreceu e, da maneira mais polida, contou-me que havia se apaixonado por um homem mais velho que não se interessava por ela. Disse-lhe que era um grande elogio para o homem ela ter se apaixonado por ele. Como agora ela havia aprendido a lisonjear um homem, sem dúvida poderia dirigir sua afeição para alguém de sua idade. Mas disse-lhe também que deveria continuar lisonjeando o homem mais velho durante algum tempo. Mais tarde, ela perdeu seu interesse por mim e ficou noiva de alguém de sua própria idade.

Quando Erickson usa sua masculinidade deste modo, ele está particularmente preocupado em que a relação com ele não se torne um substitutivo para um relacionamento natural com um homem da situação social da paciente. Por isso, uma vez tendo feito surgir o comportamento de corte, este é dirigido para o cenário social da vida da jovem. Ao contrário dos terapeutas que acreditam numa terapia a longo prazo e num profundo e contínuo envolvimento emocional com o terapeuta, Erickson procura se desenredar o mais rápido possível e concentra a paciente em outro homem. Algumas vezes, faz isto depois de um certo período de tempo; outras vezes consegue muito rapidamente.

Embora se pense que o período de corte envolve apenas os jovens, um problema neste estágio pode continuar durante anos. À medida que a mulher ou o homem envelhece, as dificuldades de ultrapassar este estágio crescem. Menos desejosa de se arriscar a conseguir um parceiro, uma mulher pode dar um jeito de que sua aparência e seu comportamento evitem esta possibilidade. Quanto mais estabelecida ela esteja em sua trajetória para se tornar um ser periférico, mais dramáticos serão os meios necessários para produzir uma mudança básica em sua vida. Algumas vezes Erickson faz isto rapidamente, estabelecendo uma relação intensamente pessoal, embora resguardada, com um homem, que lhe dê o ímpeto para se arriscar a relacionamentos íntimos normais.

Uma mulher procurou Erickson porque seus únicos amigos no mundo, um casal profissional, eram também amigos dele e o haviam recomendado a ela. Ela tinha trinta e cinco anos e era algo mais do que agradavelmente rechonchuda. Embora tivesse um rosto franco e decididamente atraente, qualquer um que a visse pela primeira vez pensaria: "Bom Deus, por que ela não lava o rosto, penteia o cabelo e coloca um vestido, ao invés de um saco de farinha?".

Ela entrou no consultório hesitando e, de maneira afetada e impessoal, explicou que se sentia infeliz e frustrada. Ela sempre quisera se casar e ter filhos, mas nunca conseguira ter nem mesmo um encontro. Conseguira terminar o colégio, enquanto ao mesmo tempo mantinha e cuidava da mãe inválida. Não tinha vida social. Sabia que estava um pouco acima do peso ideal, mas acreditava que alguns homens gostam de moças rechonchudas e que não havia nenhuma razão para seu isolamento. Ela era inteligente, culta, interessante, e estava desesperada porque tinha trinta e cinco anos e queria que algo fosse feito prontamente. Afirmou que sua terapia teria de ser rápida, pois havia aceitado um emprego numa cidade distante, onde estava determinada a ser diferente ou a desistir. Assim sendo, algo drástico era exigido. E, mais ainda, seus fundos eram limitados.

Essa mulher era uma funcionária conscienciosa, e fora mantida pelo empregador somente devido à excelência de seu desempenho. Era fria, impessoal e retraída em seus hábitos. Seus únicos amigos eram um casal profissional, e com eles ela era uma conversadora encantadora e mostrava inteligência e uma ampla gama de interesses. Com exceção das visitas mensais a eles, permanecia em seu apartamento sozinha. Usava óculos de aro de metal e nenhuma maquilagem, e suas roupas não lhe caíam bem e eram de cores berrantes. Seus hábitos pessoais eram desleixados, seu cabelo nunca estava bempenteado, suas orelhas estavam sempre sujas, assim como o pescoço. Freqüentemente suas unhas estavam ofensivamente sujas. Se alguém lhe mencionava essas coisas, ela o congelava com seu comportamento frio e impessoal. Nunca tivera um encontro. Erickson conta:

Disse à mulher: "Você quer uma terapia rápida, porque está ficando desesperada. Gostaria que eu a fizesse a meu modo? Acha que pode agüentar? Porque posso fazê-la de maneira rápida, completa, efetiva, mas será uma experiência muito perturbadora". Ela afirmou que se sentia suficientemente desesperada para aceitar qualquer coisa. Pedi-lhe que pensasse no assunto durante três dias e decidisse se realmente queria terapia, e se a queria suficientemente drástica para beneficiá-la. Assegurei-lhe que podia ser muito beneficiada, mas que isto iria requerer dela grande força pessoal para agüentar o assalto terapêutico que seria necessário nas condições de curto prazo que ela propusera. Utilizei deliberadamente a palavra "assalto" devido às suas múltiplas possibilidades. Disse que teria de prometer não abandonar, por motivo algum, a terapia e executar plenamente todas as tarefas que eu lhe atribuísse, não importava o que fosse. Antes de prometer, ela deveria pensar em todas as possíveis implicações — especialmente as desagradáveis — do que eu havia dito. Ela voltou depois de três dias e prometeu acatar completamente todas as exigências feitas.

Tive uma longa sessão com ela, começando pela pergunta: "Quanto dinheiro você tem?". Ela contou que havia economizado mil dólares e estava disposta a pagar aquela quantia de uma só vez e naquele instante. Pedi-lhe que colocasse setecentos dólares numa conta corrente, esperando gastar toda aquela quantia consigo mesma de um modo inesperado. Então presenteei-a com um espelho, uma fita métrica e um cartão para marcar o peso.

Durante mais de três horas, fiz uma crítica absolutamente direta de seu peso e de sua aparência, com todas as possíveis provas para enraivecê-la. Cada unha foi examinada, e a quantidade de sujeira descrita em detalhes: suas unhas estavam de luto, esta, aquela e aquela outra. Segurando o espelho, fiz com que me descrevesse a sujeira de seu rosto, do pescoço, e as marcas de transpiração. Com dois espelhos, ela descreveu a sujeira de suas orelhas. Fiz comentários críticos sobre seu cabelo despenteado, sobre o vestido que lhe caía mal, sobre as cores berrantes. Tudo isto foi feito como se faz um exame físico. Disse-lhe que todas aquelas coisas eram tópicos que ela podia corrigir sem qualquer ajuda de um terapeuta e em relação aos quais ela própria estava em falta. Eles expressavam uma autonegligência proposital.

Entreguei-lhe então uma toalha e mandei que lavasse um lado do pescoço e percebesse o contraste com o que não fora lavado. Isto foi extremamente embaraçoso para ela. Concluí a entrevista com uma declaração sumária: ela era uma mixórdia penosa de se olhar. Contudo, avisei-a de que não deveria comprar nada antes de ser instruída a fazê-lo. Deveria simplesmente continuar trabalhando e refletindo sobre a verdade de tudo que havia sido visto ou dito. Marquei nossa próxima consulta para dali a dois dias e disse que seria, possivelmente, tão ou mais devastadora do que a presente.

Ela compareceu pontualmente à próxima consulta, embaraçada e hesitante a respeito do que aconteceria a seguir. Não estava usando maquilagem, mas, quanto ao resto, estava visivelmente bem-arrumada, a não ser pelo corte insatisfatório do vestido e pelas cores brilhantes do tecido. Naturalmente, tinha tomado um banho completo antes da sessão. Assim como eu tinha aprovado a parte limpa de seu pescoço, agora elogiei seu corpo limpo. Sua hesitação indicava alguma incerteza a respeito do que poderia ser examinado desta vez.

Revisei sistematicamente a entrevista anterior e as oportunidades que ela havia aproveitado; tudo foi discutido de modo frio e impessoal. A seguir, avisei-a que se preparasse para um assunto novo para ela como criatura viva, um assunto da maior importância, embora até agora negligenciado e desconsiderado. Ela não poderia continuar negligenciando e desconsiderando aquele assunto — ela jamais conseguiria tirar da cabeça aquele "algo" que era visível a todo mundo com quem ela entrava em contato. Estaria continuamente em sua consciência e a forçaria a se comportar normal e corretamente, com uma autopercepção agradável e satisfatória. Disse-lhe que o assunto lhe seria revelado quando fosse partir. Então, quando ela se dirigiu para a porta para ir embora, no final da entrevista, disse-lhe que havia algo que desejava que ela fizesse. Ela parou, empertigada e rígida, esperando para ouvir o que era. Eu disse: "Você jamais deve esquecer que possui um belo pedaço de pêlos entre suas pernas. Agora, vá para casa, tire toda a roupa, ponha-se diante de um espelho e verá os três belos símbolos da feminilidade. Eles estão sempre com você, aonde quer que vá, e nunca mais deve se esquecer deles".

Na próxima sessão, ela chegou pontualmente; estava extraordinariamente embaraçada. Sem nenhuma preliminar, eu lhe disse: "Você tem um dinheiro economizado para um objetivo especial. Vá a uma loja de departamentos. Lá encontrará uma conselheira de beleza; diga-lhe sem rodeios que você é uma terrível mixórdia, que não sabe se arrumar, que quer que ela lhe ensine tudo o que precisa saber. Verá que ela é uma mulher charmosa, bondosa, solidária, compreensiva. Deixe que ela a produza inteiramente. Você gostará de conhecê-la e achará excitante que ela lhe ensine tudo o que precisa saber.Daqui a três semanas haverá um baile para todos os empregados de seu escritório. Você será convidada, como de costume. Deve ir. Como preparação, vá a uma aula de dança e aprenda rapidamente a dançar bem. Faça com que a conselheira de beleza escolha o tecido para o vestido que você deverá usar nesta ocasião. Leve o tecido para a sra. _____, que é uma costureira, e explique que quer que ela a ensine a fazer o vestido. Você deverá fazer toda a costura. Sua próxima consulta será na noite do baile".

90

Na noite da festa, ela entrou realmente bem-vestida. Estava embaraçada, enrubescida e elegante. Havia perdido o excesso de peso e estava animada e consciente de seus atrativos. Três meses mais tarde, após assumir seu novo emprego, ela conheceu um professor. Um ano mais tarde, estavam casados. Ela agora tem quatro filhos.

Em geral, a abordagem de Erickson envolve o uso de procedimentos sensíveis, comuns, tal como aprender a se arrumar ou dançar, combinados com um encontro íntimo que força a pessoa a aceitar esses procedimentos sensíveis, o que não acontecia antes. Ele utiliza ao máximo tanto suas facilidades quanto as da comunidade. Neste caso, usou a si mesmo para fornecer a uma mulher pudica uma relação íntima com um homem, que incluía a discussão de temas não mencionáveis. Ele também utilizou uma consultora de beleza e uma costureira.

Uma conversa sobre terapia breve que teve lugar alguns anos mais tarde oferecerá um quadro mais detalhado dos dilemas de uma jovem mulher, assim como das maneiras empregadas por Erickson para lidar com eles. Um rapaz que estava tentando compreender e usar o método de Erickson apresentou-lhe uma série de casos e perguntou-lhe como abordaria aqueles problemas.

ENTREVISTADOR: Recomendaram-me uma jovem que precisava de alívio para fortes dores pré-menstruais. Uma vez por mês, ela ficava incapacitada, durante umas oito horas, forçada a permanecer na cama. Sofria dessa dor desde os catorze anos. Fiz duas sessões com ela e não tenho certeza de poder ajudá-la. Mesmo assim, sinto que seu problema não é muito complicado. Ela começou a menstruar aos doze anos — perfeitamente normal. Aos treze, presenciou o bombardeio da cidade onde vivia. Morava numa colina e viu o bombardeio, embora não tenha sofrido nenhum tipo de ferimento. Depois disto, não menstruou durante mais de um ano. Voltou para os Estados Unidos com a mãe e, aos catorze anos, recomeçou a menstruar. Foi muito doloroso. Tem menstruado em meio a fortes dores desde então.

ERICKSON: Ela é bonita?

ENTREVISTADOR: Sim.

ERICKSON: Ela se acha bonita?

ENTREVISTADOR: Sim. Mas não tem plena certeza disso. Ela se esforça um pouco demais para parecer bonita.

ERICKSON: O que você acha disso?

ENTREVISTADOR: O que acho? Bem, acho que ela tem vinte e oito anos e não se casou por razões que não compreende.

ERICKSON: E, ainda assim, ela é bonita? E se empenha muito em parecer bonita. Você sabe, na psicoterapia breve, uma das considerações é a imagem corporal. Por imagem corporal entendo o modo como uma pessoa cuida de si mesma. Que tipo de imagem tem de si mesma. Ela é uma jovem bonita e se esforça para sê-lo? Então ela está lhe contando que tem uma imagem corporal deficiente. Uma boa imagem corporal implica não só um eu físico, mas também um eu funcional e a personalidade no *interior* do corpo. Ela sabe que é *certo* saber que tem olhos bonitos? Ela sabe que é *certo* perceber que seu queixo é muito pesado? É *certo* ter uma bonita boca mas não lavar direito as orelhas? Ela sabe que a individualidade de seu rosto é o que lhe dá atração individual?

ENTREVISTADOR: É assim que colocaria as coisas para ela?

ERICKSON: É assim que as coisas deveriam ser colocadas para ela. Você verá moças bonitas que se depreciam totalmente. Não percebem que estão tentando classificar sua aparência com base na de outras pessoas. E usualmente pensam em algum sintoma que as leve à conclusão de que não são adequadas. A moça que tem menstruações dolorosas — exatamente o que pensa sobre seu corpo? Seus quadris são muitos grandes, ou seus tornozelos? Seus pêlos púbicos são escassos — muito lisos, muito encaracolados? Ou como são? Talvez seja uma coisa muito dolorosa para ser reconhecida conscientemente. Os seios são muito grandes? Muito pequenos? Os mamilos não têm a cor certa? Na psicoterapia breve, uma das primeiras coisas a se fazer, seja com um homem ou uma mulher, é descobrir qual é a imagem corporal da pessoa.

ENTREVISTADOR: E como se descobre isso?

ERICKSON: Às vezes, depois de alguns minutos com um paciente, particularmente com uma moça, pergunto quais são seus melhores traços. E por quê. Faço um questionamento direto. Do mesmo modo que faria um exame físico. Começa-se examinando o couro cabeludo e se desce até a sola dos pés. É um exame puramente objetivo. Você realmente quer saber qual é a imagem corporal, então faz um exame físico da imagem corporal.

ENTREVISTADOR: Entendo. O que a moça faz é se esforçar em demasia para se mostrar feminina. Seus cachos estão no lugar exato, sua maquilagem é adequada, seus brincos também.

ERICKSON: Em outras palavras, o que falta à sua imagem corporal, que é feminina, para que ela tenha que compensar e enfatizar os sinais externos de feminilidade? Que deficiência pensa ter em seus genitais? Em seus seios, em seus quadris, em seu corpo, em seu rosto?

ENTREVISTADOR: Bem, como é que os pacientes aceitam considerações tão objetivas sobre seus genitais? Eles discutem tão objetivamente assim?

ERICKSON: Eles o fazem por mim. Você vê entrar uma moça com o cabelo todo emaranhado. Na sessão seguinte, seu cabelo está penteado de forma um tanto diferente, mas com uma linha divisória tipo caminho de rato. E você fica cogitando sobre seus genitais.

ENTREVISTADOR: Se o cabelo estiver emaranhado, devemos ficar pensando sobre isto?

ERICKSON: Sim. Tenha em mente que nossa familiaridade conosco, nossos eus físicos, é tão grande que nunca a apreciamos — conscientemente. Como percebe que uma mulher está usando seios postiços?

ENTREVISTADOR: Não sei como poderia perceber, exceto em termos de proporção com o resto do corpo.

ERICKSON: Vou mostrar-lhe como se percebe. Peço à mulher que se sente reta e finja que tem um mosquito em seu ombro direito; então, peço que o mate com um tapa. Primeiro vou mostrar como faço isto. (Demonstra dando um tapa com o braço que não toca o peito.) Agora vou exagerar para mostrar-lhe como ela mata o mosquito. Veja, ela faz uma volta com o braço de acordo com o tamanho real de seus seios.

ENTREVISTADOR: Ah, entendi. Com postiços ela roça os seios.

ERICKSON: É. Se ela tem seios muito pequenos, praticamente chatos, ela tende a dar uma palmada em seu ombro quase como eu o faria. E se tiver seios maiores fará uma volta maior.

ENTREVISTADOR: É um teste simples.

ERICKSON: Um teste muito simples. Quando vejo que uma paciente tem uma imagem corporal deficiente, em geral digo: ''Há uma série de coisas que você *não* quer que eu saiba, que você *não* quer me contar. Há muita coisa sobre você mesma que não quer discutir, por isso vamos conversar sobre o que queira. Ela tem a permissão expressa de esconder qualquer coisa. Mas ela veio para debater uma porção de coisas. Por isso, começa a discutir isto e aquilo. E é sempre assim: ''Bem, posso falar sobre isto''. E antes que ela acabe, mencionou tudo. E a cada novo item: ''Bem, isto realmente não é tão importante que eu precise esconder. Posso usar a permissão para assuntos mais importantes''. Simplesmente, esta é uma técnica hipnótica. Para fazer com que respondam à idéia de esconder, e respondam à idéia de comunicar.

ENTREVISTADOR: Percebo.

ERICKSON: Para eles, esconder é essencialmente uma mera questão de embaralhar a ordem de apresentar os fatos, e isto é esconder suficientemente.

ENTREVISTADOR: Isto também os força a pensar naquilo que normalmente esconderiam, aquilo a que nunca antes deram atenção.

ERICKSON: Digamos que uma moça teve uma série de casos e está muito angustiada para falar do assunto. Você lhe dá permissão para se recusar a contar. Ela sabe que você não tem conhecimento dos casos. Começa a pensar: ''Bem, posso contar o número 1. O número 5 também. Mas não o número 2''. E ela conta o número 4, 6, 3, 7, 2. Ela *havia se recusado* a contar somente o número 2. Na realidade recusou-se a contar todos, a não ser o número 1, porque não os contou em ordem — 1, 2, 3, 4, 5, 6, 7.

ENTREVISTADOR: É um jogo com a palavra "recusou".

ERICKSON: O inconsciente *faz* isto. E você tem que perceber. Sendo assim, sugiro que eles recusem, e eles fazem isto. E também sugiro que contem — e fazem isto. Mas se recusam ou contam de maneira responsável. E, como vão esconder, *deve-se encorajá-los* a fazer isto ao discutir a imagem corporal — o modo como a pessoa se vê, como aparece aos olhos da própria mente, o modo como pensa sobre o corpo. Certamente, a pessoa não quer conversar comigo sobre certas partes do corpo — mas há partes de seu corpo que quer discutir. Por exemplo, seu queixo e sua boca. Pode até pensar sobre seus tornozelos. Pode pensar sobre sua barriga, sobre o cabelo em sua cabeça. E ao falar de "cabelo em sua cabeça", quantas jovens têm consciência de seu hímen? Como se sentem sobre o repartido de seu cabelo?*

ENTREVISTADOR: Isto é um jogo com a palavra "parte"?

ERICKSON: Não, é um jogo a respeito do fato de existir uma ranhura genital. E existe um repartido no cabelo.

ENTREVISTADOR: Aparentemente, faz isto não só para ter uma idéia de suas imagens corporais, mas para torná-los cônscios de seus corpos.

ERICKSON: Torne-os cônscios de seus corpos. E *enquanto fica sentado aí*, pode refletir sobre o que quer discutir a respeito de si mesmo. "Enquanto fica sentado aí" parece ser uma frase de transição. No que está sentado? E que tipo de corpo deseja? Um tipo de corpo que agradaria a uma mulher com outro tipo de personalidade? Ou o tipo de corpo que agradaria a você com *sua* personalidade? E o que você sabe sobre isso?

ENTREVISTADOR: E você presume que uma cólica menstrual está relacionada a este tipo de dificuldade?

ERICKSON: Sim, presumo.

ENTREVISTADOR: Naturalmente, com meu *background*, fico curioso a respeito da história. Interessa-me que ela tenha ficado um ano sem menstruar, dos treze aos catorze anos.

ERICKSON: Certo, mas uma das primeiras coisas que eu gostaria de saber seria o que ela pensa sobre a impermanência da vida e a impermanência do corpo, e como um corpo pode, de repente, chegar a um fim violento. E a ameaça de morte. O corpo dela está condenado a ir só para o pó, e cada período menstrual a aproxima mais da morte, e é uma coisa dolorosa.

---

* Aqui, há um jogo de palavras intraduzível entre a frase *"the hair on your head"* (cabelo em sua cabeça) e *"maidenhead"* (hímen). Também com a palavra *"part"*, que significa "parte" e ainda "repartido do cabelo". (N. do E.)

ENTREVISTADOR: Este é um modo diferente de encarar a menstruação.

ERICKSON: Mas é real, você sabe.

ENTREVISTADOR: Ah, sim, eu sei. Mas a menstruação também lhe diz que ela é uma mulher, mas que não está grávida. Este é o tipo de coisa em que fico pensando.

ERICKSON: Você pensa na menstruação em termos de pensamento masculino, em termos de pensamento biológico.

ENTREVISTADOR: E como uma mulher pensa sobre o assunto diferentemente? Em termos de envelhecimento?

ERICKSON: O que toda mulher pensa sobre o assunto? Quando ela tiver determinada idade, ela não irá menstruar. Quando envelhecer, não menstruará mais. E, por conseguinte, é algo totalmente diferente para ela como pessoa. Em sua privacidade, no isolamento de sua própria existência, a menstruação é uma coisa viva. Considere, por um momento, o que uma mulher pensa sobre o seu vigésimoquinto aniversário. Não é um aniversário de vinte e cinco anos — é um quarto de século. E como se *sente* sobre o trigésimo aniversário? Está deixando para trás os seus vinte anos. E há ainda a terrível apreensão de passar a casa dos trinta. E o vigésimo-quinto aniversário foi equivalente a um quarto de século. E a enorme importância que do Arizona a Massachusetts se confere ao quarto de século. Agora, quando foi mesmo que ela parou de menstruar?

ENTREVISTADOR: Aos treze anos. Ela havia perdido o pai quando tinha três anos. Então, durante um bombardeio, perdeu seu padrasto, porque ele imediatamente partiu para a guerra. A mãe se divorciou dele enquanto estava longe. A menina não só parou de menstruar naquela época, mas desenvolveu uma enfermidade de luto que a deixou tonta e nauseada durante meses. Quase como se estivesse tentando substituir com uma família própria a família que perdera. Ao menos, pareceu-me uma idéia de gravidez.

ERICKSON: Ela perdeu o pai aos três anos, e o padrasto naquele momento do bombardeio. Se tivesse três anos, poderia esperar o retorno do pai. Como poderia reassumir sua condição de menina de três anos?

ENTREVISTADOR: Você veria o episódio como uma regressão?

ERICKSON: Sim, porque aos três anos, com sua memória e compreensão atual, ela realmente poderia almejar que um padrasto viesse morar em seu lar. Agora, com o bombardeio, a cidade não funcionava, tudo em casa perdera sua função. *Sua* função também não existia mais. Ela era parte de uma totalidade.

ENTREVISTADOR: É verdade, ela descreveu o ocorrido como se tudo houvesse parado de funcionar — se não nesses mesmos termos, em termos muito próximos. Ela foi tirada da escola, separada de seus amigos, separada de seu padrasto, e assim por diante.

ERICKSON: Ela não tinha idade para ir para a escola. Ela foi tirada da escola. Não tinha idade para estar na escola, não tinha idade para menstruar.

ENTREVISTADOR: Por que a menstruação teria recomeçado com dores?

ERICKSON: Por que não assumir uma dor legítima?

ENTREVISTADOR: O que quer dizer?

ERICKSON: O primeiro início da menstruação poderia ocorrer fácil e naturalmente — sem associações particulares. Portanto, poderia ser indolor. Então, interrompe-se uma função — para a qual todas as sensações foram aprendidas —, e isto ocorre de maneira súbita e inesperada. A perda dessa função é algo doloroso. E, de repente, a pessoa é lembrada, pelo reaparecimento da dor, de sua perda de afeto, e mais a congestão normal dos tecidos. Assim, é uma dor legítima. Você quebra um braço, ele é engessado. Gradualmente, você se acostuma com o gesso. Ele é retirado e você tenta dobrar o braço — é doloroso.

ENTREVISTADOR: É.

ERICKSON: É uma dor legítima, também. A dor do desuso. Ainda assim, você quer ter um braço móvel. Mas não é doloroso devido a conflitos. Por que a menstruação interrompida não voltaria com dor? E isto pode tê-la assustado, e feito surgir em sua mente a pergunta: "Será sempre doloroso?". E então ela ficaria antecipando uma menstruação dolorosa. Ela teria todo um mês para antecipar a menstruação dolorosa — e comprová-la.

ENTREVISTADOR: Tenho certeza de que é o que ela faz — passa um mês esperando.

ERICKSON: Sim, ela teve uma prova adicional. E eu perguntaria a ela: "Qual é seu ciclo?" "Quantos absorventes usa por dia?" "A menstruação é sempre regular?" "Vem pela manhã?" "À tarde ou à noite?" "Ou ao acaso?".

ENTREVISTADOR: Aparentemente, é regular e vem pela manhã.

ERICKSON: E eu jogaria a questão: "Quantos absorventes por dia?". Porque esta é realmente uma pergunta íntima embaraçosa. "Você encharca todo o absorvente?" "Ou você os troca *logo* que começam a ficar úmidos?" Ela já disse que é regular e vem de manhã. "E como se sentiria se acontecesse um dia antes do esperado? E não pela manhã, mas à noite? Como se sentiria?" A primeira coisa que eu faria seria deslocar o momento da dor.

ENTREVISTADOR: Quer dizer que, se deslocar o momento, pode fazer algo a respeito da dor?

ERICKSON: Se desloco o tempo, então não ocorrerá o *período esperado*, e o período esperado é um período doloroso. O período inesperado não é doloroso, porque aconteceu inesperadamente. E então pode-se implantar isso em sua mente. Ela vai prestar muita atenção às perguntas do tipo: "Quantos absorventes?" "Você os deixa ficar completamente encharcados?". E não prestará muita atenção consciente às sugestões de deslocamento.

ENTREVISTADOR: E elas serão mais eficazes se ela lhes der menos atenção consciente?

ERICKSON: Ela está a uma distância em que pode ouvi-lo, ela escuta tudo o que diz, ela veio para falar com você, ela vai escutar tanto com a mente consciente quanto com a mente inconsciente. E você permanece ciente deste fato. "E como se sentiria se ocorresse inesperadamente — durante a noite?" Note que uso a palavra "sentir". Ela tem uma conotação diversa da idéia de dor.

ENTREVISTADOR: Ah, entendo.

ERICKSON: Deste modo, eu realmente alterei um sentimento a respeito da menstruação, de dor para um outro tipo de sentimento. Uma outra coisa é acentuar o manejo da menstruação dolorosa. Muitos terapeutas, médicos, não levam em conta os direitos do paciente. E tentam aliviar a moça da menstruação dolorosa fazendo-a desaparecer completamente. Quando uma jovem chega a mim pedindo que eu alivie a dor da menstruação, deixo-lhe muito claro que é isto que ela quer — tanto quanto saiba. Mas é provável que, em sua vida, haja uma ocasião na qual ela *possa querer* um período doloroso. Ela pode querer *escapar* de algum compromisso social queixando-se de cólicas. Ela pode querer escapulir de um exame na universidade. Ela pode querer ter mais um dia extra de folga no escritório. Assim, seja realista sobre o assunto. Ela quer alívio para a menstruação dolorosa quando lhe for conveniente. O inconsciente é bem mais inteligente do que o consciente. A jovem vem a você solicitando alívio para a menstruação dolorosa, e você gentilmente, frustrantemente, lhe sugere que fique livre da dor. Mas o inconsciente dela sabe que você não compreende o problema. Você está lhe dizendo agora, como uma criatura menstruante, para ficar livre da dor, e ela sabe muito bem que vai se casar e ter um bebê, e que a menstruação será interrompida, e que nenhuma das sugestões que lhe deu serão aplicáveis até que comece uma nova história de menstruação. Ela recusa seu oferecimento de alívio porque você não levou em conta o curso natural dos eventos. E ela na verdade percebe isto em seu inconsciente, e troça de você, porque você acabou de presumir que ela nunca terá uma interrupção. Mas terá. Ela pode ficar doente. Talvez no passado tenha ficado doente e tenha interrompido a menstruação. E seu inconsciente, buscando a sua ajuda, *quer* que você a leve em conta como um indivíduo que vai encontrar esta ou aquela coisa. Quando você lhe dá o privilégio de ter uma menstruação dolorosa como um modo de fazer com que seu marido lhe dê um novo casaco de peles, você lhe deu o privilégio de manter a dor e de não mantê-la. Então a escolha é dela: você não está lhe tomando à força algo que ela sente que lhe pertence. Você simplesmente está lhe oferecendo uma oportunidade de deixar isto de lado ou mantê-lo conforme sua conveniência. Assim como está deixando o paciente recusar.

ENTREVISTADOR: Bem, o mesmo é válido para a maior parte dos outros sintomas, não é? É a atitude correta.

ERICKSON: É a atitude correta. Uma mulher de trinta anos chupava o polegar, arranhava seus mamilos até que eles ficassem em carne viva e o mesmo fazia com o umbigo. Ela fazia isto desde a infância. Procurou uma terapia que a curasse e eu disse que não faria terapia por causa daquilo, que eu simplesmente a curaria — em menos de trinta segundos. Ela sabia que isto era impossível. Mas queria saber como eu o faria naquele espaço de tempo. E eu lhe disse: tudo teria que fazer era dizer sim. Ela sabia que *aquilo* não iria alterar nada. "Dizer sim e querer dizer sim." "Da próxima vez que tiver vontade de arranhar seu mamilo, quero que você o faça. Quero que entre neste consultório, exponha os seios e o mamilo, e o faça. Vai fazer isto?" Ela respondeu: "Sim", e então disse: "Sabe muito bem que nunca faria isto. Nunca". E ela queria dizer: *"Eu nunca farei isto"*. Falava sobre não voltar ao consultório.

ENTREVISTADOR: Sim.

ERICKSON: "Está certo, você nunca fará isto." Seu inconsciente sabia, e seu inconsciente apossou-se de toda a *sua* intensidade e transferiu-a para ela.

ENTREVISTADOR: Voltando à imagem corporal, e pensando de novo sobre aquela jovem, quando se tem uma idéia dos defeitos da imagem corporal, o que fazer para revisá-las?

ERICKSON: O que fazer? Uma moça veio me ver porque estava nervosa. Estava receosa, trêmula, insegura. Não gostava das pessoas e estas não gostavam dela. E ela estava tão abalada que lhe era difícil caminhar. Tinha medo das pessoas, e, quando ia a um restaurante, levava um jornal para se esconder atrás dele. Voltava para casa por aléias para evitar ser vista. Freqüentava sempre os restaurantes mais baratos — para que as pessoas pudessem olhá-la e desprezá-la. E, além do mais, não era digna de ser olhada. Fiz com que desenhasse seu retrato. Ela testou suas habilidades de esboço. E ali está o retrato — vê?

ENTREVISTADOR: É obscuro. Meramente partes não relacionadas.

ERICKSON: Finalmente, ela desenhou esta figura de calendário de si mesma nua. Primeiro, uma cabeça sem corpo, e então seu autoretrato final.

ENTREVISTADOR: E o que foi que fez com ela entre o desenho inicial e o último? Para que superasse a imagem corporal deficiente?

ERICKSON: Primeiro, perguntei-lhe se realmente queria fazer terapia. Se realmente iria cooperar. Ela afirmou não ter escolha e concordei com ela. Ela realmente não tinha escolha, a não ser a escolha do terapeuta, e como tinha vindo me procurar e dado o primeiro passo difícil, seria ainda pior ter de procurar outro — porque teria de dar novamente o primeiro passo. Isto garantiu que ficaria comigo.

ENTREVISTADOR: Percebo.

ERICKSON: Ela não percebeu que coloquei uma barreira que a impedia de procurar outro. Mas ela *estava* ali, e eu lhe disse que a terapia abordaria todas as suas funções como pessoa, o que incluía não só seu modo de trabalhar, mas também o modo como andava nas ruas, como se alimentava e dormia e o lazer. Comer implica o quê? Micção, defecar também. Tente comer sem incluir estas atividades — impossível. Todas as criancinhas aprendem que, se comerem, mais cedo ou mais tarde o intestino acaba se mexendo. Este é um ensinamento fundamental, disse-lhe, mantenha-o sempre em mente. E falei disso enquanto comia. Todas as suas funções enquanto pessoa. Não enquanto personalidade, mas enquanto pessoa. Uma pessoa que come, dorme, trabalha e se diverte — de modo que tudo estivesse incluído. E eu teria de saber todas as coisas que ela *pudesse* me contar. E todas as coisas em que eu pudesse pensar.

ENTREVISTADOR: Este é o tipo de frase astuciosa, não é mesmo? Você teria de saber *todas* as coisas — que ela *pudesse* lhe contar. É uma afirmação arriscada da qual o perigo subitamente é retirado.

ERICKSON: E todas as coisas em que eu pudesse pensar — e eu ousei pensar uma porção de coisas. O que na realidade significou para ela que nada, absolutamente nada, deixaria de ser incluído. Tudo seria incluído — tudo que ela pudesse contar, tudo em que eu pudesse pensar. E como sou um médico, posso realmente pensar — e realmente tenho conhecimentos. E tudo dito de modo muito gentil. Mas cada pedacinho de conhecimento que ela pudesse atribuir a seu terapeuta era colocado à sua frente. Uma das primeiras coisas que quis saber dela era o que pensava de si mesma como pessoa — ou talvez a melhor maneira de me contar isto fosse dizer-me o que pensava de sua aparência. "Bem", disse ela, "sou loira." "E tem dois olhos, e duas orelhas e uma boca, e um nariz, e duas narinas e dois lábios, e um queixo. O que pensa de todos eles? É loira, você disse. Que tipo de loira?" "Uma loira suja como uma máquina de lavar pratos." Do que mais você precisa? "E meus dentes são tortos, minhas orelhas muito abertas, meu nariz muito pequeno. Tudo que posso dizer é que sou uma moça muito comum." Muito comum implica o quê? Quando ela passou do seu rosto para "uma moça muito comum", ela estava se descrevendo. Todo o resto de seu corpo estava implícito na frase "moça muito comum". A seguir, quis saber se ela me diria se tomava banho de imersão ou de chuveiro. Pedi-lhe que descrevesse, em detalhes, como entrava no chuveiro, o que fazia e, também em detalhes, o que acontecia depois que fechava o chuveiro. Ela teria que se visualizar — eu a mantinha nua bem na minha frente, não é assim? Mas ela estava nua, e uma vez que tinha ficado nua para mim: "Agora, se pudesse ver seu corpo nu, sem que a cabeça fosse visível, reconheceria seu corpo?". Você sabe como é difícil reconhecer a própria voz numa fita. Ela começou a se indagar se reconheceria seu corpo nu — e lá estava ela, novamente nua. "Eu posso lhe contar algo sobre seu corpo que você não sabe, e eu nunca o vi. Você sem dúvida tem plena certeza de que sabe a cor de seus pêlos púbicos. Eu nunca os vi, nem espero vê-los. Mas acho que não sabe qual a sua cor." Ora, isto era uma coisa a respeito da qual ela tinha certeza.

ENTREVISTADOR: Isso não só a fez pensar sobre o tema, mas fez com que fosse para casa verificar.

ERICKSON: Sua primeira resposta foi: "Naturalmente, eles são da mesma cor dos meus cabelos, loiro máquina de lavar pratos". Mas, pela pigmentação normal do corpo, seus pêlos púbicos têm de ser mais escuros do que os cabelos da cabeça — isto eu sei. Por isso, pude lhe dizer: "Você afirma que seus pêlos púbicos são da mesma cor dos seus cabelos, e eu digo que não são". Ela verifica e descobre que *eu estou certo*. Eu *realmente* lhe demonstrei — dei-lhe uma oportunidade de ter uma discussão comigo. Para disputar o *conhecimento* do corpo dela. Mas, e quanto à minha menção descortês a seus pêlos púbicos? Esta não é a questão. A questão é que desafiei seu conhecimento. E ela vai provar para si mesma que sou ignorante — não que sou intrometido. Então ela está travando uma falsa batalha. Não pode me dizer se estou certo ou errado sem trazer à tona o assunto dos pêlos púbicos. "E de que cor são seus mamilos? Fico pensando se você realmente sabe." "Naturalmente, são da cor da minha pele." "Acho que não. Isto é algo que você vai descobrir, que eles *não são* da cor de sua pele." Eis aí, ela tem uma questão para debater, uma questão puramente intelectual. Ela vai lutar, mas está lutando em meu território.

ENTREVISTADOR: É, é verdade. E o fato de você ter acertado a cor dos pêlos púbicos deve tornar mais claro para ela o fato de ter estado nua com você.

ERICKSON: Ah, sim. E o fato de que eu estou certo sobre seus mamilos. E quando me diz que seus quadris são *muitos largos*, posso petulantemente dizer-lhe: "A única utilidade que eles têm para você é se sentar sobre eles". Como é possível argumentar sobre isso sem entrar numa horrível confusão de argumentos? Eles são feitos de músculos e gordura, e este é um tópico não mencionável. Mas eles são úteis para se subir escadas...

ENTREVISTADOR: E úteis para atrair os homens?

ERICKSON: *Isto* eu menciono mais tarde. Então posso destacar como as pessoas vêem as coisas de modo diferente. Quem? Aquela mulher que na África tem bico de pato? Não consigo me lembrar o nome. Você sabe, a mulher de bico de pato, com os lábios esticados para a frente com uma travessa neles. "E, sabe, os homens da tribo acham lindo e se espantam porque os homens americanos consideram este tipo de lábios que você tem muito bonitos." O que eu disse?

ENTREVISTADOR: Você deslizou para um elogio agradável.

ERICKSON: Estou lhe apresentando o ponto de vista masculino. Não é nada pessoal.

ENTREVISTADOR: Sim, e você o tornou tão geral que não podia ser simplesmente seu.

ERICKSON: Este é o tipo de coisa que se faz na psicoterapia breve.

ENTREVISTADOR: Bem, um dos problemas na psicoterapia breve, parece-me, é fazer com que o paciente sinta que esta não é somente sua opinião pessoal, mas que todas as outras pessoas teriam a mesma opinião, ou ao menos todos os outros homens teriam.

ERICKSON: Não que todo homem tenha a mesma opinião, mas que os homens têm um ponto de vista masculino. Que as mulheres têm um ponto de vista feminino. Um homem não quer beijar um bigode, e com freqüência as mulheres querem.

ENTREVISTADOR: Eis um belo desvio; se você tivesse elogiado seus lábios atraentes, ela poderia negar o elogio ou, pensando que estava errado, aceitá-lo, acreditando ser esta a sua opinião, mas não a dos homens em geral.

ERICKSON: Correto. E eu ensino a função ao corpo. "Você come — que tipo de problema de estômago tem?" "Sofre de que tipo de prisão de ventre?" "Come bem?" "Que respeito tem por seu estômago — come boa comida ou o insulta com qualquer coisa que esteja à mão?" Com este tipo de ataque frontal, ao qual não pode haver objeção, foi possível perguntar que atitude teria em relação a seus seios, seus genitais, seus quadris, suas coxas, seus tornozelos, joelhos, barriga. Seus dentes eram muito tortos? Eram mesmo? Como um homem reagiria a seu sorriso? Sua visão seria tão deficiente que ele só veria aqueles dois dentes tortos, ou veria também seus lábios? Enxergaria seu queixo, gostaria de seu sorriso? Tinha ele o *direito* de ver o que *ele* queria ver? O que gostava de olhar? Tinha ela o direito de dizer: "Agora estou sorrindo, e veja meu dente torto"? Ele poderia preferir notar o formato e a espessura de seus lábios.

ENTREVISTADOR: Você tentou fazê-la se interessar pela possibilidade de se sentir atraente, não é isto?

ERICKSON: Tentei fazê-la reconhecer que qualquer homem que queira pode olhar para ela e encontrar alguma coisa bonita. E que os homens têm preferências variadas.

ENTREVISTADOR: Fico constantemente divagando a respeito de como consegue montar algo para que os pacientes façam o que quer. Como consegue que se empenhem.

ERICKSON: Em geral oferecendo-lhes uma contenda. Por exemplo, uma paciente não estava bem no trabalho — todas as queixas usuais. A primeira vez que veio me ver, observei que seu cabelo estava mal, muito mal penteado. Ela notou que olhava para seu cabelo e disse: "Não faça o que faz meu patrão; ele vive me dizendo para pentear o cabelo e eu faço o melhor que posso". E eu disse: "Você quer se dar bem em seu emprego, e penteia o cabelo o melhor que pode, mas fico pensando que você tem muito medo de ter a melhor aparência possível". Disse-lhe que ela poderia descobrir isto indo para casa, tomando uma ducha e lavando o cabelo. "E você vai descobrir inúmeras coisas sobre si mesma."

ENTREVISTADOR: Deixa as coisas assim, tão em aberto?

ERICKSON: Tão em aberto.

ENTREVISTADOR: E o que ela descobriu?

ERICKSON: Depois ela me contou que tomou a ducha, se enxugou cuidadosamente, ficou em frente ao espelho, pegou seu espelho de mão para poder enxergar atrás, e ficou longo tempo examinando seu corpo. Examinou-o tendo como pano-de-fundo o fato de o patrão achar descuidado o modo como penteava os cabelos. Ressentia-se com as críticas do patrão. Quanto mais se examinava, tendo como pano-de-fundo o ressentimento que sentia do patrão, mais aprovava o próprio corpo.

ENTREVISTADOR: É realmente extraordinário o modo como você transforma uma oposição numa contenda para fazer algo produtivo para a pessoa, ao invés de ser algo destrutivo.

ERICKSON: Tudo que se faz é utilizar o narcisismo com o qual se nasce.

ENTREVISTADOR: Você pode travar um combate com um paciente que adoece somente para provar que está errado, mas peça-lhe para inverter as coisas e então ele prova que você está errado fazendo algo benéfico para si mesmo. Para mim, o mais interessante nisto tudo é o modo que você dispensa toda a etiologia.

ERICSON: A etiologia é um assunto complexo, e nem sempre é relevante para se superar um problema. Após a cerimônia do casamento, após terem sido declarados marido e mulher, um homem descobre que não consegue desfrutar sua relação sexual. Isto não significa que haja algum fator etiológico específico. Se pensar num menino que está crescendo, e algumas vezes descrevo este processo para pacientes homens, e especialmente para mulheres, há muito o que aprender ao longo do caminho. Ele tem de aprender as sensações de seu pênis: as sensações das glândulas do pênis, o canal, a pele, o prepúcio, a sensação da uretra. O menino aprende isto enquanto cresce e, quando atinge a puberdade, aprendeu a ter uma ejaculação e tê-la de maneira satisfatória. Mesmo então, ele ainda tem muito o que aprender, deve aprender a coisa difícil que é dar e receber prazer sexual. Com quem pode começar a aprender isto? Com alguém que fale sua própria linguagem. Não a linguagem dos vestidos e das bonecas, mas a de fugir de casa e das jogadas de futebol. Se sabe pescar, a que distância pula, são coisas que o preocupam, e não saber que cor combina com qual e como pentear o cabelo. Esta é uma linguagem estranha, ofensiva. Por isso, ele procura outros meninos. Ele tem de aprender a dar e receber prazer sexual com outra pessoa. E, por isso, no nível mais elementar, ele troca pontos de vista a respeito de seu pênis ser ou não idêntico ao de outro menino, se o formato é o mesmo, porque todos nós precisamos nos identificar com outra pessoa. Os meninos avaliam os músculos uns dos outros. Comparam suas habilidades recíprocas para pular, jogar bola e avaliam a habilidade do colega em ter uma ejaculação. A que distância consegue acertar quando goza? E eles manipulam uns aos outros. Como o fazem? Algumas vezes manualmente. Outras, observando. Outras ainda, ouvindo. Seria este um estágio homossexual, ou é um nível elementar fundamental do aprendizado de como dar e receber prazer sexual na relação com outra pessoa? E é melhor começar com alguém que usa sua linguagem do que com alguma criatura estranha, que fala um tipo de linguagem totalmente diferente. Que tem um corpo estranho, que não pode jogar bola, assobiar, não pode fazer nada de interessante. Nem mesmo tem músculos. Ora, todos esses aprendizados não se desenvolvem separadamente. O menino precisa aprender a produzir uma ejaculação em si mesmo através de estímulo manual, fricção, e assim por diante. Tem de estar cônscio do fato de que outros meninos também o fazem. Mas, para se tornar maduro e homem, ele tem de estocar valores emocionais. Por isto, tem sonhos molhados. No início, estes sonhos são muito vagos. Ele adormece silenciosamente, não se toca, mas tem uma ereção relacionada a idéias, pensamentos e sentimentos, e tem um sonho molhado, tem uma ejaculação. E deve ter suficientes ejaculações, suficientes sonhos molhados, de modo que em resposta aos sentimentos, pensamentos, imagens oníricas, possa ter uma ejaculação correta. Em geral, a mãe lhe diz que está se maltratando e seu aprendizado é barrado. Ele não tem esses sonhos molhados para irritar a mãe; está tendo esses sonhos porque psicologicamente está aprendendo alguma coisa. Ele está organizando a experiência física real com conceitos de sentimentos e experiências, memórias e idéias. Vagos, é verdade, mas não obstante muito vitais para ele. O desenvolvimento sexual não ocorre em unidades ordenadas. É preciso ter uma experiência variada de reagir aos meninos e então começar a reagir às meninas. Aprender a andar de *skate* no ringue, onde aprendem a se envolver numa atividade física prazerosa, rítmica, uns com os outros. Dançando algumas vezes com uma menina, ele acaba descobrindo que pode ser divertido passear com elas. Ao mesmo tempo, ele descobre que as garotas têm outras qualidades além das puramente físicas — algumas são ases da matemática. E assim o menino deve aprender todas essas coisas no nível elementar, e à medida que aprende e observa os rapazes mais velhos, descobre o que é uma moça. E toda aquela conversa crua, grosseira, é condenada. Divaga cruamente a respeito das meninas, de seus quadris, seus seios, sobre seu desejo de beliscar as nádegas de uma jovem, e de acidentalmente roçar seu seio com o braço ou o ombro. Até que tenham localizado realmente os seios, de modo que consigam ajudar uma moça a vestir o agasalho e então passar a mão sobre eles. Mas antes eles os cutucam com o cotovelo, ou dão um encontrão. O objetivo da busca rude é a localização. O encontrão grosseiro nos seios de uma jovem, o tapinha e a conversa rude. Falta aos meninos a linguagem do refinamento e da estima emocional. Eles precisam confirmar suas próprias observações dos outros, e então acontecem aquelas sessões de disparates nas quais o sexo é mencionado e seus impulsos instintivos os forçam a mais e mais expansão. E então acontece o primeiro caso de amor. A moça é colocada num pedestal, e ali mantida, venerada de longe, porque eles não têm familiaridade suficiente com o sexo oposto para ousar deixar que ela se aproxime muito. Ela é uma criatura estranha. E eles mantêm a jovem no pedestal até que ela mostre os pés de barro. E então eles erigem outro pedestal, para uma outra moça, mas desta vez não tão alto, até que ela mostre os pés de barro. Até que finalmente a moça e o rapaz se encontram num nível onde podem realmente olhar um nos olhos do outro. Sem que o rapaz tenha que esticar o pescoço. Mas, sem dúvida, as meninas também colocam os meninos em pedestais até que eles mostrem os pés de barro. E tudo o que o rapaz faz a moça também faz, a seu modo. O rapaz tem que especular sobre o que é beijar. Meu filho ficou sabendo o que era beijar aos onze anos. Achou repugnante. Cogitava quando degeneraria tanto a ponto de chegar a isto. Mas, enquanto pensava, também reconhecia o fato de que beijaria alguém. E como é que os meninos e as meninas aprendem sobre o sexo? Quando chega o momento, e eles já têm suficiente compreensão geral, podem procurar informação em livros, com os mais velhos, com pessoas em que confiam, e podem relacionar as informações sem necessariamente terem de experimentar. Alguns meninos não conseguem correlacionar e sintetizar as informações e partem para a experimentação. Ficam de agarração do pescoço para cima, da cintura para cima, da cintura para baixo, dependendo — se se quer denominar assim — do pano-de-fundo moral geral. O mesmo fazem algumas meninas que têm que aprender através da experiência real.

Uma outra consideração que é com muita freqüência relegada é o desenvolvimento biológico do indivíduo. Um homem pode ter relações sexuais com uma mulher, e isto ser uma performance biologicamente local. As células espermáticas são secretadas e, uma vez

104

completado o processo — a produção das células espermáticas —, o corpo do homem não tem mais nenhuma utilidade para elas. Elas não têm nenhuma utilidade para ele. São úteis somente quando o homem se livra delas depositando-as na vagina. Assim, o desempenho sexual de um homem, biologicamente, é um fenômeno puramente local e pode ser realizado muito rapidamente, num espaço de segundos. É simplesmente local, e, uma vez depositadas as células espermáticas, caso encerrado. Biologicamente falando, a mulher tem uma relação sexual e, para completar biologicamente este ato simples, ela fica grávida. O que dura nove meses. E depois há o período de lactação, que dura mais uns seis meses. E então tem o problema de cuidar da criança, ensiná-la, nutri-la, ficar atrás dela e permitir-lhe crescer. Assim, para uma mulher, o simples ato do intercurso, em nossa cultura, leva uns dezoito anos para se completar. Para um homem — dezoito segundos é tudo o que é necessário. Como é construído o corpo da mulher? Muitas pessoas não percebem que o corpo da mulher participa completamente de uma relação sexual. Quando a mulher começa a ter uma vida sexual ativa, totalmente bem-adaptada, o cálcio de seu esqueleto muda. A contagem de cálcio aumenta. Seu pé aumenta um quarto de tamanho, a sobrancelha fica mais espessa. O ângulo do maxilar muda, o queixo fica um pouco mais pesado, o nariz um tico mais comprido, é provável que ocorra uma mudança em seus cabelos, seus seios mudam, ou de tamanho ou de consistência, ou ambos. Seus quadris, o monte de Vênus, se alteram ou em tamanho ou em consistência, ou ambos. A forma da coluna se altera um pouquinho. Assim, fisiológica e fisicamente, a moça se torna diferente num curto período de tempo, como em duas semanas de amor ardente. Porque, biologicamente, seu corpo tem de ser preparado para nutrir outra criatura durante nove longos meses e, depois, durante meses ou anos, durante os quais todo o seu comportamento corporal está centrado na prole. A cada filho, o pé da mulher tende a aumentar, e o ângulo de seu maxilar a se alterar. Cada gravidez provoca enormes mudanças físicas e fisiológicas. Um homem não fica com mais pêlos na barba porque teve uma relação sexual, sua contagem de cálcio não se altera, seus pés não ficam maiores. Seu centro de gravidade não se altera. Para ele, é uma questão local. Mas, para a mulher, a relação sexual e a gravidez são imensas alterações biológicas e fisiológicas. Ela tem que participar delas como um ser físico completo. Ora, em todas essas coisas, onde estaria a etiologia de um problema sexual particular? Com muita freqüência, presume-se que um simples trauma no passado é a causa da dificuldade. Ou que alguma autodescoberta sobre uma idéia em terapia irá transformar a pessoa. Encaro o problema mais como uma questão de propiciar uma situação onde a pessoa possa fazer uso do que aprendeu e tenha a oportunidade de aprender mais para desfrutar sexualmente.

ENTREVISTADOR: Não lhe parece que explorar o passado é particularmente relevante? Fico sempre tentando tornar claro para mim mesmo o quanto do passado devo levar em conta na terapia breve.

ERICKSON: Sabe, em julho último recebi uma paciente que havia feito quatro ou cinco anos de psicanálise e não tinha chegado a lugar nenhum. E alguém que a conhecia disse: "Quanta atenção dá ao passado?". Eu respondi: "Sabe, esqueço-me totalmente dele". Esta paciente está, acredito, razoavelmente curada. Ela tinha uma grave compulsão de se lavar, quase umas vinte horas por dia. Não entrei na causa ou na etiologia; a única pergunta informativa que fiz foi: "Quando você entra no chuveiro para se esfregar durante horas, diga-me, começa pelo cocuruto, pela sola dos pés, ou pelo meio? Você lava do pescoço para baixo, ou começa dos pés e vai subindo? Ou começa pela cabeça e vai descendo?

ENTREVISTADOR: Por que fez esta pergunta?

ERICKSON: Para que ela soubesse que eu estava realmente interessado.

ENTREVISTADOR: Para poder juntar-se a ela?

ERICKSON: Não, para que soubesse que eu estava *realmente interessado*.

IV
REVISÃO DE CARÁTER DO JOVEM ADULTO

Quando o problema de um jovem é tão grave que ele se afasta de envolvimentos humanos, Erickson tenta uma revisão importante de sua natureza. Seu método assemelha-se bastante ao que utiliza na terapia breve, mas a intervenção é mais abrangente. Em geral, quando Erickson fica meses, ou anos, com alguém em terapia, ele não faz entrevistas diárias ou mensais com a pessoa. Pode recebê-la algumas vezes, interromper as sessões e novamente tornar a vê-la durante certo período. Ele gosta de iniciar mudanças que podem continuar sem seu constante envolvimento. Em tais casos, a duração do tratamento pode ser de vários anos, mas o número de sessões terapêuticas é relativamente pequeno comparado com outros tipos de terapias de longa duração.

Quando um jovem recusa todos os envolvimentos sociais, isto pode ser causado por uma série de razões. No primeiro caso que será narrado aqui, uma moça recusa o envolvimento com o mundo devido ao que considera um defeito físico grave. A preocupação com a aparência física é típica da adolescência, embora raramente seja tão intensa como neste caso. Comumente, nesta época, os jovens se comparam a um ideal cultural e se descobrem deficientes. Tipicamente, superam estas preocupações como parte da atividade de namoro normal. As moças se julgam atraentes quando os rapazes as acham atraentes. No entanto, em certas ocasiões, uma jovem pode ficar tão preocupada com o que considera uma anormalidade física que passa a evitar as situações sociais que poderiam ajudá-la a resolver a dificuldade. Algumas vezes, há um defeito físico real; outras, o que os outros considerariam uma pequena falha, mas que para ela se torna extremamente importante. Pode-se iniciar um círculo vicioso, no qual a jovem se afasta cada vez mais das outras pessoas, e, ao fazê-lo, fica cada vez mais preocupada com seu defeito físico. Porque, não tendo muitos outros interesses, se afasta mais ainda das pessoas. Com freqüência, em tais casos, qualquer renovação de confiança por parte dos pais é descartada pela jovem como tendo motivações benevolentes e, portanto, tendenciosas. Algumas vezes, a jovem desenvolve este tipo de preocupação devido a um problema familiar; por exemplo, ela pode negar seus atrativos físicos como uma maneira de lidar com uma mãe ciumenta. Outras vezes, uma jovem que está desabrochando estabelece um conflito entre a mãe e o pai, na medida em que a mãe reage a ela como competidora ou o pai a usa contra a esposa. Em outras ocasiões, a preocupação com um defeito físico imaginário, ou real, parece simplesmente acontecer, e nenhum argumento lógico consegue dissuadir a jovem de que ela não tem nenhum atrativo para a relação humana.

Milton Erickson, além de ter muitos anos de experiência profissional com jovens, teve também a experiência pessoal de criar oito filhos. Certa vez, sua esposa fez uma estimativa e constatou que eles teriam adolescentes em casa durante trinta anos. Erickson reflete sobre os problemas dos jovens dentro de um quadro de conhecimento de suas sensibilidades.

Uma moça de dezessete anos começou a não querer sair de casa na época em que deveria ir para a faculdade. Recusava-se a fazer contatos com o mundo porque seus seios não tinham se desenvolvido, embora de resto fosse normal fisicamente. Ela havia recebido vasto tratamento médico, inclusive terapia endócrina experimental, sem resultados. No momento, devido à sua crescente perturbação emocional, a possibilidade de internação num hospital mental estava sendo considerada. Erickson foi à sua casa para tratá-la e a encontrou escondida atrás do sofá. Quando foi descoberta, ela correu para trás do piano. Só quando ficou sabendo que não receberia mais ajuda médica, e portanto "nenhum outro remédio ou injeção", consentiu em conversar com Erickson. Ele começou a trabalhar com a jovem e descobriu que ela era um bom sujeito para a hipnose. Ele relata:

> Durante a primeira entrevista, que durou várias horas, conversei com ela sobre os componentes ativos de sua personalidade, tanto em estado de transe quanto fora dele. Descobri que tinha um senso de humor travesso, um interesse em ser dramática, e então usei isto em meu lance inicial. Lembrei-lhe uma antiga canção sobre o dedão do pé estar ligado ao osso do pé, e assim por diante. Ela ficou interessada, e eu lhe ofereci uma paráfrase sobre o sistema endócrino, dizendo que assim como o osso do pé se ligava ao osso do tornozelo, assim também o "osso glândula supra-renal" se ligava ao "osso tiróide", cada um "apoiando e ajudando" o outro.
>
> A seguir, ofereci-lhe sugestões para sentir calor, frio, para sentir sua face desconfortavelmente quente, para sentir-se cansada, re-

pousada e confortável. Ela respondeu bem a todas essas sugestões; então, sugeri-lhe que sentisse uma coceira insuportável em cima do pé. Disse-lhe para mandar embora esta coceira insuportável, mas não para as profundezas mais baixas. Deveria mandar a coceira para a "nulidade destituída" de seus seios, uma destinação adequada para uma coceira tão intolerável. Contudo, como punição extra para a coceira, esta estaria sempre presente, nem agradável nem desagradável, perceptível apenas graças a uma sensação indefinida, o que tornaria a jovem continuamente cônscia da área dos seios. Esta série de sugestões tinha o propósito múltiplo de ir de encontro a sua ambivalência, confundi-la e intrigá-la, estimular seu senso de humor, ir de encontro à sua necessidade de auto-agressão e autodepreciação e, ao mesmo tempo, fazer tudo isto sem aumentar seu sofrimento. Tudo foi feito de modo tão indireto que ela nada podia fazer, a não ser aceitar e responder às sugestões.

Propus que em cada sessão terapêutica ela se visualizasse mentalmente na situação mais embaraçosa que conseguisse imaginar. Esta situação, não necessariamente a mesma em todas as entrevistas, sempre envolveria seus seios, e ela sentiria o embaraço com grande intensidade, primeiro em seu rosto, e depois, com um sentimento de alívio, ela sentiria o peso do embaraço mover-se para baixo e vir repousar em seus seios. Forneci-lhe ainda uma sugestão pós-hipnótica: sempre que estivesse sozinha, ela regularmente aproveitaria para pensar sobre as sessões terapêuticas, e então, imediatamente, desenvolveria um intenso sentimento de embaraço, o qual prontamente "acomodaria" em seus seios de maneira muito desconcertante, mas plenamente agradável.

O esquema lógico dessas sugestões era simples e direto. Era meramente um esforço para transferir para seus seios, mas de maneira agradável e construtiva, reações psicossomáticas infelizes e destrutivas, tal como o "terrível" e doloroso nó em meu estômago quando surge a mais leve preocupação.

As instruções hipnóticas finais determinavam que ela se divertisse muito no colégio. Ao fazer as sugestões desse modo, efetivamente eu desviava qualquer discussão sobre sua recusa de ir à faculdade.

Expliquei-lhe que, além de manejar adequadamente o trabalho acadêmico, ela poderia divertir-se e enganar suas colegas de modo muito divertido com o uso discreto de malhas justas e de seios postiços de tamanhos diferentes, algumas vezes em pares de dois números diferentes. Ela foi também instruída a carregar pares de vários tamanhos em sua bolsa caso decidisse fazer uma inesperada mudança em sua aparência. Ou, caso um de seus acompanhantes se tornasse muito ousado, ela poderia oferecer-lhe uma escolha. Assim, suas atividades travessas não lhe trariam dificuldades.

Eu a entrevistei pela primeira vez em meados de agosto e mar-

109

quei para ela encontros semanais. Aos primeiros, ela compareceu pessoalmente, e utilizei-os para reiterar e reforçar as instruções previamente dadas e para me assegurar de sua compreensão adequada e de sua cooperação. Depois disto, ela manteve, com minha permissão, três ou quatro encontros *in absentia*. Isto é, ela se isolava pelo menos durante uma hora, e desenvolvia, em resposta às sugestões póshipnóticas, um estado de transe de médio a profundo. Neste estado, ela revisava sistemática e extensivamente todas as instruções anteriores, as discussões e "qualquer outra coisa" que pudesse surgir em sua mente. Não fiz nenhum esforço para determinar a natureza dessas "outras coisas", nem ela parecia estar desejosa em fornecer qualquer informação, a não ser contar que havia pensado numa série de outros tópicos. Às outras entrevistas ela compareceu pessoalmente; algumas vezes, pedia informações; outras, que eu a fizesse entrar em transe; mas quase sempre solicitava instruções para "continuar indo". Ocasionalmente, descrevia com um grande divertimento as reações dos amigos aos seus seios postiços.

Ela entrou para a faculdade em setembro, adaptou-se bem, recebeu honras de caloura e se destacou nas atividades extracurriculares. Durante os dois últimos meses de sua terapia, suas visitas estavam ao nível de encontros sociais. Em maio, no entanto, ela entrou usando um suéter e declarou, com extremo embaraço: "Não estou usando postiços. Meus seios cresceram. São tamanho 44. Agora, diga-lhes para pararem de crescer. Eu já estou satisfeita".

A meu pedido, passou por um completo exame clínico, com especial recomendação quanto aos seios. Um relatório foi-me enviado, e ela estava fisicamente bem sob todos os aspectos. Sua carreira universitária era um sucesso, e os eventos subseqüentes são inteiramente satisfatórios.

Não sei se a hipnoterapia teve ou não influência sobre o crescimento de seus seios. É bem possível que ele tenha resultado de um processo de crescimento atrasado. Pode ter ocorrido como resultado de todos os remédios que tomara. Ou pode ter sido um resultado combinado de todos esses fatores, favoravelmente influenciados por seu estado emocional alterado. Mas, em todo caso, ela entrou para a universidade e começou a desfrutar a vida, ao invés de prosseguir com seus padrões de recusa anteriores.

Uma das características de Erickson é sua disposição para ser flexível em todos os aspectos de sua terapia. Não só está disposto a entrevistar pacientes em seu consultório, em suas casas ou locais de trabalho, mas também se dispõe a fazer sessões curtas ou entrevistas que duram várias horas. Ele pode usar hipnose ou não. Ele envolverá todos os membros da família em certos momentos e não o fará em outros. Como no caso acima, também se dispõe a ter sessões na forma de ensejos sociais.

Certa feita, um problema mais grave apresentou-se a Erickson. Uma mulher de vinte e um anos lhe telefonou pedindo ajuda, dizendo ter certeza de que ele não a receberia. Quando chegou ao consultório, disse: "É como eu lhe disse, agora vou embora. Meu pai está morto, minha mãe está morta, minha irmã está morta, e isto é tudo que me resta". Erickson abordou o problema da seguinte maneira:

Eu pedi com insistência que se sentasse, e, após pensar rapidamente, percebi que a única maneira possível de me comunicar com ela era através da dureza e da brutalidade. Teria que usar de brutalidade para convencê-la de minha sinceridade. Ela interpretaria mal qualquer amabilidade e não conseguiria acreditar na linguagem cortês. Teria que convencê-la totalmente de que a compreendia e reconhecia seu problema, e que não tinha medo de falar aberta, livremente, sem nenhuma emoção e com franqueza.

Retomei sua história resumidamente e, a seguir, fiz as duas perguntas importantes: "Qual é sua altura e seu peso?". Com um olhar de sofrimento extremo, ela respondeu: "Tenho um metro e sessenta. Peso entre noventa e noventa e cinco quilos. Sou uma bobalhona gorda comum. Ninguém olharia para mim, a não ser com repulsa".

Este comentário me ofereceu uma abertura conveniente, e eu lhe disse: "Você realmente não contou a verdade. Vou falar claramente de modo que ficará sabendo como é e compreenderá que conheço você. Então acreditará, realmente acreditará, no que tenho a lhe dizer. Você *não* é uma bobalhona gorda comum repulsiva. Você é o barril de gordura mais gordo, sem graça, repulsivamente horrendo que já vi, e é aterrador olhar para você. Você já cursou o primeiro grau. Conhece alguns fatos da vida. Ainda assim, aqui está, com seu metro e pouco de altura, pesando entre noventa e noventa e cinco quilos. Você tem o rosto mais sem graça que já vi. Seu nariz foi simplesmente amassado em sua cara. Seus dentes são tortos. Seu maxilar inferior não se encaixa no superior. Seu rosto é insignificantemente disperso. Sua testa é chocantemente baixa. Nem mesmo seu cabelo está penteado decentemente. E este vestido que está usando — bolinhas, milhões, bilhões delas. Você não tem gosto nem para se vestir. Seus pés derramam-se pelas beiradas dos sapatos. Para ser curto e grosso: você é uma confusão medonha. Mas precisa mesmo de ajuda. Estou disposto a lhe dar esta ajuda. Penso que sabe que não hesitarei em dizer a verdade. Você precisa saber a verdade a seu respeito antes mesmo de poder aprender coisas necessárias para se ajudar. Mas não pense que não pode agüentar. Por que veio me ver?".

Ela respondeu: "Pensei que talvez pudesse ser hipnotizada para conseguir perder peso". Respondi: "Talvez consiga aprender a entrar em transe hipnótico. Você é suficientemente inteligente para ter se graduado no segundo grau, e talvez seja inteligente o suficiente para aprender a entrar no estado hipnótico. Será uma oportunidade para eu lhe dizer algumas outras coisas descorteses. Coisas que acredito que não suportaria ouvir se estivesse desperta. Mas no estado de transe conseguirá escutar. Pode compreender. Fazer algo. Não muito, com certeza, porque você está numa situação horrivelmente desvantajosa. Mas quero que entre em transe. Quero que faça tudo o que eu lhe ordenar, porque o fato de você ter devorado os alimentos para ficar parecendo um balde de lixo cheio demais demonstra que precisa aprender algo para não ser tão ofensiva aos olhos humanos. Agora que sabe que posso lhe dizer a verdade, feche os olhos e entre em transe profundo. Não perca tempo, assim como não perde tempo em fazer de si mesma uma coisa repulsiva de se olhar. Entre completamente num profundo transe hipnótico. Não pense em nada, não sinta nada, não faça nada, não escute nada a não ser minha voz. Você entenderá o que digo — e ficará contente por eu me dispor a falar com você. Há muitas verdades que quero lhe dizer. Você não conseguiria encará-las em estado desperto. Portanto, durma profundamente, num estado hipnótico profundo. Não escute nada exceto minha voz, não enxergue nada, não pense em nada, exceto naquilo que quero que pense. Não faça nada, a não ser o que lhe digo para fazer. Seja apenas um autômato impotente. Está fazendo isto? Balance a cabeça e faça exatamente o que lhe ordeno, porque sabe que lhe direi a verdade. A primeira coisa que farei é fazer com que — ou melhor, ordenar a você — conte certos fatos a seu respeito. Você pode falar, embora esteja em transe profundo. Responda a cada pergunta de maneira simples, mas informativa. O que há de importante sobre seu pai?''.

Sua resposta foi: "Ele me odiava. Era um bêbado. Vivíamos em guerra. Ele costumava me chutar. Isto é tudo que lembro de meu pai. Bêbado, batendo em mim, me chutando, me odiando". "E sua mãe?". "Era igual, mas morreu primeiro. Ela me odiava ainda mais do que meu pai. Me tratava ainda pior do que ele. Só me mandaram ao ginásio porque sabiam que eu odiava a escola. Tudo o que eu podia fazer durante o ginásio era estudar. Eles me fizeram morar na garagem com minha irmã. Ela nasceu deficiente. Era pequena e gorda. Tinha a bexiga do lado de fora do corpo. Estava sempre doente. Tinha uma doença dos rins. Nós nos amávamos. Só tínhamos uma à outra para amar. Quando ela morreu da doença renal, eles disseram: 'Ótimo'. Não me deixaram ir ao enterro. Apenas enterraram a única coisa que eu amava. Eu era uma caloura no ginásio. No ano seguinte, minha mãe se matou de tanto beber. E meu pai se casou com uma mulher pior do que minha mãe. Ela não me deixava entrar em casa. Trazia um mingau para a garagem e me fazia comer. Dizia que eu podia me consumir até morrer. Que já iria tarde. Era uma bêbada como minha mãe. A assistente social também não gostava de mim, mas me encaminhou para fazer alguns exames médicos. Os médicos não gostavam de me tocar. Agora minha madrasta e minha irmã estão mortas. O seguro social me mandou procurar um emprego. Consegui um, onde tenho que esfregar o chão. Os homens do lugar caçoam de mim. Eles oferecem dinheiro uns aos outros para ter uma relação comigo, mas ninguém aceita. Não sirvo para nada. Mas gostaria de viver. Tenho onde morar. Um barracão velho. Não ganho muito — como papa de farinha de milho e batatas, ou algo assim. Pensei que talvez pudesse me hipnotizar e fazer algo por mim. Mas acho que não vai adiantar nada.''

Da maneira mais insensível e peremptória perguntei: ''Sabe o que é uma biblioteca? Quero que vá a uma biblioteca e retire livros de antropologia. Quero que olhe todos os tipos chocantes de mulheres com que os homens se casam. Há fotografias delas nos livros da biblioteca. Selvagens primitivos se casarão com coisas que têm uma aparência pior do que a sua. Olhe um livro atrás do outro e fique curiosa. Então leia livros que narrem como mulheres e homens se desfiguram, fazem tatuagens, se mutilam para parecerem ainda mais horrorosos. Passe a maior parte do tempo que puder na biblioteca. Faça isto direito e volte em duas semanas''.

Eu a despertei do transe com essas sugestões pós-hipnóticas, e ela saiu do consultório da mesma maneira acachapada que tinha entrado. Voltou duas semanas mais tarde. Eu lhe disse para não perder tempo — para entrar em transe profundo imediatamente. Perguntei se havia encontrado alguma fotografia que achasse desagradável. Ela contou que havia encontrado retratos das mulheres esteatopígicas dos hotentotes, e das mulheres com lábios tipo bico de pato, de escarificação em algumas tribos africanas, de estranhos rituais de mutilação.

Ordenei a ela que se dirigisse para a área mais movimentada da cidade (em estado desperto) e observasse as formas peculiares e as faces das coisas com quem os homens se casam. Ela deveria fazer isto durante uma semana. Na semana seguinte, deveria olhar formas e faces peculiares das coisas com que as mulheres se casam, e se assombrar com isto.

Obedientemente, ela retornou para a entrevista seguinte, entrou em transe à simples menção do assombro com que observara mulheres quase tão sem graça quanto ela usando alianças. Ela havia visto homens e mulheres que pareciam marido e mulher, ambos horrivelmente gordos e desengonçados. Disse-lhe que estava começando a aprender alguma coisa.

Sua tarefa seguinte era ir à biblioteca e ler todos os livros que conseguisse sobre a história da cosmetologia — descobrir o que constitui a beleza desejável aos olhos humanos. Ela fez uma ampla pesquisa e, na semana seguinte, entrou no consultório sem timidez, mas ainda continuava vestida com a roupa de bolinhas. Então disse-lhe que voltasse à biblioteca e se dedicasse aos livros que tratavam de costumes humanos, vestuário e aparência — para descobrir alguma coisa retratada que tivesse, no mínimo, quinhentos anos e ainda fosse bonita. Ann voltou, desenvolveu um transe assim que entrou no consultório, sentou-se e falou longo tempo sobre o que havia visto nos livros.

Disse-lhe que sua próxima tarefa seria muito difícil. Durante duas semanas, ela deveria entrar na primeira loja de vestuário feminino que encontrasse, depois noutra, usando seu assustador vestido de bolinhas. Deveria perguntar à vendedora o que deveria usar — perguntar tão séria e honestamente que obteria uma resposta. Depois desta tarefa, ela relatou que várias mulheres mais velhas a haviam chamado de "queridinha" e lhe explicado por que não deveria usar milhões e milhões de bolinhas. Explicaram-lhe por que não deveria usar vestidos que não lhe caíam bem e acentuavam sua gordura. A próxima tarefa era gastar duas semanas com pensamentos obsessivos: Por que ela, que deveria ter nascido com menos de três quilos, teria adquirido aquela enorme quantidade de gordura? Por que havia se enrolado em gordura? No relato desta tarefa, ela declarou que não conseguira chegar a nenhuma conclusão.

De novo em estado de transe, dei-lhe outra tarefa. Desta vez, descobrir se realmente havia alguma razão para ela pesar o que pesava — querer saber como seria sua aparência se pesasse somente sessenta quilos e se vestisse de modo apropriado. Ela deveria acordar no meio da noite com esta questão em mente, para em seguida tornar a adormecer tranqüilamente. Após alguns outros transes, nos quais reviu todas as suas tarefas, solicitei-lhe que recordasse, uma por uma, cada tarefa, e percebesse se lhe eram dirigidas especialmente.

Ann tinha consultas a cada quinze dias. Dentro de seis meses, ela entrou, com grande interesse, para explicar que não conseguira encontrar nenhuma razão para pesar tanto — ou para se vestir tão mal. Ela havia lido bastante sobre cosmetologia, penteados e maquilagem. Havia lido livros sobre cirurgia plástica, sobre ortodontia. Perguntou, tristemente, se não lhe seria permitido saber o que poderia fazer a seu respeito.

Depois de um ano, estava pesando sessenta e cinco quilos. Seu gosto para roupas era excelente, e estava num emprego muito melhor. Estava se inscrevendo na universidade e, embora ainda pesasse sessenta e três quilos, estava noiva e ia se casar. Ela extraíra e substituíra dois dentes que haviam crescido fora de alinhamento. Seu sorriso era realmente atraente. Trabalhava como artista de moda para catálogos e jornais.

Ann trouxe o noivo para me conhecer. Ela entrou no consultório primeiro e disse: "Este maldito tolo é tão burro! Ele pensa que sou bonita. E eu nunca vou desiludi-lo. Seus olhos brilham quando olha para mim. Mas tanto você quanto eu sabemos a verdade. Tenho dificuldade em manter o peso — e tenho medo de engordar de novo. Mas realmente sei que ele me ama como sou''.

Eles estão casados há quinze anos e têm três belos filhos. Ann fala livremente sobre sua terapia, pois se lembra de tudo que lhe foi dito. Mais de uma vez, afirmou: "Quando você falou aquelas coisas horrorosas a meu respeito, foi tão franco! Sabia que me dizia a verdade. Mas, se não tivesse me colocado em transe, não teria feito nenhuma das coisas que me fez fazer''.

Um dos aspectos mais interessantes deste caso é o fato de Erickson ter conseguido que a moça, após seis meses de tratamento, pedisse para fazer algo para se tornar mais atraente. Ela não estava mais resistindo à mudança, mas plangentemente buscando-a. Naquele momento, tinha o conhecimento necessário e estava suficientemente motivada para tornar a mudança possível. Como faz com freqüência, Erickson utilizou as facilidades da comunidade, como a biblioteca pública. Ao invés de tentar fazê-la entender por que era obesa — a abordagem tradicional —, exigiu que ela passasse duas semanas pensando obsessivamente sobre as razões de ser obesa. Quando não conseguiu encontrar nenhuma, era razoável permitir que ela perdesse peso.

Um exemplo mais extremado da terapia a longo prazo de Erickson foi seu trabalho com um rapaz que era um operário imigrante com inclinações homossexuais. Em poucos anos, ele se graduou na faculdade e passou a preferir as mulheres. Este caso é apresentado em detalhes, porque ilustra muitos aspectos dos procedimentos terapêuticos de Erickson que foram apenas esboçados nos casos anteriores. Erickson relata:

Quando Harold me telefonou, ele, na verdade, não solicitou uma consulta, mas, numa voz fraca e hesitante, conseguiu expressar a questão de se alguns minutos de meu valioso tempo poderiam ser desperdiçados com ele. Quando chegou ao consultório, sua aparência era inacreditável. Não havia feito a barba nem tomara banho. Seu cabelo, que ele mesmo cortava, estava muito comprido, picado e cheio de pontas. Suas roupas estavam imundas e seus sapatos de trabalhador danificados e furados na parte de cima, e ele os amarrava com barbante. Ficou parado ali como um otário, retorcendo as mãos enquanto seus músculos faciais se contorciam. De repente, enfiou a mão no bolso e tirou um punhado de notas amassadas. Colocou-as em minha mesa, dizendo: "Senhor, isto é tudo o que tenho. Não dei à minha irmã tudo que pediu ontem à noite. Eu lhe pagarei mais assim que ganhe mais dinheiro''.

Encarei-o em silêncio, e ele disse: "Senhor, não sou muito esperto ou muito bom. Nunca esperei ser muito bom, mas não sou mau. Não sou nada além de um maldito débil mental imbecil, mas nunca fiz nada errado. Trabalho duro — veja —, minhas mãos provam isto. Tenho que trabalhar pesado, porque, se parar, vou me sentar, chorar, me sentir muito infeliz, vou querer me matar, e isto não é certo. Por isso trabalho rápido e não penso em nada, não consigo dormir, e não quero comer, e me machuco todo e, senhor, não agüento mais tudo isto". Então, começou a chorar.

Quando parou para respirar, perguntei-lhe: "E o que deseja de mim?".

Entre soluços, ele respondeu: "Senhor, sou só um débil mental, um débil mental imbecil. Posso trabalhar. A única coisa que quero é ser feliz, ao invés de ficar morrendo de medo, chorando e querendo me matar. O senhor é o tipo de médico que eles têm no exército, para pôr na linha rapazes que ficam meio malucos, e quero que me endireite. Senhor, por favor, me ajude. Trabalharei muito para pagá-lo, senhor, tem que me ajudar".

Ele se voltou e caminhou em direção à porta do consultório, com os ombros curvados e arrastando os pés. Esperei até que segurasse a maçaneta da porta e disse: "Ei, você, escute-me. Você não passa de um miserável débil mental. Você sabe trabalhar e quer ajuda. Não sabe nada sobre como se clinica. Eu sei. Sente-se naquela cadeira e deixe-me começar a trabalhar".

Pontuei deliberadamente a frase, de acordo com o estado de espírito dele e, de maneira calculada, para chamar e fixar sua atenção. Quando ele se sentou, confuso, encontrava-se virtualmente num transe leve. Continuei: "Enquanto está sentado nessa cadeira, quero que escute. Farei perguntas. Você as responderá e não dirá nem um pouquinho a mais nem a menos do que devo saber. Isto é tudo o que você vai fazer — nada mais".

Em resposta às perguntas, Harold conseguiu contar uma história de si mesmo. Resumindo, ele tinha vinte e três anos, era o oitavo filho de uma família de sete irmãs e cinco irmãos. Seus pais eram imigrantes analfabetos e toda a família crescera na pobreza. Como não tinha roupas, Harold perdeu boa parte da escolarização. Deixou a escola para ajudar a manter seus irmãos menores depois de completar dois anos com algumas reprovações. Aos dezessete anos, entrou para o exército, onde, depois do treinamento básico, passou os dois anos de serviço como a "pessoa esquisita do pátio de manobras". Quando deu baixa, juntou-se à sua irmã de vinte anos e ao seu marido no Arizona e descobriu que ambos haviam se tornado seriamente alcoólatras. Repartia seus ganhos como trabalhador braçal com eles e não mantinha nenhum outro contato familiar. Tentou a escola noturna, mas fracassou. Vivia num nível mínimo de subsistência, alugava um barracão deprimente de um quarto e sua dieta alimentar consistia nos vegetais jogados fora pelo mercado de produtos agrícolas e carne barata, cozidos sobre um prato quente secretamente ligado a uma tomada externa de um barracão vizinho. Tomava banho, com pouca freqüência, nos canais de irrigação, e quando fazia frio dormia vestido, porque não possuía cobertores suficientes. Com algum encorajamento, conseguiu dizer que abominava as mulheres e que nenhuma mulher em sã consciência quereria um homem débil como ele. Ele era homossexual e não se deveria fazer nada para alterar isto. Seus esporádicos envolvimentos sexuais eram com jovens *punks*.

O modo como Erickson abordou este caso é típico de seus métodos, e vários aspectos da terapia serão resumidos. No entanto, deve-se ter em mente que este é um breve esboço de um método de tratamento extraordinariamente complexo, em que cada manobra terapêutica está inextrincavelmente ligada a todas as outras, de modo que uma seleção de tópicos simplifica em extremo o caso.

Quando Harold entrou no consultório, Erickson decidiu aceitá-lo como paciente quase de imediato. Sentiu que "havia uma riqueza de traços fortes de personalidade que justificariam a terapia. Sua aparência descuidada, seu desespero, a inconsistência de sua linguagem e de suas idéias, suas mãos muito calejadas pelo trabalho manual, davam a impressão de potencial terapêutico".

No entanto, quando o homem fez sua súplica desesperada, Erickson não respondeu de pronto com ajuda. Ele o deixou chegar ao fim de sua corda, permitindo-lhe que se voltasse para deixar o consultório, sentindo-se rejeitado. Só quando estendeu a mão para girar o trinco da porta e ir embora Erickson respondeu. Como ele mesmo coloca: "Quando o paciente virou as costas para deixar o consultório, ele estava emocionalmente na maré mais baixa possível. Viera pedir ajuda e estava indo embora sem ela. Psicologicamente, estava vazio. Neste momento, atirei-lhe uma série de sugestões que, por sua natureza, exigiam que ele respondesse positivamente. Ele foi subitamente atirado de um profundo desespero para uma posição realmente promissora, o que era um contraste incrível".

Harold se define como um débil mental, um débil mental imbecil, e Erickson aceita seu ponto de vista como, tipicamente, aceita o de outros pacientes. Como ele mesmo coloca: "O fato de desde o início termos uma opinião diferente sobre ele ser um débil era irrelevante, e não era apropriado à situação. Naquela situação, para sua capacidade de compreensão muito limitada, ele era um estúpido débil mental totalmente desinteressante e, na verdade, intolerante em relação a uma opinião contrária". A extraordinária habilidade de Erickson em "aceitar" é demonstrada pelo fato de ele só ter deixa-

117

do de lado essa concordância a respeito de sua debilidade mental quando Harold foi para a faculdade.

A declaração inicial de Erickson confirmou que a linguagem do homem era apropriada, identificou os dois participantes e definiu suas tarefas — ele clinicaria e o paciente seguiria as instruções — e forneceu ao paciente um quadro de referência seguro. Harold não deveria lhe contar "um nada a mais ou a menos" daquilo que precisava saber. Além disso, sua frase "Isto é tudo que deve fazer — nada mais" permitiu que Harold se sentisse certo e seguro. Como Erickson comenta: "Por mais ilusória que fosse esta segurança, ela era válida para ele". E acrescenta: "Ao responder a perguntas nessas condições, ele foi absolvido da necessidade de fazer qualquer julgamento sobre suas respostas. Só eu poderia fazê-los, e mesmo então pareceria ser somente um julgamento da quantidade de informação, não da qualidade emocional ou do valor". Mais tarde, na entrevista que continuou por uma segunda hora, Erickson convenceu-o de que havia ainda uma ou outra questão concernente à terapia que ainda não mencionara. Como a terapia era uma partilha de responsabilidades, Harold teria que acrescentar outros itens que não considerava importantes ou significativos: "Coisas especiais que ainda não foram ditas, tudo tem que ser dito de um jeito ou outro. Mas essas vão ser só as especiais". Em resposta, Harold declarou que, já que estavam partilhando a responsabilidade, teria que informar Erickson de que era "bicha". Não tolerava as mulheres e preferia uma felação com homens. Não queria que nenhum esforço fosse feito para conduzi-lo à heterossexualidade e solicitou uma promessa de que isto não seria feito. Erickson respondeu de uma maneira típica: comprometeu-se a deixá-lo livre para atingir seus próprios fins, prometendo que todos os esforços seriam feitos de acordo com as necessidades de Harold, "conforme ele progressivamente as fosse compreendendo". Nem ele nem o paciente deveriam definir prematuramente um objetivo que ainda não fora determinado, e nenhum dos dois poderia dar ordens ao outro. Cada um tinha que desempenhar sua tarefa com absoluto respeito pelos esforços honestos do outro.

Mais do que muitos terapeutas, Erickson busca no paciente objetivos tão específicos quanto possível nas sessões iniciais. Ele fará perguntas e indagará de novo, como fez no final da sessão descrita acima. No segundo questionamento a respeito do que desejava, Harold explicou que era burro, um débil mental, que "não tinha cérebro ou educação", e que só era qualificado para o trabalho braçal. Ele tinha a mente "toda enrolada e confusa" e queria ser "endireitado" para "poder viver feliz como outros débeis mentais estúpidos". Quando perguntou se estava esperando muito, Erickson lhe assegurou, enfaticamente, que "de maneira alguma lhe seria dado mais do que seu quinhão correto de felicidade", e também que ele teria de aceitar "toda a felicidade que de direito lhe pertencesse, não importa quão pequena ou grande fosse a sua porção". Aproximando-se dele desta maneira, Erickson o fez comprometer-se a aceitar todos os benefícios terapêuticos a que estava autorizado, enquanto também definia uma situação em que ele podia aceitar ou rejeitar de acordo com suas necessidades. Como o próprio Erickson diz, dessa maneira "não resulta nada alheio à personalidade, a pessoa fica preparada para reações positivas e negativas e tem um senso interior de obrigação de enorme força motivacional".

Posteriormente, quando Erickson definiu a tarefa da terapia como "contar idéias e endireitá-las, não importa o que fossem, de modo que ninguém nunca ficasse com a mente enrolada, nem que fosse para agradar alguém", Harold respondeu que não se devia esperar muito dele. Foi-lhe assegurado que deveria fazer somente o que pudesse — de fato, "era melhor mesmo que não fizesse mais do que podia, porque seria perda de tempo".

Ao final da entrevista, o relacionamento foi definido por Erickson: "Deixe eu ficar com a terapia — isto é da minha conta, e você fique com não melhorar mais do que pode — isto é da sua conta". Como Erickson conta: "Esta formulação negativa implicava, da maneira mais efetiva e aceitável, o objetivo possível de realmente ficar bem. Assim, tanto os desejos positivos quanto os negativos se unem para realizar o objetivo comum, ficar bem — um objetivo que ele provavelmente achava limitado, mas que não era".

Para resumir o encontro inicial de Erickson com este paciente, a postura terapêutica escolhida presume que o paciente se dirige a duas direções contraditórias ao mesmo tempo. O paciente declara que é uma pessoa que busca desesperadamente assistência e, ao mesmo tempo, que resistirá a toda mudança. Erickson responde em dois níveis, que satisfazem às duas definições do paciente. Ele aceita a solicitação de ajuda, definindo-se como a pessoa encarregada da terapia, e diz que o paciente deve seguir instruções. Dentro desse quadro de referência, ele simultaneamente define um relacionamento apropriado para alguém que resiste à mudança e reluta em seguir instruções, o que faz de várias maneiras: (a) motivando o paciente para a mudança quando aumenta seu desespero com a demora da resposta; (b) comunicando-se na linguagem do paciente e concordando com sua autodefinição de débil mental; (c) definindo os limites toleráveis do que o homem deve fazer ou não fazer; (d) tornando mais fácil outras auto-revelações; (e) limitando o que se espera dele em termos de objetivos de forma ambígua e reafirmado ao paciente que não deve fazer ou conseguir mais do que pode; e (f) definindo uma situação na qual "nenhum dos dois pode dar ordens ao outro".

O que parece complexo e contraditório nessas manobras terapêuticas é a maneira contraditória e ambígua como os relacionamentos são definidos, como ocorre em qualquer terapia. Por definição, os pacientes psiquiátricos são suplicantes em busca de ajuda, mas, também por definição, não há nada errado com eles em sentido comum — seus problemas resultam da maneira infeliz com que lidam com outras pessoas, particularmente com pessoas que lhes oferecem assistência. Por conseguinte, é preciso que haja um quadro de referência útil de assistência, mas, dentro desse quadro de referência, é preciso evitar exigências diretas de mais comportamento "normal", isto é, comportamento apropriado a um relacionamento de ajuda. Em outras palavras, é preciso que haja um quadro de referência que defina um relacionamento capaz de induzir mudança e, dentro deste quadro, não haja nenhuma solicitação *direta* de mudança, mas sim uma aceitação da pessoa como ela é. Durante todo o caso, quando Erickson solicita uma mudança, ela é definida para o paciente como uma extensão, na verdade uma extensão menor, do seu modo de ser. É por essa razão que Erickson define a terapia, em acordo com o paciente, como algo onde não haverá tentativas de uma mudança *real*; o que ocorre é somente que um débil mental estúpido está sendo ajudado a continuar como é, mas ser mais feliz e um melhor trabalhador.

O TRABALHO E A REALIZAÇÃO DA CONDIÇÃO APROPRIADA

No tratamento de Harold houve dois temas principais: uma melhoria na posição de sua carreira na sociedade e uma melhoria de sua habilidade como ser social, especialmente no comportamento apropriado com as mulheres. Os dois objetivos são, sob muitos aspectos, inseparáveis, pois uma certa competência na socialização é essencial para a carreira, mas aqui os dois serão apresentados separadamente.

Harold tinha, em geral, sessões de uma hora, ocasionalmente de duas horas de duração. "No início, quase sempre era empregado um transe leve, mas na medida em que a terapia progrediu, utilizei um transe médio e, de tempos em tempos, um estado de transe profundo." A hipnose foi empregada para garantir que as instruções seriam seguidas, para prover, em certos momentos, uma amnésia e, então, ultrapassar alguma resistência; e, nos estágios posteriores, para fornecer experiência para o sentido subjetivo de tempo distorcido, de modo que mais coisas pudessem ser realizadas em períodos de tempo mais curtos.

120

Harold foi especialmente treinado, tanto no estado de transe quanto desperto, para falar livremente e para discutir suas idéias com facilidade. Erickson conseguiu isso fazendo com que fornecesse, em ritmo tedioso, um relato completo de seu dia de trabalho e outras atividades. Erickson aparteava esse tipo de relato com perguntas e sugestões, de modo que Harold estava sendo treinado tanto para ser comunicativo quanto para ser receptivo a idéias.

Na primeira sessão terapêutica, Erickson disse a Harold autoritariamente: "Não quero argumentar com você. Vou lhe mostrar algumas idéias e explicá-las. Quero que escute, compreenda e descubra se elas lhe dizem respeito e como pode usá-las, a seu próprio modo, não ao meu, não ao modo de qualquer outra pessoa, simplesmente do seu modo. Coloque tudo o que você sabe em questão, mas nada além disso. Você tem que ser você, como realmente é".

Harold havia dito que suas irmãs e sua mãe eram excessivamente religiosas, mas que ele não era. No entanto, a Bíblia era "a coisa mais importante do mundo", embora ele "não tivesse por ela o mínimo interesse". Com isto como pano-de-fundo, Erickson começou a confirmar os sentimentos de Harold sobre a importância do trabalho, assim como sobre sua estupidez. Disse: "Você acredita na Bíblia, é a coisa mais importante do mundo. Isto está certo e é correto. Bem, agora quero que você saiba de uma coisa e a compreenda. Em algum lugar da Bíblia é dito que sempre se tem os pobres consigo. E que os pobres são os abatedores de árvores e os carregadores de água. Isto significa o trabalho cotidiano, e o mundo não anda sem ele. É tremendamente importante. Quero apenas que compreenda isso".

A questão conduziu a uma discussão, que ocupou várias sessões, sobre a importância, para todas as sociedades, do trabalho desempenhado pelos "estúpidos". Entrelaçada a este relato estava a história do trabalho de Harold e sua significação para ele como produtor e membro legítimo de uma sociedade. Com essas idéias, houve uma acentuação sistemática, mas deliberadamente esparsa, do valor e da importância dos atributos físicos. Tamanho dos músculos, força, coordenação e habilidade, assim como a importância dos sentidos físicos, foram discutidos.

Por exemplo, para trabalhar em valas de irrigação "a gente não precisa só de poder muscular. Temos que ter isto, mas temos que ter uma pá do tamanho certo cheia de lodo, ou ficamos cansados antes que o trabalho do dia esteja completo. Mesma coisa é trabalhar com algodão. Não se pode cortá-lo ou colhê-lo, mesmo tendo músculos, se não se sabe ver e sentir o trabalho correto". Com esse tipo de discussão, Harold foi levado, sem perceber, a entender a importância da coordenação entre os músculos e os sentidos, e a adquirir um respeito e uma admiração pela realidade ao seu redor, assim como por seu papel naquela realidade. Como ele se desmerecia, houve uma discussão sobre homens de linha de montagem e atletas, que são considerados meramente homens musculosos, sem inteligência. De modo semelhante, salientei que havia cozinheiros que só possuíam um sentido apurado de paladar, mas não tinham muita inteligência. Isto foi feito para estabelecer uma ampla base para a idéia de que até mesmo a pessoa mais estúpida pode aprender uma grande variedade de coisas. Quando ele pareceu apreender isto, ofereci-lhe uma longa e interessante dissertação sobre o *sábio-idiota*, com histórias de casos e cuidadosa ênfase sobre suas capacidades e deficiências. Em particular, Railroad Jack excitava intenso interesse e admiração por parte de Harold. Encerrei a discussão, com Harold profundamente hipnotizado, com a afirmação de que ele não era *nem um idiota nem um sábio, simplesmente alguém entre os dois*. Antes que pudesse perceber o significado da observação, despertei-o com amnésia e mandei-o embora. Parte do valor da hipnose é o uso da amnésia sempre que é oferecida uma sugestão crucial ou altamente significativa, que poderia ser discutida ou questionada. Evita-se a rejeição de uma idéia valiosa, e o paciente pode desenvolvê-la mais tarde.

Muitas vezes as sugestões terapêuticas podem ter caráter banal; como tais, são generalizações cujas aplicações pessoais não são percebidas imediatamente e mais tarde se tornam indiscutíveis. Alguns exemplos: "Não é só o que você diz ou como diz; é o que significa para você que conta"; ou: "Não há ninguém que não possa aprender alguma coisa boa, interessante, algo incrivelmente agradável e bom para todo bebê, toda criança, todo homem, *toda mulher*"; ou: "Ninguém sabe o que a criança será quando crescer, e ninguém sabe como ela será daqui a cinco anos, ou mesmo daqui a um ano".

Ao enfatizar a gama de possibilidade dos estúpidos, e questionar a aptidão potencial de todos, Erickson introduz a incerteza sobre a questão das potencialidades de Harold. Contudo, isto foi feito de tal modo que a incerteza não podia ser facilmente discutida ou rejeitada.

Paralelamente à ênfase na utilidade do estúpido, Erickson começou a focalizar a questão dos requisitos de um bom trabalhador. Em geral, ele encontra algum aspecto positivo na vida do paciente e o utiliza como uma alavanca para modificar seu comportamento. Nesse caso, Harold se orgulhava de ser um bom trabalhador, e então Erickson organizou suas sugestões ao redor disto. Primeiro, falou da necessidade de um trabalhador ter boas condições físicas e, mais tarde, enfatizou a importância de uma dieta adequada, fazendo com que Harold aprendesse o que é boa cozinha. Para aprender a cozinhar bem, Harold teve que conseguir livros de culinária na biblioteca. Erickson também o persuadiu a fornecer boas refeições, ao invés de dinheiro, à irmã e ao cunhado alcoólatras, e neste processo Harold aprendeu a considerar o casal como exemplo de autonegligência e autodestruição. A motivação para todas essas atividades foi definida em termos do desejo expresso de Harold de ser um bom trabalhador. Neste estágio inicial, Harold aceitou a idéia de que um bom trabalhador geralmente deveria cuidar de seu eu físico, inclusive ter sapatos adequados para dar-lhe a oportunidade de trabalhar melhor. Entretanto, começou a demonstrar resistência quando a idéia foi aplicada a si mesmo. Por isso, Erickson passou a discorrer sobre o trabalho nos campos de algodão.

A partir disso, surgiu uma discussão sobre o trator, como uma peça da maquinaria da fazenda que não se adequava a nada, exceto ao trabalho manual. Então chamei sua atenção para o fato de o trator exigir o tipo certo de cuidados. Precisava ser mantido engraxado, limpo, com óleo, e ficar protegido dos elementos. Deveria ser adequadamente abastecido com o tipo certo de óleo e combustível, certamente não com a gasolina para aviões, e as válvulas deveriam ser postas no chão, as velas de ignição limpas, o radiador esvaziado, tudo isto para que o trator pudesse ser um trabalhador braçal útil. Esbocei outras analogias parecidas e disse: "Você sabe que tem que fazer algumas coisas certas, mesmo que não queira". Mas tive o cuidado de não definir o que seriam essas "coisas".

Ele respondeu aparecendo para a entrevista seguinte com roupas limpas. Parecia hostil e beligerante enquanto esperava meus comentários sobre sua aparência. Eu disse: "Bem, já era tempo de você cuidar de suas roupas ao invés de gastar dinheiro com sua carcaça comprando roupas novas porque elas se gastam muito rápido". Com este fraseado, a insistência de Harold sobre sua inferioridade e sua aceitação da idéia de se cuidar foram confirmadas, comprometendo-o a continuar a tomar conta de si mesmo. Ele suspirou aliviado e, espontaneamente, desenvolveu um estado de transe para evitar qualquer outra discussão sobre suas roupas. Imediatamente lhe contei, com um elaborado mas malogrado esforço de ser engraçado, a história do fazendeiro parcimonioso que sabia que uma mula é exatamente um "cavalo de trabalho", mas ao invés de alimentá-la com capim, colocava nela óculos de lente verde e a alimentava de maravalhas. Depois se queixava que, após ter treinado a mula para viver de maravalhas, ela morreu antes que ele pudesse fazê-la trabalhar. Antes que Harold pudesse reagir, li e discuti "A obra-prima do diácono, ou A maravilhosa sege de uma roda". Então mandei-o embora com uma disposição um tanto incerta e confusa.

Na sessão seguinte, ele apareceu, pela primeira vez, com um corte de cabelo bem-feito, com roupas novas, e visivelmente saído do banho. Embaraçado, explicou que a irmã e o cunhado haviam ficado sóbrios para celebrar o aniversário de casamento e ele se sentira obrigado a comparecer. Repliquei que algumas coisas devem ser feitas, e, quando o hábito se forma, não é tão difícil continuar. Harold acrescentou que, como presente para a irmã, a levara a *seu* dentista e *seu* médico para um exame. Exceto por uma menção subseqüente à mudança de endereço "há algum tempo", nada mais foi dito sobre seu melhor cuidado físico ou a melhoria de seu padrão de vida.

Agora que Harold se vestia melhor e morava mais confortavelmente, Erickson começou a encorajá-lo a investigar suas potencialidades arranjando-lhe um fracasso.

Encorajei-o a se inscrever numa aula noturna de álgebra. Nós dois sabíamos que ele não conseguiria dar conta da tarefa, mas senti que seria conveniente enfatizar isso, e assim resolver as considerações negativas antes de tentar as positivas. O paciente tem uma necessidade contínua de sentir que está certo, mesmo quando está errado, e o terapeuta precisa ser solidário com ele. Então, quando chega o momento de o paciente corrigir seu erro, ele e o terapeuta podem fazer isto juntos, e assim a terapia torna-se um empreendimento mais cooperativo. Harold logo anunciou com prazer que era incapaz de dominar a álgebra, e, com um prazer similar, anunciei minha satisfação com seu fracasso. Provei que estivera errado ao se inscrever no curso com a idéia de descobrir se *conseguiria segui-lo*, ao invés de se inscrever com a idéia de descobrir *que não poderia*. Esta afirmação confundiu Harold, mas a razão desse comentário era preparar terreno para posteriores tentativas na escola.

Com o fracasso protegidamente executado, Harold tornou-se receptivo a outras instruções.

Neste ponto, Erickson começou a ensinar-lhe a ser mais sociável, o que será descrito a seguir, mas uma visita social foi importante para a sua crescente habilidade no trabalho.

Atribuí a Harold a tarefa de travar uma nova amizade. Dei a ele um endereço e lhe disse que fosse lá e aprendesse muito, e bem, e meticulosamente; não deixasse que nada lhe escapasse e fizesse visitas freqüentes.

Durante as semanas seguintes, enquanto ele executava sua tarefa, eu o proibi de discuti-la comigo, para que tudo que fizesse fosse de sua inteira iniciativa e responsabilidade. Uma tal instrução também o forçou a se empenhar mais devido à eventual discussão do que houvesse feito.

A pessoa para quem o encaminhei era um homem chamado Joe, de trinta e oito anos, com quem ele desenvolveu quase de imediato uma calorosa amizade. Joe sofria de asma e artrite. Confinado a uma cadeira de rodas, cuidava de suas próprias necessidades e se sustentava. Prevendo que logo não conseguiria mais andar, havia construído em sua cabana um monte de engenhos mecânicos que iam ao encontro de suas necessidades. Ganhava a vida consertando rádios e aparelhos elétricos na vizinhança e aceitando serviços extras de cerzimentos, mas, principalmente, como *baby sitter* profissional. Seu conhecimento de histórias, canções e versos e seus poderes de imitação cativavam tanto as crianças quanto os adultos. Joe também preparava seus alimentos, trocava receitas com os outros e dava conselhos culinários às esposas da vizinhança.

Joe não havia completado a sexta série, e seu coeficiente de inteligência era 90 ou menos, mas tinha uma boa memória, ouvia bem e possuía um notável arsenal de fatos e idéias filosóficas. Gostava das pessoas, e era animado e influente, a despeito de sua deficiência física.

Desta amizade, que continuou durante dois anos, até a morte súbita de Joe por ataque cardíaco, Harold tirou benefícios imensuráveis. Contou-me muito pouco a respeito de Joe, e a amizade permaneceu sua, não partilhada, e portanto sua própria realização.

Harold também recebeu instruções para visitar a biblioteca local e se familiarizar profundamente com livros infantis, o que ele fez, em parte devido à influência de Joe. Espontaneamente, começou a explorar o resto da biblioteca e a compartilhar com Erickson os livros e as idéias, algumas contribuições de Joe e outras de suas leituras.

Duas áreas que causavam sofrimento emocional a Harold eram a arte de cozinhar e a arte de escrever. Erickson passou a discutir a culinária. Considerava-a uma arte que exigia a mais alta perícia e, ao mesmo tempo, a depreciava como algo que até um débil mental conseguia executar, até mesmo uma mulher. O ato de escrever foi discutido como uma grande realização, mas depreciado como algo que até as criancinhas conseguiam aprender, assim como os estúpidos e até mesmo as mulheres. A importância da escrita foi ainda mais reduzida, e equiparada às marcas retorcidas e às linhas que as mulheres faziam na taquigrafia.

Como Harold havia procurado a terapia para conseguir uma quantidade módica de prazer na vida, Erickson reviu com ele possíveis fontes de lazer.

Harold apreciava a música e possuía um rádio, embora se sentisse culpado por isto, uma vez que achava que não merecia possuí-lo. Incuti nele a idéia de que, somente por enquanto, ele precisava do rádio e tinha que usá-lo por prescrição médica. Disse "somente por enquanto" para capacitá-lo a aceitar que o comando tinha caráter limitado e restrito. Qualquer rejeição futura de um comando poderia então ser vista como cooperação, porque ele seria por prazo curto.

Ofereci-lhe, além disso, outro raciocínio: assim como um bom trabalhador deve exercitar seu corpo, deve também exercitar seus olhos, ouvidos, e todo o ser físico. Tendo estabelecido que o rádio era parte legítima de sua vida, e graças a seu interesse genuíno pela música, tornou-se relativamente fácil desenvolver interesses recreacionais porque outras sugestões terapêuticas podiam se encaixar em seu interesse pela música. Por exemplo, disse-lhe, como uma sugestão pós-hipnótica, que uma melodia agradável apareceria em sua mente. Ele iria querer entoá-la bem, mas ela seria lembrada melhor quando ele estivesse comendo um hambúrguer. Deste modo, consegui efetivar uma alteração em sua dieta sem qualquer oposição.

A cada sessão Harold era encorajado a fazer um relato das músicas e canções que apreciara ultimamente, e eu me esforçava por encaixar os títulos, ou trechos delas, nas sugestões terapêuticas. Por exemplo, esbocei sugestões a partir de "Fazendo o que surge naturalmente", "Acentuar o positivo; eliminar o negativo" e "Ossos ressequidos" ("O osso do dedão se liga ao osso do pé" etc.). No entanto, todas as músicas de cantoras, ou as que louvavam as mulheres, tendiam a ser rejeitadas por ele até muito mais tarde na terapia.

Eu o encorajava a marcar o compasso da música de vários modos e a cantarolar um acompanhamento. Então, vencendo alguma resistência, eu o persuadi a acompanhar vocalmente o cantor. Finalmente, eu o induzi a investir num gravador para que pudesse gravar a música e seu próprio canto, sozinho ou em conjunto com o cantor do rádio. Harold teve tanto prazer nessas atividades que foi possível confrontá-lo com uma constelação de idéias mais ameaçadoras. Sugeri que aprendesse a tocar um instrumento, de preferência banjo ou guitarra, para se acompanhar. Contudo, logo rejeitei a idéia, já que Harold só estava qualificado para o trabalho braçal que exigisse músculos fortes, não para habilidades musculares *delicadas*. Debati os prós e os contras da questão, com repetidas expressões de pesar que eram na realidade sugestões hipnóticas indiretas. Finalmente, encontramos uma solução. Harold poderia adquirir rapidamente toda a habilidade muscular refinada e a coordenação que nunca tivera a oportunidade de desenvolver se aprendesse taquigrafia e datilografia. Qualquer débil mental estúpido ou qualquer mulher burra cacarejante poderia aprender essas habilidades, porque a taquigrafia era simplesmente caprichosos sinais curvos feitos com um lápis, e bater à máquina era simplesmente socar teclas, como se faz no piano; mas na datilografia pode-se ver imediatamente os erros e corrigi-los. Talvez para um paciente no seu estado normal, desperto, este argumento parecesse ridículo e fútil, mas no estado de transe o paciente fica atento e responde a idéias e orientações que possam ajudá-lo ao invés de se preocupar com relações lógicas e coerências.

Harold ficou angustiado, mas determinado. Seguiu as sugestões e se sentiu enormemente motivado para aprender taquigrafia e datilografia, treinando conscienciosa e intensamente. Aprendeu rápido, encorajado pela admiração que sentia pela destreza manual e perícia em movimentos precisos de seu amigo Joe.

O próximo passo foi instigá-lo a tomar aulas semanais de piano, "para apressar o aprendizado da datilografia e o toque da guitarra". Foi encaminhado a uma professora de piano, uma senhora cujo marido estava enfermo, e conseguiu ter as aulas em troca de cuidar do quintal. Harold aceitou o arranjo e não percebeu que fora posto em contato especial com uma mulher, um contato que o colocava na posição de aluno em relação a uma mulher e também numa posição em que poderia desempenhar o papel de homem competente. (Esta circunstância ocorreu sem planejamento prévio, mas foi aproveitada para atingir esses objetivos.)

Com o aumento de despesas devido ao gravador, à guitarra, à máquina de escrever, e com a melhoria de suas condições de vida, Harold começou a procurar um emprego melhor. Um amigo trabalhador ensinou-o a dirigir carros, o que o levou a conseguir emprego como carregador numa transportadora, e depois um emprego bem-remunerado como motorista de caminhão.

Dediquei uma sessão ao resumo de sua história de trabalho passada, sua melhoria de vida e suas progressivas realizações, mas diminuí a importância de tudo isto como sendo um processo de "viver dia após dia no mesmo emprego antigo, sem que nada novo acontecesse". Finalmente, encorajei-o a começar a explorar a sessão de empregos dos jornais. Por acaso, apareceu um anúncio pedindo um copista, alguém que não tivesse vínculos e pudesse trabalhar a qualquer hora do dia ou da noite e viver numa cabana isolada na montanha. Ele deveria saber datilografia e taquigrafia. Harold solicitou uma entrevista e foi empregado com o salário de 410 dólares por mês. Seu empregador era um velho recluso, muito rico e um tanto excêntrico, cujo *hobby* era mandar fazer cópias de antigos manuscritos e livros, que depois anotava e discutia. Harold desempenhou os deveres de secretário, e, quando o cozinheiro estava de folga durante um ou dois dias, também cozinhava. Estava bem qualificado para fazê-lo, pois sua terapia incluíra o estudo de livros de culinária e cozinhar as refeições na casa da irmã.

O desempenho de Harold agradou seu empregador, e, além do salário e da manutenção, ele recebeu um guarda-roupa completo para suas visitas à cidade para comprar mantimentos. Um terno de trabalho foi providenciado para suas freqüentes visitas à biblioteca em busca de livros de referência.

"Harold trabalhou neste emprego durante dezoito meses, durante os quais vinha me ver de tempos em tempos para sessões de duas horas. Ele amadureceu muito, e seu pensamento, sua orientação acadêmica, ampliaram-se tremendamente, e a gama de interesses e percepções cresceu como resultado de longas discussões com o empregador erudito. Finalmente, o empregador fechou sua casa no Arizona, dando a Harold três meses de salário como pagamento final.

Em poucos dias Harold conseguiu outro emprego bem-pago, uma combinação de secretário e superintendente de escritório. Hesitou um pouco em aceitá-lo devido a suas limitações mentais, mas finalmente aceitou-o, esperando ser logo despedido por incompetência. Explicou que havia se candidatado à posição porque "não sabia fazer outra coisa".

Neste ponto, Harold foi hipnotizado e levado a rever toda a sua experiência de trabalho. Particularmente, ele deveria comparar "impiedosamente" o primeiro período de sua vida com o período de dezoito meses em que trabalhara como secretário. Ele fez esta revisão com aparente sofrimento emocional. Mandei-o embora com a sugestão pós-hipnótica de voltar com uma questão bem mais importante, uma idéia tentadora.

Na sessão seguinte, Harold disse: "Tenho me sentido uma grande porcaria, dilacerado por dentro, como se tivesse que fazer alguma coisa, mas não sei o quê. Talvez tenha resolvido parte da questão. É tolo dizer isto, mas sinto que devo ir para a faculdade, mesmo sabendo que vou levar pau". Disse que havia uma porção de coisas que queria conhecer, como uma vida de aventuras, apreciar um pôr-do-sol, e acrescentou: "Ah, há um mundo de coisas e, homem, estou indo".

Informei-o, de modo autoritário: "Está bem, você irá para a faculdade. Mas desta vez não cometa o erro que cometeu quando foi para o curso de álgebra — para verificar se podia passar ao invés de descobrir que não podia. Em setembro próximo, você se inscreverá num curso completo na faculdade, e, por volta do meio do semestre, terá descoberto que não irá conseguir fazer parte dele". Acrescentei que até aquela data ele deveria explorar as pequenas, boas e simples coisas que formam grande parte da vida.

Durante os três meses seguintes Harold teve sessões semanais, e o caráter das entrevistas foi marcadamente alterado. Em geral ele passava o tempo todo fazendo perguntas sobre minhas próprias opiniões a respeito de vários assuntos. Comportava-se como um homem curioso que procura saber como outro homem, a quem ele respeita, encara e faz as coisas, procura divertir-se, sente e pensa sobre uma infinita variedade de tópicos.

Em setembro, Harold se inscreveu num curso regular de dezesseis horas. Não me pediu opinião ou conselho sobre os cursos ou os procedimentos de inscrição para quem não possuía diploma de segundo grau, e eu não dei nenhum palpite. A certeza de ser estúpido ainda não se dissipara, de modo que voltei a lhe assegurar que ele teria que esperar até meados do semestre para saber no que estava fracassando. Como ele tinha certeza do fracasso, pôde se inscrever com uma grande sensação de segurança. Não se esperava nada além de suas capacidades, e nem mesmo que sobrecarregasse essas capacidades. No entanto, *para chegar àquele fracasso*, ele teve que ter sucesso em se matricular.

À medida que as semanas passavam, Harold não tentava discutir seus estudos. Depois dos exames do meio do semestre, ele relatou com espanto que havia tirado boas notas em tudo. Repliquei que em meio semestre provavelmente os professores ainda não fossem capazes de julgar adequadamente os novos estudantes. Ele teria que esperar até o final do semestre para uma determinação correta de suas habilidades. Deste modo, a não descoberta de suas falhas foi definida como culpa de seus instrutores. Todavia, Harold estava sendo obrigado a aceitar suas notas no semestre seguinte como "uma avaliação correta de suas habilidades".

Pode ser difícil acreditar que um paciente que se submete à terapia possa ser tão afavelmente desatento em relação a seu bom desempenho na faculdade. No entanto, deve-se lembrar que a hipnose foi empregada, que a amnésia foi utilizada, e que distrações constantes de atenção indubitavelmente ajudaram sua habilidade para esconder de si mesmo o que estava acontecendo.

No final do semestre, Harold recebeu somente notas A, e, sem marcar hora, surgiu no consultório. Estava aborrecido, e sentia que havia feito algo errado. Assegurei-lhe que nada fizera de errado, apenas estava enganado em relação a muitas coisas. Ele desenvolveu um transe profundo e eu lhe dei a seguinte sugestão pós-hipnótica: "Quando despertar, você saberá as notas que recebeu. Você saberá que este tópico é uma questão já estabelecida. Pode discutir o que quiser, quando for conveniente, pois não é mais uma questão discutível, mas um fato estabelecido".

Harold continuou a faculdade com sucesso, enquanto encarava um novo problema: lidar com mulheres em relacionamentos íntimos. Mas, antes de entrar neste tópico, devemos notar ainda outros pontos da abordagem terapêutica.

Em primeiro lugar, deve ser enfatizado que, num período de dois ou três anos, um trabalhador braçal que se considerava um estúpido débil mental, e cuja história confirmava esta idéia, foi transformado num homem capaz de ganhar a vida com empenho de classe média, e de obter sucesso como estudante de faculdade. Ele deixou de ser um marginal e adquiriu um *status* razoavelmente alto. Este objetivo foi atingido sem que houvesse qualquer exploração do que pudesse estar "por trás" de seu problema no sentido psiquiátrico comum; ele mudou sem discernir seu passado, e sem nenhuma descoberta da relação entre seu passado e seu presente através de qualquer interpretação de transferência. Nenhum trauma passado foi-lhe revelado ou explicado como "causa" de suas dificuldades. Sua presumível infância miserável não foi oferecida nem como desculpa nem como explanação para seus fracassos ou sua pobre opinião de si mesmo. De fato, ao invés de trazer à percepção idéias sobre o passado, a terapia fez uso extenso da amnésia deliberada para manter as idéias fora de sua consciência, a não ser as do planejamento deliberado, e essas idéias não diziam respeito ao passado, mas a suas próprias capacidades no presente.

A abordagem terapêutica foi marcadamente ericksoniana e incluiu muitas táticas apropriadas para uma experiência de aprendizado; no entanto, Harold não aprendeu por que ele era daquele modo, mas como ser diferente e ter sucesso. Talvez o aspecto mais notável deste caso seja o fato de que o paciente não aceitou, ou não chegou a um acordo com Erickson, sobre o fato de não ser estúpido até que tivesse completado uma série de realizações, inclusive o sucesso na faculdade.

Um outro fator importante deve ser ressaltado: durante a terapia Erickson empregou uma intricada combinação entre autoritarismo e autonomia, sendo autoritário com o paciente em certos pontos e permitindo-lhe quase total autonomia em outros. Grande parte da terapia envolveu ações autônomas do paciente, independentes de Erickson. De certa forma, Erickson trabalha com o paciente como se deve trabalhar com o trator utilizado em seu exemplo. Ele "apronta" o paciente para dar a partida e então deixa que funcione a seu próprio modo.

SOCIALIZAÇÃO E COMPORTAMENTO DE NAMORO

Enquanto integrava Harold numa melhor posição profissional na sociedade, Erickson também trabalhava sua habilidade para se envolver nas atividades normais de namoro. No início da terapia, as relações de Harold com outras pessoas estavam quase totalmente limitadas à irmã e ao cunhado. Ele não tinha amigos e evitava totalmente as mulheres. Jantava em casa para evitar garçonetes, fazia compras, sempre que possível, com vendedores e freqüentemente andava a pé para não entrar num ônibus onde havia passageiras. Achava difícil tolerar até mesmo a presença física da irmã, e só o fazia poque ela era sua irmã. Suas atividades sexuais se restringiam a contatos ocasionais com homens com quem praticava uma felação passiva e ocasionalmente ativa. Preferia parceiros com os seguintes atributos: deviam ser mais moços do que ele, preferivelmente de origem mexicana, com cabelos compridos, pesando entre sessenta e cinco e setenta quilos. Deveriam ter rosto redondo, lábios grossos, ombros estreitos, quadris grandes, um andar bamboleante, usar perfume e óleo de cabelo e ter uma tendência a rir prontamente sem motivo. Harold conhecia uma porção de *punks* que preenchiam esses requisitos, e uma vez ou outra ligava-se a eles.

Harold nunca tivera qualquer ligação com uma mulher, nunca havia tido um encontro e insistia que não queria nada com as mulheres. O problema terapêutico de integrar Harold num comportamento de namoro normal era obviamente imenso.

Erickson procedeu de maneira típica; começou oferecendo sugestões indiretas que tornavam a companhia de mulheres mais agradável e propôs uma série de tarefas que conduziram ao comportamento de namoro. Uma parte necessária desta diligência era tornar Harold mais atraente aos olhos das mulheres, fazendo-o mais atraente no vestir, nas condições de vida, na posição profissional dentro da sociedade.

Logo no início da terapia, Erickson atribuiu a Harold a tarefa de desenvolver uma amizade com um total estranho e pediu que fizesse isto em uma semana. Harold concordou relutantemente, "parecendo inseguro sobre o que era desejado, se o sucesso ou o fracasso" (talvez por Erickson ter acabado de congratulá-lo pelo fracasso no curso de álgebra).

Ao estabelecer esta tarefa para ele, propus que caminhasse ao redor de algum pátio de *trailers* que ele mesmo escolheria. Então manobrei-o para que escolhesse um certo pátio de estacionamento onde vivia outro paciente meu, cujos hábitos eu conhecia. Harold, muito tipicamente, esperou até a última noite da semana e então, com muito medo e incerteza, começou a caminhar por entre os *trailers* do pátio, especificamente às dezoito horas. Quando passou por um dos veículos, foi saudado por um homem e sua esposa, que estavam sentados à sombra do *trailer*. Tinham o hábito de se sentarem ali naquele horário para convidar os transeuntes para uma visita social. A amizade floresceu, e muitas semanas se passaram antes que ambos soubessem que eram meus pacientes. No começo, todo o esforço para travar amizade foi feito pelo casal, mas, com a continuação das visitas, Harold se tornou menos passivo e respondeu melhor.

Embora muitos terapeutas esperem que um paciente solitário encontre um amigo, Erickson prefere ter certeza de que isto vai acontecer. Ele pode arranjar diretamente a amizade, ou pedir que o paciente esteja num lugar onde sabe que provavelmente poderá ocorrer uma amizade. Quando isso acontece, o paciente em geral pensa que o encontro ocorreu espontaneamente. Sua próxima tarefa foi uma exigência mais direta. "Algum tempo depois, quando a amizade com o casal estava bem encaminhada, atribuí a Harold a tarefa de travar mais um novo conhecimento. Forneci a ele um endereço, mandando que fosse lá, aprendesse tudo bem, não deixasse de observar nada e fizesse freqüentes visitas àquela pessoa." Foi dessa maneira que Harold conheceu Joe, o faz-tudo defeituoso, e desenvolveu uma importante amizade que durou dois anos, até a morte de Joe.

Arrumando relacionamentos desse modo, Erickson evita que a relação com o terapeuta tenha um caráter substitutivo e impeça relacionamentos mais normais. O próprio terapeuta provoca outras relações.

O próximo passo na socialização de Harold foi ele ter aceito lições de piano de uma velha professora em troca do trabalho no quintal. Deste modo, ele vivenciou um relacionamento de aprendizado com uma mulher, e também uma relação na qual era o homem competente, fazendo o que seu marido enfermo não podia fazer.

Quando Harold já era capaz de se associar com um casal, um amigo e uma mulher mais velha, Erickson exigiu um outro passo. Sugeriu que Haroldo aprendesse a nadar na ACM e aprendesse dança de salão.

Harold reagiu a ambas as sugestões com violenta repugnância e angústia emocional. Agitado, explicou que as mulheres podiam usar a piscina na ACM, uma vez por semana, e ele não conseguia tolerar o pensamento de imergir seu corpo em água tão poluída. E, quanto a dançar, isto exigiria que ele voluntariamente tocasse corpos de mulheres, idéia intolerável. Com uma insistência elaborada e horrorizada, explicou de novo que era homossexual, que as mulheres lhe pareciam totalmente repulsivas e que já tinha muita dificuldade com as mulheres que o mundo forçadamente jogava sobre ele para que eu ainda piorasse isto através de exigências nada razoáveis.

Erickson lhe dava duas diretivas ao mesmo tempo, uma mais difícil do que a outra, de modo que o paciente pudesse rejeitar uma e ainda assim tivesse de seguir a segunda. Neste caso, a sugestão da dança de salão era mais abominável do que a de nadar na ACM, uma organização só de homens. No entanto, aconteceu que Harold, com um pouco de encorajamento, conseguiu dar conta das duas atividades.

Quando Harold se negou a nadar e dançar, ofereci-lhe uma analogia. Ele estava disposto a colher, à mão, as verduras que cresciam num campo fertilizado e pulverizado com veneno para insetos. Ele sabia que podia se lavar e lavar as verduras, e com isso se beneficiar de seu valor alimentício. Do mesmo modo, afirmei dogmaticamente que qualquer coisa que acontecesse na natação ou na dança poderia facilmente ser corrigida com água, um pedaço de um bom sabão forte e uma toalha. Essencialmente, o que fiz foi descartar sumariamente suas objeções. Então comecei a salientar que o melhor lugar para aprender a dançar era um estúdio de dança profissional, onde todos os contatos seriam rigidamente impessoais. A razão para essas duas atividades era que ele, como um trabalhador, aprendesse duas habilidades físicas diferentes, ambas baseadas em ritmo.

Harold aprendeu rapidamente a nadar e dançar e começou a usar determinado sabão para sua limpeza ritual depois dessas atividades. Chamei sua atenção para outra marca de sabão, tão boa quanto a que usava, sem ser realmente melhor — na verdade, ambas eram totalmente adequadas.

Desta maneira, Erickson manobrou parcialmente a compulsão de Harold em se lavar como um modo de encorajá-lo a novas atividades sociais. Começou então a solapá-la, como em geral faz com tais compulsões, desritualizando-a; tanto fazia uma marca ou outra de sabão, um momento ou outro, uma quantidade de banhos ou outra. Enquanto Harold estava sendo requisitado a participar de atividades sociais que envolviam mulheres, ao menos de modo impessoal, Erickson dedicou as sessões terapêuticas a modificar uma idéia do paciente e a reclassificar vários aspectos de sua vida.

Quando me pareceu que Harold estava receptivo a discutir a sexualidade, introduzi este tópico nas sessões terapêuticas. Eu salientei que, assim como eu tinha uma diversidade de interesses e conhecimentos, ele ao menos deveria ter um conhecimento geral dos muitos aspectos da vivência humana necessários à preservação da espécie. Por exemplo, afirmei que ele classificava a si mesmo como homossexual e a mim como heterossexual, mas que fazia isto às cegas, sem realmente compreender o que cada um dos termos queria dizer ou implicava. Então lhe ofereci um relato factual do que constituía o crescimento e o desenvolvimento sexual, juntamente com uma explicação sobre a maneira diferenciada como os indivíduos e as culturas abordam as crenças e práticas sexuais. Salientei que queria que ele escutasse e compreendesse, mas não fizesse nenhum esforço para modificar seus pontos de vista pessoais sobre si mesmo. Deste modo, ofereci-lhe a oportunidade de modificar seus pontos de vista espontaneamente, não como um esforço auto-imposto.

Depois ofereci a Harold um relato simples, factual, um tanto acadêmico, da fisiologia do sexo e de sua importância biológica. Entrelaçadas nele estavam outras idéias, como o ritmo sexual, a dança de acasalamento dos pássaros, o período de cio dos animais, práticas culturais diferentes de comportamento sexual, e música, dança, canto e literatura sobre o assunto. Isto o conduziu, como mais tarde descobri, a leituras sistemáticas na biblioteca.

A seguir, dei a Harold uma série de instruções que ele não deveria executar até um dado momento no futuro. Essas instruções gerais, aparentemente vagas, enigmáticas, foram-lhe repetidas em estado de transe. Eram as seguintes: (a) descobrir que existem jovens muito infelizes neste mundo, jovens que têm medo de fazer o que querem; (b) observar essas pessoas e especular por que elas se comportam deste modo; (c) descobrir que muitos jovens infelizes esperam, mas não acreditam realmente, que alguém os ajude; (d) dar a *um número limitado* dessas pessoas a ajuda que desejavam de modo imparcial e impessoal.

Quando julguei que ele poderia executar esta tarefa com segurança, instruí-o a visitar vários salões de baile local e observar cuidadosamente uma quantidade de rapazes que queriam dançar, mas eram muito envergonhados e medrosos até mesmo para aprender. Depois, deveria notar as moças, as moças gordas, as sem graça, as magricelas, as que tomam chá de cadeira e procuram esperançosamente um parceiro ou dançam desesperadamente umas com as outras enquanto fitam os rapazes que caminham por ali, muito envergonhados para dançar.

A reação de Harold não foi de repulsa, mas uma chocante descrença de que tal situação existisse. No entanto, na primeira vez que tentou executar a tarefa, teve uma relutância quase paralisante, e somente após um período de quase três horas e vários inícios falsos ele realmente conseguiu chegar a um salão de dança público. Ali, encontrou um grupo de rapazes acotovelados e fazendo afirmações do tipo: "Ahh, vá primeiro", "Se você for, eu vou", "Ah, não sei dançar", "E daí? Talvez alguma das damas possa lhe ensinar", "Vá na frente", "Ah, e quem quer dançar?".

Harold me explicou mais tarde que, depois de ter percebido o significado desta situação, ficou andando de um lado para outro do salão, observando meia dúzia de moças, que obviamente tomavam chá de cadeira. Elas estavam desanimadas, mas o fitavam esperançosamente, até que ele parou, indeciso. Então, de novo desencorajadas, elas voltaram sua atenção para a pista de dança, onde várias moças dançavam juntas. Harold relata: "Tentei me controlar, andei até lá, dancei uma música com cada uma daquelas garotas, e então sai do local para poder refletir sobre tudo aquilo".

Harold fez três visitas aos salões de baile e concluiu: "Esta experiência sem dúvida me ensinou que não sou tão ruim quanto pensei. Tenho medo de fazer as coisas". Repliquei vigorosamente: "Não, você não é tão ruim quanto acredita ser. Então por que não vai à Administração dos Veteranos e pede que lhe apliquem testes psicológicos para verificar o quanto é bom?''. Imediatamente mandei-o embora, com uma disposição mental um tanto confusa.

Alguns dias depois Harold voltou. Era quase outra pessoa. Relatou, com júbilo, que o resultado dos testes indicava que ele havia recebido o equivalente a uma educação de segundo grau e estava qualificado para entrar na faculdade. Ele disse: "Nada mau para um cara estúpido". E eu respondi: "Não, nem mesmo para um cara que tem certeza de que é estúpido", e abruptamente terminei a entrevista. Depois disso, recusei-me a marcar várias consultas, pois acreditava que ele tinha muito em que pensar.

Esta tarefa especial é típica da abordagem de Erickson. Ele geralmente dá ao paciente uma série de instruções gerais, um tanto vagas, e então arranja uma situação onde elas possam ser seguidas, enquanto o paciente tem a sensação de ter tomado espontaneamente a decisão. Neste caso, Harold foi aconselhado a oferecer uma ajuda limitada a alguns jovens; mais tarde, foi enviado ao salão de baile público. Uma vez ali, ele "espontaneamente" decidiu tirar algumas moças para dançar, e experimentou uma sensação de realização. Ao mesmo tempo, o objetivo das instruções era colocar Harold na situação normal de namoro, fazer com que se comparasse com outros homens, e deixá-lo descobrir que era capaz de fazer o que outros homens não conseguiam. O resultado foi uma experiência normal que Harold anteriormente havia recusado: ir a bailes e dançar com mulheres estranhas.

Harold não iniciou um relacionamento mais íntimo com uma mulher até bem mais tarde, quando já freqüentava a faculdade, e Erickson só ficou sabendo dessa relação muito tempo depois.

Durante este período, Erickson treinou Harold na distorção do tempo — o uso da hipnose para afetar o sentido de tempo, de modo que o que acontece em minutos possa ser subjetivamente sentido como sendo horas. Em parte isto deveria ajudá-lo no trabalho acadêmico. Nesta época, Erickson deu a Harold seis sessões de hipnose profunda, nas quais, com o uso da distorção do tempo, fez com que se sentasse silenciosamente e revisse quem e o que era e quem e o que gostaria de ser. Além disso, deveria passar em revista seu passado, comparando-o com o seu futuro, sua realidade como criatura biológica com forças emocionais e físicas e suas potencialidades como uma personalidade humana que funcionava com um razoável grau de adequação na relação consigo mesmo e com os outros. Durante estas sessões Harold parecia intensamente envolvido na solução de problemas, alguns agradáveis, a maioria desagradáveis, mas aparentemente momentâneos. Após estas sessões hipnóticas, ele não apareceu por duas semanas, e então surgiu no consultório com um "novo problema".

Harold parecia um tanto tenso, e seu comportamento geral parecia um tanto mudado e menos familiar. Parecia querer informação, mas não desejava que eu me inteirasse mais do que o necessário da situação. Por isso, ouvi passivamente seu relato, fui evasivo em relação às coisas positivas, mas atrevidamente enfático sobre as negativas.

O caso era que há algum tempo — ele não sabia exatamente quando, "mas já há algum tempo, talvez um longo tempo" — uma mulher havia se mudado para o apartamento vizinho ao seu. Mais tarde, ele notou que ela saía e entrava no *hall* do elevador toda manhã e toda tarde na mesma hora que ele. Tornou-se dolorosamente cônscio disto quando ela começou a bradar-lhe calorosos "Oi, como vai?" ou "Olá". Isto o aborreceu, mas ele não sabia enfrentar a situação, a não ser respondendo.

A seguir, a mulher começou a parar o carro para envolvê-lo numa conversa breve e casual. Isto o afligiu "horrivelmente", porque originou gracejos dos outros vizinhos. Por eles, ficou sabendo que ela era quinze anos mais velha do que ele, separada do marido alcoólatra, que a espancava, e que estava trabalhando para ter fundos para o divórcio.

"Nenhuma perturbação real" ocorreu até certa noite em que ela, "sem desculpa alguma", "invadiu" seu apartamento carregando vários mantimentos e começou a preparar um jantar para os dois. Como desculpa para seu "comportamento abusivo", ela declarou que um homem devia ter uma mulher para fazer-lhe uma refeição de vez em quando. Depois do jantar, enquanto ela lavava a louça, pediu-lhe que tocasse alguns discos de música clássica. Ele o fez com um sentimento de alívio, pois isto tornava desnecessária a conversação. "Felizmente, depois de arrumar a cozinha", ela foi embora. O resto da noite, quase até o dia clarear, ele ficara andando de um lado para o outro, "tentando pensar, mas sem conseguir ter nenhum pensamento".

Algumas noites depois, no momento em que ele começava a preparar sua refeição noturna, a mulher "simplesmente entrou e me disse que o jantar estava pronto e esperando em seu apartamento". Não havia nada que ele pudesse fazer. "Não consegui pensar em nada

136

para dizer, por isso fui, como uma criancinha, e jantei. Depois do jantar, ela simplesmente empilhou a louça e se convidou para ir ao meu apartamento escutar música. Foi o que fizemos, e ela foi embora lá pelas dez horas. Não consegui dormir aquela noite. Nem mesmo conseguia pensar novamente. Só pensava estar enlouquecendo, e era horrível. Sabia que deveria fazer alguma coisa, e alguma coisa muito importante, mas não sabia o quê. Não descobri por duas semanas. Veja, comecei a evitá-la, mas depois de umas semanas resolvi o que devia fazer. Iria fazer um jantar, convidá-la e isto deveria satisfazê-la. Foi o que fiz; só que não funcionou como eu desejava. Foi um bom jantar e tudo o mais, e sou eu mesmo que o digo. Escutamos música de novo — ela realmente gosta de música, e entende do assunto. Ela é uma mulher muito inteligente, embora bem tola em alguns aspectos. De qualquer modo, foi embora por volta das dez e meia; e, quando se dirigia para a porta, ela se inclinou e me beijou. Poderia tê-la matado. Não consegui fechar a porta rápido o suficiente. Corri para o banheiro, entrei no chuveiro e abri as torneiras. Ensaboei meu rosto mesmo antes de tirar as roupas; tive um trabalho infernal. Ensaboava e esfregava, ensaboava e esfregava mais uma vez. Aquela noite foi realmente turbulenta. Várias vezes me vesti e me dirigi ao telefone público para ligar para você, mas sabia que não deveria telefonar antes que amanhecesse. Assim, voltava para casa, entrava no chuveiro e me ensaboava e esfregava mais. Meus Deus, estava maluco. Sabia que tinha que lutar para tirar aquilo de mim, mas o que era, ou como iria conseguir, eu não sabia. Finalmente surgiu a idéia de que eu já resolvera tudo. Isto foi depois de ter aquela meia dúzia de entrevistas com você, quando ficava incrivelmente cansado. Algo na minha cabeça parecia dizer: 'Esta é a resposta', mas ela não fazia sentido antes, agora faz. Mas me ajudou a parar de me esfregar. ''Não sei por que estou aqui hoje, mas tinha de vir. Não quero falar nada, mas ao mesmo tempo, quero ouvi-lo falar comigo. Mas seja muito cuidadoso com o que disser. E me desculpe também por falar deste modo, mas sinto que preciso ter certeza. Este é o meu problema.''

Cuidadosamente, passei a uma discussão geral, vaga, deliberadamente destinada a ser tangencial à comunicação de Harold. À medida que ele foi relaxando, salientei que não se deveria culpar ou criticar a mulher por ela querer o divórcio; que o casamento deve oferecer mais do que infelicidade e abuso físico; que todo ser humano tem direito à felicidade pessoal e física. Como ela estava disposta a se manter sob todos os aspectos, ela certamente possuía qualidades merecedoras de respeito, admiração e apreciação. Quanto à sua afabilidade e intrusão na privacidade dele, era preciso reconhecer que as pessoas são especialmente gregárias, e era normal que ela, ele, ou todo o resto da raça humana, buscassem companhia

137

e partilhassem experiências comuns. Isto poderia explicar o comportamento dela, e mesmo a aceitação dele. Quanto às refeições, desde o começo da história os dois melhores condimentos alimentares haviam sido o tempero da fome e da boa companhia. A música, também, é mais apreciada em companhia de alguém. Quanto àquele beijo que o afligira tanto, só se podia especular sobre o possível significado de um ato físico tão simples. Há o beijo de amor, de compaixão, da morte, da mãe, de uma criança, de um dos pais, de um avô, o beijo de saudação, de despedida, de desejo, de satisfação, para mencionar apenas alguns. Antes que ele desse algum significado especial àquele beijo, teria que saber que tipo de beijo fora aquele. Isto ele só poderia descobrir pensando livre e de bom grado sobre o assunto, sem medo do terror, só com o desejo de aprender. Ele também deveria estar disposto a reconhecer o significado que desejava que o beijo tivesse. Quanto a qualquer implicação pessoal do comportamento dela ou dele, nada realmente poderia ser dito, porque nenhum dos dois havia fornecido uma definição reconhecível de sua conduta. No entanto, podia-se dizer que ele não deveria hesitar em rejeitar qualquer coisa que achasse conveniente rejeitar.

Após esta declaração, houve um silêncio de uns cinco minutos. Harold despertou e comentou, depois de olhar o relógio: "Bem, preciso ir andando, seja lá o que isto queira dizer", e partiu.

Um aspecto deste discurso merece consideração. Erickson não tenta, de modo algum, ajudar Harold "a compreender", no sentido psiquiátrico usual, o significado que a experiência tem para ele. Não há interpretações sobre os significados maternais, sobre a mulher ser mais velha, ou outros supostos significados simbólicos da situação. Por conseguinte, também não há uma sanção negativa contra a relação. Ela é tratada como uma experiência real, com uma mulher real.

Uma semana depois, Harold foi recebido durante uma hora. Ele disse: "Eu realmente não deveria lhe perguntar, mas algo dentro de mim quer saber o que você acha de Jane. Portanto, discuta ela comigo, mas faça-o cuidadosamente, o que quer que isto signifique. Tenho uma espécie de idéia tola, porque você não a conhece — só sabe as poucas coisas que eu lhe contei. Mas ainda quero saber o que pensa dela; mas fale com cuidado, seja lá o que isto signifique". Erickson respondeu com uma discussão geral e objetiva sobre a mulher.

Desembaraçadamente, mencionei idéias de significado especial para Harold. Descrevi Jane como uma criatura biológica que, por dote natural, possuía uma abundância de traços, qualidades, atributos, aprendizados de vários graus, aos quais reagiria de várias maneiras e que a tornavam única como indivíduo. Outros membros da humanidade responderiam a ela segundo suas próprias capacidades e necessidades. Por exemplo, sua história do casamento indicava que ela era uma mulher heterossexual atraente para o homem heterossexual; seu emprego indicava sua capacidade de ser produtiva; o fato de ela querer o divórcio indicava um desejo de felicidade como pessoa; o fato de ele apreciar as refeições e a companhia dela indicavam que ela lhe interessava.

Salientei também que qualquer progresso terapêutico amplo que ele desejasse incluiria mulheres, não necessariamente aquela, como uma parte da realidade da vida. Encerrei a sessão dizendo, na linguagem que Harold usara da primeira vez que viera me ver: "Pro inferno se não tiver que descobrir que tipo de criatura é a mulher. Você não vai deixar ela te fisgar, nem vai atrapalhar ela ou deixar ela atrapalhar você. Tudo que vai fazer é colocar os pingos nos is". Falei deste modo para forçá-lo a reconhecer o contraste entre seu *status* original e o atual. Ele foi embora sem fazer comentários, mas me lançou um olhar curiosamente especulativo da porta, como se não soubesse bem o que dizer.

Harold não havia solicitado uma outra sessão, mas retornou algumas semanas mais tarde e disse:

"Gostaria de lhe contar do meu modo, mas você é um psiquiatra. Devo-lhe tudo, e por isso devo contar do seu modo, e talvez isto seja útil para outra pessoa.

"Aquela última coisa que você me disse, para colocar os pingos nos is, quase lhe respondi que iria fazer exatamente isto. Mas percebi que você não estava nem um pouco interessado no que eu pudesse dizer. Você só queria que eu descobrisse por mim mesmo quem eu sou, o que sou e o que posso fazer. Lembra-se de como fiquei parado à porta, fitando-o durante um minuto? Eis o que estava pensando. Sabia que as respostas surgiriam uma a uma. Durante o trajeto até minha casa, eu sabia isso, e me divertia porque não sabia quais eram essas respostas. Sabia apenas que eu as exporia uma a uma.

"Quando cheguei em casa, por volta das cinco e meia, fiquei intrigado porque me descobri indo até a porta e espiando para fora como se estivesse esperando alguma coisa. Foi só quando Jane colocou seu carro na vaga do estacionamento que percebi que a estava esperando. Fui falar com ela e a convidei para jantar. Naquela manhã, eu ficara intrigado com a quantidade de coisas que eu trouxera das compras. Ela aceitou e fez o jantar, enquanto eu tocava guitarra e cantava um dueto com uma fita do gravador. Depois do jantar, coloquei alguns discos, e nós dançamos até que sentimos vontade de nos sentar. Quando nos sentamos no sofá, eu disse que iria beijá-la, mas que antes iria refletir se gostaria daquilo. Enquanto eu fazia isto, eu disse, ela podia esgotar as resistências de seu sistema. Ela pareceu intrigada e então desatou a rir. Percebi que o que dissera deveria lhe parecer um tanto estranho, mas realmente queria dizer aquilo. Quando ela parou de rir, tomei seu rosto em minhas mãos e a beijei, primeiro numa das faces, depois na outra, e então na boca. Gostei, mas estava sendo tão sistemático que ela pareceu assustada, de modo que sugeri que dançássemos. Enquanto dançávamos, comecei a beijá-la novamente e ela correspondeu.

"Foi então que outras coisas começaram a me acontecer, e eu sabia que não estava pronto para aquilo. Por isso parei de dançar, toquei música clássica para ela, depois cantei algumas canções que conhecia, e ela cantou junto. Ela tem uma bela voz. Então eu a levei para casa e dei-lhe um beijo de boa-noite. Naquela noite dormi feito um bebê."

Neste ponto, Harold estava se preparando para iniciar uma atividade sexual normal, e deve-se ter em mente quanta preparação elaborada havia sido prevista para criar um ambiente onde isto fosse possível. Harold pôde começar uma atividade de namoro mais normal porque agora se vestia adequadamente, vivia num apartamento respeitável, freqüentava a faculdade e tinha um bom emprego. Era também capaz agora de partilhar com aquela mulher um interesse por música e culinária. Ainda mais, ele havia tido experiências prévias de relações sociais. Podia dançar, pois tinha experiência de dançar com mulheres. Finalmente, sua atitude em relação às mulheres havia sido reorientada, e ele havia desenvolvido a curiosidade e o desejo de fazer explorações.

Harold continuou seu relato: "Quando acordei na manhã seguinte, fiquei feliz por ser um domingo. Queria ter um agradável dia de lazer, só para apreciar a vida. Por volta das três horas da tarde, fui ver Jane. Ela estava ocupada confeccionando um vestido, e eu lhe disse que continuasse o trabalho, que eu teria um jantar pronto às seis horas. Depois do jantar, tocamos música clássica e algumas coisas populares no gravador. Dançamos até ficarmos cansados, e então nos sentamos no sofá. Eu a beijei e ela correspondeu, e começamos a nos acariciar. Eu estava muito circunspecto, porque sabia que era só um novato e provavelmente desajeitado, de modo que ela me agarrou e beijou, e aprendi o que é um beijo francês. Primeiro, nós dançamos, depois nos acariciamos, e então dançamos um pouco mais. Toda vez que nos acariciávamos eu tinha uma resposta fisiológica, mas sabia que não estava pronto para expor minha resposta quanto a este assunto. Finalmente, tocamos alguns discos clássicos e eu a levei para casa, dei-lhe um beijo de boa-noite, sentindo muito afeto por ela, e fui para a cama. Dormi bem.

"Não a vi durante uns dois ou três dias. Foram dias um tanto peculiares, porque tenho um branco completo a respeito deles. Segunda-feira, levantei me sentindo bem. Pensei sobre a noite de domingo e foi agradável. Então saí para o trabalho, e a próxima coisa de que me recordo é que o dia estava acabado e eu estava de volta ao apartamento. Não conseguia me lembrar de uma só coisa do dia todo, mas tinha uma forte sensação, e uma boa sensação, de que tinha feito tudo adequadamente no trabalho. Terça-feira fui trabalhar, disposto a perguntar, discretamente, o que havia acontecido na véspera, e a próxima coisa de que me dei conta foi de estar voltando para o apartamento. Fiquei intrigado, não confuso, e cogitando sobre o que aconteceria na quarta-feira. Naturalmente, ela também se evaporou, mas dei por mim trazendo para casa uma grande sacola de mantimentos. O que me surpreendeu foi que o talão de compras mostrava que eu havia comprado numa loja em que nunca entrara antes. Enquanto tentava me lembrar como era a loja, devo ter andado distraidamente até a porta de Jane. Fiquei tão surpreso quando ela me saudou que lhe disse que não precisava ir se vestir — ela usava somente *shorts* e uma blusa. Disse que estava pronto para ela, que poderia vir jantar."

Nesta noite, Harold teve sua primeira experiência sexual, e a vivenciou como uma curiosa exploração. Depois relatou:

"Depois que tomamos café da manhã, Jane foi trabalhar, mas eu fiquei em casa. Fiquei o dia todo em casa, me sentindo feliz, realmente feliz, pela primeira vez em minha vida. Não dá para explicar. Há coisas sobre as quais se pode falar a respeito, mas não se consegue colocar em palavras. Quinta-feira foi um dia assim.

"Havíamos combinado nos encontrar sábado à noite, e sexta-feira fui fazer compras. No sábado, limpei o apartamento, e não tinha nenhuma lembrança do que havia acontecido nos dois últimos dias, só a sensação confortável de que tudo havia corrido bem. Sábado à tarde, preparei um jantar muito requintado, e Jane chegou vestindo um belo vestido feminino. Quando a elogiei, ela disse que gostava de minha gravata. Foi quando percebi que também havia me arrumado. Isso me surpreendeu.

"Comemos, dançamos, nos acariciamos. Por volta das dez horas fomos para o quarto. Foi diferente desta vez. Eu não estava tentando aprender alguma coisa ou me mudar. Éramos apenas duas pessoas que gostam muito uma da outra quando fazem amor. Em algum momento, depois da meia-noite, adormecemos. Na manhã seguinte ela preparou o desjejum e foi embora, explicando que esperava um amigo que iria ficar com ela por alguns dias.

"Segunda de manhã levantei cedo e fui trabalhar, não sabendo por que estava indo mais cedo. Não demorou muito para descobrir. Guiava pela rua quando aconteceu. Uma jovem veio em minha direção pela calçada e fiquei tão espantado que tive que frear e observá-la com o canto dos olhos, até ela passar. Aquela jovem era linda, inteira e absolutamente, incrivelmente linda — a primeira moça linda que eu via. Dois quarteirões mais para a frente, a mesma coisa aconteceu de novo, só que desta vez eram duas moças absolutamente belas. Foi difícil chegar ao trabalho. Queria parar e olhar as coisas. Tudo estava tão mudado! A grama estava verde, as árvores eram lindas, as casas pareciam recém-pintadas, os carros na rua pareciam novos, os homens se pareciam comigo, e as ruas de Phoenix estavam cheias, simplesmente repletas, de moças bonitas. E tem sido assim desde segunda-feira. O mundo está mudado.

"Na quarta-feira fiquei me lembrando daqueles *punks* que costumava conhecer, por isso guiei até o outro lado da cidade e observei alguns deles. Foi uma experiência surpreendente. Devo ter estado realmente muito doente para ter algo a ver com essas pobres criaturas. Senti muita pena deles.

"Não aconteceu mais nada até sábado, depois que o visitante de Jane partiu. Nós tivemos um bom jantar e, quando desligamos o toca-discos, nós dois sentimos que era tempo de ter uma conversa séria. Tivemos uma conversa sensata sobre como poderíamos ter prazer um com o outro, mas isto realmente não fazia nenhum sentido. Eu deveria encontrar uma moça da minha idade e ela deveria pensar num homem da sua. Concordamos em romper, mas permanecer amigos, e foi assim que tudo se passou.

"Tenho ido à igreja, aos clubes de gente jovem, tenho feito um circuito turístico. Homem, como tenho estado vivo e apreciado isto! Tenho um futuro também. Estou terminando a faculdade e sei que tipo de carreira desejo. E sei que quero uma esposa, um lar e filhos."

Harold terminou a faculdade e encontrou um emprego responsável que aprecia.

V

O CASAMENTO E SUAS CONSEQÜÊNCIAS

Os problemas que surgem como conseqüência do casamento em geral envolvem dificuldades sexuais, sintomas que embaraçam ou incapacitam um dos esposos, ou uma ruptura não resolvida do início do casamento. Do ponto de vista do ciclo familiar, o objetivo do tratamento é ajudar o jovem casal a estabilizar o relacionamento e a passar ao estágio de gerar e criar filhos.

Quando uma pessoa recém-casada aparece com um problema, a natureza da dificuldade pode ser vista de diferentes posições. Se se observa somente o indivíduo, o problema será diferente do do casal, assim como o problema conjugal é diferente do da família extensiva. Por exemplo, uma jovem me consultou para tratamento porque havia desenvolvido um tremor e uma agitação involuntários na mão direita. Em anos anteriores, havia se submetido a extensivos e caros testes neurológicos, com a conclusão final de que o tremor da mão era um sintoma histérico. Após seis meses de terapia tradicional, o tremor começou a piorar. Se algo não fosse feito rapidamente, ela perderia o emprego. Foi-me solicitada uma terapia breve na esperança de aliviar o sintoma. Alguns minutos da abordagem de estilo hipnótico de Erickson revelaram que o tremor podia passar de uma mão para a outra, o que confirmava o diagnóstico de histeria com bem menos despesas do que as explorações neurológicas. Permanecia o problema da "cura".

O terapeuta com quem ela se tratara acreditava que ela estava enfrentando uma situação semelhante a de outras jovens mulheres e, por isso, que havia algo errado com *ela*. Mas, de um ponto de vista diferente, a moça era recém-casada, e o sintoma havia se desenvolvido logo após o casamento.

Fiz uma entrevista com o jovem casal, e ficou evidente que o marido era um rapaz um tanto perdido e que a esposa era muito protetora. Eles haviam se casado enquanto ele estava na marinha, o que lhe dava uma posição atraente e *status*. No entanto, depois de ter dado baixa, tornara-se só um civil desempregado. Não conseguia decidir se queria voltar para a escola ou arrumar um emprego, e não agia em nenhuma das duas direções. A esposa o sustentava. Deste ponto de vista, o sintoma poderia ter uma função dentro do casamento. Isto se tornou mais evidente quando perguntei a ela o que aconteceria se o sintoma piorasse. Ela respondeu que perderia o emprego. Quando lhe perguntei o que aconteceria então, respondeu: "Acho que meu marido teria que trabalhar". O sintoma, por conseguinte, desempenhava a função positiva de mover o casamento rumo a um estado mais normal. Dado este enfoque, o marido e o casamento deveriam ser o foco da terapia.

Numa tal situação, quando só a esposa é colocada em terapia, há sempre uma conseqüência para o casamento. O marido se defronta com uma situação na qual a esposa não só está sofrendo, como também visita outro homem para conversar com ele várias vezes por semana, provavelmente para conversar a seu respeito. Pela própria natureza da terapia individual, o marido forma um triângulo com o terapeuta. Neste caso, o marido sentia que suas inadequações estavam, sem dúvida alguma, sendo discutidas pela esposa com aquele outro homem de sucesso, e ele se tornou mais inseguro a respeito da lealdade dela. A esposa, por sua vez, ficava entre um terapeuta que a encorajava a expressar seus descontentamentos e um marido que se comportava como se ela estivesse cometendo uma deslealdade.

Na terapia individual a longo prazo, outros fatores influem no casamento. À medida que se torna mais ligada ao terapeuta, a esposa se afasta do compromisso único para com o marido, que é parte do contrato de casamento. Em tais casos, o cônjuge geralmente recebe as sobras; cada nova reflexão, ou idéia, do parceiro é apresentada ao terapeuta, e só mais tarde é oferecida ao cônjuge, quando o é. O tratamento pode ser tornar uma barreira entre um casal, erodir o casamento, precipitando o descontentamento e talvez o divórcio. Quando o divórcio acontece, o terapeuta individual pode acreditar que seu paciente "superou" o cônjuge e que o divórcio é necessário, particularmente se não reconhecer que sua intervenção é o principal fator da separação, independente de qualquer "crescimento". Algumas vezes, o cônjuge também inicia um tratamento com outro terapeuta, e o casamento se torna um quarteto. Qualquer que sejam os objetivos benéficos de um tal arranjo, quanto mais o tratamento continua, mais o casamento é "anormal", no sentido que não é como o casamento comum. Quando um cônjuge é submetido a um tratamento individual por oito ou dez anos — conheço um que durou dezoito anos —, os estágios posteriores do casamento prosseguem com um desvio que impede o desenvolvimento marital normal. Por exemplo, a decisão de ter filhos ou a educação dos filhos é algo que a esposa partilha tanto com o terapeuta quanto com o marido, e o terapeuta se torna essencialmente um membro pago da família extensiva.

Outro ponto de vista, diferente, a respeito da jovem que sofre de tremor na mão pode ser obtido pela ampliação do contexto, incluindo-se não só o marido, mas também sua família de origem. Seus pais se opuseram ao casamento com o rapaz e, de fato, o proibiram. Ela decidiu casar-se com ele assim mesmo, presumindo que uma vez consumado o fato, os pais o aceitariam. No entanto, quando o jovem casal se estabeleceu em seu apartamento, a mãe telefonou para a filha e perguntou se voltaria para casa naquele dia. Quando respondeu que agora estava casada e tinha uma casa, a mãe comentou: "Bem, isto não vai durar". No dia seguinte, a mãe fez a mesma pergunta e assegurou-lhe que seu quarto continuava à sua espera. Com uma regularidade persistente, a mãe telefonava para a filha e comentava as inadequações do rapaz, cheia de esperanças de que a filha retornasse à casa. Qualquer dúvida que a jovem tivesse a respeito do marido era sempre exacerbada pela mãe, e o marido vivia num contexto de sogros hostis. Sua indecisão a respeito do trabalho devia-se em parte à preocupação excessiva com o que seria aceitável pela família da esposa, de modo que suas decisões de vida estavam, inevitavelmente, sendo influenciadas pela rede familiar mais ampla. Neste contexto, sua insegurança pode ser explicada por uma origem social, e não apenas como parte de seu caráter.

Neste contexto mais amplo, os sintomas da esposa são parte de um conflito entre os membros de uma família, e incluem a dificuldade de se desembaraçar dos pais e estabelecer um território separado e estável com o marido. O tratamento anterior também pode ser visto como parte deste contexto mais amplo. Os caros testes neurológicos, assim como a dispendiosa terapia individual, foram pagos pela família dela. A moça pôde assim custear com o dinheiro dos pais as dificuldades que eles estavam causando, e também confirmar a idéia deles de que o casamento fora um erro, já que criara problemas graves que tinham obrigado a moça a consultar um psiquiatra. O tratamento se tornou, como ocorre com freqüência, parte da munição da luta de família, enquanto o terapeuta ignorava, ou não levava em conta, este aspecto da terapia.

Este caso ilustra como os terapeutas podem receber crédito por terem resolvido um problema que, sem dúvida, teria sido resolvido sem sua assistência. Como disse Montaigne certa vez: "Quando a natureza cura, a medicina fica com os créditos". A despeito das brilhantes manobras terapêuticas, o problema foi solucionado independentemente da terapia. A jovem esposa ficou grávida, o que transformou o contexto global. Ela teve que abandonar o emprego por causa da chegada próxima do bebê, e o marido foi forçado a trabalhar para sustentá-la. Os pais queriam que a filha voltasse para a casa deles, mas não queriam que voltasse com um bebê. Assim, alteraram sua posição e começaram a apoiar o casamento, ao invés de se opor a ele, agora que um neto estava a caminho. A "natureza" solucionara o problema ao mover o jovem casal para o próximo estágio do desenvolvimento familiar: procriação e cuidado dos filhos. Os sintomas desapareceram, e a moça e seu marido pareciam mais naturais e confiantes.

Muitos terapeutas estão só começando a compreender que os sintomas individuais têm uma função para um casal jovem em relação a seus parentes. Um dos problemas típicos de um jovem casal é a incapacidade de se unir quando estão lidando com suas famílias de origem. Por exemplo, uma esposa não quer que a família do marido se intrometa em sua vida, mas o marido não consegue se contrapor aos pais. Numa tal situação, a esposa com freqüência desenvolve algum tipo de sintoma. No caso narrado a seguir, era esta a situação, e Erickson arrumou um sintoma mais produtivo.

Uma mulher veio me ver porque tinha uma úlcera no estômago; uma dor que a incapacitara para o trabalho, para o lar e para todas as suas relações sociais. Sua maior preocupação era o fato de não conseguir suportar as visitas dos sogros três ou quatro vezes por semana. Eles chegavam sem avisar, ficavam o tempo que queriam. Salientei que não precisava agüentar os sogros, mas poderia suportar ir à igreja, jogar cartas com os vizinhos e seu trabalho. Enfocando os sogros, disse: "Você não gosta realmente deles. Eles são como um soco no estômago toda vez que a visitam. Isto pode ser aproveitado. Eles certamente não podem esperar que *você* limpe o chão se vomitar quando chegam".

Ela adotou este procedimento e vomitava quando os sogros vinham visitá-la. Então, frágil e lamurienta, se desculpava enquanto eles limpavam o chão. Assim que ela os ouvia chegar, corria para a geladeira e bebia um copo de leite. Eles entravam, ela os cumprimentava e começava a conversar. Então, subitamente, ficava enjoada e vomitava.

Os sogros começaram a telefonar antes de aparecer, para saber se ela estava bem para recebê-los. Ela dizia: "Hoje não", e, de novo, "Hoje não". Finalmente, disse: "Creio que hoje estou bem". Infelizmente se enganara, e eles tiveram que fazer a limpeza.

Ela precisava ficar indefesa, e deste modo guardava toda a dor de estômago para as visitas dos sogros e conseguia alguma satisfação. (Ela desistiu da úlcera e passou a se orgulhar de seu estômago. Ele era ótimo, já que podia mandar embora os sogros.) Eles deixaram de visitá-la durante alguns meses, e então ela os convidou "para passar a tarde". Eles chegaram, desconfiados, dizendo metodicamente: "Talvez fosse melhor irmos embora". Quando ela quis que eles partissem, tudo o que teve que fazer foi colocar um olhar de mal-estar no rosto e esfregar o estômago. Eles foram rápido embora. Ela deixara de ser uma pessoa involuntariamente indefesa e se transformara em alguém que podia manter um copo de leite na geladeira para conseguir um objetivo deliberado. E nunca houve necessidade de uma briga aberta. Isto me lembra o conviva que sempre aparecia para o jantar de domingo e sempre lhe serviam pão-de-ló e faziam a mesma pergunta cortês: "Você quer um pouco de pão-de-ló?", até que, finalmente, ele entendeu.

A terapia tradicional para uma pessoa recém-casada que desenvolve dificuldades é, atualmente, definida como uma imposição para produzir uma mudança sem permitir que a intrusão se estabeleça no sistema. Os problemas sexuais, como impotência ou frigidez, em geral surgem durante a lua-de-mel, e com freqüência se resolvem naturalmente. Em muitos casos, quando o casal busca ajuda, é mais sensato o especialista evitar rotular a questão como patológica e simplesmente sugerir que o problema não é incomum, e que provavelmente se resolverá sozinho. Se isto não acontecer, eles poderão retomar o tratamento. Muitas vezes, uma discussão sobre sexo com uma autoridade é suficiente para solucionar estes primeiros problemas conjugais. A solução não acontece necessariamente porque os jovens recebem novas informações, mas porque uma autoridade lhes dá permissão para se desfrutarem sexualmente, quando as autoridades anteriores sempre haviam proibido este prazer. Isto faz parte da "cerimônia de iniciação" ao mundo adulto.

Quando o prazer com o relacionamento sexual não ocorre naturalmente, o objetivo da intervenção terapêutica é providenciar este prazer, assim como estabilizar o casamento e assistir o jovem casal na passagem para o estágio de criar filhos. Em certas ocasiões, as relações sexuais simplesmente não acontecem, e assim, além da falta do prazer, o casamento não tem a possibilidade de atingir o estágio seguinte. Erickson oferece o exemplo de um caso onde a queixa era do marido.

Um rapaz que normalmente pesava oitenta quilos se casou com uma linda jovem voluptuosa. Seus amigos caçoavam de iminente perda

147

de peso. Nove meses depois, ele me procurou para aconselhamento psiquiátrico por causa de dois problemas. Primeiro, não tolerava mais a caçoada dos colegas de trabalho sobre sua perda de mais de dezoito quilos. O verdadeiro problema era totalmente outro. O casamento não havia se consumado.

Explicou que todas as noites a esposa prometia manter relações sexuais, mas, a seu primeiro movimento, ficava tomada de pânico e, tímida e lamuriosa, o persuadia a esperar até o dia seguinte. E toda noite ele dormia desassossegadamente, sentindo um intenso desejo e desesperadamente frustrado. Recentemente, estava apavorado ante o fracasso em ter uma ereção, a despeito da crescente ânsia sexual.

Quando me perguntou se podia fazer algo por ele ou pela esposa, tranqüilizei-o e marquei uma hora para ela. Pedi-lhe que contasse a ela a razão da consulta e a avisasse para estar preparada para discutir o seu desenvolvimento sexual desde a puberdade.

O casal chegou pontualmente para a entrevista noturna, e o marido foi deixado do lado de fora da sala. Ela contou sua história livremente, embora com muito embaraço. Explicou seu comportamento como o resultado de um terror incontrolável, esmagador, que ela vagamente relacionava a ensinamentos morais e religiosos. A respeito de sua história sexual, exibiu um caderno de anotações no qual a data e a hora do início de cada período menstrual haviam sido anotadas em ordem. Este espantoso registro desvendou que durante dez anos ela havia menstruado a cada trinta e três dias, e o início ocorria quase invariavelmente entre as dez e onze horas da manhã. Havia alguns períodos fora do prazo. Nenhum deles havia vindo mais cedo, mas havia períodos ocasionais de atraso, assinalados com nota explicativa do tipo: "De cama com resfriado forte". Notei que o período seguinte só começou dezessete dias mais tarde.

Quando lhe perguntei se queria ajuda para o problema conjugal, ela declarou que sim. Imediatamente, no entanto, tornou-se assustada, soluçou e implorou-me que a deixasse pensar "até amanhã". Mandei-a embora, com a repetida afirmação de que teria que tomar sua própria decisão. Então ofereci-lhe um longo e genérico discurso sobre as relações conjugais, entremeado com sugestões de fadiga, desinteresse e sono, até que um transe muito bom houvesse sido induzido.

Depois do comando enfático para assegurar a continuidade do transe, ofereci-lhe uma série de sugestões, cada vez mais intensas. Meu objetivo era fazer com que ela se surpreendesse com a perda definitiva do seu medo e súbita e inesperadamente conseguisse cumprir mais cedo aquilo que prometia para "o dia seguinte". Durante todo o trajeto para casa, ela permaneceu completamente absorta num pensamento satisfatório, mas sem significado, de que faria as coisas acontecerem muito rapidamente para que chegasse a sentir qualquer sensação de medo.

Recebi o marido separadamente e lhe assegurei um desenlace bem-sucedido aquela noite. Na manhã seguinte, ele relatou pesarosamente que a meio caminho de casa, *dezessete dias mais cedo*, o período menstrual dela começara. Ficou aliviado e confortado com minha afirmação enganosa de que aquilo significava a intensidade do desejo dela e sua resolução ferrenha de consumar o casamento. Marquei uma outra hora para ela, para quando sua menstruação tivesse terminado.

Na noite do sábado seguinte, eu a recebi novamente, e um transe foi induzido. Desta feita, expliquei-lhe que a consumação *deve* ocorrer, e que pensava que ela deveria ocorrer dentro dos próximos dez dias. Além disso, deveria ocorrer quando ela decidisse. Disse-lhe que poderia ser sábado à noite, ou domingo, embora eu preferisse sexta à noite; ou poderia ser na segunda ou na terça à noite, embora sexta fosse minha noite preferida; e de novo, poderia ser quinta à noite, mas eu definitivamente preferia a sexta-feira. Repeti sistematicamente a lista de todos os dias da semana, enfatizando minha preferência pela sexta-feira, até que ela começou a demonstrar marcante aborrecimento.

Ela foi despertada, e as mesmas afirmações foram repetidas. Sua expressão facial era de intenso descontentamento a cada menção de minha preferência. Conversei com o marido separadamente e lhe disse para não fazer nenhum avanço, ter um comportamento passivo, mas para se manter em prontidão para responder, e que certamente o resultado seria um desenlace bem-sucedido.

Na sexta-feira seguinte ele relatou: "Ela me pediu para lhe contar o que aconteceu ontem à noite. Aconteceu tão rápido que eu nem mesmo tive uma oportunidade. Ela praticamente me violentou. E me acordou antes da meia-noite para recomeçar. Esta manhã ela estava rindo, e quando perguntei por quê, ela me disse para lhe contar que não preferia as sextas-feiras. Disse-lhe que *era* sexta-feira, e ela continuou rindo e afirmou que você entenderia que não era sexta-feira".

Não lhe dei nenhuma explicação. O desenlace subseqüente foi um contínuo ajustamento marital feliz, a compra de uma casa e o nascimento de três crianças desejadas, com intervalos de dois anos.

A razão de eu ter proposto um período de dez dias, da enumeração dos dias da semana e da ênfase em minha preferência foi a seguinte: dez dias era um período suficientemente longo para ela tomar a decisão, mas este período era, na realidade, reduzido a sete dias através da enumeração. A ênfase em minha preferência colocou-lhe um problema emocional constrangedor, desagradável: como todos os dias da semana haviam sido enumerados, a passagem de cada um a aproximava cada vez mais do dia inaceitável que era o meu preferido. Por isso, quando a quinta-feira chegou, só havia este dia e a sexta-feira faltando; sábado, domingo, segunda, terça e quarta haviam sido rejeitados. Por conseguinte, a consumação tinha que ocorrer na quinta-feira por escolha própria, ou na sexta, que era minha escolha. O procedimento empregado na primeira entrevista foi obviamente errado. Foi lindamente utilizado pela paciente, que queria me punir e frustrar por incompetência. A segunda entrevista foi mais afortunada. Sem ela perceber, criei um dilema com as duas alternativas — o dia de sua preferência e o dia da minha. A repetida acentuação de minha escolha evocou uma forte resposta corretiva emocional: a necessidade imediata de me punir e frustrar temporariamente transcendeu suas outras necessidades emocionais. Efetuada a consumação, ela podia então zombar de mim com a declaração de que a última noite não era sexta-feira, alegremente certa de que eu compreenderia.

Assim como uma moça pode ter dificuldade para consumar um casamento, um rapaz também pode tê-las. Uma dificuldade comum é a inabilidade do jovem marido para conseguir uma ereção. Algumas vezes isto pode ser uma surpresa na lua-de-mel. O homem pode ter tido uma história de relações sexuais bem-sucedidas, mas o casamento cria um relacionamento que o torna incapaz de desempenhar o ato sexual. Algumas vezes este problema se resolve por si mesmo; outras, uma intervenção breve pode aliviar a dificuldade e salvar o casamento.

Um de meus estudantes de medicina se casou com uma jovem muito bonita e na noite de núpcias não conseguiu uma ereção. Todavia, ele havia sido uma figura obrigatória na vida social e havia dormido com todas as prostitutas da cidade. Durante duas semanas após o casamento, ele não conseguira ter uma ereção. Tentou de tudo, mas nem mesmo com masturbação conseguia. Depois de duas semanas de uma lua-de-mel melancólica, sua esposa consultou um advogado a respeito de uma anulação.

O jovem veio me ver com esse problema. Disse-lhe para telefonar para alguns amigos que conheciam a noiva e pedir a eles que a persuadissem a vir me ver. Ela veio ao consultório, e fiz com que o rapaz esperasse do lado de fora enquanto conversávamos. Ela estava extremamente amarga, e deixei que me contasse toda a história de seu desapontamento. Ela se achava atraente, e lá estava ela, completamente nua, e ele não conseguia fazer amor. A noite do casamento pode ser um evento e tanto na vida de uma jovem. É uma ocasião importante, que representa ser transformada de moça em mulher, e toda mulher quer ser desejada e ser a única. Era uma situação acabrunhante, e foi assim que a defini para ela.

Perguntei-lhe se pensara a respeito do elogio que o marido lhe havia feito. Isto a intrigou, pois parecia ser o inverso de tudo que ela me contara. Eu disse: "Bem, evidentemente ele achou seu corpo tão belo que ficou desarmado. Completamente desarmado. E você não compreendeu isto e acreditou que ele era incompetente. E ele *estava* impotente, porque percebeu como era pequena sua capacidade de apreciar realmente a beleza de seu corpo. Agora, passe para a outra sala e reflita sobre isto".

Fiz o marido entrar e deixei que me contasse toda a triste história da lua-de-mel. Então disse-lhe a mesma coisa. Salientei o enorme elogio que havia feito à esposa. Ele sentia muita culpa por causa de seus casos anteriores, mas eis que sua incapacidade lhe provara que realmente encontrara a garota certa, a desarmante garota certa.

Eles foram para seu apartamento juntos, e quase tiveram que parar o carro no caminho para ter uma relação, e foram bem-sucedidos daí para a frente.

Este tipo de tratamento é essencialmente um tratamento de crise num casamento, e parte de sua eficácia se deve ao tempo certo da intervenção. Uma ação rápida no momento certo pode em geral resolver rapidamente conflitos que só serão resolvidos com dificuldade se se permitir que o problema sexual se torne um problema conjugal crônico. Ocasionalmente, a intervenção parece ser a permissão para obter sucesso, fornecida por uma autoridade, combinada com uma saída elegante para a dificuldade. Há outras variações usadas por Erickson.

Um noivo de vinte e quatro anos, criado num colégio, retornou de sua lua-de-mel de duas semanas desanimado porque tinha sido incapaz de uma ereção. Sua noiva dirigiu-se, imediatamente, ao escritório de um advogado em busca da anulação, enquanto ele procurava ajuda psiquiátrica.

Ele foi persuadido a trazer a esposa ao meu consultório e, sem dificuldade, ela se deixou convencer a cooperar na hipnoterapia do marido. Isto foi feito da seguinte maneira. Eu lhe disse para olhar para a esposa e vivenciar de novo e totalmente sua sensação de absoluta vergonha, humilhação e desesperado desamparo. Tendo feito isto, ele faria qualquer coisa, *qualquer coisa mesmo*, para escapar àquele sentimento de infelicidade completa. Em seguida, ele iria se sentir completamente incapaz de ver qualquer coisa exceto sua esposa, seria incapaz até mesmo de me ver, embora fosse capaz de ouvir minha voz. Quando isso acontecesse, ele perceberia que estava entrando num profundo transe hipnótico, *no qual não teria controle sobre todo o seu corpo*. Então começaria a ter alucinações com a noiva nua, e com ele mesmo nu. Isto o levaria a descobrir que não conseguia mexer o corpo e que não tinha controle sobre ele, o que, por sua vez, o conduziria então a uma nova e surpreendente descoberta: estava sentin-

151

do contato físico com sua noiva, este contato ficava cada vez mais íntimo e excitante e *não haveria nada que ele pudesse fazer para controlar suas respostas físicas*. No entanto, não poderia haver finalização de suas respostas descontroladas até que a esposa a solicitasse. O estado de transe se desenvolveu rapidamente e, no final, eu o instruí: "Você sabe que pode. De fato, você conseguiu, e não há nada que possa fazer para não ter sucesso de novo, e de novo".

A consumação foi rapidamente efetuada naquela noite. Ocasionalmente, eu os encontro depois disto como conselheiro familiar, e não ocorreram outras dificuldades sexuais no casamento.

Embora a falta de uma ereção possa ser um problema para um casal recém-casado, a ingenuidade dos seres humanos torna possível ter dificuldades *porque* o homem produz com facilidade uma ereção. A insatisfação de uma mulher tomou esta forma no exemplo seguinte.

Uma mulher estava casada há um ano e sentia enorme rancor pelo marido. Explicou-me que eles se davam bem durante a noite, mas no momento em que entravam no quarto começavam as dificuldades. Ela disse: "No instante em que começamos a nos dirigir para o quarto ele tem uma ereção. Posso tirar a roupa devagar ou rapidamente, não faz diferença. Ele se deita com uma ereção todas as noites. Ele se levanta de manhã e lá está ele, em pé. Isso me deixa tão maluca que quando vejo estou brigando o tempo todo".

Perguntei-lhe: "O que você quer?".

Ela respondeu: "Que ele uma vez, só uma vez, entre na cama e não tenha uma ereção automática. Se pelo menos uma única vez ele me deixasse sentir meu poder de mulher!".

Parecia uma solicitação razoável, pois toda mulher tem o direito de provocar uma ereção e desfazê-la. Um homem simplesmente olhar para a mulher e ter uma ereção, ou tê-la assim que entra no quarto, sem que ela precise fazer nada, pode ser muito insatisfatório. Sendo assim, fiz entrar o marido e salientei a enorme importância disto para sua esposa. Jurei que manteria segredo. Ele se masturbou três vezes aquela noite e, quando foi para o quarto, realmente tinha o pênis flácido. Ela se divertiu muito torcendo-se e retorcendo-se. Ele estava cogitando se conseguiria uma ereção. O que mais a encantou foi que ele conseguiu uma ereção apenas com o movimento que ela fazia, sem tocá-lo ou beijá-lo. Ela realmente possuía seu poder de mulher. Alguns meses mais tarde, quando visitei a cidade em que moravam, eles me convidaram para jantar fora. Durante o jantar, pude constatar que ela realmente tomou posse de seu poder feminino e está contente com ele.

Algumas mulheres desejam desfrutar o poder feminino, e outras percebem que a lua-de-mel é um período em que simplesmente não podem se engajar no ato sexual. Erickson relata o caso de uma noiva que já estava casada há uma semana e não era capaz de manter relações sexuais com o marido, mesmo desejando fazê-lo. Ela desenvolvia um estado de tremendo pânico e trancava as pernas na posição de tesouras a cada tentativa, ou oportunidade de uma tentativa, de consumar o casamento. Ela foi ver Erickson com o marido; vacilando, relatou sua história e afirmou que algo tinha que ser feito, pois estava sendo ameaçada com uma anulação. O marido confirmou a história e acrescentou outros detalhes descritivos.

A técnica que usei foi essencialmente a mesma utilizada para meia dúzia de situações similares. Perguntei-lhe se estava disposta a empregar qualquer procedimento razoável para corrigir seu problema. Sua resposta foi: "Sim, qualquer coisa, a não ser que não devo ser tocada, porque enlouqueço quando sou tocada". Essa afirmação foi corroborada pelo marido.

Informei-a de que iria usar a hipnose, e ela consentiu, hesitante; de novo pediu que não fizesse nenhum esforço para tocá-la.

Disse-lhe que o marido ficaria sentado na cadeira, do outro lado do consultório, o tempo todo, e que eu me sentaria ao lado dele. Ela, no entanto, deveria pessoalmente levar sua cadeira para o lado mais afastado da sala, sentar-se ali e olhar continuamente para o marido. Se qualquer um de nós dois, a qualquer momento, se levantasse da cadeira, ela poderia imediatamente sair da sala, pois estava sentada próxima à porta.

Pedi-lhe que se acomodasse na cadeira, inclinando-se bem para trás, com as pernas estendidas, os pés cruzados e todos os músculos absolutamente tensos. Ela deveria olhar fixamente para o marido até que enxergasse somente a ele e só me visse pelo canto dos olhos. Deveria cruzar os braços à sua frente e segurar firmemente suas roupas.

Obediente, ela começou a executar a tarefa. Enquanto a executava, eu lhe disse para dormir cada vez mais profundamente, não enxergando nada além do marido e de mim. Conforme dormisse mais e mais profundamente, ela deveria ficar assustada e entrar em pânico, seria incapaz de se mover ou fazer qualquer coisa, exceto olhar para nós dois, e dormir mais e mais profundamente, num transe diretamente proporcional ao seu estado de pânico. Este estado de pânico, ela foi informada, iria aprofundar seu transe, e ao mesmo tempo a manteria rigidamente imóvel na cadeira.

Então, gradualmente, anunciei que ela começaria a sentir o marido tocando-a intimamente, acariciando-a, embora continuasse a vê-lo parado do outro lado da sala. Perguntei-lhe se estava disposta a sentir tais sensações, e lhe disse que sua rigidez corporal atual relaxaria só o suficiente para inclinar ou balançar a cabeça em resposta. Disse-lhe que uma resposta honesta deveria ser dada devagar e refletidamente.

Vagarosamente, ela inclinou a cabeça, afirmativamente.

Solicitei-lhe que notasse que tanto seu marido quanto eu estávamos voltando nossas cabeças para o lado oposto ao que ela estava, porque ela agora começaria a sentir uma carícia progressivamente mais íntima em seu corpo, até que finalmente se sentiria totalmente satisfeita, alegre e relaxada. Aproximadamente cinco minutos depois, ela me disse: "Por favor, não olhe. Estou tão embaraçada! Podemos ir agora para casa, porque estou bem".

Mandei-a embora do consultório e instruí o marido a levá-la para casa e esperar passivamente os desenvolvimentos.

Duas horas mais tarde, recebi um duplo telefonema, e eles simplesmente disseram: "Está tudo bem".

Um telefonema de verificação semanal demonstrou que tudo estava bem. Aproximadamente uns quinze meses mais tarde, eles, muito orgulhosos, vieram me mostrar o primeiro filho.

Às vezes, embora o casal possa ter um desempenho adequado, algo fica faltando ao ato sexual. Foi o que aconteceu no exemplo a seguir.

Um professor universitário veio me ver. Ele nunca tivera um orgasmo, nunca tivera uma ejaculação. Procurara a palavra "ejaculação" no dicionário. Ele veio me ver e perguntou por que a palavra "ejaculação" era usada em relação ao comportamento sexual masculino. Eu lhe perguntei: "Durante quanto tempo você molhou a cama?". Ele respondeu: "Até os onze ou doze anos".

Contou que a esposa estava feliz, que eles mantinham relações sexuais, tinham dois filhos. Perguntei-lhe: "O que você faz ao invés de ejacular?". Ele respondeu: "Você tem um intercurso, tem prazer e depois de um certo tempo, como se estivesse urinando, o sêmen flui para fora do pênis".

Ele havia aprendido que a única coisa para que servia um pênis era para fazer xixi, e por isso usava o seu, maritalmente, para urinar na vagina da esposa. Ele perguntou: "Não é isso que todos os homens fazem?". Eu lhe disse o que deveria fazer. Todos os dias, ou um dia sim outro não, ele deveria reservar uma hora para si mesmo. Entrar no banheiro e se masturbar. No processo de masturbação, disse-lhe, ele deveria identificar todas as partes de seu pênis. Da ponta até as glândulas, identificando todas as sensações. Deveria tentar não urinar nenhum sêmen por mais tempo que conseguisse, para perceber até que ponto ele podia se excitar. Que pequenos toques e excitamentos poderia acrescentar. Ele deveria se preocupar com a tensão, o calor, a fricção, mas não urinar o sêmen. A este respeito, deveria se refrear. A perda do sêmen significaria uma perda fisiológica da capacidade de continuar se masturbando.

Ele achou tudo isso infantil e tolo, mas praticou regularmente durante mais ou menos um mês. Certa noite, às onze horas, telefonou e disse: "Consegui". Perguntei: "O que quer dizer?". "Bem, hoje, ao invés de me masturbar, fui para a cama com minha esposa e fiquei sexualmente excitado. E ejaculei. Pensei que ficaria contente com meu chamado para contar-lhe o que aconteceu." Eu respondi: "Estou muito feliz que você tenha tido uma ejaculação". À uma da madrugada ele telefonou de novo; tinha tido outra. A esposa queria saber por que ele ligara para mim para contar que tivera relação sexual com ela. Ele me perguntou se deveria contar-lhe.

Respondi que não era da conta dela. Mas depois conversei com a esposa e perguntei: "Você acha seu casamento satisfatório?". Ela respondeu que sim. "Sua vida sexual tem sido boa?" "Sim." Então ela disse: "Desde aquela noite em que meu marido lhe telefonou no meio da noite, para lhe contar que estava fazendo amor comigo, minha vida sexual com ele tem sido melhor, mas não sei por quê".

Um dos problemas mais comuns em casais recém-casados é a inabilidade de copular com mútuo prazer devido a idéias puritanas. Em certas ocasiões, uma breve intervenção pode alterar o relacionamento para que o casamento se torne uma oportunidade para os jovens se desfrutarem. Um exemplo do procedimento de Erickson ilustra este ponto.

Uma noiva e seu noivo vieram me ver após menos de um mês de vida de casados. A noiva insistia em me ver. Ele afirmava que estava decidido; iria pedir divórcio. Não podia tolerar o comportamento ultrajante da esposa.

Ele expressou, um tanto enfaticamente, uma opinião desfavorável a respeito dos psiquiatras. Finalmente eu disse: "Bem, você expressou sua opinião e vou falar com igual franqueza. Você está casado há menos de um mês e já fala em divórcio. Não sei que tipo de covarde é, mas você deveria ao menos agüentar um mês inteiro de casamento até o amargo fim. Por isso, por favor, cale a boca e escute o que sua esposa tem a me dizer". Ele fez exatamente isso — cruzou os braços, endureceu o maxilar e escutou.

A esposa disse: "Henry não acredita em fazer amor da forma correta. Ele quer que todas as luzes fiquem apagadas, as cortinas fechadas, e quer tirar a roupa na privacidade do banheiro. Ele não entra no quarto a menos que as luzes estejam totalmente apagadas. Eu supostamente devo usar minha camisola e não devo tirá-la. Tudo que

155

ele quer fazer é ter uma relação sexual da maneira mais simples possível. Ele nem mesmo me beija".

Eu lhe perguntei: "É verdade?", ele respondeu: "Acredito que se deva ter a relação sexual da maneira adequada, sem ser piegas".

Ela continuou: "Ele evita me tocar. Não beija meus seios ou brinca com eles. Nem mesmo os toca".

O marido respondeu: "Os seios são utilitários; são destinados aos filhos".

Disse-lhe que minha inclinação era simpatizar com sua esposa, e ele provavelmente não gostaria do que tinha a dizer. "Por isso", disse, "fique sentado aí, mantenha os braços cruzados e o maxilar apertado. Fique tão bravo quanto quiser, porque vou dizer à sua esposa algumas coisinhas que ela deve saber".

Assim, disse à esposa de que modo eu acreditava que o marido deveria tê-la beijado nos seios e embalado seus mamilos. Salientei *como* ele deveria beijá-la e *onde*, e que ele deveria ter prazer nisso. Como uma mulher saudável, ela podia gostar. Então mostrei que os seres humanos têm uma tendência antropomórfica. Eles têm uma infinidade de apelidos para os tipos mais variados de posses. Afirmei acreditar que seu marido, como dizia amá-la, deveria ter dado algum apelido para seus gêmeos. Ela ficou um tanto desconcertada, e eu disse: "Você sabe o que são os gêmeos", e indiquei seus seios. Os gêmeos realmente deveriam ter nomes que rimassem, disse, e, voltando-me para o rapaz, coloquei-lhe a questão com firmeza. "Amanhã, em sua próxima entrevista, você entrará com o nome dos gêmeos para os seios de sua esposa. Se não os nomear, eu denominarei um deles, e você ficará engasgado com o nome do outro, que imediatamente surgirá em sua mente". Ele saiu a passos largos do consultório.

No dia seguinte, eles entraram e a esposa disse: "Bem, Henry tentou fazer amor de uma forma muito melhor. Ele parece ter uma compreensão muito maior, mas afirma que nunca dará nomes aos gêmeos".

Voltei-me para ele e disse: "Você vai dar nome aos gêmeos? Lembre-se, se não estiver disposto a fazê-lo, eu chamarei um por um nome rimado e você ficará engasgado com o nome do outro".

Sugeri que talvez ele quisesse refletir sobre o assunto durante meia hora, enquanto conversávamos sobre outras questões. Então discutimos outros aspectos do ajustamento sexual do casal, como a esposa desejava.

Finalmente, ao fim de meia hora, perguntei a ele: "Agora, está pronto para dar nome aos gêmeos? Eu estou, e espero que esteja". Ele disse: "Eu o desafio". Expliquei de novo que iria dar nome a um deles, e que o nome rimado surgiria em sua mente imediatamente. Quando ele novamente se recusou, eu disse à esposa: "Bem, você está pronta?". Ela respondeu que sim. Eu disse: "Eu agora batizo o seu seio esquerdo como Kitty". Na mente do homem pudico surgiu a rima, *titty* (teta).

A esposa ficou contente. Eles moravam fora do Estado, e seis meses depois recebi deles um cartão de Natal. Estava assinado K. e T. A esposa me escreveu contando que o marido se mostrou um amante agradável e tinha muito orgulho e satisfação com os gêmeos. Alguns anos mais tarde, visitei a cidade onde moravam e jantei com um amigo comum. Ele comentou: "Que casal agradável eles formam! Lembro-me como Henry era quando se casou, mas ele realmente se tornou humano". Mais tarde, recebi um cartão deles e, além do K. e do T., havia outras várias adições à família. Ele realmente aprendera para que servia uma *titty*.

Muitas vezes pode-se usar na terapia uma compulsão de modo terapêutico, que foi o que ocorreu neste caso. O marido estava compulsivamente evitando os seios da esposa. Fiz uma rima compulsiva e ele não conseguiu escapar. Toda a compulsão se centrou num nome afetivo para os seios, ao invés de num evitamento deles, e dessa forma a compulsão foi revertida.

Devido à peculiar habilidade dos seres humanos de serem conscientes de seus atos, um comportamento que deveria ocorrer naturalmente com freqüência se torna um esforço deliberado, e assim sua natureza é modificada. Uma determinação consciente de conseguir uma ereção, de ter um orgasmo, pode ser colocada nesta categoria. É uma tentativa de produzir um comportamento involuntário através da vontade voluntária, capturando a pessoa num círculo auto-frustrante. A educação sexual é tantas vezes oferecida de maneira científica, se não sinistra, que para as pessoas muito educadas elas podem se tornar um esforço técnico. Até mesmo o prazer do sexo pode ser apresentado como um dever por educadores bem-intencionados. Forçar um casal a se relacionar sexualmente de um modo mais humano vale a pena como um esforço terapêutico, e um dos procedimentos de Erickson ilustra uma maneira de lidar com o problema.

Um professor universitário de trinta e três anos estava numa festa universitária e viu uma mulher sozinha de trinta e três anos do outro lado do salão. Ela o viu, e eles rapidamente gravitaram um em direção ao outro. Dentro de um mês, estavam planejando seu futuro e estavam casados. Três anos depois, apareceram em meu consultório e contaram sua história triste. Ao contá-la, eles ficaram extremamente pudicos e embaraçados, empregando um palavreado muito formal. Em essência, a queixa que tinham era que antes do casamento tinham planejado ter uma família, e como ambos estavam na casa dos trinta, pensavam que não poderiam postergar a idéia por nada deste mundo. Mas, após três anos, ainda não tinham filhos, apesar dos exames e dos conselhos médicos. Os dois estavam presentes no consultório e, ao me contarem seus problemas, o homem disse: "Na minha opinião, e na de minha esposa, pensamos que é mais correto eu falar de nossa dificuldade comum, e relatá-la sucintamente. Nosso problema é muito angustiante e destrutivo para nosso casamento. Como queremos ter filhos, nos engajamos na união marital, com plena simultaneidade fisiológica, todas as noites e todas as manhãs, com objetivos procriativos. Aos domingos e feriados, nos engajamos, para propósitos procriativos, na união conjugal, com plena simultaneidade fisiológica, até quatro vezes ao dia. Não permitimos que qualquer incapacidade física interfira. Como resultado da frustração de nossos desejos filogenéticos, a união marital tem se tornado progressivamente desagradável para nós, porém isto não tem interferido com nossos esforços procriativos, embora, realmente, nos angustie descobrir que estamos cada vez mais impacientes um com o outro. Por essa razão, viemos pedir sua ajuda, pois os outros auxílios médicos fracassaram".

Neste ponto eu o interrompi e disse: "Você colocou um problema. Gostaria que ficasse em silêncio e sua esposa declarasse sua opinião com suas próprias palavras". De maneira pedante quase exatamente idêntica, e até com maior embaraço do que o demonstrado pelo marido, a esposa verbalizou sua queixa. Eu disse: "Posso corrigir isto para vocês, mas será uma terapia de choque. Não serão choques elétricos ou físicos, mas uma questão de choques psicológicos. Vou deixá-los sozinhos no consultório por quinze minutos para que vocês possam trocar idéias e opiniões sobre sua disposição de receber um choque psicológico um tanto forte. Ao fim dos quinze minutos, voltarei, ouvirei a decisão de vocês e a acatarei".

Saí do consultório, voltei quinze minutos mais tarde e disse: "Qual a resposta?". O homem replicou: "Discutimos o assunto, tanto objetiva quanto subjetivamente, e chegamos à conclusão de que suportaremos qualquer coisa que possa oferecer satisfação a nossos desejos filoprogenitivos". Perguntei à esposa: "Você concorda plenamente?". Ela respondeu: "Sim, senhor". Expliquei que o choque seria psicológico, envolveria suas emoções e seria uma enorme tensão para eles. "Será relativamente simples de administrar, mas vocês dois ficarão extremamente chocados psicologicamente. Sugiro que, enquanto ficam sentados aí, se agarrem fortemente aos braços da cadeira e escutem bem o que tenho a dizer. Quando eu acabar de falar, e enquanto administro o choque, quero que permaneçam em absoluto silêncio. Dentro de alguns minutos poderão sair do consultório e voltar para casa. Quero que vocês dois mantenham silêncio absoluto durante todo o trajeto até sua casa, e durante este silêncio vocês descobrirão uma multidão de pensamentos ocorrendo em suas mentes. Quando chegarem em casa, permaneçam em silêncio até depois de terem entrado e fechado a porta. Vocês estarão livres! Agora agarrem-se fortemente aos braços da cadeira porque vou lhes aplicar um choque psicológico. É isto: durante três longos anos vocês se engajaram na união matrimonial, com plena simultaneidade fisiológica, com finalidades procriativas, no mínimo duas vezes por dia, algumas vezes até quatro vezes em vinte e quatro horas, e foram derrotados em seus desejos filoprogenitivos. Agora, por que cargas d'água vocês não trepam uma vez por prazer e imploram ao diabo que não se fatiguem no mínimo por três meses? Agora, por favor, vão embora.''

Soube mais tarde que os dois ficaram em silêncio durante todo o percurso para casa, pensando "muitas coisas". Quando finalmente entraram na casa, fecharam a porta e, segundo o marido: "Descobrimos que não agüentávamos esperar até chegar ao quarto. Caímos no chão. Não nos engajamos na união marital; nós nos divertimos. Agora os três meses estão quase se esgotando e minha esposa está grávida''. Nove meses mais tarde, nasceu uma menina. Quando fui visitar o bebê, soube que o discurso formal, as palavras polissilábicas e as frases altamente corretas não eram mais necessários nas conversações. Eles conseguiam até mesmo contar histórias picantes. O percurso de seis quilômetros para casa, em absoluto silêncio, tornou possível, de acordo com as sugestões que lhes foram dadas, que uma grande variedade de pensamentos reprimidos corressem soltos em suas cabeças. Isto resultou na atividade sexual imediatamente após fecharem a porta, assim que chegaram em casa. Era isto que eu esperara. Quando foram questionados sobre o tema, eles afirmaram que acreditavam ter havido uma crescente elaboração de pensamento erótico à medida que se aproximavam de casa, mas que não tinham lembranças específicas.

Este caso foi relatado por inteiro para uma audiência de mais de setenta psiquiatras praticantes na Universidade de Colúmbia. Antes de narrá-lo, perguntei aos presentes se conseguiriam escutar algumas assim chamadas palavras anglo-saxãs em relação a um problema psiquiátrico. A platéia tinha certeza de que podia, e senti que conseguiria. No entanto, para minha surpresa, mal pronunciei uma palavra, a platéia realmente congelou-se numa imobilidade rígida por alguns momentos. Notei que meu próprio tom de voz estava bem alterado. Isto foi revelador dos efeitos contínuos das inibições aprendidas na infância e sua permanência na vida adulta.

Embora com algumas pessoas Erickson saia de seu caminho para usar palavras chocantes, com outras ele é cuidadoso ao dizer algo, de modo que o paciente somente percebe mais tarde o que foi dito. E será extremamente cauteloso com alguém que esteja assustado quanto a discutir algo não mencionável. Ele acredita que seu procedimento deve ser adequado à pessoa específica de que está tratando, e não tenta encaixar todos os pacientes num molde terapêutico similar. Ele pode discutir sexo francamente e de um modo chocante, como no caso anterior, enquanto, em outro caso, pode ser indireto e levar o paciente a descobrir que o tema do discurso é o sexo. Por exemplo:

Uma mulher casada veio me ver e relatou vários medos e uma ansiedade particular a respeito de seu cabelo. Ela não conseguia encontrar um bom cabeleireiro na cidade. Ela se deitava do lado direito, ou do lado esquerdo, de costas, e em todas essas posições tinha dificuldade de manter o cabelo arrumado. Quando eu tentava conversar sobre outras coisas, ela voltava ao assunto e falava sobre o problema dos cabelos. Depois de ela ter desperdiçado duas horas, eu lhe disse: "Durante a próxima hora você vai me contar tudo sobre o seu cabelo, e falará sem parar. Quando estiver no fim de sua hora, vou lhe dizer algo completamente sem sentido. Vou continuar ouvindo você, e quando disser algo que me dê a oportunidade de dizer esta coisa sem sentido, eu direi. Logo que eu tiver falado, abrirei a porta e a mandarei embora".

Ela discorreu sobre seu cabelo, sobre a onda, os cachos, a onda mais comprida, as loções, os xampus, e assim por diante. No fim da hora, ela mencionou sua dificuldade em repartir o cabelo. Eu disse: "Veja só, você quer dizer que realmente gostaria de dividir satisfatoriamente o cabelo com um pente de um dente". Eu a ajudei a sair do consultório, enquanto ela me fitava sem expressão.

Ela precisou de três dias para refletir sobre o assunto. Contou-me que durante todo o trajeto para casa, e no dia seguinte, o que eu dissera não fazia sentido algum. "Depois de três dias, comecei a refletir sobre minha vida sexual. Então fui me convencendo de que o problema estava nela". Depois disso, iniciamos a terapia.

Em outros casos, Erickson discutirá um problema sem nunca concordar, explicitamente, com o assunto discutido. Por exemplo, ele falará sobre os prazeres da mesa como um modo metafórico de falar sobre o sexo: "Você gosta de carnes raras — ou raramente?". Ele acredita que, com freqüência, os problemas sexuais podem ser resolvidos sem serem discutidos diretamente. Algumas vezes, também, se a pessoa for particularmente tímida e reticente a respeito de um problema, ele falará de outros assuntos, de tal modo que ela, finalmente, falará sobre o não mencionável. Por exemplo:

Uma mulher me escreveu contando que tinha um problema que não podia discutir e perguntado se eu podia fazer alguma coisa para ajudá-la. Sugeri que poderia ajudá-la melhor se viesse me ver. Ela disse que precisaria de alguns meses para ter coragem, mas que faria isto. Finalmente, veio me ver. Mencionou que tinha pouco autocontrole. Suas relações sexuais com o marido eram muito difíceis devido

160

ao que poderia vir a acontecer. Sua mãe achara bem desagradável tomar conta dela devido a um odor. Pela ênfase na palavra "odor", percebi que sua preocupação era a flatulência. Ela realmente não conseguiria falar do assunto, de modo que me lancei numa discussão sobre concursos de atletismo. Discuti como era realmente formidável ser capaz de jogar uma bola de golfe a trezentas jardas. Ou atingir uma casa e pular a cerca. Nadar uma longa distância era realmente fantástico. Então mencionei o levantador de peso que suspende noventa quilos, soltei um grunhido para ilustrar o esforço de levantar tal peso. Ela estava bem ao meu lado neste esforço.

Então lhe disse que os músculos do corpo tinham o privilégio de sentir que haviam se contraído bastante, poderosa e efetivamente. Do mesmo modo, havia uma satisfação física real em morder um doce. Toda criança, salientei, aprendia o prazer supremo de engolir uma cereja inteira e senti-la descer. Ela podia reconhecer todas aquelas sensações, e pensou que eu simplesmente estava lhe oferecendo uma deliciosa dissertação. Depois que mencionei engolir a cereja, ela falou sobre as coisas que engolira com especial prazer. Então eu discorri sobre se respeitar os próprios pés usando sapatos adequados, e ela concordou que se deveria respeitar os pés, as orelhas, a boca. Eu disse: "Naturalmente, conhece aquela enorme satisfação, após uma boa refeição, quando nos sentimos abarrotados". Ela era um tanto roliça, e gostava de comer, uma única olhada demonstrava isso. Chamei sua atenção para o estômago, que precisa ser agradado, e perguntei-lhe se ela não achava que seria justo e honesto reconhecer que o reto poderia realmente ficar contente ao ter uma boa evacuação. E qual deveria ser a consistência da evacuação? Num dia quente de verão, no deserto, devido à falta de água, a evacuação é muito difícil e firme devido à desidratação. Depois de um laxante, a evacuação é um tanto aquosa, porque o intestino sabe o que está fazendo. O estômago olha para a comida que recebe e seleciona o que digere, e o duodeno olha para a comida e seleciona o que pode digerir, e assim por diante, através dos intestinos. E os intestinos poderiam olhar para o laxante e reconhecer: "Isto necessita óleo e remoção". Então ela chegou à questão: "Mas o que são os gases?". Salientei que eram uma coisa simbiótica; as bactérias presentes no intestino ajudam a digestão, e fazem isso em virtude de suas próprias digestões. Por isso, pode haver alguma putrefação e, portanto, uma liberação de substâncias gasosas. Para romper as proteínas, tem que se fazer alguma mudança química. E o reto deve ter prazer num amplo e firme movimento de evacuação, uma evacuação grande e macia, longa e líquida, ou gasosa. Salientei também que há um tempo e um lugar para cada coisa. Pode-se comer na mesa, mas — embora não seja contra a lei — não se escova os dentes à mesa. Não se lava a louça na mesa, mas numa cozinha campestre, onde não se tem pia, as panelas são colocadas na mesa para serem lavadas. É totalmente correto. Mas, quando há uma pia, é lá que elas são lavadas. Do mesmo modo, há um bom lugar e um bom momento para o funcionamento dos intestinos. Mas deve-se reconhecer que as necessidades dos intestinos suplantam as da pessoa. Pode-se estar dirigindo um carro, precisando chegar a algum lugar, mas se entrar areia nos olhos, é melhor parar e atender às necessidades do olho. Não importa você enquanto pessoa, atenda às necessidades de seus olhos. E também às necessidades de outras partes do corpo, e deve-se repetir essas atenções até que se adquira a quantidade de controle necessário.

Ela mesma elaborou a questão. Foi para casa e cozinhou para si mesma uma refeição de feijões. Mais tarde, me contou: "Sabe?, foi divertido. Passei o dia inteiro soltando pequenos, grandes, barulhentos, silenciosos". Ela descobriu que não havia mais interferência de sua preocupação com a flatulência nas relações sexuais. Hoje tem um bebê.

Embora seja "normal" casar e ter filhos, muitas pessoas preferem um modo de vida diferente e não se casam, ou se casam com outros objetivos. Um caso ilustra como Erickson arranjou um casamento de conveniência para um casal.

Um psiquiatra residente, que fazia treinamento comigo, estava tratando de um empregado do hospital e veio me ver, aflito. Disse que seu paciente era homossexual, mas queria se casar. Queria arranjar uma moça que pudesse se casar só pelas aparências, de modo que ele pudesse fazer parte da comunidade e ter uma boa reputação na vizinhança.

O residente não sabia, mas eu estava atendendo uma jovem lésbica que trabalhava no hospital. Ela tinha um desejo similar de ter um marido em nome da boa aparência.

Eu disse ao residente: "Diga a seu paciente para caminhar pelo passeio atrás do hospital às quatro horas da tarde. Diga-lhe que em algum lugar, ao longo do passeio, encontrará o que precisa".

Então, disse à moça que naquele mesmo dia, às quatro da tarde, ela deveria caminhar atrás do hospital, na direção oposta. Disse-lhe que saberia o que fazer.

Eles deveriam procurar algo na caminhada, mas não sabiam o quê. É que não havia mais nada lá, a não ser os dois. Deste modo, nada foi forçado. Eles estavam livres para passar um pelo outro, se esta fosse a escolha.

A jovem era mais esperta do que o homem. Ela veio me ver e disse: "Você arranjou aquilo, não foi?". Respondi que sim. Ela me contou: "Assim que o vi, soube que era homossexual, e francamente lhe disse isto. Ele ficou muito animado. Devo lhe contar que você sabe?''. Eu lhe disse: "Pode ser bom, caso vocês dois precisem de outros conselhos''.

Eles se casaram e viveram respeitavelmente. Ele com freqüência saía e ia a um clube de pôquer, ela jogava bridge. Depois de mais ou menos um ano, receberam uma oferta de emprego num hospital de outro Estado. Vieram me ver, pedindo-me conselhos sobre a aceitação do convite, e eu achei que seria uma boa idéia. Eu conhecia um médico de lá e escrevi-lhe, dizendo: "O sr. Fulano de Tal e sua esposa estão indo para aí. Você perceberá por que os estou recomendando à sua atenção. Eles precisarão de proteção, direção e cobertura''.

O casal foi visitar meu amigo, e ele lhes disse que havia recebido uma carta minha contando que eles estavam chegando, sem dizer por quê: "Penso que ele esperava que vocês me dissessem a razão''. Eles suspiraram, aliviados — tinham a oportunidade de contar-lhe.

Eles possuem uma casa de quatro quartos. Com freqüência recebem amigos. Ele dorme em seu quarto e ela no dela, e os outros quartos, algumas vezes, ficam cheios de amigos.

Muitos problemas psiquiátricos graves ocorrem durante o casamento e o psiquiatra do passado tendia a encarar o sintoma como algo divorciado do contexto conjugal. Um problema como a cegueira histérica, por exemplo, era visto como uma reação a ansiedades e medos do indivíduo, sem a percepção do contexto social ao qual a pessoa estava se adaptando. Este contexto era ignorado ou considerado de importância secundária em relação à causa "primária" do sintoma, que era a dinâmica da vida intrapsíquica pessoal. A visão mais moderna percebe que o sintoma se desenvolve como um meio de adaptação a situações intoleráveis. Uma vez resolvida a situação, o sintoma perde sua função e desaparece. Uma situação intolerável comum surge num casamento quando ocorrem situações entre os parceiros que não são discutidas. Embora a questão não possa ser discutida, ela precisa ser trabalhada, e um sintoma ajuda o problema. Um caso bem típico de cegueira histérica demonstra tanto a concepção de Erickson sobre a causa da dificuldade, quanto seu modo de prover uma saída elegante para ela.

Um empregado de um hospital mental foi-me indicado devido a uma súbita cegueira aguda que se desenvolvera a caminho do trabalho. Ele foi conduzido ao consultório num estado mental de terror. Hesitante e amedrontado, ele me contou que tomara o desjejum pela manhã e, enquanto ria e brincava com a esposa, ficara, de repente, extremamente perturbado por qualquer história picante que ela relatara. Saíra de casa bravo e decidira caminhar até o emprego, ao invés de tomar o ônibus, como de hábito. Desenvolveu um pânico selvagem, e um amigo que passava pela rua de carro o apanhou e o trouxe até o hospital. O oftalmologista o examinara e, imediatamente, o enviara para mim. O homem estava muito aterrorizado para narrar adequadamente a história. No entanto, afirmou que ele e a esposa estavam brigando muito recentemente; ela começara a beber quando estava em casa, e ele encontrava garrafas vazias escondidas. Ela negava que estivesse bebendo.

Quando lhe perguntei no que estava pensando quando saiu de casa, explicou que estava muito absorvido em sua raiva pela esposa, sentindo que ela não deveria ficar contando histórias inconvenientes. Tinha uma vaga sensação de apreensão, acreditando que caminhava para a corte de divórcio.

Solicitei que refizesse mentalmente os passos de sua casa até o ponto em que subitamente surgira a cegueira. Ele bloqueara mentalmente isto. Pedi que descrevesse uma esquina particular, e ele respondeu que, embora tivesse caminhado muitas vezes por lá, não conseguia se lembrar como era, em sua mente havia um branco total.

Como eu conhecia muito bem aquela esquina, fiz várias perguntas capciosas, sem arrancar nada importante dele. Então pedi-lhe que descrevesse exatamente como a cegueira havia se desenvolvido. Ele afirmou que havia ocorrido um súbito clarão vermelho intenso, como se ele estivesse fixando diretamente o sol vermelho e quente. Esta vermelhidão ainda persistia. Ao invés de ver uma escuridão ou um vazio, ele só via uma cor vermelha brilhante, cegante. Estava oprimido por uma horrível sensação de que nunca mais seria capaz de enxergar nada, a não ser o intenso fulgor vermelho, pelo resto de sua vida. Com esta comunicação, o paciente ficou tão histericamente excitado que foi necessário sedá-lo e colocá-lo na cama.

A esposa do paciente foi chamada ao hospital. Depois de alguma dificuldade, e muitos protestos de amor eterno pelo marido, ela finalmente confirmou o relato de seu alcoolismo. Recusou-se a narrar a história que precipitara a briga, afirmando simplesmente que havia sido uma história picante sobre um homem e uma jovem de cabelo vermelho, e que realmente não significara nada.

Contei-lhe onde o marido desenvolvera a súbita cegueira e perguntei se ela sabia alguma coisa sobre aquela esquina. Depois de esquivar-se bastante, lembrou que havia um posto de gasolina do lado oposto da rua. Ela e o marido costumavam parar ali quando necessitavam de gasolina para o carro. Depois de mais perguntas insistentes, ela se lembrou de um frentista que trabalhava lá e que tinha um brilhante cabelo vermelho. Então, finalmente, após muitas renovações de confiança, confessou ter tido um caso com o frentista, que era conhecido como "Vermelho". Em várias ocasiões, ele a tratara com familiaridade inconveniente na presença do marido, e ele ficara intensamente indignado. Depois de refletir seriamente por longo tempo, ela declarou a intenção de acabar com o caso se eu curasse o marido de sua cegueira, e pediu sigilo profissional em relação a suas confidências. Chamei-lhe a atenção para a percepção inconsciente que o marido tivera da situação e lhe disse que qualquer outra traição dependeria inteiramente de suas próprias ações.

Quando fui ver o paciente na manhã seguinte, ele ainda continuava incapaz de fornecer qualquer informação adicional. Assegurei-lhe que sua cegueira era temporária, mas ele relutava em aceitar isso. Pediu que o enviasse a uma escola de cegos. Com dificuldade, foi persuadido a aceitar a terapia em base experimental, mas sob a condição de que nada fosse feito a respeito de sua visão. Quando ele finalmente consentiu, a hipnose foi sugerida como a terapia apropriada. Ele imediatamente perguntou se saberia o que aconteceria quando estivesse em transe. Disse-lhe que tal conhecimento poderia permanecer somente em seu inconsciente, se ele assim desejasse, e portanto não lhe ocasionaria dificuldades no estado desperto.

Um transe profundo foi rapidamente induzido, mas o paciente, de início, se recusou a abrir os olhos ou testar sua visão de qualquer maneira. No entanto, uma explanação sobre o funcionamento da mente inconsciente, a amnésia e sugestões pós-hipnóticas o induziu a recuperar a visão em estado de transe. Mostrei-lhe meu ex-libris e instruí-o a decorá-lo. Isto feito, ele deveria despertar, novamente cego, e sem conhecimento consciente de ter visto o ex-libris. Não obstante, a uma insinuação pós-hipnótica, ele o descreveria adequadamente, para seu próprio espanto. Eu o acordei e comecei uma conversação desconexa. Ao final pós-hipnótico, ele forneceu uma completa descrição do ex-libris. Ficou tremendamente intrigado, pois sabia que nunca o havia visto. A confirmação de sua descrição por outras pessoas serviu para lhe dar uma grande, embora mistificada, confiança na situação terapêutica.

Na sessão hipnótica seguinte, ele expressou completa satisfação com o que havia sido feito e total disposição de cooperar. Perguntado se isto queria dizer que ele confiaria plenamente em mim, ele hesitou e, então, com determinação, declarou que sim.

No dia anterior, eu descobrira, através de seus colegas de trabalho, que ele tinha um interesse especial numa empregada de cabelos vermelhos. Através de graus suaves, a questão desse interesse foi levantada. Após alguma hesitação, ele finalmente fez um relato completo. Quando lhe perguntei o que sua esposa pensaria disso, ele defensivamente afirmou que ela não era melhor do que ele, e pediu que o assunto fosse mantido confidencial.

Imediatamente, o questionamento passou à descrição da esquina. Ele a descreveu lenta, mas cuidadosamente, mas deixou a menção do posto de gasolina por último. De modo fragmentário, ele o

165

descreveu, mencionando finalmente sua suspeita sobre a esposa e o frentista ruivo.

Perguntei-lhe se a suspeita surgira ao mesmo tempo que seu interesse pela jovem ruiva, e o que ele queria fazer a respeito de toda aquela situação. Ele, pensativamente, declarou que, o que quer que acontecesse, tanto ele quanto a esposa eram igualmente culpados, já que nenhum dos dois havia se esforçado para estabelecer interesses comuns.

Inquiri então o que ele queria que fosse feito a respeito de sua visão. Ele expressou medo de recuperá-la imediatamente. Perguntou se "esta horrível luz vermelha" poderia ficar menos fulgurante, com um ou outro breve clarão de visão, que então, progressivamente, se tornaria mais freqüente e mais prolongado, até que finalmente houvesse uma restauração total. Assegurei-lhe que tudo se passaria como ele desejava e dei-lhe uma série de sugestões apropriadas.

Ele foi mandado para casa com uma licença de saúde, mas retornava diariamente ao hospital para a hipnose, acompanhado da esposa. Essas entrevistas se limitavam a um reforço das sugestões terapêuticas de uma melhora visual lenta, progressiva. Mais ou menos uma semana depois, ele relatou que sua visão havia melhorado o suficiente para poder retornar ao trabalho.

Seis meses mais tarde, voltou para contar que ele e a esposa haviam concordado em se divorciar amigavelmente. Ela estava partindo para seu Estado natal e ele não tinha nenhum plano imediato para o futuro. Seu interesse pela ruiva havia desaparecido. Ele continuou no trabalho rotineiro por mais dois anos, e então procurou emprego noutro lugar.

Em algumas situações, como no caso acima, Erickson resolveu um sintoma que conduziu o casal a resolver o casamento a seu próprio modo. Em outras, particularmente se eles solicitam isto, ele intervém e tenta resolver os problemas matrimoniais. Algumas vezes, um sintoma aparecerá como meio de evitar a constatação de um caso extraconjugal, mas, com freqüência, o casal trará o caso como um problema explícito. No caso a seguir, Erickson usa uma de suas maneiras de ajudar um jovem casal a ultrapassar esta dificuldade.

Um jovem me trouxe sua esposa e disse: "Amo minha esposa; não quero perdê-la. Ela está tendo um caso com um amigo meu. Descobri tudo em uma semana. Eu a amo, apesar do caso. Não quero perder nossos dois filhos. Tenho certeza de que podemos viver bem, tenho certeza de que ela percebe a loucura de seu comportamento".

Levei uma hora para verificar que o marido era sincero em seu ponto de vista. Ele a havia perdoado e queria ficar com ela. Refletira sobre seu casamento e sobre os filhos e avaliara a situação.

Então eu lhe disse: "Está bem, passe para a sala ao lado. Feche muito bem a porta. Você encontrará alguns livros lá para ler".

Quando a esposa ficou sozinha comigo, ela disse: "Quero que compreenda que meu marido realmente não sabe de tudo. Decorreu mais tempo do que uma semana antes que ele percebesse".

Eu disse: "Você quer dizer que existiram outros homens? Quantos mais?".

Ela respondeu: "Eu não disse isto".

"Você quer que eu entenda mais do que seu marido entende. Quantos homens mais?"

Ela respondeu: "Dois, ao menos".

Não contestei quando disse isto, o que queria dizer que havia pelo menos três. Perguntei se seu primeiro caso era casado, e ela respondeu que sim.

Então eu disse: "Sejamos francos, honestos e diretos em nossa discussão. Quando o primeiro caso terminou, como foi que o homem lhe disse que estava cansado de comer você?".

E ela: "Você está falando de um modo muito vulgar!".

E eu: "Você quer que eu fale nos termos polidos que ele usou para evitar os termos em que estava pensando?".

"Ele simplesmente disse que achava que era melhor voltar para a esposa." E então acrescentou: "O segundo homem disse que eu era uma comida fácil depois de dois meses".

Eu disse: "Agora que entendi, podemos usar uma linguagem polida".

Falei-lhe sobre o marido estar pensando que o caso com o último homem tinha apenas uma semana. Em verdade, ficou claro que tinha catorze dias. Eu disse: "Você quer dizer que decidiu deixar que seu marido descobrisse este caso, de modo que você é realmente a pessoa que quer terminar. Você deve estar bem cheia de tudo para deixar seu marido descobrir tão rápido".

Quando coloquei as coisas assim, ela ficou com todo o crédito — mas teve que abrir mão dele. Coloquei o crédito na sua frente e a empurrei para trás, e ela teve que agüentar. Mas não sabia que eu estava fazendo isso. Foi uma simples escolha de palavras. Ela decidiu voltar para o marido.

Outra maneira de Erickson lidar com um caso amoroso é ilustrada no caso seguinte.

Um jovem marido, enquanto a esposa visitava outra cidade, seduziu a empregada doméstica, que tinha uma inteligência curta e uma história de promiscuidade. Fez isso na cama do casal, e quando a mulher retornou, descobriu tudo e veio me ver, soluçando. Ela não permitiria, jamais, que o marido voltasse para casa. Estava também encolerizada com a empregada.

Recebi-os em entrevistas separadas; o marido estava totalmente arrependido. A empregada desolada e assustada. Depois reuni os três numa entrevista. Manobrei a conversação de modo que cada um teve algo a dizer aos outros dois. O marido tinha muito a dizer à esposa e à empregada, porque as duas estavam contra ele. A esposa tinha objeções a fazer ao marido e à empregada. A empregada desaprovava o modo como o marido e a esposa a haviam tratado. Era uma situação um tanto dramática, e, estando todos juntos, eles realmente podiam exibir seus sentimentos recíprocos. Pedi que o marido respeitasse o ressentimento e a dor da esposa, e também solicitei que ela considerasse quão deplorável ele deveria estar se sentindo. E deixei que o marido se voltasse contra a empregada e a culpasse, assim como deixei que ela o culpasse. Era uma situação desagradável para todos, mas ela salvaguardou o casamento.

Marido e mulher se juntaram e decidiram mandar a empregada detestável para outro Estado, onde tinha parentes. Dei também um jeito de que a esposa obrigasse a empregada a arrumar as malas com toda a roupa do marido e levá-las para o jardim, de modo que ele pudesse ir embora e viver por si mesmo. Ela o pôs para fora de casa, e a empregada carregou as malas. Então, fez com que a empregada as trouxesse de volta, tirasse as roupas de dentro delas, as arrumasse de novo e as levasse para fora. Dessa maneira, fiz com que a esposa expressasse o prazer que sentia em ter poder e também que o marido voltasse para ela cumprindo suas ordens. Com este arranjo, ele poderia voltar quando ela o permitisse, e ela decidiu deixá-lo voltar. Ela me disse para notificar o marido de que ele podia voltar. Ao invés de fazer isso, eu disse: "É, posso dizer para ele voltar, qualquer um pode, o carteiro pode dizer-lhe isso". Ela ficou tremendamente aliviada. Escreveu uma carta ao marido, e uma terceira pessoa, o carteiro, a entregou. Eu não queria ser o intermediário, mas sabia que deveria haver um. Eles voltaram a viver juntos com o problema resolvido. Alguns anos mais tarde, a empregada voltou e se apresentou para o trabalho. Os dois ficaram justamente indignados.

Como a maioria dos terapeutas de orientação familiar, Erickson prefere ajudar um casal a superar uma dificuldade e permanecer junto. No entanto, se achar que o casamento foi um erro, é possível que concorde com a ruptura matrimonial. Se considerar a situação perigosa, ele intervirá ativamente para encorajar um divórcio tão rápido quanto possível.

Um casal veio da Califórnia para me ver. Quando se sentaram em meu consultório, o homem disse: "Quero que ponha algum juízo na cabeça de minha mulher. Não estamos casados nem há um mês, e já lhe expliquei, muito cuidadosamente, que nosso primeiro filho tem que ser um menino e que deverá receber meu nome. Quando ela me perguntou o que aconteceria se fosse uma menina, eu lhe disse. Expliquei que se nosso primeiro filho não fosse um menino, eu lhe daria um tiro e então mataria o bebê''.

Olhei para a esposa, que estava assustada, e então me voltei para aquele homem irado e perguntei-lhe que educação tivera. Ele contou: ''Sou um advogado. Tenho uma boa clientela. E meu primeiro filho será um menino. Agora ponha juízo na cabeça dela''.

Ele fez essa ameaça assim, como uma declaração categórica, embora fosse um homem educado, um advogado praticante.

Eu disse: ''Agora vocês dois vão me escutar. Do ponto de vista médico, não conheço nada que possa determinar o sexo do bebê. Tem-se que esperar até que nasça. A determinação do sexo ocorre nos primeiros três meses de vida. Depois disso, não há nada que se possa fazer a respeito do sexo. Sua esposa tem uma chance de cinqüenta por cento de ter um menino. Não acredito que esteja ansiando por uma gravidez que, em nove meses, pode terminar com uma menina e uma morte como recompensa. Não acredito que você deva correr o risco durante nove longos meses de se tornar um assassino. Isto não faz nenhum sentido. Discutirei o assunto com vocês quanto quiserem, mas vou aconselhar sua esposa a pedir o divórcio. Penso que ela deve voltar para a Califórnia, mudar-se para outra cidade e até mesmo adotar um outro nome. Ela deve pedir o divórcio e manter secreto seu endereço. Quanto a você, por que não vai para o leste? A Geórgia seria um lugar agradável. Talvez tenha alguns amigos lá. (Mencionei aleatoriamente a Geórgia, em parte porque acabara de perder uma viagem para lá.) Ele respondeu: ''Ah, sim, tenho alguns amigos na Geórgia. Gostaria de revê-los, também''. Eu disse: ''Bem, vá então diretamente para a Geórgia quando sair daqui, e tenho certeza de que terá uma estadia agradável. Sua esposa ficará contente em sair do apartamento enquanto você estiver fora''.

Eles voltaram no dia seguinte, um domingo, e me pediram para retomar, de novo, a discussão. Eu fiz isso e consegui um acordo segundo o qual seguiriam meu conselho. Ela voltou para a Califórnia e mais tarde me telefonou da cidade para a qual se mudara e contou que estava se divorciando. Ele me telefonou da Geórgia e disse que estava se divertindo muito com os amigos. Depois do divórcio, ele me telefonou para me agradecer o conselho inteligente. Disse que refletiria sobre tudo aquilo antes de se casar de novo; talvez ele estivesse sendo irracional. Sugeri que no futuro ele discutisse a proposta com qualquer jovem *antes* de um compromisso formal.

Quando a esposa telefonou para contar que obtivera o divórcio, disse que ele nem mesmo contestara. Disse também que não havia fornecido seu endereço nem mesmo para sua família. Ela levou a sério a ameaça, e penso que estava certa.

Com a variedade de problemas que chegam à porta de um terapeuta, é óbvio que nenhum método particular poderá ser aplicado a todas as situações. É característico de Erickson ter uma vasta gama de respostas, tão ampla quanto os tipos de problemas que aparecem. Ele pode ser firme e exigir certo comportamento de um jovem casal, ou pode ser amável e influenciá-lo de maneiras indiretas. Mais tipicamente, ele prefere uma abordagem que "aceita" o modo da pessoa se comportar, de maneira que ela possa mudar. Se um casal está brigando, não pede que parem, mas os encoraja a brigar. No entanto, ele dá um jeito de que a briga consiga resolver o problema. Por exemplo, para um casal que sempre brigava com a sogra durante o jantar, foi ordenado que a levassem para uma volta no deserto e ali tivessem uma briga. Brigar num cenário diferente, e porque se é obrigado a brigar, altera a natureza da querela e torna mais difícil seu prosseguimento.

Algumas vezes, Erickson arrumará uma briga de modo que um sintoma não seja mais usado como parte de uma luta e então desapareça. No caso a seguir, um homem tinha medo de morrer de um ataque cardíaco a qualquer momento, e, no entanto, vários médicos haviam-lhe assegurado de que não havia nada errado com seu coração. Num caso como este, a esposa não sabe como lidar com o marido. Ela fica exasperada com o seu desamparo e medo, mas também insegura, pois ele pode ter um problema cardíaco real. Usualmente, oscila na maneira de lidar com ele, que, por sua vez, domina tudo o que ocorre na casa, pois tudo passa a ser determinado pelo seu medo em relação ao próprio coração. O que é típico dessas situações é que quando o marido melhora a esposa fica deprimida. Quando ela começa a ficar deprimida, ele novamente aciona o seu medo da doença cardíaca e ela responde sendo prestimosa, mas também com exasperação. Durante a crise, a mulher se sente útil e tem um objetivo, mas quando o marido está bem, ela sente que perdeu a utilidade. Assim, há um contrato entre eles que requer a perpetuação do medo da doença cardíaca. Tratar somente o homem pode não ter efeito nenhum durante longos anos.

Em um caso assim, minha tendência é introduzir o que se poderia denominar de raiva vingativa. Recebo o marido e a esposa, e usualmente percebo que ela está muito brava. O marido dominou sua vida com suas ameaças de ter um ataque cardíaco, e ele geme e se lamenta, desamparado. A vida da mulher é miserável, e por isso ela fica motivada quando obtém a certeza de que não há nada errado com o coração do marido.

Fiz com que a esposa estivesse preparada para cada vez que o marido se queixasse do medo de morrer de um ataque cardíaco. O que ela fez foi conseguir o material de propaganda de todos os agentes funerários da cidade. Ela mantinha arquivos sobre tipos de funerais, anúncios de jazigos perpétuos, e assim por diante. Quando o marido mencionava seu temor de sofrer um ataque cardíaco, ela dizia: "Preciso pôr em ordem a sala e arrumá-la cuidadosamente". Então distribuía os anúncios dos agentes funerários. O marido, irritado, os jogava fora, mas ela espalhava outros pela casa. Ele chegou a um ponto no qual não ousava mais mencionar seu medo do enfarte, e este acabou desaparecendo. Isto significa introduzir o comportamento vingativo — você está me ferindo, e o que é bom para mim é também bom para você. Às vezes, ela variava o procedimento acrescentando comentários sobre a apólice do seguro.

Uma abordagem deste tipo força o marido a lidar com a esposa sem o sintoma. Ela também é forçada a lidar com ele de maneira diferente, e então, a questão é trabalhar os problemas reais do casamento.

Na abordagem de Erickson, sempre há uma ênfase na apresentação do problema que traz a pessoa à terapia. Quando a pessoa quer sarar de um sintoma, Erickson trabalha diretamente o sintoma e por meio dele faz todas as alterações necessárias nos relacionamentos. Ele argumenta que a área sintomática é a mais importante e intensa para a pessoa que tem um problema e, por conseguinte, é uma área onde o terapeuta tem a maior probabilidade de ocasionar mudanças. Se um dos membros do casal apresenta um sintoma, trabalhar com ele pode alterar o casamento.*

Erickson em geral considera que um problema do início do casamento se resolve quando o casal ultrapassa o sintoma e gera um filho. Neste ponto, um casal entra numa nova fase de desenvolvimento, onde novos problemas exigem novas soluções.

Algumas vezes, a transição para o estágio de ter filhos é retardada porque a esposa ou o marido temem não ser pais adequados. Erickson pode lidar com esta situação dando à pessoa uma história de infância diferente, como no caso seguinte. Ele relata:

---

* Ocasionalmente, descobre-se um caso no qual os dois membros do casal têm o mesmo sintoma. Um caso clássico de Erickson foi o de um marido e sua mulher que molharam a cama durante toda a vida, e ele tratou o problema fazendo com que os dois, deliberada e simultaneamente, molhassem a cama. Ver Haley, *Changing families*, Nova York, Grune & Stratton, 1971, pp. 65-68.

Em 1943, a esposa de um de meus estudantes de medicina se aproximou de mim e declarou: "Eu e meu marido estamos diante de um problema muito difícil. Nós nos amamos muito. Ele faz serviço militar estudando medicina e vai se formar em 1945. Esperamos que então a guerra já tenha acabado. Depois que ele completar o serviço, esperamos constituir família, mas tenho medo. Meu marido tem irmãs e vem de uma família muito bem-ajustada. Eu sou filha única. Meu pai é muito rico e tem escritórios em Chicago, Nova York e Miami. Ele vem para casa me visitar uma vez ou outra.

"Minha mãe é uma mulher da sociedade. Passa a vida freqüentando eventos sociais em Nova York, Londres, Paris ou na Itália. Cresci sob os cuidados de várias governantas. Elas tomaram conta de mim desde a mais tenra infância, porque minha mãe não podia deixar que a filha interferisse em sua vida social. Além disso, ela insistia que uma governanta podia cuidar muito melhor de uma criança do que ela, porque era uma pessoa treinada para isso. Não via minha mãe com freqüência. Antes de eu ir para a escola, sempre que minha mãe vinha para casa ela dava uma grande festa, e eu era exibida. Mostrava minhas boas maneiras e recitava canções infantis para a aprovação dos convidados de minha mãe, a seguir era rapidamente retirada de cena. Mamãe sempre me trazia presentes, às vezes uma linda boneca, que tinha que ser mantida em exposição em alguma prateleira, mas nunca me trouxe algo com o que pudesse realmente brincar. Eu era simplesmente um objeto de exposição para ela, quando estava em casa. Meu pai era diferente. Quando vinha para casa, ele tentava fazê-lo em períodos em que poderia me divertir. Me levava ao circo, às feiras estaduais e municipais, a festas de natal e, com freqüência, ficava em casa o tempo suficiente para me levar para jantar fora em vários restaurantes, onde me deixava pedir qualquer coisa que me agradasse. Eu amava meu pai de verdade, mas sua bondade para comigo fazia com que eu sentisse sua falta. Logo que tive idade, fui enviada a internatos e, durante o verão, era mandada para um acampamento adequado. Tudo era tão adequado! Finalmente, fui enviada a uma escola de aperfeiçoamento e preparo para a vida social, onde aprendi a conduzir uma conversação num baile e a dizer todas as coisas certas. A escola de aperfeiçoamento permitiu que minha classe fosse a um baile de calouros numa faculdade. Foi lá que conheci meu marido. Começamos a nos corresponder, e dávamos um jeito de nos ver cada vez com maior freqüência. Finalmente, meu pai consentiu em nosso casamento, mas minhas mãe examinou primeiro a árvore genealógica de meu marido antes de consentir. Ela planejou um casamento suntuoso e se sentiu ultrajada quando meu marido e eu fugimos para casar. Eu sabia que não suportaria o tipo de evento social que minha mãe iria organizar para o meu casamento. Ela me puniu por ter fugido partindo para Paris. Meu pai disse: 'Ótimo para vocês, crianças'. Ele realmente nunca aprovara a vida mundana de mamãe. Meu problema agora é que tenho muito medo de ter filhos. Minha infância foi tão infeliz, eu era tão solitária! Minhas governantas não tinham quem supervisionasse seu trabalho, para ver se estavam desempenhando seus deveres adequadamente. Elas me consideravam intragável. Eu não tinha companheiros de brincadeiras, e tenho muito medo do que possa fazer para meus filhos. Na verdade, não conheço nada de bom a respeito da infância, mas quero ter filhos, e meu marido também. E nós dois queremos que eles sejam felizes. Meu marido me enviou a você para ver se você pode me hipnotizar e aquietar meus temores.''

Refleti sobre o problema durante vários dias e então decidi utilizar a hipnose de uma maneira que pensei que pudesse ajudar. O procedimento que desenvolvi foi, primeiro, testar a moça em sua competência como sujeito hipnótico. Ela provou ser um sujeito sonâmbulo, que respondia muito bem a todo tipo de sugestões. De acordo com a descoberta de sua competência como sujeito, ela foi hipnotizada e regrediu a uma idade "mais ou menos ao redor dos quatro ou cinco anos". Eu lhe havia dito que, quando regredisse a essa idade, deveria "descer até a sala de estar", onde veria "um homem estranho" que conversaria com ela.

Ela regrediu de maneira satisfatória, olhou para mim com os olhos arregalados de espanto de uma criança e perguntou: "Quem é você?". Eu respondi: "Sou o Homem de Fevereiro. Sou amigo de seu pai. Estou esperando ele aqui, porque tenho alguns negócios a tratar. Enquanto espero, você estaria disposta a conversar comigo?". Ela aceitou o convite e me contou que seu aniversário era em fevereiro. Ela disse que o pai provavelmente lhe enviaria alguns bonitos presentes, ou talvez viesse trazê-los. Ela falava livremente, ao nível de uma menina de quatro ou cinco anos bastante solitária, e demonstrava gostar realmente do "Homem de Fevereiro".

Depois de uma visita de meia hora, disse-lhe que seu pai estava chegando e que iria vê-lo enquanto ela subia. Ela perguntou se o Homem de Fevereiro retornaria, e assegurei-lhe que sim, acrescentando que achava que ele não poderia voltar até junho. No entanto, o Homem de Fevereiro apareceu em abril, em junho e um pouco antes do Dia de Graças e do Natal. Entre cada aparição do Homem de Fevereiro, a paciente era acordada, e conversações casuais eram mantidas em estado desperto.

A terapia continuou por um período de vários meses, geralmente duas vezes por semana. Ela tinha amnésia espontânea em relação aos eventos do transe, mas nos estados hipnóticos regressivos era-lhe permitido lembrar as visitas anteriores do Homem de Fevereiro. Na primeira entrevista com a paciente, eu tomara o cuidado de me certificar das datas importantes em sua vida, de modo que o Homem de

173

Fevereiro não se introduzisse nunca acidentalmente numa memória importante. Conforme a terapia prosseguia, ela regredia ano a ano, e os intervalos entre as visitas do Homem de Fevereiro foram se tornando mais longos, de modo que quando atingisse a idade de catorze anos fosse possível encontrá-lo "por acaso", em lugares reais onde ela estivera várias vezes em sua vida. Isto era realizado, em geral, fazendo-o aparecer alguns dias antes de alguma memória real de sua vida. Quando ela foi se aproximando dos vinte anos, continuou suas visitas ao Homem de Fevereiro, evidenciando grande prazer em revê-lo e conversando sobre os interesses dos adolescentes.

Conforme a fui conhecendo melhor, fui capaz, quando descobria alguma nova memória da infância, de fazê-la regredir àquela idade e fazer o Homem de Fevereiro aparecer alguns dias antes de algo realmente importante em sua vida. Ou talvez ele se encontrasse com ela alguns dias depois e recordassem o evento.

Com este método, foi possível interpor em suas memórias um sentimento de ser aceita e um sentimento de partilhar com uma pessoa real muitas coisas de sua vida. Ela perguntava ao Homem de Fevereiro quando o veria de novo, e, quando pedia presentes, eram-lhe dadas coisas de caráter muito transitório. Assim, foi-lhe dada a sensação de acabar de comer um doce, ou ter estado caminhando com o Homem de Fevereiro por um jardim florido. Ao empreender todas essas coisas, sentia que estava extrapolando, com sucesso, para suas memórias passadas, os sentimentos de uma criança emocionalmente satisfeita.

Conforme a terapia prosseguia, a paciente, no estado normal desperto, começou a demonstrar cada vez menos preocupação a respeito de sua possível inadequação como mãe. Ela repetidamente me perguntava o que eu estava fazendo com ela em estado de transe para lhe dar aquela sensação de confiança de que agora podia partilhar as coisas adequadamente com crianças de qualquer idade. Sempre lhe disse, em estado desperto e também no estado de transe, para não se lembrar conscientemente de nada que ocorresse no estado de transe no que dizia respeito ao significado verbal. Mas ela deveria conservar os valores emocionais, para desfrutá-los e, eventualmente, para partilhá-los com os possíveis filhos que viesse a ter. Muitos anos mais tarde, eu soube que ela tivera três filhos e estava apreciando o crescimento e desenvolvimento deles.

VI

O NASCIMENTO DOS FILHOS E O CUIDADO DA PROLE

A chegada de uma criança cria mães, pais, avós, tios e tias e produz repercussões em todo o sistema familiar. A criança pode ser uma adição bem-vinda ou uma dificuldade, e pode cimentar ou dissolver um casamento. Usualmente, todas as incertezas sobre a estabilidade do casamento vêm à tona com a chegada do bebê. Uma nova forma de compromisso é exigida com as responsabilidades de criar uma criança. Os contratos matrimoniais também se alteram. A mulher que escolheu um marido que podia facilmente dominar, com freqüência se sente vulnerável no momento da maternidade e deseja um homem que possa tomar conta dela. Este tipo de marido sempre se surpreende com as novas exigências da esposa. As sogras que haviam sido excluídas reaparecem como avós, trazendo novas conseqüências para o casal. Quando algum tipo de problema emocional aparece, o contexto é a rede familiar mutante.

Com freqüência, com a chegada de um novo bebê, é a mãe que começa a manifestar sintomas. Fica deprimida, age de maneira estranha, é diagnosticada como psicótica pós-parto, ou se comporta de algum modo que gera preocupações quanto ao seu estado. Quando a mãe, ao invés da situação familiar total, é enfocada, em geral ela é enviada para um hospital mental, se a perturbação for grave. Esta abordagem é um tratamento conservador, destinado a proteger a mãe e a criança. Enquanto fica encarcerada, ajudam-na a compreender o que a está angustiando em relação ao fato de ter se tornado mãe. Do ponto de vista da família, a hospitalização é uma intervenção radical com conseqüências infelizes.

Esta abordagem passa por cima do efeito da hospitalização no contexto familiar global. Problemas óbvios são ignorados, como, por exemplo, o de quem ficará responsável pelo bebê enquanto a mãe estiver na clínica psiquiátrica. Em geral, o bebê é absorvido por algum setor da família; é comum o marido levá-lo para a sua família, onde será cuidado pela avó. A criança é integrada neste sistema familiar, enquanto a mãe fica isolada da família. Quando retorna de seu retiro psiquiátrico, ela descobre que o filho faz parte de outra família. Não é incomum a mãe ter que lutar para ter o filho de volta; ou pode ficar observando, impotente, enquanto outros tomam conta da criança. Se a mãe volta a ser hospitalizada, isto é considerado um agravamento de seus problemas em torno da maternidade. Não se percebe que o motivo real é que ela fica brava e insiste em tomar conta de seu filho, ou se comporta com impotência exasperada em relação à falta de confiança de seus parentes. Em tais casos, o marido é apanhado entre a esposa, que foi rotulada por especialistas como mentalmente enferma, e sua mãe, que se tornou muito ligada ao novo bebê. Ele se torna inseguro em relação ao que fazer quando a mãe expressa a queixa, justificável, de que não quer que uma ex-paciente mental tome conta de seu neto. O estigma da hospitalização mental pode colocar o casamento num beco sem saída e neste caso o tratamento cria um problema que supostamente deveria resolver.

Um caso pode ser citado para ilustrar as dificuldades, assim como o mistério, de uma crise por ocasião do nascimento de um filho.

Uma mulher de vinte e poucos anos deu à luz seu primeiro filho e ficou extremamente perturbada. Chorava e protestava que não prestava para nada, que não era capaz de tomar conta do bebê. Quando chegou o momento de deixar o hospital, ela ainda estava perturbada, apática e chorando constantemente. O marido levou-a, e ao bebê, para a casa de sua família, ao invés de ir para sua própria casa. Enquanto vivia com a família dele, a esposa começou a se tratar com o psiquiatra local. Após algumas semanas de entrevistas sem resultados, foi colocada num hospital mental para um período de observação. Segundo o relatório médico: "O internamento foi precipitado por ela ter tomado, certa manhã, dez ou doze comprimidos de aspirina, o que assustou bastante o marido e seus parentes, com quem eles continuavam morando. Esperava-se que ela e o marido pudessem voltar para sua casa logo que ela saísse do hospital, mas isto não era provável". Depois de duas semanas no hospital, ela demonstrou alguma melhora, encarada como "um tanto artificial, uma coisa usada para atingir o ponto de deixar o hospital".

Ela começou a fazer terapia individual várias vezes por semana, que incluía várias visitas domiciliares devido à "sua alegada incapacidade de vir ao consultório". Nas entrevistas, ela soluçava e salientava que era um fracasso. Depois de quatro meses de tratamento sem resultado, o psiquiatra buscou outros meios de lidar com ela. Mandou-a consultar dois outros psiquiatras. Um diagnosticou seu caso como uma "desordem esquizoafetiva num indivíduo um tanto imaturo", e pregava que um tratamento com choques seria apropriado, porque ela não estava progredindo na terapia. O outro psiquiatra considerou que ela tinha "uma estrutura de caráter histérica, com evidência de elementos compulsivos obsessivos", acreditando haver um "mínimo de fatores psicóticos". Ela também foi encaminhada a um psicólogo para fazer um teste de Rorschach, e ele achou que havia "ausência de traços psicóticos". Ela forneceu apenas três respostas para dez cartões.

Depois dessas consultas, o psiquiatra me encaminhou a paciente. Eu devia submetê-la à hipnose e verificar se seria possível obter um alívio dos sintomas, ou ao menos uma clarificação do que estava por trás de sua enfermidade, enquanto ela continuava a terapia individual.

Quando entrevistei a mulher, ficou evidente que ela seria um sujeito hipnótico extremamente difícil. Por isso, o uso da hipnose foi abandonado. (Mais tarde, fiquei sabendo que antes da sessão ela havia declarado ao marido: "Ninguém vai me hipnotizar!".)

Como não fazia mais nada além de soluçar, trouxe o marido para a sessão, e entrevistei o casal. Deste modo, a esposa foi encorajada a soluçar menos e falar mais — tinha que falar para corrigir o que o marido dizia sobre sua condição.

O marido era um rapaz agradável, que trabalhava com o pai e estava confuso com o estado da esposa. Enfatizou que ela afirmava ser incapaz de tomar conta do bebê, mas na realidade podia dar banho e alimentar a criança com competência. A esposa interrompeu-o para declarar que não podia, e por essa razão é que a mãe dele fazia tudo pela criança. Ela também deu um jeito de dizer que não sentia que a criança era realmente sua, já que não estava cuidando dela. Quando o marido voltava do trabalho, não vinha conversar com ela sobre o filho, dirigia-se à mãe e discutia com ela as atividades diárias da criança. Tudo porque ela era tão imprestável e inadequada, afirmou, em meio a um novo acesso de soluços.

É possível enxergar esse problema de diferentes pontos de vista. Quando se considera somente a esposa, percebe-se que, devido à sua vida passada, a maternidade teve para ela um significado especial, que precipitou a ansiedade e o sofrimento quando deu à luz a criança. O tratamento deveria então ajudá-la a compreender o significado da sua infância, relacionado à situação atual, assim como suas idéias inconscientes.

Se este ponto de vista fosse ampliado, o marido poderia ser incluído no quadro. Era um jovem amável, que parecia relutante em abandonar sua família de origem e assumir responsabilidades adultas. Trabalhava para o pai e parecia ser incapaz de se opor à mãe e apoiar a esposa quando alguma questão surgia. Tornando-se incapaz, a esposa queria forçá-lo a ter mais responsabilidade no casamento. Ele respondera jogando a responsabilidade sobre sua própria família.

No contexto familiar mais amplo, o jovem casal estava vivendo uma situação anormal. A casa deles estava vazia, e a sogra estava funcionando como mãe do bebê, e não como avó. A mãe real ficava cada vez mais isolada do marido e do círculo familiar, enquanto o marido estava retornando ao papel anterior de filho não separado.

Deste ponto de vista mais amplo, o objetivo do tratamento era óbvio: o jovem casal deveria estar em seu próprio lar, com a mãe tomando conta da criança, como as mães normais fazem. Mesmo que ela não conseguisse tomar conta do bebê, uma ajudante paga seria mais apropriada do que uma parente. Uma empregada poderia ser despedida quando a mãe melhorasse, mas uma parenta seria mais difícil desalojar.

Para resolver a dificuldade, um procedimento simples, baseado no estilo de terapia de Erickson, foi encetado. Como a esposa se definia como incapaz, a conversa foi conduzida, em grande parte, com o marido, enquanto ela participava com objeções. A conversação recaiu sobre seus planos futuros, e o marido disse que o que mais queriam era retornar ao próprio lar. A esposa, lacrimosa, concordou. Quando perguntado, o marido disse que, quando voltassem para casa, poderia ficar sem trabalhar algumas semanas, para ajudar a esposa a se adaptar a tomar conta do bebê. Desde que a premissa havia sido estabelecida — iam voltar para casa —, a única questão era saber quando. Um tanto abruptamente, perguntei ao marido: "Seria muito cedo voltar para casa nesta quarta-feira?". O que equivalia a dois dias depois. Ele, um tanto indeciso, porém amável, disse que achava que seria possível. A esposa parou de soluçar e protestou que dois dias não seriam suficientes; a casa ficara fechada durante meses, teria que ser limpa. Quando perguntado, o marido concordou que poderia folgar no dia seguinte, e, em dois dias, os dois colocariam a casa em ordem para quarta-feira. A esposa ficou brava e afirmou que eles não conseguiriam; o quarto do bebê precisava ser pintado, e havia muita coisa a ser feita. Eu disse a ela que poderiam se mudar quarta-feira. Ela, teimosamente, disse que não podiam. Voltei a afirmar que podiam. Ela declarou, brava, que eles não poderiam, de modo algum, se mudar antes de sábado. Chegou-se a um acordo, e eles concordaram com quinta-feira, com a esposa feliz por ter argumentado que quarta-feira era muito cedo. Durante os três dias seguintes, ela esteve tão ocupada limpando, fazendo compras e arrumando a casa que não teve tempo para refletir sobre a mudança. Os sogros se defrontaram com um fato consumado, e a única coisa que puderam fazer foi ajudar na mudança.

Ao invés de tirar duas semanas de férias para ficar com a esposa, o marido retornou ao trabalho dentro de uma semana. A jovem mãe passou alguns dias chorando, mas tomou bem conta da criança. Dentro de duas semanas, não só tinha parado de soluçar, mas expressava plena confiança em sua habilidade como mãe e se comportava adequadamente. Parou o tratamento psiquiátrico.

Um procedimento de tratamento deste tipo levanta dúvidas: embora a mãe pareça normal, será que o problema foi mesmo solucionado? O que estava por trás do sintoma? E quanto ao futuro? A mulher continuou normal e o bebê se desenvolveu bem, tornando-se uma criança feliz, saudável (o que já era, mesmo no período de angústia da mãe). O que estava por trás do sintoma nunca se tornou conhecido.

Este caso prova que o tratamento pode caminhar surpreendentemente rápido se se adota a premissa de Erickson segundo a qual um objetivo de tratamento a longo prazo deve ser um objetivo imediato. Se a "cura" é definida como a mulher tomar conta de seu filho em sua casa, ao lado de um marido disposto a assumir responsabilidades, então o tratamento deve proceder imediatamente à obtenção desse fim. O objetivo não pode ser atingido enquanto a situação de vida for imprópria; a questão é fazer surgir um contexto de vida mais normal. Para modificar o contexto social, não se tem, necessariamente, de tratar todos os membros da família, como alguns terapeutas familiares sugeririam. Muitas vezes, a intervenção através de um indivíduo pode mudar a situação, ou, como neste caso, um casal pode mudar sua posição e atingir uma situação de normalidade, que para este casal estava funcionando bem no estágio de ter filhos; o que eles precisavam era de assistência para ultrapassar a crise que os impedia de fazer a transição para este estágio.

Quando um jovem casal tem filhos com sucesso, passa alguns anos tomando conta de crianças pequenas e aprendendo a complexa tarefa de se tornarem pais. Embora possam ocorrer problemas, a crise mais comum desse período ocorre quando as crianças chegam à idade escolar e se envolvem mais com a comunidade. Neste momento, filhos e pais começam a dar os primeiros passos rumo à autonomia.

Se uma criança desenvolve um problema nesta época, em geral ele se deve ao comportamento social, que era adaptativo dentro do lar, mas não era apropriado para este início de atividades externas. Um problema comum é a incapacidade de a criança ir à escola.

179

Quando isso ocorre, o problema pode estar em casa, na escola ou no confronto entre o lar e a escola. Usualmente, a dificuldade está dentro da família, mas isto não quer dizer que em qualquer problema da criança toda a família deva ser tratada; no entanto, quer dizer que o terapeuta deve estar cônscio do contexto familiar quando intervém.

Erickson desenvolveu uma variedade de procedimentos para tratar os problemas das crianças. Às vezes, coloca os pais em tratamento; outras vezes, meramente solicita sua cooperação de uma certa maneira; enquanto em muitos casos deixa os pais de fora e estabelece, essencialmente, uma aliança com a criança contra os pais e o mundo mais amplo.

A importância crucial do "brincar" em toda terapia de Erickson se torna mais evidente em seu trabalho com crianças, mas ele não faz ludoterapia, no sentido usual do termo. Como com os adultos, seu objetivo não é ajudar a criança a descobrir como se sente a respeito dos pais ou o que as coisas significam para ela, mas induzir a mudança; uma moldura de "brincadeiras" é um modo de fazer a mudança ocorrer. O dr. Erickson utiliza também a hipnose com crianças, mas deve ficar claro que não é o tipo usual de hipnose. Ele não emprega uma indução formal de transe, mas responde à criança em seus próprios termos, considerando isto uma parte da técnica hipnótica. Um exemplo desta técnica é o modo como lidou com um acidente ocorrido com um de seus filhos. (Ele menciona muitas vezes incidentes que envolvem seus próprios filhos para ilustrar seus argumentos.)

Robert, de três anos de idade, rolou pela escada dos fundos. Na queda, cortou os lábios e um dos dentes de cima foi empurrado de volta ao maxilar. Ele estava sangrando profusamente e gritando muito de dor e de susto. Sua mãe e eu fomos ajudá-lo. Uma rápida olhada para ele, caído no chão, gritando, a boca sangrando profusamente e o sangue respingando no pavimento, revelou que se tratava de uma emergência que requeria medidas imediatas e adequadas.

Não se fez nenhuma tentativa de levantá-lo. Ao invés disso, quando ele parou para tomar fôlego antes de recomeçar a gritar, eu lhe disse rápida, simples, solidária e enfaticamente: "Isto dói horrivelmente, Robert. Isto dói terrivelmente".

Naquele exato momento, sem nenhuma dúvida meu filho entendia o que eu estava falando. Ele podia concordar comigo, e sabia que eu concordava plenamente com ele. Por isso, podia me escutar com respeito, pois eu demonstrava que compreendia totalmente a situação. Na hipnoterapia pediátrica, nada é mais importante do que falar assim ao paciente, de modo que ele possa concordar com você, respeitar sua inteligência em apreender a situação de acordo com o entendimento que ele próprio tem dela.

Então disse a Robert: "E continuará doendo". Com esta simples afirmação, nomeei seu próprio medo, confirmei seu julgamento da situação, demonstrei minha inteligência na apreensão de toda questão e minha inteira concordância com ele, pois naquele momento ele só podia entrever toda uma vida de angústia e dor para si mesmo.

O passo seguinte para ele, e para mim, foi declarar, quando novamente tomou fôlego: "E você realmente quer que a dor pare". De novo, concordávamos plenamente, e ele se sentiu ratificado, até mesmo encorajado, em seu desejo. E era *seu* desejo, que nascia inteiramente dentro dele e constituía sua própria necessidade urgente. Com a situação assim definida, pude então fornecer uma sugestão com alguma certeza de que seria aceita. Esta sugestão era: "Talvez pare de doer em pouco tempo, num minuto ou dois". Era uma sugestão que estava totalmente de acordo com suas próprias necessidades e desejos, e, como foi qualificada por um "talvez", não estava em contradição com a compreensão que ele tinha da situação. Assim, ele conseguiu aceitar a idéia e iniciar suas respostas.

Quando ele fez isto, iniciou uma mudança rumo a outra questão importante, importante para ele como uma pessoa sofredora, e importante quanto ao significado psicológico global da situação — uma alteração que em si mesma era importante como medida preliminar para modificar e alterar a situação.

Com muita freqüência, na hipnoterapia, ou em qualquer utilização da hipnose, há uma tendência a superenfatizar o óbvio e reafirmar desnecessariamente sugestões já aceitas, *ao invés de criar uma situação de expectativa que permitiria o desenvolvimento das respostas desejadas.* Todo pugilista conhece as desvantagens de treinar demais; todo vendedor sabe que é tolo insistir demais. Os mesmos riscos humanos existem na aplicação das técnicas terapêuticas.

O procedimento seguinte foi levar Robert a reconhecer o significado do ferimento para ele — dor, perda de sangue, corpo machucado, uma perda da totalidade de sua auto-estima narcisista normal, de sua sensação de bem-estar físico, algo tão vital na vida humana.

Robert sabia que estava ferido, que era uma pessoa danificada; podia ver seu sangue no chão, sentir o gosto dele em sua boca, vê-lo em suas mãos. E, mesmo assim, como todo ser humano, ele também desejava uma distinção narcisista em sua infelicidade, aliada ao desejo, ainda mais narcisista, de conforto. Ninguém deseja uma reles dor de cabeça; se for preciso suportar uma dor de cabeça, que ela seja tão colossal que somente o sofredor possa agüentá-la. O orgulho humano é tão curiosamente bom e reconfortante! Por conseguinte, a atenção de Robert foi duplamente dirigida para duas questões vitais, cuja importância ele pôde compreender através de declarações simples:

"Quanto sangue está espalhado pelo chão! É um sangue bom, vermelho, forte? Observe atentamente, mamãe, e veja! Penso que sim, mas quero ter certeza".

Assim, estabeleceu-se um reconhecimento aberto e destemido dos valores importantes para Robert. Ele precisava saber que aquela infelicidade era catastrófica aos olhos dos outros, assim como aos seus, e necessitava provas tangíveis que pudesse apreciar. Quando declarei que aquilo era "uma quantidade enorme de sangue", Robert podia de novo reconhecer a apreciação inteligente e competente da situação, de acordo com suas necessidades não formuladas, mas nem por isso menos reais. A questão sobre a qualidade, a vermelhidão e a fortaleza do sangue associou-se a um jogo psicológico ao ir ao encontro da significação do acidente para Robert. Numa situação onde a pessoa se sente seriamente machucada, há uma necessidade esmagadora de um sentimento compensatório, de virtude satisfatória. Assim, sua mãe e eu examinamos o sangue sobre o pavimento e expressamos a opinião de que era um sangue bom, forte, vermelho. Deste modo, nós o reafirmamos, mas não só numa base emocionalmente reconfortante; nós o fizemos na base de um instrutivo exame da realidade.

No entanto, qualificamos aquela opinião favorável ao afirmar que seria melhor que examinássemos o sangue contra o fundo branco da pia do banheiro. Neste momento, Robert já havia parado de chorar, e sua dor e medo não eram mais os fatores dominantes. Ao contrário, ele estava interessado e absorvido no importante problema da qualidade de seu sangue.

A mãe o levantou do chão e o carregou até o banheiro, onde água foi despejada em seu rosto para verificar se o sangue "misturado adequadamente com a água" adquiria "a coloração rosa certa". Então a vermelhidão foi cuidadosamente verificada e reconfirmada, a seguir o "rosado" foi reafirmado, para intensa satisfação de Robert, que verificava que seu sangue era bom, vermelho e forte e fazia a água tornar-se corretamente rosada.

Surgiu a seguir a questão de saber se sua boca estava ou não "sangrando certo". Uma inspeção atenta, para completa satisfação e alívio de Robert, novamente demonstrou que todos os resultados eram bons e corretos e indicavam que ele era saudável sob qualquer aspecto.

A próxima questão foi a sutura dos lábios. Como isto podia, facilmente, provocar uma resposta negativa, ela foi mencionada de maneira negativa para ele, *impedindo assim uma resposta negativa* inicial e, ao mesmo tempo, levantando uma questão nova e importante. Foi mencionada através da afirmação pesarosa de que, embora tivessem que ser dados alguns pontos no seu lábio, era duvidoso que pudessem ser dados tantos pontos quantos ele pudesse contar. De fato, o que parecia é que os pontos não chegariam ao número 10,

182

enquanto ele já sabia contar até 20. Demonstramos nosso pesar por ele não poder ter dezessete pontos, como sua irmã Betty Alice, ou doze, como seu irmão Allan; mas o confortamos com a afirmação de que poderia ter mais pontos do que seus irmãos Bert, Lance ou Carol. Assim, a situação foi encarada como uma oportunidade de partilhar com os irmãos mais velhos uma experiência comum, com o reconfortante sentimento de igualdade e, até mesmo, de superioridade. Deste modo, Robert foi capaz de encarar a questão da cirurgia sem medo ou ansiedade, mas com a esperança de um melhor resultado se cooperasse com o cirurgião, e imbuído do desejo de se sair bem da tarefa que lhe fora atribuída, a saber, "não esquecer de contar os pontos". Desta maneira, não foi preciso renovar a confiança, nem houve nenhuma necessidade de oferecer outras sugestões em relação a ele ficar livre da dor.

Foram precisos somente sete pontos, para desapontamento de Robert, mas o cirurgião salientou que o material de sutura era mais novo e de um tipo melhor do que o empregado em qualquer um de seus irmãos, e que a cicatriz seria uma forma incomum de "W", como a letra da faculdade do papai. Assim o número *menor* de pontos foi bem compensado.

Pode-se colocar a questão de saber em que ponto foi empregada a hipnose. Na verdade, a hipnose começou com a primeira declaração feita a ele e se tornou aparente quando ele deu sua atenção completa e indivisa, interessada e satisfeita, a todos os eventos que se sucederam e que constituíram o tratamento médico de seu problema.

Em nenhum momento foi-lhe oferecida uma afirmação falsa, nem ele foi tranqüilizado à força, de uma maneira que entrasse em contradição com seu entendimento. Uma comunhão de entendimento foi primeiro estabelecida com ele, e então, um por um, os itens de interesse vital para ele, naquela situação, foram considerados e decididos por completo, ou para sua satisfação ou de modo suficientemente agradável para merecer sua aceitação. Seu papel na situação inteira foi o de um participante interessado, e respostas adequadas foram fornecidas para cada idéia sugerida.

Este exemplo é tão típico da maneira de Erickson trabalhar que pode ser a vinheta para sua abordagem a crianças e adultos. Ele primeiro aceita inteiramente a posição do paciente, neste caso dizendo: "Isto dói horrivelmente, Robert. Isto dói terrivelmente". A seguir, faz uma afirmação que é o oposto de tranqüilizar. Ele diz: "E continuará doendo". Muitas pessoas podem considerar isto um reforço negativo, ou uma sugestão para continuar sofrendo. Para Erickson, é um modo de se juntar ao paciente num tipo de relacionamento que torna a mudança possível, o que é seu objetivo. Uma vez tendo conseguido isto, ele pode oferecer um movimento rumo à mudança, dizendo: "Talvez pare de doer em pouco tempo, num minuto ou dois".

Aqueles que se preocupam com a "manipulação" das pessoas, ao invés de se comportarem "franca e honestamente", deveriam ler esta descrição com cuidado. Como Erickson assinala, em nenhum momento foi fornecida ao menino uma declaração falsa. Seria muito menos direto e honesto tranqüilizá-lo dizendo que não estava doendo e tentar minimizar o que acontecera, ou descartar de outros modos a experiência que o menino tinha da situação.

Quando Erickson denomina este procedimento uso de hipnose, é claro que o significado que dá a "hipnose" não é o que outras pessoas entendem. Para Erickson, a hipnose é um modo de duas pessoas responderem uma a outra. Um transe profundo é um tipo de relacionamento entre duas pessoas. Visto deste modo, a hipnose não requer um conjunto de comandos repetitivos, ou a fixação dos olhos num dispositivo, ou qualquer um dos procedimentos hipnóticos tradicionais. De fato, Erickson com freqüência prefere induzir um transe profundo através da conversação ou de um ato brusco que precipita a resposta hipnótica. Um exemplo de uma indução rápida de transe, totalmente sem ritual, é dada no caso que se segue.

Um menino de oito anos entrou em meu consultório meio carregado, meio arrastado pelos pais. Seu problema era molhar a cama. Seus pais haviam procurado ajuda com os vizinhos e rezado publicamente por ele na igreja. Agora o estavam trazendo a um "médico de loucos" como último recurso, com a promessa de um "jantar num hotel" após a entrevista.

A raiva e o ressentimento do menino estavam claramente aparentes. Eu disse a ele, na presença dos pais: "Você está louco de raiva e vai continuar assim. Você pensa que não há nada que possa fazer a respeito de seu problema, mas há. Você não gosta de ver um 'médico de loucos', mas está aqui, e gostaria de fazer alguma coisa, mas não sabe o quê. Seus pais o trouxeram, eles fizeram você vir. Bem, você pode fazer com que saiam do consultório. De fato, nós dois podemos — vamos, vamos dizer a eles para saírem". Neste ponto, fiz aos pais um sinal discreto de despedida e eles saíram, para satisfação imediata e quase espantada do menino.

Então falei: "Mas você ainda está louco, e eu também, porque eles me ordenaram que curasse você. Só que eles não podem me dar ordens como dão a você. Mas, antes de nós os castigarmos por isso", e *fiz um gesto lento, elaborado, que prendia a atenção, enquanto salientava*: "Olhe para aqueles bichinhos de pano ali. Eu prefiro o marrom, mas suponho que você goste do preto e branco, porque suas patas são brancas. Se ficar muito atento, pode adivinhar o que prefiro também. Gosto de animaizinhos de brinquedo, e você?".

Tomada completamente de surpresa, a criança rapidamente desenvolveu um transe sonâmbulo. Ele caminhou em direção (ao chão vazio) aos animaizinhos e começou a fazer movimentos para acariciar dois deles, um mais do que o outro. Quando finalmente olhou para mim, eu disse: "Estou contente porque você não está mais louco de raiva comigo, e acho que nem eu nem você temos que contar qualquer coisa a seus pais. De fato, talvez isto seja uma boa lição para eles, pelo jeito que trouxeram você, podiam esperar até o ano letivo estar quase acabando. Mas uma coisa é certa: pode ter certeza de que, se ficar com a cama seca por um mês, ganhará um bichinho igualzinho a esse pequeno Spotty aqui, mesmo que nunca diga uma palavra para eles sobre isso. Eles simplesmente têm que lhe dar. Agora feche os olhos, respire profundamente, durma profundamente e desperte com muita fome".

A criança seguiu as instruções e deixei-a aos cuidados dos pais, a quem dera instruções em particular. Duas semanas mais tarde, ele foi usado como um sujeito de demonstração para um grupo de médicos, mas nenhuma terapia foi feita.

Durante o último mês do período letivo, o menino, dramaticamente, riscava cada dia num calendário. Próximo ao fim do mês, declarou, enigmaticamente, à mãe: "É melhor você começar a ficar pronta".

No trigésimo primeiro dia, a mãe lhe disse que tinha uma surpresa para ele. Ele disse: "É melhor que seja branco e preto". Neste instante, o pai entrou com um bichinho. Na excitação do prazer, o menino esqueceu de fazer perguntas. Dezoito meses mais tarde, sua cama continuava seca.

Neste caso, como em muitos outros, a indução de transe empregada por Erickson pode parecer uma resposta súbita miraculosa. No entanto, deve-se ter em mente que a sugestão para imaginar os animaizinhos não foi uma afirmação isolada, mas havia sido cuidadosamente preparada por um intercâmbio anterior. Este intercâmbio incluíra ficar ao lado do menino contra os pais, deixar de lado uma série de sugestões e, miraculosamente, banir os pais da sala. O movimento surpresa de apontar os bichinhos foi o último de vários intercâmbios que conduziram a ele, mas que pareciam não estar relacionados. Como na maioria de suas manobras, Erickson elaboradamente estabelece as bases para o que vai fazer mais tarde. Essa base traz em si um número de possibilidades diferentes, de modo que ele pode escolher quando surge a oportunidade. Ele se refere a isso como "sementeira", de modo que depois de um período de incerteza, quando decide se movimentar numa direção particular, a base para o movimento já foi estabelecida.

Erickson descreve um outro caso como exemplo da técnica hipnótica. Novamente, não emprega uma indução formal. Uma menina de dezesseis anos, que cursava o segundo grau, continuava chupando o polegar, para desespero dos pais, professores, colegas, motorista do ônibus escolar e todos os que entravam em contato com ela. Também haviam rezado por ela publicamente na igreja, haviam solicitado que usasse um sinal declarando-se uma chupadora de dedo, e finalmente, em desespero, ela foi levada a Erickson, embora ter que consultar um psiquiatra fosse o último dos recursos vergonhosos.

Erickson conversou com os pais e ficou sabendo alguma coisa sobre a situação da família. Também ficou sabendo que o psicólogo da escola havia interpretado, para a garota, o fato de chupar o dedo como um ato agressivo. Os pais solicitaram que a terapia da filha fosse feita essencialmente sobre uma base religiosa. Negando isto, Erickson os fez prometer que quando a garota se tornasse sua paciente, "durante um mês inteiro nenhum dos pais interferiria na terapia, não importa o que acontecesse, nem teria um olhar ou diria uma palavra de admoestação a respeito de chupar o dedo". Ele descreve como procedeu:

A menina veio contra a sua vontade ao consultório com os pais. Ela chupava o dedo fazendo muito barulho. Me despedi dos pais e encarei a moça. Ela tirou o dedo da boca o suficiente para declarar que não gostava de "médicos de loucos".

Repliquei: "E eu não gosto do modo como seus pais me mandaram curar você dessa chupação de dedo. Dar-me ordens, huh! O polegar é seu, e a boca também, e por que diabos você não pode chupá-lo se assim deseja? Ordenar-me que a cure! A única coisa que me interessa é saber por que, quando você quer ser agressiva e chupa o dedo, você realmente não é agressiva ao invés de ficar vadiando por aí como um bebê que não sabe chupar um dedo agressivamente. Eu queria mostrar-lhe como chupar o dedo agressivamente o suficiente para fazer seu velho e sua velha viverem no inferno. Se estiver interessada, posso lhe mostrar como fazê-lo. Se não estiver, vou apenas rir de você".

O emprego da palavra "inferno" prendeu totalmente a atenção dela — sabia perfeitamente que um profissional não deveria usar este tipo de linguagem ao falar com uma secundarista que freqüentava a igreja regularmente. Desafiar a inadequação de sua agressividade, um termo que o psicólogo da escola lhe havia ensinado, prendeu ainda mais sua atenção.

O oferecimento de ensinar-lhe como incomodar atrozmente os pais, mencionado de maneira tão desrespeitosa, exigiu ainda uma maior fixação de sua atenção, de modo que, para todas as intenções e objetivos, ela estava em transe hipnótico. Então, num tom de voz intencional, eu disse: "Todas as noites, depois do jantar, como se fosse um relógio, seu pai entra na sala de estar e lê o jornal da primeira à última página. Todas as noites, quando ele fizer isso, entre lá, sente-se ao seu lado, realmente acalente seu polegar com empenho e em alto e bom som, e infernize atrozmente seu pai durante os vinte minutos mais compridos que ele jamais viveu.

"Então, vá até o quarto de costura, onde sua mãe trabalha uma hora todas as noites antes de lavar os pratos. Sente-se a seu lado e nutra o seu polegar com empenho em alto e bom som, e infernize atrozmente a velha durante os vinte minutos mais longos que jamais sonhou.

"Faça isto todas as noites, e faça muito bem feito. E, a caminho da escola, descubra com cuidado o tolo fedorento que mais detesta e, cada vez que se encontrar com ele, ponha o polegar na boca e observe ele virar a cabeça para o outro lado. E esteja pronta para enfiar o dedo na boca de novo se ele se voltar para olhar para você.

"Reflita sobre seus professores e escolha aquele de quem realmente não gosta e trate-o com uma chupada de dedo estalada toda vez que ele, ou ela, olhar para você. Só espero que consiga ser realmente agressiva."

Depois de algumas declarações incoerentes irrelevantes, a menina foi mandada embora e seus pais convocados ao consultório. Foram relembrados de sua promessa categórica. Disse-lhes que se a mantivessem, fielmente, a menina deixaria de chupar o dedo.

No caminho para casa, ela não chupou o dedo e ficou em silêncio o tempo todo. Os pais ficaram tão contentes que telefonaram para relatar sua gratidão. Naquela noite, para seu horror, a jovem obedeceu às instruções. Eles também as obedeceram e não se opuseram à chupação de dedo. No dia seguinte, pelo telefone, eles me informaram, infelizes, o que tinha acontecido. Lembrei-os de sua promessa e de meu prognóstico em relação à menina.

Todas as noites, durante os próximos dias, a menina se manteve fiel à sua performance. A seguir, começou a ficar farta. Diminuiu o tempo, iniciava mais tarde e desistia mais cedo, e então, finalmente, passou a pular um dia ou outro, e daí esqueceu!

Em menos de quatro semanas a jovem havia parado de chupar o dedo, tanto em casa como em outros lugares. Tornou-se cada vez mais interessada em atividades adolescentes mais legítimas de seu próprio grupo. Seu ajustamento melhorou sob todos os pontos de vista.

Um ano mais tarde, revi a jovem num cenário social. Ela me reconheceu, olhou-me intensamente durante alguns minutos e então declarou: "Não sei se gosto ou não de você, mas sou-lhe grata".

Há vários aspectos notáveis desse caso se o compararmos aos procedimentos anteriores. Um hábito de toda uma vida foi resolvido numa única sessão terapêutica, o que já é suficientemente notável, mas é ainda mais notável que Erickson esteja tão seguro de sua abordagem que possa afirmar categoricamente aos pais que a menina ficará curada do problema em um mês. No entanto, ele também fornece uma saída para si mesmo ao exigir uma atitude deles — a decisão de não se deixarem provocar e de não admoestar a jovem a respeito de chupar seu dedo. Se eles não conduzirem adequadamente a situação, Erickson não pode garantir o resultado. Assim, tanto a menina quanto os pais são forçados a se comportarem de maneira diferente; a jovem é obrigada a criar deliberadamente seu próprio infortúnio, e os pais, a tolerar suas provocações. Como na maioria de tais casos, Erickson não interpreta o sintoma; requer que um comportamento sintomático seja praticado deliberadamente e faz com que o que já está sendo praticado seja levado aos limites do absurdo.

Em casos similares de chupar o dedo, Erickson apresenta à criança a idéia de que somente o polegar não é suficiente, e que ela deveria sentar-se ao lado dos pais e chupar não só o dedão, mas também cada um dos dedos. Em geral, faz com que a criança observe o relógio e requer que chupe os dedos durante um período de tempo. Transformado em dever, chupar o dedo perde toda a graça. Uma parte importante desse procedimento é o envolvimento dos pais no programa, quer por disposição própria, como no caso acima, quando fizeram uma promessa, ou contra sua vontade, quando a criança está deliberadamente se exibindo para exasperá-los com seu sintoma.

Em um outro caso, onde o problema foi resolvido numa única entrevista, Erickson usou um método um tanto diferente. Não empregou a hipnose, mas considera ter utilizado uma técnica hipnótica. O caso problemático era o de uma menina de catorze anos que acreditava que seus pés eram muito grandes. A mãe veio sozinha ver Erickson e descreveu a situação. Há três meses, a menina cada vez se retraía mais, não queria mais ir à escola ou à igreja, nem mesmo ser vista na rua. Não admitia que a questão de seus pés fosse discutida, e também não queria ir ver um médico e conversar com ele. Nenhuma tentativa de tranqüilizá-la, por parte da mãe, tivera qualquer efeito, e a jovem estava cada vez mais reclusa. Erickson relata:

Combinei com a mãe uma visita domiciliar, no dia seguinte, sob um falso pretexto. Contaríamos à menina que eu iria examinar a mãe para verificar se estava com gripe. Era um pretexto, embora a mãe não estivesse se sentindo bem e eu tivesse sugerido um exame. Quando cheguei à casa, a mãe estava de cama. Fiz um exame cuidadoso

188

nela, escutando o peito, examinando a garganta e assim por diante. A menina estava presente. Pedi que fosse buscar uma toalha e que ficasse atrás de mim caso precisasse de alguma coisa. Ela estava muito preocupada com a saúde da mãe. Isto me deu a oportunidade de olhá-la bem. Era um tanto corpulenta, mas os pés não eram grandes.

Estudando a menina, cogitei o que poderia fazer para que ela superasse seu problema. Finalmente, ocorreu-me um plano. Quando acabei de examinar a mãe, manobrei para que a menina ficasse numa posição diretamente atrás de mim. Eu estava sentado na cama, conversando com a mãe. Levantei devagar e com cuidado e, então, desastradamente, dei um passo para trás. Pus o salto de meu sapato diretamente em cima dos dedos do pé da menina. Ela, naturalmente, estrilou de dòr. Voltei-me para ela e num tom de absoluta fúria disse: "Se essas coisas crescessem o suficiente para um homem poder enxergá-las, eu não estaria neste tipo de situação!". A jovem olhou para mim, intrigada, enquanto eu preenchia o receituário e telefonava para a farmácia. Naquele dia, a menina perguntou à mãe se podia ir a um *show*, o que não fazia há meses. E foi para a escola e à igreja, pondo fim a uma reclusão que perdurara três meses. Verifiquei mais tarde como iam as coisas, e a menina continuava amigável e agradável. Ela não percebera o que eu fizera, nem a mãe. Tudo que a mãe percebeu fora que eu havia sido indelicado com a filha quando a visitei naquela tarde. Ela não ligou o fato à recuperação da filha.

É evidente que esta técnica está baseada numa orientação hipnótica. Como Erickson salienta: "Não havia jeito de a menina rejeitar o elogio a seus pés, nenhuma maneira de discutir. 'Se eles crescessem o suficiente para um homem poder enxergá-los'. Ela não podia me dizer que eu era desajeitado; eu era o médico de sua mãe. Ela não podia revidar. Não havia nada que pudesse fazer, a não ser aceitar a prova absoluta de que seus pés eram pequenos". Não é raro Erickson utilizar a hipnose para fazer com que o sujeito tenha uma idéia que não pode recusar, e neste caso ele atinge o objetivo sem a hipnose, numa situação social.

Um aspecto importante do trabalho de Erickson com crianças é sua premissa básica de que as crianças são antagonistas naturais dos pais; pertencem a uma geração diferente, e o conflito entre as gerações deve ser levado em conta. Esta premissa não é confortável para as pessoas que gostam de pensar em pais e filhos como um grupo unido. Mas, por estranho que pareça, o que em geral une pais e filhos é o pressuposto de que representam interesses conflitantes. Como disse Erickson numa conversa: "Quando se está conversando com um casal, pode-se perguntar o que gostam um no outro. Quando se fala com uma criança, pergunta-se o que ela não gosta nos pais".

Devido a esse pressuposto, Erickson tipicamente fica ao lado dos filhos contra os pais. Isto não quer dizer que encare a criança como vítima; quer dizer que, para uma ação terapêutica, essa é a melhor posição a assumir em relação à criança. Ele pode, ao mesmo tempo, se unir aos pais contra o filho, com ou sem o conhecimento da criança.

Quando se une à criança, ele pode lidar com o problema diretamente, ou indiretamente, através de metáforas. No caso a seguir, ele fala sobre certos aspectos de controle muscular de modo a influenciar um tipo diferente de resposta muscular. Isto é típico do modo de Erickson induzir uma modificação através de analogias ou metáforas.

Uma mãe me procurou e contou sobre o filho de dez anos que molhava a cama todas as noites. Eles haviam feito tudo o que era possível para que parasse. Eles o arrastaram para me ver — literalmente. O pai o segurava por uma mão, a mãe pela outra, e o menino arrastava os pés. Eles os deitaram com o rosto para o chão no meu consultório. Empurrei os pais para fora e fechei a porta. O menino urrava.

Quando parou para recuperar o fôlego, eu disse: "Que maneira estúpida de trazer você aqui! Não gosto nem um pouco". Ele ficou surpreso de eu ter dito isto. Hesitou, enquanto tomava fôlego, e eu lhe disse que podia ir em frente e berrar de novo. Ele deixou escapar um grito e, quando fez uma pausa para respirar, soltei um grito. Ele se voltou e me encarou, e eu disse: "É minha vez". Então disse: "Agora é a sua vez", e ele gritou de novo. Eu gritei, e então disse que era a vez dele. Sugeri: "Poderíamos continuar fazendo turnos, mas isso seria extremamente cansativo. Na minha vez, vou simplesmente me sentar naquela cadeira. Há uma outra vaga, do outro lado". Quando chegou a minha vez, sentei-me na cadeira, e ele sentouse na outra. A expectativa havia sido estabelecida — eu estabelecera que nos revezássemos nos gritos, e mudei o jogo ao propor turnos para sentar. A seguir, disse: "Sabe, seus pais me mandaram curar você do hábito de molhar a cama. Quem eles pensam que são para me dar ordens?". Ele havia recebido muitos castigos dos pais, de modo que, ao dizer isto, assinalei de que lado da cerca eu estava. Disse então: "Prefiro conversar com você sobre várias outras coisas. Vamos simplesmente deixar de lado a questão de molhar a cama. Agora, como deveria conversar com um menino de dez anos? Você freqüenta a escola. Você tem um belo pulso compacto; tornozelos compactos. Sabe, sou um médico, e os médicos sempre têm grande interesse pela compleição do homem. Você tem um belo tórax redondo, é peitudo. Você não é uma dessas pessoas de peito afundado e ombros caídos. Tem um belo peito, que se sobressai. Posso apostar que é bom de corrida. Com sua compleição, um tanto pequena, sem dúvida alguma tem uma boa coordenação motora''. Expliquei-lhe o que era coordenação, e ele disse que era provavelmente bom em esportes que requeriam perícia, não só carne e ossos. Não no tipo de esportes que qualquer cabeça-dura pudesse praticar. Mas jogos que requeriam perícia. Perguntei que esporte praticava e ele respondeu: "Jogo beisebol e atiro com arco e flecha". Perguntei: "Você é bom com o arco?''. Ele respondeu: "Muito bom". Eu disse: "Bem, naturalmente isto requer olhos, mãos, braços e coordenação corporal". Veio à tona que seu irmão mais moço jogava futebol, que era mais robusto do que ele ou qualquer outro membro da família. "O futebol é um belo jogo para quem é só um monte de músculos. Uma porção de sujeitos grandes, demasiadamente crescidos, gosta dele."

Assim, continuamos conversando sobre isto ou aquilo e sobre a coordenação muscular. Eu disse: "Você sabe, quando recua com seu arco e mira sua flecha, o que supõe que a pupila dos olhos faça? Ela *se fecha*''. Expliquei que havia músculos chatos, músculos curtos, músculos longos — e também circulres, "como aquele no fundo do estômago; sabe, quando você come, este músculo *se fecha*, a comida fica no estômago até ser digerida. Quando o estômago quer se livrar da comida, o músculo circular se abre, esvazia o estômago, e se fecha até que a próxima refeição seja ingerida para ele digerir. O músculo no fundo do seu estômago — onde é o fundo do estômago, quando se é um menino pequeno? É bem lá embaixo".

Assim, discutimos o assunto durante uma hora e no sábado seguinte ele veio me ver sozinho. Conversamos um pouco mais sobre esportes, sobre isto e aquilo — sem nenhuma menção a molhar a cama. Falamos sobre os escoteiros e sobre acampamentos, tudo o que pudesse interessar um menino pequeno. Na quarta entrevista ele apareceu com um amplo sorriso. Disse: "Sabe, há anos minha mãe tenta perder *seu* hábito. Mas não consegue". A mãe fumava e estava tentando parar. Eu disse: "É, algumas pessoas conseguem romper hábitos rapidamente, mas outras falam muito sobre isto e não fazem nada". Então mudamos a conversa para outros assuntos.

Uns seis meses depois, ele veio me visitar socialmente e voltou a aparecer quando entrou para o segundo grau. Agora está na faculdade.

Tudo o que fiz foi conversar sobre os músculos circulares existentes no fundo do estômago, que podiam se fechar e segurar os conteúdos. Linguagem simbólica, naturalmente, mas toda aquela bela compleição de olhos, mãos e coordenação corporal deixou de molhar a cama sem nunca ter discutido o assunto.

Embora Erickson discuta várias maneiras astutas de manipular problemas difíceis dentro de seu consultório, ocasionalmente encontra alguém com quem não consegue lidar. Eis um exemplo:

Foi-me enviado um menino de doze anos. Conhecia muitos de seus parentes, de modo que sabia alguma coisa sobre a família. Sua madrasta relatou que o menino desceu as escadas, certa manhã, com uma corrente de bicicleta em suas mãos. Ele disse à madrasta: "Quero vê-la dançar". Ela respondeu: "Está brincando?". E ele: "Ah, não", e apontou para o bebê no caldeirão. "Vê o bêbe?", e levantou a corrente. Ele a fez dançar no chão da cozinha por mais de uma hora. O pai o trouxe para me ver. Nunca conheci uma criança mais manhosa. Finalmente, eu lhe disse: "Sabe, não gosto de você e você não gosta de mim, e você está falando com entonações que deliberadamente me dão nos nervos. De modo que vou pedir para seu pai pegar você, levá-lo para casa e encaminhá-lo para outro psiquiatra". Queria bater naquela criança. Suas entonações eram perfeitas para irritar as pessoas. Era um trabalho de arte que estava atirando em cima de mim. Ele sabia o que estava fazendo. O pai me pediu para vê-lo de novo. Não quis.

É difícil discernir sobre que base Erickson decide que não pode tratar uma criança. Mas parece que ele precisa poder permanecer suficientemente distanciado das provocações da criança para trabalhar efetivamente. Sem dúvida, a seleção não se baseia na gravidade do problema, ou no grau de sofrimento existente na situação familiar, como ilustra o caso seguinte, de uma criança difícil.

Uma mãe veio me ver e queria que cuidasse do seu filho. Ela disse: "Ele é mentiroso, impostor, governa a casa com seus acessos de raiva temperamentais. E tem a língua mais ferina que se pode imaginar".

A mãe estava muito amargurada. Ela disse: "Seu pai é um pervertido sexual. Não conheço os detalhes de suas perversões. Uma vez ou outra vai para a cama comigo, mas tem uma porção de perversões solitárias. Ele usa roupa de mulher, minhas roupas, para suas perversões. Penso que ejacula em minhas roupas, pois tenho que levá-las ao tintureiro. De modo que não existe muito relacionamento entre o menino e o pai. O pai tem pavio curto e grita com ele.

Ela afirmou que ele não estava disposto a vir me ver, mas que ela havia dito que o traria à força, se necessário. Contou que já o levara a outros médicos e que ele simplesmente ficava tendo seus ataques de raiva e os médicos não queriam lidar com ele.

Então ela o fez entrar. Era um menino encantador, com rosto doce e voz macia. Ele disse: "Suponho que minha mãe lhe contou tudo sobre mim".

Respondi: "Ela me contou alguma coisa que sabe, mas não tudo sobre você. Há uma porção de coisas sobre você que só você sabe e ela não poderia me contar nenhuma dessas coisas solitárias. Fico pensando se você vai me falar sobre *essas* coisas".

Ele declarou: "É provável que não".

Eu disse: "Vamos estabelecer uma coisa imediatamente. Eu preferia me sentar aqui e perder meu tempo não fazendo nada com você, em vez de me sentar aqui e ficar olhando você ter um ataque de raiva no chão. Então, o que escolhe? Ataque de raiva no chão, vamos nos sentar e deixar passar o tempo, ou vamos direto ao assunto?".

Respondeu: "Não desse jeito", e sorriu. "Podemos desperdiçar o tempo, podemos tratar do assunto e eu ainda posso ter meu ataque de raiva". Ele era um menino perspicaz e arguto.

Mas nunca teve um acesso de raiva comigo. Eu o fiz violentament bravo. Especialmente quando ele jogou bolas de lama e bombas de água na casa do vizinho. Pedi-lhe que descrevesse seu orgulho, seu contentamento, sua felicidade e seu triunfo quando esmagou a bomba de água. Isto o enfureceu. Eu disse: "Você está disposto a ter um acesso de raiva aqui; você nunca teve um, mas esta é uma bela oportunidade. Agora, o que vai fazer, ter um ataque de raiva ou me contar como se sentiu?". Ele me contou como estava bravo.

Ele melhorou em casa e fez alguns amigos. Agora comporta-se bem em casa e na escola e está gostando de ser produtivo. E ri de seu comportamento anterior.

Erickson não tem um método preestabelecido. Sua abordagem é orientada para a pessoa particular e sua situação, e ele acredita que somente com a experiência pode-se saber o que fazer com uma criança em especial. Uma parte de seu sucesso é determinada pela tenacidade com que trabalha com um paciente. Se um procedimento não dá resultado, ele tenta outros até que um funcione. Ele também está disposto a ampliar o âmbito de sua atuação, ir até a casa do paciente ou fazer qualquer outra coisa necessária para lidar com ele. O caso seguinte ilustra sua disposição, assim como sua insistência em trabalhar com uma criança a seu próprio modo, ao invés de fazê-lo ao modo dos pais.

Uma menina simpática, de nove anos, começou a fracassar nos trabalhos escolares e a se esquivar dos contatos sociais. Quando questionada, respondia com raiva e em lágrimas: "Não consigo fazer nada".

Ela apresentara boa escolaridade nos anos anteriores, mas no recreio era inapta, hesitante e desajeitada. Seus pais só se preocupavam com as notas e me pediram assistência psiquiátrica. Como a menina não viria ao consultório, eu a via todas as tardes em sua casa. Fiquei sabendo que não gostava de determinadas meninas porque elas estavam sempre jogando o jogo das pedrinhas ou bola, andando de *skate* ou pulando corda. "Elas nunca fazem nada divertido."

Fiquei sabendo que ela tinha um jogo de pedrinhas e uma bola, mas que "jogava horrivelmente". Baseado no fato de que a paralisia havia aleijado meu braço direito, eu a desafiei, dizendo que "podia jogar horrivelmente pior" do que ela. O desafio foi aceito. Depois de algumas tardes, uma saudável competitividade e uma ligação se desenvolveram entre nós e foi relativamente fácil induzir nela um transe de leve a médio. Alguns dos jogos eram realizados em estado de transe, outros em estado desperto. Em três semanas, ela se tornou uma excelente jogadora, embora os pais estivessem altamente descontentes devido a minha aparente falta de interesse por suas dificuldades escolares.

Depois de três semanas jogando pedrinhas, declarei que poderia ser pior com o *skate* do que ela, pois minha perna era aleijada. O mesmo curso foi seguido; desta feita, ela levou somente duas semanas para desenvolver uma razoável perícia. A seguir, foi desafiada a pular corda e verificar se eventualmente poderia me ensinar esta prática. Numa semana era uma perita.

Então eu a desafiei a andar de bicicleta, salientando que eu, na verdade, poderia pedalar bem, como ela sabia. Audaciosamente, afirmei que poderia vencê-la; somente sua convicção de que eu poderia derrotá-la permitiu que aceitasse o desafio. No entanto, prometeu tentar com afinco. Ela ganhara uma bicicleta havia mais de seis meses e não pedalara nem uma quadra.

Na hora marcada, ela apareceu com sua bicicleta, mas pediu: "Você tem que ser honesto e não me deixar ganhar. Tem que tentar com afinco. Sei que pode pedalar rápido o suficiente para me derrotar. Vou ficar observando-o para que não possa trapacear".

Montei em minha bicicleta e ela seguiu na dela. O que ela não sabia era que o uso das duas pernas para pedalar constitui uma séria desvantagem para mim ao andar de bicicleta; comumente, só uso minha perna esquerda. A menina me observava com suspeita, mas me via pedalando laboriosamente com os dois pés, sem desenvolver muita velocidade. Finalmente, convencida, ela me ultrapassou e ganhou a corrida, para sua completa satisfação.

Foi nossa última entrevista terapêutica. Ela rapidamente se tornou apta a ser uma campeã estudantil de pedrinhas e a pular corda. Seu trabalho escolar melhorou de modo similar.

Anos mais tarde, a menina me procurou para perguntar como eu conseguira deixá-la brilhar na corrida de bicicleta. Aprender a jogar, pular corda e andar de *skate* haviam conseguido alentar imensamente seu ego, mas ela não pusera muita fé em todas essas realizações devido a minhas desvantagens físicas. A corrida de bicicleta, no entanto, era uma outra história. Explicou que sabia que eu era um bom ciclista, que certamente poderia vencê-la e não tinha a intenção de entregar-lhe a corrida. O fato de ter me derrotado, embora eu tivesse genuinamente tentado com afinco, a convenceu de que "podia fazer qualquer coisa". Animada com esta convicção, passara a encarar a escola, e tudo que esta oferecia, como um desafio agradável.

Erickson está disposto a usar suas desvantagens físicas como parte do procedimento terapêutico. Muitas vezes, a extensão dessa desvantagem é subestimada: após seu primeiro ataque de pólio, quando tinha dezessete anos, ele fez sozinho uma viagem de dezesseis quilômetros de canoa para desenvolver sua força; e, depois do segundo ataque, em 1952, realizou uma das mais difíceis caminhadas do Arizona com duas muletas.

Este caso da menininha oferece um método único de indução de transe, denominado a "indução de jogar pedrinhas". Oferece também um retrato da disposição de Erickson para qualquer coisa que julgue necessária para provocar uma mudança; se uma corrida de bicicleta pela rua for apropriada, ele participará dela.

Também é típico de Erickson dar um jeito para que todos saiam ganhando quando pais e filhos estão engajados numa luta em que todos estão perdendo. Com freqüência, ele ajeita as coisas simplesmente desviando a luta e abordando a questão de modo diferente com a criança, como no caso a seguir:

Foi-me trazido um menino que deveria estar na sétima série, mas não conseguia ler. Os pais o forçavam a ler de todas as maneiras possíveis. Seus verões eram sempre arruinados por professores particulares. Ele reagia não lendo.

Comecei o trabalho com o menino dizendo: "Penso que seus pais são um tanto teimosos. Você sabe que não pode ler, eu sei que não consegue ler. Seus pais o trouxeram aqui e insistem que eu lhe ensine a ler. Aqui entre nós, vamos esquecer isto. Devo fazer alguma coisa por você; portanto, vamos fazer alguma coisa de que você goste. Agora, do que você mais gosta?". Ele respondeu: "Todo verão desejo ir pescar com meu pai".

Perguntei-lhe onde seu pai pescava. Ele me disse que o pai, que era um policial, pescava no Colorado, em Washington, na Califórnia, e até mesmo planejava ir ao Alasca. Ele havia pescado ao longo de toda linha da costa. Fiquei cogitando se ele conhecia os nomes das cidades onde estavam localizados os locais de pesca. Conseguimos um mapa do oeste e tentamos localizar as cidades. Não estávamos lendo o mapa, apenas procurávamos os nomes das cidades. Você olha os mapas, você não lê mapas.

Eu atrapalhava a localização de certas cidades, e ele tinha que me corrigir. Eu tentava localizar uma cidade chamada Colorado Springs e a procurava na Califórnia, e ele tinha que me corrigir. Mas ele não estava lendo, estava me corrigindo. Rapidamente aprendeu a localizar todas as cidades que nos interessavam. Não percebia que estava lendo os nomes. Nós nos divertimos tanto olhando o mapa e descobrindo os bons locais de pesca! Ele gostava de vir e discutir peixes e vários tipos de moscas usadas para pescar. Também procurávamos diferentes tipos de peixe na enciclopédia.

Perto do final de agosto, propus: "Vamos pregar uma peça em seus professores e em seus pais. Disseram-lhe que terá um teste de leitura quando as aulas começarem. Seus pais vão ficar ansiosos a respeito de como você vai se sair, e os professores também. Então, pegue o livro da primeira série e, cuidadosamente, tropece na leitura. Erre tudo. Melhore um pouquinho no livro de leitura da segunda série, e um pouco mais ainda no da terceira série. Então faça um belo trabalho no da *oitava* série". Ele achou que era uma peça maravilhosa. Foi exatamente o que fez. Mais tarde, começou a gazetear aulas e vinha me ver para contar sobre a aparência consternada de seus pais e de seus professores.

Se ele tivesse lido corretamente o manual da primeira série, isso seria um reconhecimento de fracasso de sua parte. Mas quando leu mal e então ultrapassou o da sétima série lendo bem o da oitava, isto fez dele um vencedor. Conseguiu confundir seu professor, deixar os pais atônitos e ser reconhecido como vencedor.

Como a maior parte da terapia de Erickson é diretiva, uma parte importante da arte é persuadir as pessoas a seguirem as diretivas. Uma das muitas maneiras de levar as pessoas a fazerem o que se quer é começar algo e então afastar-se. Ele descreve este procedimento deste modo:

Faço certas coisas quando entrevisto um grupo familiar, um casal ou uma mãe e um filho. As pessoas vêm em busca de ajuda, mas também para verem confirmadas suas atitudes e para salvar suas caras. Presto atenção a tudo isso, e falo de um modo que as faz pensar que estou do seu lado. Então, desvio por uma tangente que podem aceitar, mas isto as deixa hesitantes, impacientes, com expectativas. Têm que admitir que minha digressão foi boa, perfeitamente correta, mas não esperavam que a fizesse daquele modo. Ficam numa posição desagradável e desejam alguma solução para o assunto, que eu propositadamente deixei à beira de um entendimento. Como desejam a solução, é mais provável que aceitem o que digo. Estão muito ansiosas por uma declaração decisiva. Se eu fornecesse a diretiva imediatamente, eles poderiam levantar a questão. Mas como faço um desvio, esperam que eu volte, e acolhem bem uma declaração decisiva.

Erickson ilustra esta estratégia com dois casos, ambos envolvendo meninos de doze anos.

Johnny foi levado a Erickson pela mãe porque molhava a cama todas as noites. A mãe queria ajudá-lo a resolver o problema, mas o pai não. O pai era um homem duro e frio, que acusava a esposa de "mimar muito o pirralho". Quando o filho se aproximava do pai, era empurrado para um lado. A reação fundamental do menino era: "Quero o amor de meu pai, ele não me dá, mamãe sempre aparece e torna desnecessário ele dar". O menino lembrava que, desde que ele era bem pequeno, o pai dizia que toda criança molha a cama, nada de anormal, ele mesmo molhara a cama até o final da adolescência. A mãe, naturalmente, estava cheia das camas molhadas e queria que algo fosse feito. Erickson relata:

Tive uma entrevista com o pai para avaliá-lo. Era um homem de voz forte, que andava pelo consultório e falava como se estivesse a um quilômetro de distância. Perguntou-me se não sabia que todos os garotos molhavam a cama até por volta dos dezesseis anos. Isto é o que ele havia feito, o que seu pai havia feito, o que certamente eu teria feito, e a verdade era que qualquer outro garoto crescia deste modo. Que absurdo era esse de curar o menino? Deixei que ele me explicasse tudo. Ele gostou da entrevista e me apertou a mão. Disse que estava encantado de ter um ouvinte tão inteligente.

Quando a mãe e o menino entraram juntos, a mulher disse: "Meu marido me contou que lhe explicou as coisas". Eu respondi: "Sim, está correto, ele explicou longamente". Sua expressão facial dizia: "Sim, eu sei". O filho tinha uma expressão magoada no rosto. Eu lhes disse: "Quanto ao que me diz respeito, vou esquecer o que ele disse. Vocês não precisam fazê-lo, mas também, sem dúvida, não estavam presentes, têm apenas algumas idéias do que ele disse. Vou esquecer porque as idéias que você, sua mãe e eu temos são importantes. São as idéias que eu e você temos, e as que Johnny tem, que são importantes".

É facil perceber o que isto acarreta. Primeiro me ligo a Johnny, e então o ligo ao que o cerca, mas de maneira diferente. Primeiro me alio a Johnny, então tenho a mãe como aliada. Johnny vai ficar do meu lado porque vou esquecer o que o pai disse, e Johnny gostaria de esquecer isto. Então ligo a mãe a mim fazendo com que se torne minha aliada esquecendo o que o pai falou. Isto coloca o pai de lado, mas sem hostilidade. Eu o escutei, eles sabem. O pai foi para casa e contou a eles. Estou só esquecendo o que ele disse, sem nenhuma raiva específica ou sofrimento. O pai não podia ser incluído no

197

tratamento por causa de suas opiniões peremptórias, de modo que precisava ser deixado de lado na questão.

Enquanto avaliava a situação com a mãe e o menino, tornou-se patente que Johnny antagonizava a mãe na questão de molhar a cama. Ele estava bravo e lutava com ela em torno do assunto. Disse a Johnny que tinha um remédio para ele, mas que não iria gostar. Seria um remédio eficiente, totalmente proveitoso, absolutamente adequado para superar seu problema, porém ele não iria gostar — mas a *mãe* é que não iria gostar mesmo. Ora, o que podia Johnny fazer? Se a mãe ia gostar menos ainda do que ele, então estava bem. Ele podia agüentar qualquer coisa que fizesse a mãe sofrer mais.

Minha proposta para Johnny era bem simples. A mãe deveria se levantar às quatro ou cinco horas da manhã e, se sua cama estivesse molhada, ela poderia acordá-lo. Ela não teria que acordá-lo se a cama estivesse seca. No entanto, se a cama estivesse molhada e ela o acordasse, ele deveria se levantar, se sentar na escrivaninha e copiar quantas páginas de livro quisesse. Poderia reservar o período das quatro às sete da manhã, ou das cinco às sete, para copiar suas matérias. Sua mãe deveria observá-lo fazer isto, para melhorar sua letra. A caligrafia do menino era realmente terrível e precisava melhorar.

Para Johnny parecia horrível levantar às quatro ou cinco da manhã — mas a mãe teria que se levantar primeiro. Parecia desagradável ter a mãe sentada olhando enquanto exercitava sua letra, mas ele só teria que fazer isso nas manhãs em que a cama estivesse molhada. Nada mais desagradável do que levantar de madrugada — para melhorar a caligrafia.

Eles iniciaram o procedimento, e em pouco tempo Johnny não molhava mais a cama todas as manhãs; começou a pular algumas manhãs. Logo a cama aparecia molhada só duas vezes por semana. A mãe continuava tendo de levantar cedo e verificar.

Finalmente, a cama passou a ficar molhada uma vez por mês, então Johnny se reorientou inteiramente. Travou as primeiras amizades de sua vida. Era verão, e os garotos vieram brincar com ele, e ele foi brincar com os garotos. No semestre seguinte, suas notas melhoraram muito. Foi sua primeira realização real.

Ora, todo procedimento foi um jogo da mãe contra o filho e do filho contra a mãe. É uma idéia assim simples: "Tenho um remédio para você, mas não vai gostar". Então fiz uma digressão sobre o fato de que a mãe iria odiar o remédio ainda mais. Johnny queria que eu chegasse a dizer qual era o remédio. Mobilizou-se inteiramente para a aceitação. A melhora na caligrafia se tornou o objetivo primordial, a cama seca era acidental, uma coisa mais ou menos aceita. Não era mais a questão dominante, ameaçadora, à mão.

Percebendo que o filho melhorava sua caligrafia, a mãe podia se orgulhar das realizações dele. O filho poderia se orgulhar. Quando os dois trouxeram o caderno de caligrafia para me mostrar, eram apenas um menino e uma mãe ansiosos por me mostrar uma bela caligrafia. Eu pude examiná-lo, página após página, e apontar esta letra "n", esta letra "g", esta letra "t", e discutir a beleza do traço. Como Johnny mantém a cama seca, o pai joga bola com ele — volta mais cedo do escritório. A resposta do pai quando o menino parou de molhar a cama foi surpreendentemente complementar. Ele disse ao menino: "Você aprendeu a ficar com a cama seca mais rápido do que eu; deve ser porque é muito mais esperto do que eu". Ele podia se permitir ser muito generoso. Tinha me dito todas as verdades. Além disso, não fora o psiquiatra que solucionara o problema do filho, fora o poder mental superior que ele atribuía ao filho. Na família, o fato se tornou uma realização conjunta, abençoada pelo pai; e o menino conseguiu o reconhecimento e a aceitação do pai.

Qualquer que seja o sintoma, quer seja molhar a cama ou algum outro problema infantil, há comumente um adulto que está superenvolvido com a criança, e o terapeuta desembaraça um do outro. No caso acima, foi dada uma tarefa à mãe e outra à criança, e isto os forçou a se desprenderem. No caso seguinte, um problema exasperante foi aliviado por tarefas dadas ao menino e ao pai.

Durante dois anos, um menino de doze anos cutucava uma ferida, uma espinha, na testa, e ela havia se tornado uma contínua ulceração. O pai e a mãe haviam esgotado todas as maneiras de punição para impedi-lo de coçar a ferida. Os professores e colegas de escola haviam tentado reformá-lo. Médicos haviam-lhe falado sobre o câncer, posto bandagens e tampado a ferida, e feito tudo o que podiam fazer para que ele não a tocasse. O menino conseguia enfiar o dedo sob o curativo e cutucar a ferida. Explicava que não conseguia controlar o impulso.

A mãe e o pai haviam feito o possível para conseguir que o menino parasse, mas discordavam quanto ao valor da punição. O pai chegou ao extremo de privar o menino de todos os brinquedos; havia vendido sua bicicleta e quebrado seu arco e flecha.

Finalmente, os pais trouxeram o menino para me ver. Tive uma entrevista com a mãe, para descobrir alguma coisa sobre a situação familiar, de modo a poder escolher alguma coisa sobre a qual trabalhar. Fiquei conhecendo os valores e os deveres da casa, incluindo o fato de que o menino era obrigado a prestar pequenos serviços. Cuidava do amplo gramado e do jardim da casa. Fiquei sabendo também que a mãe tendia a ficar do lado do menino, e que ele estava bravo com o pai por vários castigos, em particular pela quebra do seu arco e flecha. Também descobri que o menino tinha um problema de grafia; quando escrevia comia letras das palavras. Gosto de ver o trabalho escolar de uma criança para verificar o que está lá.

Tive uma entrevista com o menino e com o pai, juntos, e enfoquei imediatamente a definição de propriedade. Tomei o arco e a flecha como tema. De quem eram? O pai admitiu que pertenciam ao menino; ele os ganhara num aniversário. Então perguntei como uma úlcera deveria ser tratada. Concordamos que deveria ser tratada com bandagens e medicamentos de vários tipos. Perguntei como se poderia usar um arco e flecha para tratá-la. Como quebrar um arco e uma flecha tratara a úlcera? O pai ficou muito embaraçado e o filho o fitava com olhos apertados. Depois dessa discussão em que o pai ficou ruborizado e se contorceu um pouco, virei-me para o menino e perguntei se não achava que devia ao menos creditar ao pai boas intenções, a despeito de seu comportamento estúpido. Ambos tiveram que aceitar aquela declaração. Deste modo, o menino podia chamar o comportamento do pai de estúpido, mas, ao fazê-lo, estaria também dando-lhe um crédito por ser bem-intencionado.

Então perguntei quanto tempo deveríamos discutir os medicamentos que não haviam funcionado. Ou podíamos esquecê-los? Eu disse: "Você os tem tomado por dois anos. Todos os remédios, desde a quebra do arco e da flecha até a venda da bicicleta, não deram certo. O que devemos fazer?". O menino sugeriu que eu me encarregasse da questão.

Eu lhe disse: "Certo, eu me encarregarei. Mas você não vai gostar do modo como vou conduzi-la. Porque vou fazer algo que vai limpar a úlcera. Você não vai gostar nem um pouco; só vai gostar de que a úlcera sare — disso você vai gostar de verdade". Disse-lhe que queria que dedicasse todos os fins de semana à cura da ferida em sua testa — *enquanto o pai faria os trabalhinhos de fim de semana para ele*. O menino lançou um olhar triunfante para mim e para o pai.

Continuamos conversando sobre a faina doméstica e discutimos o corte da grama, como varrer o gramado com o ancinho, como limpar a sujeira do cachorro, semear o jardim e todo o resto. Perguntei quem inspecionava o gramado quando o menino aparava a grama. O pai inspecionava o trabalho. Eu disse: "Bem, sábado, nos intervalos de seu trabalho de curar sua úlcera, porque não pode trabalhar nela sem parar, você pode sair e inspecionar como seu pai está executando as tarefas".

Neste ponto, o menino estava muito curioso a respeito do que faria no fim de semana para curar sua úlcera, e eu comecei o procedimento de digressão. De uma maneira um tanto lenta, irritante, prolongada, emaranhada, ofereci-lhe um plano terapêutico. Quando agimos assim, o paciente inclina-se a desejar que cheguemos ao fim de tudo aquilo — ele quer saber o que, afinal, terá de fazer. Dá valor ao cuidado deliberado que tomamos em nossa apresentação. Sabe que não vamos empurrar as coisas para cima dele. E fica esperando que cheguemos ao que importa, e quando, finalmente, o fazemos, ele está motivado para aceitar o plano.

Disse ao menino: "Descobri que sua ortografia é muito ruim. Sua ortografia é fraca porque, quando escreve uma palavra, você em geral deixa letras de fora".

Então, continuei: "Penso que deve começar a curar sua úlcera no sábado de manhã, mais ou menos às seis horas. Você sabe que levará as coisas muito mais a sério se se levantar cedo para fazê-las, porque este é um negócio muito sério. Naturalmente, se acordar às cinco para as seis, pode muito bem começar ao invés de esperar as seis horas. Ou, se forem seis e cinco, pode começar — que diferença fazem cinco minutos?".

E prossegui: "Agora, você pode escrever com a caneta, ou com um lápis. Alguns lápis são coloridos, mas o lápis comum serve. Você pode usar caneta tinteiro, mas uma caneta esferográfica também serve. Acredito que papel comum seria o melhor. Poderia ser deste tamanho, ou um pouco maior, mais ou menos deste tamanho. Penso que seu pai pode providenciar papel suficientemente grande".

Finalmente, disse-lhe o que ele estava curioso por ouvir: "Esta é a frase que deve escrever: 'Não acho uma boa idéia cutucar a ferida em minha testa'". Repeti a frase lentamente e com cuidado, dizendo: "Agora, escreva devagar, escreva ordenadamente, cuidadosamente. Conte cada linha quando tiver escrito. Então escreva de novo a frase, vagarosa e cuidadosamente. Sempre verifique cada linha e cada palavra, porque você não vai querer deixar nenhuma letra de fora. Você não quer deixar de fora nenhuma pequena parcela da cura que ocorrerá numa úlcera como essa".

Disse-lhe que não sabia quanto tempo a úlcera levaria para sarar. Acreditava que, como a conservava por dois anos inteiros, realmente deveria levar um mês. Ele poderia examiná-la ao espelho, a cada três ou quatro dias. Assim, conseguiria descobrir quando tivesse sarado. Talvez ele quisesse escrever durante mais um fim de semana depois que ela tivesse sarado.

Ele deveria começar às seis da manhã e tomar o desjejum mais tarde. Disse à mãe, em particular, que levasse um bom tempo para lhe servir o café da manhã, de modo que ele pudesse descansar um pouco. A cada duas horas, poderia fazer um intervalo para um lanche — constituído essencialmente por um suco de frutas — ou para tomar água.

Então poderia inspecionar o trabalho do pai nas tarefas domésticas e voltar a escrever. Expliquei que a mão ficaria dolorida no final da primeira manhã. E o que ele deveria fazer? Salientei que nos intervalos deveria abrir e fechar a mão rapidamente, para relaxar os músculos. Isto aumentaria a fadiga, mas manteria os músculos flexíveis. Disse que acreditava que, depois do jantar, ele realmente deveria ficar livre do trabalho do dia. Na verdade, eu não me importaria se ele parasse às quatro da tarde. Ao tornar o horário de encerramento um tema indiferente para mim, retirei o aspecto punitivo.

O menino escreveu o dia inteiro, no sábado e no domingo; todos os fins de semana. Recebi uma imensa pilha de papéis contendo a frase — tudo escrito com orgulho e contentamento. O pai não precisava instigá-lo, e tanto ele quanto a mãe estavam surpresos com o orgulho que o menino sentia com sua caligrafia. A sentença, mil vezes escrita, foi lindamente executada. Deixei claro aos pais que a inspeção da caligrafia era de minha competência. Se ele quisesse mostrar aos pais, tudo bem, mas eu era o inspetor. Eu examinava cada página. Disse ao menino que deveria dar uma olhada rápida, apressada, em cada página, e perguntei se havia alguma à qual eu deveria prestar mais atenção. Deste modo, ele me absolveu do exame rápido.

Quanto mais escrevia, mais justificativas tinha para inspecionar o trabalho do pai. Quanto mais escrevia, mais caprichado ficava o que escrevia. Todos os dados estavam voltados para o progresso. Com este método, fiz com ele deixasse de cutucar compulsivamente a ferida e o obriguei a escrever compulsivamente, com capricho, algo do que poderia ter um enorme orgulho.

O pai comentou: "Eu sabia o que tinha que fazer. Fiz um belo trabalho naquele gramado". O menino sentia o maior prazer ao descobrir uma folha sobre a grama. O pai cuidou de todo o gramado e do jardim, consertou a cerca, fez todas as tarefas, e o menino escreveu sua frase.

Num mês a úlcera estava curada. Um ano mais tarde, não havia voltado. Daquela úlcera crônica, indolente, horrível, não havia nem mesmo uma cicatriz.

Coloquei a pilha de papel escrita pelo menino no meu arquivo e perguntei-lhe por quanto tempo deveria guardá-la. Enchia completamente um arquivo. Ele respondeu que acreditava que eu gostaria de guardá-la durante alguns meses. Perguntei-lhe o que deveria fazer depois. Ele respondeu: "Ah, a esta altura será somente um monte de papel usado".

Nestes casos, Erickson não lida diretamente com o conflito entre os pais sobre como se conduzir com a criança, como faz algumas vezes. A respeito da questão de uma criança ser usada numa guerra entre os pais, ele comenta: "Quando você corrige ou cura a criança, os pais ficam com um filho que não lhes é familiar. Então retornam à sua guerra privada sem incluir a criança. Ela se tornou um estranho agora, e um estranho muito auto-suficiente".

Embora Erickson brinque com as crianças e com freqüência se junte a elas contra o mundo adulto, ele de modo algum acredita numa educação "permissiva". Ele trabalhará com os pais para ensiná-los a brincar com os filhos e impedirá que eles sejam muito severos e apliquem punições fúteis. Mas também fará os pais estabelecerem limites firmes. Quando uma criança está se comportando mal, Erickson não a ajuda a entender as razões de seu comportamento; ele dá um jeito de levá-la a se comportar mais adequadamente. Muitas vezes suas idéias parecem antiquadas. Por exemplo, se uma criança não quer comer seu desjejum e a mãe está aborrecida, Erickson lhe ensinará um procedimento para resolver o caso. Fará com que ela prepare um bom desjejum, e, se a criança não comer, então a mãe deverá colocá-lo na geladeira. Na hora do almoço, ela deve retirar o desjejum e oferecê-lo. Se a criança não come, ela voltará a lhe oferecer a mesma refeição no jantar, e continuará com isso até que a criança coma.

Mesmo quando lida com crianças gravemente perturbadas, como uma criança autista, Erickson não as aborda como crianças que necessitam de amor, mas como crianças que têm mais poder do que conseguem agüentar. Ele acredita que a insegurança da criança pode advir de uma incerteza sobre os limites que lhe são impostos, e a técnica terapêutica é reforçar os limites. O problema é conseguir que os pais estabeleçam os limites, evitando que um estranho, como o terapeuta infantil, tenha de fazê-lo. Com problemas infantis, seu enfoque recai sobre a situação familiar, tanto quanto sobre a criança.

Um dos procedimentos de Erickson usados com crianças que têm problemas de comportamento é ilustrado no caso a seguir.

Uma mãe de vinte e sete anos começou a ter sérias dificuldades com seu filho de oito anos, que, progressivamente, se tornava mais rebelde e parecia encontrar, diariamente, um novo modo de desafiá-la. A mãe se divorciara do marido havia dois anos, por razões justas, reconhecidas por todos os envolvidos. Além daquele filho, tinha duas filhas, de nove e seis anos. Depois de alguns meses de encontros ocasionais com homens, na esperança de um casamento, ela descobriu que o filho se tornara rebelde e um problema inesperado. A filha mais velha havia, durante um breve período, se juntado a ele na rebelião. A mãe conseguia corrigir a filha através de medidas costumeiras de disciplina: ficar brava, gritar, ralhar, ameaçar e, então, uma boa surra seguida de uma discussão inteligente, razoável e objetiva com a criança. Tudo isto, no passado, havia sido efetivo com as crianças. No entanto, o filho, Joe, se recusava a reagir a suas medidas usuais, mesmo quando acrescentou repetidos espancamentos, privações, lágrimas, e recrutou ajuda da família. Joe simplesmente declarava, muito feliz e alegre, que faria o que quisesse, e que nada, nada mesmo, poderia impedi-lo.

O comportamento do filho se estendeu para a escola e para a vizinhança, e, literalmente, nada estava a salvo de suas depredações. A propriedade escolar foi destruída, os professores desafiados, os colegas assaltados; as vidraças dos vizinhos foram quebradas e os canteiros de flores destruídos. Os vizinhos e professores que tentaram encarregar-se do assunto conseguiram intimidar a criança, mas nada mais. Finalmente, o menino começou a destruir coisas de valor em casa, especialmente quando a mãe estava dormindo. Na manhã seguinte, ele a enfurecia negando com a cara mais lavada qualquer culpa.

Esta última má ação fez com que a mãe trouxesse a criança para um tratamento. Enquanto a mãe relatava a história, Joe a escutava com um sorriso amplo e triunfante. Quando ela terminou, ele declarou, com bazófia, que eu não poderia fazer nada para detê-lo, que continuaria a fazer o que quisesse. Assegurei-lhe, grave e seriamente, que não precisaria fazer nada para modificar seu comportamento, porque ele era um menino bom, grande, forte e muito esperto, e teria de modificar seu comportamento por si mesmo. Assegurei-lhe que a mãe faria tudo para dar a ele uma chance de mudar seu comportamento "por si mesmo". Joe recebeu esta declaração com incredulidade e zombaria. Informei a ele que ensinaria à mãe pequenas coisas que poderia fazer para que ele mesmo pudesse mudar seu comportamento, e o mandei para fora da sala. Também o desafiei, de maneira delicada, a imaginar o que poderiam ser aquelas pequenas coisas. Isto serviu para deixá-lo confuso e num comportamento reflexivo silencioso enquanto esperava a mãe.

Sozinho com a mãe, discuti a necessidade do menino de ter um mundo no qual pudesse estar certo de que havia alguém mais forte e poderoso que ele. Até o momento, o filho havia demonstrado, com crescente desespero, que o mundo era tão inseguro que a única pessoa forte nele era ele mesmo, um menininho de oito anos. A seguir, dei a ela instruções cuidadosamente claras para suas atividades nos dois dias seguintes.

Quando, mais tarde, deixaram o consultório, o menino desafiadoramente perguntou se eu recomendara espancamentos. Assegurei-lhe que nenhuma medida seria tomada, exceto dar-lhe ampla oportunidade de mudar seu próprio comportamento; ninguém mais iria mudá-lo. Esta resposta o deixou perplexo. No caminho para casa, a mãe administrou-lhe severas punições corporais para fazer com que ele a deixasse dirigir com segurança. Esta má conduta havia sido antecipada; e ela havia sido aconselhada a lidar sumariamente com a situação e a não argumentar. A noite transcorreu da maneira usual, e o menino recebeu permissão para ver televisão como desejava.

Na manhã seguinte, os avós vieram buscar as duas meninas. Joe, que havia planejado ir nadar, pediu seu desjejum. Ficou muito intrigado quando viu a mãe levar para a sala alguns sanduíches embru-

204

lhados, fruta, garrafas térmicas com suco de frutas, café e algumas toalhas. Ela colocou todas essas coisas seguramente num sofá, ao lado do telefone e de alguns livros. Joe pediu que preparasse seu desjejum sem demora, ameaçando destruir a primeira coisa em que pudesse colocar suas mãos se ela não andasse logo. A mãe simplesmente sorriu para ele, agarrou-o, jogou-o no chão de barriga para baixo e sentou-se com todo o seu peso em cima dele. Quando ele começou a berrar que saísse de cima, ela disse que já tomara café da manhã e não tinha mais nada a fazer, a não ser ficar pensando a respeito de modos de modificar o comportamento dele. No entanto, salientou que realmente não conhecia nenhuma maneira de fazê-lo. Por isso, tudo ficaria por conta dele.

O menino lutou furiosamente contra o peso, a força e a destreza atenta da mãe. Ele berrou, gritou, proferiu impropérios e obscenidades, soluçou e finalmente prometeu, num queixume, ser sempre um bom menino. A mãe respondeu que sua promessa não significava nada, porque ela ainda não tivera nenhuma idéia de como poderia modificar seu comportamento. Isto provocou nele outro acesso de raiva, que finalmente parou e foi seguido por um pedido urgente de ir ao banheiro. A mãe lhe explicou, gentilmente, que ainda não encerrara sua reflexão; ofereceu-lhe uma toalha para se limpar, caso ficasse muito molhado. Isto provocou mais um pouco de luta selvagem, que rapidamente o deixou exaurido. A mãe aproveitou o sossego para dar um telefonema para sua mãe. Enquanto Joe escutava, ela explicou, casualmente, que ainda não chegara a nenhuma conclusão em sua reflexão, e que realmente acreditava que qualquer mudança no comportamento do menino teria de partir dele. O filho saudou esta declaração com o grito mais forte que foi capaz de emitir. A mãe comentou ao telefone que Joe estava muito ocupado gritando para pensar a respeito da mudança de comportamento e colocou o bocal perto da boca de Joe, para que pudesse gritar nele.

Joe caiu num silêncio taciturno, alquebrado por repentinas agitações de esforço violento, gritos, exigências e soluços interrompidos por apelos lamurientos. A tudo isto, a mãe dava as mesmas respostas brandas e oportunas. Enquanto o tempo passava, a mãe se serviu do café, suco de fruta, comeu os sanduíches e leu um livro. Um pouco antes do meio-dia, o menino polidamente disse à mãe que ele realmente precisava ir ao banheiro. Ela confessou uma necessidade similar. E explicou que isto seria possível se ele concordasse em voltar, reassumir sua posição no chão e deixar que se sentasse confortavelmente em cima dele. Após algum choro, ele concordou. Cumpriu sua promessa, mas quase imediatamente se lançou numa renovada atividade violenta para desalojá-la. Cada vez que chegava perto de conseguir, empreendia um esforço maior, o que o exauria ainda mais. Enquanto descansava, a mãe comia uma fruta e tomava café, dava um telefonema fortuito e lia um livro.

Após mais de cinco horas, Joe capitulou, afirmando simples e humildemente que faria qualquer coisa que ela mandasse. A mãe replicou, simples e seriamente, que toda a sua reflexão havia sido em vão; ela não sabia mesmo o que lhe dizer para fazer. Ele explodiu em lágrimas, mas logo depois, soluçando, declarou que sabia o que fazer. Ela comentou, com seriedade, que ficava muito contente com isso, mas que não acreditava que ele tivesse tido tempo suficiente para pensar bastante sobre o assunto. Talvez mais uma hora ou duas de reflexão pudessem ajudar. Joe, silenciosamente, esperou a hora passar, enquanto a mãe continuava sentada e lia calmamente. Quando mais de uma hora havia decorrido, ela fez um comentário sobre a hora, mas expressou o desejo de terminar o capítulo. Joe suspirou com sobressaltos e soluçou silenciosamente para si mesmo, enquanto a mãe terminava sua leitura.

Quando finalmente acabou o capítulo, a mãe se levantou, e Joe fez o mesmo. Ele, timidamente, pediu alguma coisa para comer. A mãe explicou, com detalhes elaborados, que era muito tarde para almoçar, que o desjejum era sempre comido antes do almoço, e que portanto era muito tarde para servir o café da manhã. Sugeriu que ele tomasse um copo de água gelada e descansasse, confortavelmente, em sua cama, pelo resto da tarde.

Joe adormeceu rapidamente e acordou com o odor de alimentos de que gostava. As irmãs haviam voltado, e ele tentou juntar-se a elas na mesa para o jantar.

A mãe lhe explicou, grave, simples, e com detalhes lúcidos, que era costume primeiro tomar o café da manhã, e então almoçar e depois jantar. Infelizmente, ele havia perdido o desjejum, por isso tivera que perder o almoço. Agora ele teria que perder o jantar, mas, felizmente, ele iniciaria um novo dia na manhã seguinte. Joe voltou para o quarto e chorou até adormecer. Naquela noite, a mãe teve um sono leve, mas Joe só se levantou quando ela já estava preparando o café da manhã.

Joe entrou na cozinha com as irmãs para tomar o desjejum e se sentou alegremente, enquanto a mãe servia panquecas e salsichas para as meninas. No lugar de Joe estava uma tigela grande. A mãe explicou que tinha preparado para ele um desjejum extra-especial de mingau de aveia, alimento de que ele não gostava muito. Lágrimas surgiram em seus olhos, mas ele agradeceu-lhe o serviço, como era costume na família, e comeu vorazmente. A mãe explicou que havia cozido uma quantidade extra, de modo que ele podia se servir uma segunda vez. E, jovialmente, também expressou sua esperança de que sobrasse alguma coisa para satisfazer a fome do menino na hora do almoço. Joe comeu corajosamente para impedir aquela possibilidade, mas a mãe havia cozinhado uma quantidade realmente notável.

Após o desjejum, sem ninguém mandar, Joe começou a arrumar seu quarto. Feito isto, perguntou à mãe se poderia ir conversar com os vizinhos. Ela não tinha idéia do que ele queria, mas deu-lhe permissão. Por detrás das cortinas da janela, ela viu o filho se dirigir para a casa do vizinho ao lado e tocar a campainha. Quando a porta foi aberta, ele aparentemente conversou rapidamente com o vizinho e continuou caminhando rua acima. Mais tarde, ficou sabendo que aquele menino, que sistematicamente aterrorizava a vizinhança, pedira desculpas e prometera que voltaria, o mais rápido que pudesse, para fazer reparos. Ele explicou que levaria bastante tempo para desfazer todas as más ações que praticara.

Joe voltou para casa para almoçar, comeu o mingau de aveia duro e frio, cortado em fatias grossas, ajudou voluntariamente a enxugar a louça e passou a tarde e a noite com seus livros de escola, enquanto as irmãs assistiam televisão. A refeição da noite era farta, mas consistia em restos, que Joe comeu silenciosamente, sem comentários. Na hora de dormir, foi sozinho para a cama, enquanto as irmãs esperavam que a mãe, como sempre, insistisse.

No dia seguinte, Joe foi para a escola, onde se desculpou e fez promessas. Desculpas e promessas foram aceitas com desconfiança. Naquela noite, ele se envolveu numa típica briga de crianças com a irmã mais velha, que gritou pela mãe. Quando esta entrou na sala, Joe começou a tremer visivelmente. A mãe mandou que os dois se sentassem e que a irmã expusesse o caso em primeiro lugar. Quando foi sua vez de falar, Joe disse que concordava com a irmã. A mãe então lhe explicou que esperava que ele fosse um menino normal de oito anos e que se metesse em confusões, como um menino qualquer de oito anos. Então chamou a atenção dos dois para o fato de que a briga deles não tinha valor algum, e por isso devia ser posta de lado. Ambos concordaram.

Educar a mãe de Joe, para capacitá-la a lidar com o problema do filho seguindo as instruções, não foi uma tarefa fácil. Ela tinha diploma universitário, era uma mulher muito inteligente, com um passado de interesses e responsabilidades sociais e comunitárias. Na entrevista, solicitei a ela que descrevesse, o mais completamente possível, o estrago que Joe havia feito na escola e na comunidade. Com essa descrição, o dano dolorosamente aumentou em sua mente. (As plantas na verdade crescem de novo, vidraças quebradas e vestidos rasgados podem ser substituídos, mas este conforto não foi admitido em sua revisão.)

A seguir, pedi a ela que descrevesse Joe ''como ele era antes'' — uma criança razoavelmente feliz, bem-comportada e, na verdade, decididamente brilhante. Solicitei-lhe, diversas vezes, que fizesse comparações entre o comportamento passado e o presente, cada vez mais sumariamente, mas com um maior relevo dos pontos essenciais. Então, pedi a ela que especulasse sobre o provável futuro de Joe, tanto "como era antes" quanto "como era bem possível" agora, à luz de seu comportamento presente. Ofereci sugestões úteis para ajudá-la a esboçar "prováveis retratos do futuro" agudamente contrastantes.

Depois desta discussão, aconselhei-a a pensar em todas as alternativas do que poderia fazer no fim de semana e o tipo de papel que deveria assumir com Joe. Como ela não sabia, ficou numa posição totalmente passiva, de modo que pude oferecer meus planos. Utilizei a hostilidade e os ressentimentos reprimidos e culposos em relação ao filho, e o mau comportamento dele. Cada esforço era feito no sentido de redirigir os dois a uma vigilância deliberada, capaz de frustrar o filho em suas tentativas de reafirmar seu sentido de insegurança e provar que ela era ineficiente.

A aparentemente justificável afirmação da mãe de que seu peso era muito grande para ser colocado em cima de um menino de oito anos foi um dos fatores principais para conseguir sua plena cooperação. No início, este argumento foi cuidadosamente evitado. A mãe foi levada a descartar sistematicamente todas as suas objeções a meus planos através do argumento, aparentemente indiscutível, de que seu peso era muito grande para o menino. Quando ela se entrincheirou em sua defesa, uma cuidadosa discussão ajudou-a a querer, cada vez mais, fazer as várias coisas que eu esboçara como possibilidades para todo o fim de semana.

Quando me pareceu que a mãe havia atingido o grau adequado de prontidão emocional, a questão de seu peso foi levantada. Assegurei-lhe que não precisava de nenhuma opinião médica, e que aprenderia com o filho, no dia seguinte, que seu peso seria irrelevante para ele. De fato, ela teria que usar toda a sua força, habilidade e estado de alerta, além de seu peso, para dominar a situação. Ela poderia até mesmo perder o embate devido à insuficiência de seu peso. (A mãe não podia analisar o significado constritivo desse argumento, apresentado a ela de modo tão simples. Foi colocada na posição de tentar provar que seu peso era realmente demasiado. Para provar isto, precisaria da cooperação do filho, e eu tinha certeza de que a agressividade do menino impediria qualquer submissão passiva ao peso da mãe. Deste modo, a mãe seria ensinada, pelo filho, a não levar em conta suas objeções às minhas sugestões, e sua aceitação seria confirmada pela própria violência do comportamento dele.) Como a mãe explicou mais tarde: "O modo como aquele potro chucro escoiceante me atirava para todos os lados! Eu percebia que tinha que me empenhar seriamente para conservar meu lugar. Tornou-se simplesmente uma questão de saber quem era mais esperto, e eu sabia que tinha um serviço real a fazer. Então comecei a sentir prazer quando antecipava ou ia de encontro aos seus movimentos. Era quase como um jogo de xadrez. Com certeza, aprendi a admirar e respeitar sua determinação, e tive uma enorme satisfação ao frustrá-lo tão completamente quanto ele havia me frustrado.

"Tive um imenso trabalho. Quando voltou do banheiro e começou a se deitar no chão, ele me olhou de uma tal maneira que tive vontade de tomá-lo em meus braços. Mas lembrei-me do que você havia dito, que não devia aceitar sua rendição por piedade, mas somente quando a questão estivesse resolvida. Foi quando fiquei sabendo que havia vencido, de modo que tomei um enorme cuidado para ter certeza de não deixar a piedade interferir. Isto tornou o resto fácil, e pude realmente compreender o que estava fazendo, e por quê."

Nos meses seguintes, até o auge do verão, tudo correu bem. Então, sem razão aparente, exceto uma briga comum com a irmã resolvida injustamente a favor dela, Joe declarou calma, mas firmemente, que não tinha "que agüentar aquele tipo de coisa". Afirmou que podia chutar qualquer um, especialmente a mim, e desafiou a mãe a levá-lo a meu consultório naquela mesma tarde. Sem saber o que fazer, a mãe o trouxe ao consultório imediatamente. Quando entraram, ela declarou, um tanto inacuradamente, que Joe ameaçara sapatear em meu consultório até abrir um buraco no chão. Foi imediatamente dito a Joe que ele provavelmente não poderia chutar o chão com força suficiente para valer a pena. Joe, irado, desceu sua bota de *cowboy* com força, sobre o assoalho acarpetado. Disse-lhe, com condescendência, que seu esforço era realmente notável para um menino de oito anos, e que provavelmente ele poderia repeti-lo algumas vezes, mas não muitas. Joe, com raiva, berrou que poderia chutar o chão com aquela mesma força umas cinqüenta, cem, mil vezes, se quisesse. Repliquei que ele só tinha oito anos e, não importava o quanto estivesse bravo, não conseguiria chutar o chão umas mil vezes. De fato, ele talvez pudesse bater com força somente umas quinhentas vezes. Se ele tentasse, logo ficaria cansado, seu chute ficaria mais curto e mais fraco, e ele teria que passar para a outra perna e descansar. E, ainda pior, disse-lhe que, enquanto estivesse descansando, ele não conseguiria nem mesmo ficar parado sem se sacudir ou querer se sentar. Se não estava acreditando, podia ir em frente e começar. Quando ficasse exausto, como qualquer menino pequeno, poderia descansar de pé, e então perceberia que não conseguia nem mesmo ficar parado sem se balançar e querer se sentar. Com a dignidade ultrajada e furioso, Joe declarou sua solene intenção de abrir um buraco no chão mesmo que necessitasse de um milhão de batidas fortes com o pé.

A mãe foi dispensada com instruções para voltar na "raiz quadrada de quatro", que ela traduziu como "em duas horas". Deste modo, Joe não foi informado da hora que ela voltaria, embora tivesse percebido que um adulto estava dizendo a outro um tempo específico. Quando a porta do consultório se fechou atrás da mãe, Joe se balançou no pé direito e despejou o pé esquerdo contra o chão. Assumi uma expressão de espanto e comentei que aquele chute era muito melhor do que eu esperava, mas duvidava de que ele o mantivesse. Disse que logo ficaria mais fraco, e ele descobriria que não conseguia nem mesmo ficar parado. Joe, insolentemente, bateu o pé mais algumas vezes, e ainda não era possível dizer que seu chute estava ficando mais fraco.

Depois de intensificar seus esforços, Joe atingiu a contagem de trinta, e então começou a perceber que havia superestimado sua habilidade de chutar. Quando esta percepção se tornou evidente na expressão facial de Joe, foi-lhe oferecido, com ares protetores, o privilégio de simplesmente bater de leve o pé no chão umas mil vezes, já que ele realmente não conseguia se manter de pé ou repousar sem balançar e querer se sentar. Com dignidade desesperada, ele rejeitou a batida no chão e declarou sua intenção de manter-se de pé. Prontamente, assumiu uma posição rija, reta, os braços soltos ao longo do corpo, e me encarou. Imediatamente lhe mostrei o relógio sobre a mesa e comentei como era lento o ponteiro dos minutos, e como era ainda mais lento o das horas, a despeito da rapidez do tiquetaquear do relógio. Voltei-me para minha escrivaninha, comecei a escrever na ficha de Joe e, depois disso, me dediquei a outras tarefas na mesa.

Dentro de quinze minutos, Joe estava alternando o peso para a frente e para trás, de um pé para o outro, torcendo o pescoço, balançando os ombros. Depois de meia hora, ele já tentava alcançar algo com a mão, repousava o peso no braço da cadeira ao lado da qual estava em pé. No entanto, logo retirava a mão se pressentia que eu iria lançar um olhar pensativo ao redor da sala. Depois de mais ou menos uma hora, eu me desculpei e saí do consultório. Joe tirou o máximo de vantagem disto, e das diversas repetições do episódio, nunca retornando inteiramente à sua posição anterior ao lado da cadeira.

Quando a mãe bateu à porta do consultório, eu disse a Joe: "Quando sua mãe entrar, faça exatamente o que eu lhe disser". Ela foi admitida e se sentou, olhando com curiosidade para Joe, que permanecia rigidamente encarando a escrivaninha. Fazendo sinal para que a mãe permanecesse em silêncio, voltei-me para Joe e, peremptoriamente, ordenei: "Joe, mostre para sua mãe com que força ainda pode bater no chão". Joe estava espantado, mas respondeu nobremente. "Agora, Joe, mostre-lhe como pode ficar parado, firme e reto". Um minuto mais tarde, dei duas outras ordens: "Minha senhora, esta entrevista entre Joe e mim é um segredo entre nós dois. Joe, não conte nada à sua mãe sobre o que aconteceu aqui no consultório. Eu e você sabemos, e isto é o suficiente. Está bem?".

Joe e a mãe balançaram a cabeça. Ela parecia um pouco desapontada; Joe parecia totalmente satisfeito. Na viagem de volta para casa, Joe se manteve em silêncio, sentado sossegadamente ao lado da mãe. Quando estavam a meio caminho de casa, Joe quebrou o silêncio ao comentar que eu era um "médico simpático". Como mais tarde a mãe contou, esta declaração inexplicavelmente sossegara sua mente. Ela não perguntou, nem lhe foi dada nenhuma explicação dos acontecimentos ocorridos no consultório. Sabia unicamente que Joe me respeitava e confiava em mim, e ficaria contente em me ver de vez em quando, socialmente. Joe continuou a ser um menino normal, muito inteligente, que uma vez ou outra se comportava mal justificadamente.

Dois anos depois a mãe de Joe ficou noiva. Joe gostou do padrasto em perspectiva, mas fez à mãe uma pergunta exigente — queria saber se eu aprovava o homem. Diante da minha aprovação, houve então uma aceitação total.

Num mundo indefinido, onde as flutuações intelectuais e emocionais criam um estado de incerteza que varia conforme o estado de espírito de um momento para outro, não pode haver certeza ou segurança. Joe procurou descobrir o que realmente era forte e seguro e aprendeu, da maneira mais eficaz que se pode aprender, a não chutar uma pedra com o pé descalço ou dar um tapa num cacto com mãos desguarnecidas.

VII

O CASAMENTO E OS DILEMAS DA FAMÍLIA

Quando um casal atinge os anos medianos do casamento, suas dificuldades em geral já se tornaram padrões habituais. Algumas vezes, os filhos são envolvidos em suas brigas, mas freqüentemente a queixa que trazem é o reconhecimento de um problema matrimonial. Uma questão típica que ocorre neste período é uma luta de poder entre marido e mulher a respeito de qual deve ser o parceiro dominante no casamento. Todos os animais aprendem que a organização hierárquica faz parte de sua natureza, e uma questão contínua no casamento é saber quem é o primeiro e quem é o segundo na hierarquia da relação matrimonial. Alguns casais conseguem ter flexibilidade em relação a esta questão; em alguns momentos e em algumas áreas, a esposa é dominante; em outros momentos e outras áreas, o marido domina, e, em muitas situações, eles funcionam como iguais. Um casamento em dificuldade é, em geral, aquele onde o casal só é capaz de funcionar de uma maneira, em relação à qual existe descontentamento. Às vezes, um dos esposos faz exigências paradoxais ao outro. Com freqüência, a esposa quer que o marido seja dominador — mas gostaria que ele exercesse esse domínio de acordo com a sua opinião.

Quando casais são capturados numa luta de poder deste tipo, ela pode continuar durante anos, embora nenhum deles a deseje. Como parte desta luta, utilizarão uma ampla gama de comportamentos, incluindo sintomas, como munição. Erickson desenvolveu uma variedade de procedimentos para resolver conflitos matrimoniais que se tornaram hábitos arraigados, comportamentos cíclicos. Dois casos ilustram técnicas bem diferentes para o mesmo dilema. Um casal proprietário de um restaurante estava numa luta de poder sem solução a respeito de quem dirigiria o restaurante. Neste caso, Erickson resolveu o problema entrevistando somente a esposa; o marido não foi incluído diretamente.

Este homem, vamos chamá-lo sr. Smith, estava com cerca de cinqüenta anos e dirigira restaurantes toda a sua vida. Ele começara com um ponto de cachorros-quente no ginásio. Durante todos os anos em que fora proprietário de um restaurante, a esposa submetia-o a uma catequização cotidiana. Isto começara no noivado e continuara durante todo o casamento. Como ela relatou, sentia-se compelida a checar tudo, todos os dias, para ver se ele era capaz de dirigir o restaurante corretamente. A verificação o deixava furioso; ainda assim, ele a permitia. Ela gastava umas duas horas checando tudo e fazendo-o recitar o relatório do que havia comprado, das decisões que havia tomado.

Ela afirmou que não queria dominar o marido deste modo, que faria qualquer coisa para ser capaz de parar de agir assim. Como se sentia impotente a respeito do assunto e compelida à verificação, decidi utilizar o sentimento de compulsão fazendo-a aplicá-lo a si mesma, desviando-o dele. Atribui-lhe a tarefa de testar o marido, como sempre fazia, mas através da elaboração de uma lista escrita das perguntas que costumava fazer. Deveria, também, elaborar uma lista paralela de perguntas similares sobre suas próprias atividades. Depois que tivesse interrogado o marido, ela deveria sair e interrogar a si mesma sobre como haviam transcorrido suas atividades. Deveria colocar as questões como se fossem para o marido, e então respondê-las. Assim como ela fazia inquirições a respeito do estoque disto e daquilo no restaurante, deveria perguntar a si própria como estavam os estoques da casa. Deveria responder: "Encomendei sete litros de leite para a casa, comprei dois pães", e assim por diante.

O marido continuava sendo testado, mas em seguida ela era obrigada a se colocar no papel dele — a não ser pelo fato de que ela respondia às suas próprias perguntas, e ele era obrigado a responder às perguntas dela. Ela mantinha o controle e, contudo, estava num papel meramente recitativo.

Ela reagiu de modo previsível; fartou-se de todo aquele procedimento e parou de questionar o marido todos os dias. Eu a vi última vez um pouco depois que o tratamento terminou. Ela me contou que só vai ao restaurante quando está com amigos, para comer. Nunca faz perguntas a ele, mas também não relata nada sobre as atividades domésticas. Administra uma casa de cinqüenta mil dólares de maneira completamente satisfatória para ele.

O que é típico nesse caso é o modo como Erickson consegue que alguém que tem uma compulsão realize um ato compulsivo que sobrepuja a dificuldade. O que não é comum é o modo como o marido é utilizado no tratamento, sem nunca se envolver. A esposa que tentava manipular o marido é manipulada para empreender a tarefa de manipular a si mesma enquanto o manipula, e a deixar de lado um procedimento de tantos anos, que enfurecera o esposo e produzira sofrimento no casamento. Também é típico de Erickson determinar a competência do marido na direção do restaurante antes de aliviar a esposa da tarefa de supervisioná-lo.

Em outro caso muito similar, Erickson lida com o marido e a esposa juntos. Ele resolveu um conflito matrimonial de longa duração através de uma instrução simples, que forçou uma mudança devido à natureza da situação.

Marido e mulher dirigiam juntos, há muitos anos, um restaurante, e brigavam constantemente por causa da administração. A esposa insistia em que o marido devia administrá-lo, e ele protestava que ela nunca o deixava fazer isto. Como ele colocou: "É, ela fica me dizendo que devo dirigir o restaurante. Todo o tempo ela o está dirigindo e dizendo que eu devia fazê-lo. Eu sou o ajudante de garçom, o porteiro, esfrego o chão. Ela me importuna a respeito das compras, da contabilidade, me aborrece porque o chão precisa ser limpo. Eu realmente deveria contratar alguém para limpar o chão, mas minha esposa não pode esperar até alguém aparecer e se oferecer para o emprego. Então, acabo fazendo o serviço eu mesmo, e aí não há mais necessidade de se contratar alguém para isto".

A esposa assumiu uma posição razoável, afirmando que queria que o marido tomasse conta do restaurante porque preferia ficar em casa. Tinha costuras para fazer. E gostaria de servir ao marido ao menos uma refeição diária, preparada em casa, com alimentos especiais que ele apreciava. O marido replicou: "Isto é o que ela diz. Você está ouvindo, eu também. Mas ela estará no restaurante amanhã de manhã!".

Fiquei sabendo que fechavam o restaurante por volta das dez horas da noite e o abriam às sete da manhã. Comecei a lidar com o problema perguntando à esposa quem abria o restaurante. Ela disse: "Nós dois temos chaves. Eu sempre chego antes e abro, enquanto ele estaciona o carro".

Sugeri à esposa que desse um jeito de o marido chegar ao restaurante meia hora antes dela. Eles só tinham um carro, mas o local ficava a apenas algumas quadras de casa. Ela poderia caminhar até lá durante a meia hora. Quando concordou com o arranjo, o conflito foi solucionado.

Ao discutir esse casal com alguns colegas, Erickson colocou o assunto simplesmente assim: Fazer com que a mulher chegasse meia hora mais tarde que o marido resolveu o problema. Como esta solução parecia mais óbvia para ele do que para a sua audiência, continuou explicando:

Como o marido chegava meia hora antes da esposa, *ele* levava as chaves. *Ele* abria a porta. *Ele* destrancava tudo. *Ele* arrumava o restaurante para funcionar aquele dia. Quando a esposa chegava, estava completamente fora de ritmo e muito atrasada. Muitas coisas haviam sido colocadas em movimento, e ele estava se saindo bem. Naturalmente, quando, naquela manhã, ela ficou para trás, em casa, aquela meia hora, viu-se diante da louça do café da manhã e de outras tarefas domésticas. E, se podia chegar meia hora mais tarde, cinco minutos mais não fariam diferença. De fato, o que ela não havia percebido quando concordara com o arranjo era que podia se atrasar quarenta minutos, ou mesmo uma hora. Deste modo, descobriu que o marido podia tomar conta do restaurante sem ela. O marido, por seu lado, estava descobrindo que podia administrar o restaurante.

Uma vez que a esposa se rendeu àquela meia hora pela manhã, acabou percebendo que podia ir para casa mais cedo à noite e preparar um ceia para ele antes de dormir. E com isso ele passou a se encarregar da tarefa de deixar o restaurante em ordem para a noite e do fechamento.

A esposa começou também a aprender a administrar o lar, que era a atividade mais importante para ela. No arranjo final, ela ficava em casa, mas estava disponível para assumir o caixa, ou alguma outra posição, se um empregado ficasse doente ou estivesse de folga. Em outros momentos, não precisava ficar no restaurante, e não ficava.

Ao discutir o caso, um colega chamou sua atenção para o fato de que o problema não era só da esposa; o marido se empenhara em convidá-la a tomar conta do restaurante e, portanto, tratava-se de um jogo no qual os dois estavam envolvidos. Erickson concordou, mas disse que ajudar o marido a descobrir seu envolvimento não era necessariamente relevante para ocasionar a mudança. Como ele coloca: "Não pensei que conseguiria alguma coisa contando ao marido que ele estava convidando a esposa a mandá-lo limpar o chão, e assim por diante. Ele não teria entendido. Mas começou a entender que era o encarregado do lugar durante toda aquela meia hora. E sentiu-se inteiramente confortável".

Muitas vezes é difícil conseguir que a esposa faça uma mudança deste tipo e mantenha sua atitude, particularmente quando ela é uma mulher que gosta de controlar. Tecendo comentários sobre o assunto, Erickson salientou que a esposa aceitou a idéia e prosseguiu com ela devido à maneira como a questão fora colocada. Ele lhe solicitara que *desse um jeito* de o marido chegar meia hora mais cedo. Ela foi colocada na direção do arranjo e, assim, se dispôs a aceitá-lo.

Quando um terapeuta está lidando com um casal, ele às vezes descobre que o contrato estabelece que a mulher é quem deverá determinar o que será dito na consulta. Obter o ponto de vista do marido sobre o problema é difícil, porque a esposa não permite que ele fale, mas, prestimosamente, responde por ele sempre que algo lhe é perguntado. Pedir à mulher que fique quieta para que o marido possa ter vez em geral dá bons resultados, mas algumas vezes a esposa não se refreará com esta solicitação. Erickson tem modos diferentes de lidar com uma mulher assim "dominadora".

Quando pergunto ao marido qual é seu ponto de vista e a esposa o interrompe, mesmo que eu tenha lhe pedido para não fazer isto, então geralmente encontro alguma ação que a mantenha quieta. Por exemplo, digo à esposa: "Desejo ouvir seu marido e você continua falando. Sei que isto se deve à sua ânsia de me ajudar a compreender. Mas por acaso tem um batom?". Naturalmente, em geral ela tem um batom, e peço que o retire da bolsa. Digo então: "Agora, isto pode lhe parecer ridículo, mas suponha que fique segurando o batom deste modo" — e mostro-lhe que quero que o segure com a ponta apenas tocando seus lábios. "Agora, mantenha-o exatamente neste lugar, apenas tocando. Farei algumas perguntas a seu marido, e desejo que note como seus lábios querem se mover. Penso que achará isso bem interessante". A mulher pode ficar fascinada observando o tremor de seus lábios no batom. Ao fazer isto, dou-lhe um uso legítimo para seus lábios. Ela não entende bem, mas acha divertido.

Quando uma mulher é tão dominadora que exclui o marido da criação dos filhos, Erickson se aliará a ela de tal modo que a persuadirá a envolver mais o marido.

Quando me vejo diante de um mulher realmente dominadora, eu a cumprimento por sua competência. Quando isto fica estabelecido, levanto uma dúvida questionadora. Expresso minha inabilidade em compreender como uma mulher com a sua inteligência pode negligenciar o uso da competência do marido. Então saliento que, biologicamente, um homem é uma criatura muito diferente da mulher. Sua filosofia de vida é diferente, e seu funcionamento fisiológico é diferente em relação às crianças.

Para a mulher, o ato sexual leva dezoito anos para se completar. Ela precisa receber o esperma, carregar e nutrir o bebê durante nove meses, e tudo isto acarreta transformações em seu corpo. Precisa tomar conta do bebê, ensiná-lo, nutri-lo, educá-lo, guiá-lo e protegê-lo durante os longos anos da infância. Biologicamente, a mulher é orientada para esta tarefa. Quando a mulher dominadora escuta isso, tem uma desculpa legítima para aceitar sua dominação na educação dos filhos. Mas, tão seguramente quanto aceitará a desculpa legítima, permanecerá aberta para a responsabilidade de usar toda a influência favorável do meio ambiente. Entre as influências favoráveis está o marido, que representa outra ordem de experiências biológicas, de aprendizado biológico. Seus filhos precisam viver num mundo de homens e mulheres, e aprender a lidar com os dois sexos. Por isso, as crianças precisam de uma percepção adequada do caráter biológico dos dois sexos. A mulher dominadora é, literalmente, levada a perceber que precisa utilizar as coisas inerentes à estrutura biológica do marido pelo bem dos filhos.

Certa vez, contaram a Erickson que uma esposa dominava de tal modo o marido que, quando atendia um telefonema para ele e a pessoa não queria se identificar, ela simplesmente desligava. Agia como se toda comunicação com o marido devesse ser feita através dela. Quando lhe perguntaram como se deveria lidar com um homem que permitia que isso ocorresse, Erickson afirmou que preferia lidar com a esposa.

Eu receberia a esposa sozinha e abordaria, com muitos rodeios, a importância da integridade do eu. Há certas coisas que um indivíduo deve manter em segredo, até mesmo para os íntimos. Eu salientaria que não há razão para que uma esposa anuncie ao marido que seu primeiro dia de menstruação chegou. É importante para ele, mas mesmo assim é uma coisa privada, pessoal. Então, discutiria os contatos que uma pessoa pode fazer e que devem permanecer secretos. Nenhuma mulher deve impedir que o marido mantenha segredo sobre seu presente de Natal, ou de aniversário. Deve ficar em segredo que ele pediu à cunhada para comprar o presente. Deveria ser possível para a esposa do vizinho manter segredo absoluto a respeito de sua eleição como presidente do grupo na assembléia da igreja. Há tantos segredos essenciais à integridade do viver. Mantemos segredos até de nós mesmos. Quantos homens, na verdade, sabem qual das pernas da calça veste primeiro?
Eu a faria saber que é possível ter pleno conhecimento de tudo, mas que nem sempre esse conhecimento é confortável. Isto a torna responsável por conseguir um conhecimento confortável para si mesma e prover áreas de privacidade significativa para o marido.

Embora seja mais comum a figura da mulher dominadora, às vezes o conflito surge quando o marido é muito dominador. Sem dúvida, o problema não é meramente de como o casamento "deveria" ser, mas sim um conflito de um dado casal em torno desta questão. Os casais geralmente lidam com dois tipos de arranjos simultâneos: fingem que o marido está à cabeça do casal, quando na verdade é a esposa quem dirige a maior parte das áreas da vida familiar. Todo casal sofre por causa do mito de que a situação era diferente há duas gerações. Por exemplo, temos a idéia de que os pais eram fortes e figuras mais dominadoras no período vitoriano. No entanto, nossa informação a respeito da estrutura da família naquela época é amplamente conjectural. Uma anedota pode ilustrar o tipo de mitologia com a qual vivemos. Certa vez, comecei a inquirir algumas pessoas mais velhas, que haviam crescido em Viena na virada do século, sobre como eram suas famílias. Estava interessado no tipo de clima familiar evidente na época de Sigmund Freud, quando ele viu o pai como uma figura tão poderosa e castradora. Uma vienense me informou que em sua família o pai era uma figura muito poderosa quando jovem. E acrescentou: "Não nos era nem mesmo permitido sentar na cadeira de papai". Curioso, perguntei-lhe como o pai conseguia manter as crianças longe de sua cadeira. Ela replicou: "Ah, ele não fazia nada. Mamãe fazia. Ela nos dizia que se sentássemos na cadeira dele ficaríamos com espinhas no traseiro". Parece que, ao menos, se dava ao pai o crédito de ser a autoridade na família.

Algumas vezes, nesses anos intermediários do casamento, uma esposa inicia a terapia afirmando que o problema matrimonial é causado pelo fato de o marido ser muito dominador, de nunca permitir que ela opine sobre qualquer assunto. Dois casos de Erickson ilustram seu modo de lidar com esse problema, tanto quando se trata de uma dominação flagrante e explícita quanto quando se trata de uma forma de domínio mais sutil.

Uma mulher narrou um problema sério com o marido. Eles estavam casados há alguns anos e haviam economizado dinheiro para comprar uma casa, um evento importante na vida dos dois. No entanto, agora que podiam escolher uma casa, o marido havia insistido em que ela não tivesse voz ativa no assunto. A escolha da casa e a seleção do mobiliário eram assuntos seus. Ela relatou que ele sempre fora tirânico, mas, nesta questão de casa, ela acreditava que precisava fazer alguma coisa, porque era importante para ela opinar sobre o tipo de casa que escolheriam.

Para um problema colocado desta maneira, há certo número de intervenções terapêuticas possíveis, desde lidar com a impotência da mulher diante do marido até reunir o casal e ajudá-los a esclarecer a comunicação mútua. Erickson tende a enfocar a maneira específica como o problema é apresentado e resolvê-lo da forma mais eficiente e econômica.

Dou um jeito de receber o marido para uma entrevista sem a presença da esposa. Discuto com ele quem deve ser o chefe da família e concordo, plenamente, que é o homem. Também concordamos que, na compra de uma casa, o homem deve ter a última palavra sobre o tipo de casa e o mobiliário. Durante a entrevista, passo a uma discussão sobre o tipo de homem que é *realmente* o chefe da família. Quando desperto sua curiosidade a respeito desse tipo de homem, sugiro que um homem que realmente seja chefe é um homem suficientemente poderoso para permitir que seus subalternos opinem sobre assuntos menores. Deste modo, eu o convenço a manter o controle das coisas mais elevadas, enquanto *permite* que a esposa tome conta dos detalhes. Combinamos que ele selecionaria vinte plantas de casa e vinte projetos de decoração e permitiria que a esposa escolhesse um de *seus* planos. O resultado agradou à esposa e ao marido, pois ele estava realmente no comando de todo o arranjo.

Abordando o problema deste modo, Erickson expandiu o relacionamento entre marido e mulher, de maneira que cada um deles passou a ter mais espaço para lidar com o outro amavelmente.

Num outro caso de marido tirano, o problema era diferente, porque o marido era muito benevolente.

Um casal estava casado há um bom tempo e enfrentava uma batalha constante que nunca era bem expressa. Ele havia crescido numa família rica da Nova Inglaterra, onde tudo fora feito por ele. Era um homem extremamente meticuloso, que tinha que fazer tudo corretamente, e a esposa era rigidamente governada de acordo com um código de etiqueta adequado. A esposa havia crescido numa fazenda e estava acostumada a uma vida mais livre, com piqueniques, acampamentos e atividades mais espontâneas.

A benevolência e proteção do marido providenciavam tudo na vida dos dois, e a esposa desenvolveu um enorme ressentimento que não podia expressar, porque o que ele fazia era sempre adequado e benevolente. O ressentimento irrompeu na vida sexual do casal de maneira infeliz. Ela era fria em relação a ele, e ele tinha ejaculação precoce. Ela ficava excitada e ele tinha uma ejaculação prematura, deixando-a insatisfeita. Quando ele conseguiu controlar sua ejaculação, ela definitivamente perdeu o interesse pelo sexo e se submetia sem disposição, entre bocejos, à relação sexual.

Tratei o problema lidando com áreas diferentes da vida conjugal. Escolhi temas diversos, como terem prazer em jantar fora, o tipo de flores que ele mandava a ela e as celebrações do aniversário de casamento.

A esposa gostava de jantar fora e o marido satisfazia seu desejo, mas a ida ao restaurante sempre acabava de maneira absurda, em que os dois ficavam descontentes. Aparentemente, ele a levava onde queria ir, deixava que escolhesse o que queria comer, e assim por diante. Mas, de alguma maneira, a coisa não dava certo: ela nunca ia ao restaurante que queria, nunca se sentava à mesa que preferia e nunca conseguia comer o que desejava. Mesmo assim, sempre tinha que admitir que era um bom restaurante e um bom jantar, e que tudo era maravilhoso. Mas ia para casa furiosa e se sentindo desamparada. O marido sempre lhe oferecia a oportunidade de corrigi-lo, mas de tal modo que ela não conseguia fazê-lo.

O problema tornou-se evidente numa entrevista conjunta que tive com eles. Quando ela insinuou que não conseguia escolher o que queria num restaurante, ele protestou: "Acredite-me, eu não faria nada disso. Certamente eu não desejaria excluir minha esposa de jeito nenhum". Ele então explicou à esposa que a situação não era bem como ela havia descrito, até que finalmente ela concordou, na minha frente, que ele não havia se comportado daquele modo.

Perguntei-lhe se estaria disposto a levar a esposa para jantar fora, de tal maneira que ela o surpreenderia com a escolha do restaurante. Ele concordou, pois naturalmente desejava fazer a coisa certa. Assim, quando vieram para a próxima sessão, eu já havia estabelecido uma série de instruções que deveriam seguir. Ele deveria dirigir e a esposa deveria ler as instruções para ele. Eu havia assinalado num mapa as ruas que ele deveria tomar. Saindo de sua casa, ele desceria alguns quarteirões, viraria à esquerda, depois à terceira ou quarta à direita, depois algumas quadras em frente, e assim por diante. Então, ele deveria entrar no primeiro restaurante à direita, que vamos chamar de Green Laggon. Ela anteriormente mencionara que não estivera naquele restaurante, assim como em vários outros. Na verdade, o caminho que esbocei os levou a fazer uma volta pela cidade e voltar para algumas quadras de distância de sua casa, onde o restaurante estava localizado.

Minhas instruções incluíam não só como dirigir até o restaurante, mas também o que fazer quando lá entrassem. Deveriam passar a primeira sala, contornar a mesa do lado direito, dirigir-se à fileira de mesas junto à parede, circundar outra mesa e, finalmente, sentar-se numa determinada mesa. A garçonete trouxe os menus, e eu havia dado à esposa instruções cuidadosas. Destaquei que a garçonete daria primeiro o menu a ela, e então daria outro a ele. Enquanto ele estivesse examinando o menu, que sempre lia do começo ao fim, ela deveria dizer: "Vamos trocar de menus". Isto parece uma coisa simples e, ainda assim, mudou toda a orientação dele. Ela estava escolhendo no menu *dele*. Quando ele perguntou o que ela queria, ela lhe respondeu que pedisse filé mignon ao ponto, salada do chefe com molho Roquefort, e assim por diante. Ele continuava olhando o menu, fechando-o e perguntando o que pediria para ele. Aquele homem extremamente meticuloso sentiu que seu menu estava nas mãos dela, e por isso precisou pensar o que pedir daquele menu através dela.

O jantar foi muito agradável. Ele achou ótimo que as instruções os tivessem conduzido ao Green Lagoon. Um homem tão meticuloso apreciou isto como uma obra de arte. Na próxima vez que saíram para jantar, ele tomou conta da situação, dizendo que havia se divertido muito dirigindo daquela maneira ridícula. "Vamos dirigir do mesmo jeito e ver em que restaurante acabamos." Então, repetiu o modo de dirigir durante um longo trecho e finalmente disse: "Vamos dirigir mais dez quarteirões e parar no primeiro restaurante simpático que encontrarmos". (Eu havia proibido a ida a restaurantes que conhecessem.) A esposa avistou um e disse que parecia bom, e ele se dirigiu para lá. Era um lugar grande, que ele não conhecia, e a esposa imediatamente anunciou seus desejos como fizera no Green Lagoon. Tiveram outro jantar agradável. Ele não havia entendido como tiranizava a esposa, mas entendera que, pela primeira vez, ela realmente desfrutara algo com ele, e lhe disse isto. Ele nunca recebera aquele tipo de gratidão, o que o encorajou a continuar procedendo do mesmo modo.

Uma das principais mudanças que aconteceu a esse casal ocorreu por ocasião de seu aniversário de casamento. Anteriormente, o marido sempre organizara a festa, que a esposa não apreciava, mas à qual não conseguia se opor. Ela me contou o que ele faria. Compraria um bolo ornamentado, convidaria as pessoas adequadas, verificaria se os pratos estavam corretos, a safra correta do champanha e assim por diante.

Recebi o marido sozinho e lhe disse que, com a aproximação deste aniversário de casamento, seria delicioso se ele pudesse fazer uma surpresa para a esposa. Ele deveria lhe fazer uma surpresa inesquecível. Esbocei a surpresa, enquanto ele me fitava com horror. Disse-lhe para alugar uma caminhonete e comprar sacos de dormir e outros equipamentos de acampamento, bacon e ovos, cachorros-quentes, hambúrgueres e alimentos similares. Ele deveria comprar para a esposa *jeans* e tênis, cujas medidas poderia pedir à cunhada. Disse-lhe para entrar no pátio, na noite do aniversário de casamento, e dizer à esposa: "Aqui estão suas roupas. Coloque-as. Você tem uma surpresa pela frente". Ele fez exatamente isto, e eles fizeram o desjejum do aniversário de casamento diante de uma fogueira, depois de terem passado a noite na parte de trás da caminhonete, em pleno deserto. Eu também lhe havia dito para escalar algumas montanhas no dia seguinte, para cozinhar outra refeição e então entrar na caminhonete e se perder.

Ele fez exatamente isto. Disse à esposa que, ao invés de dirigir de volta à cidade, ele iria pegar uma estrada ao acaso, mesmo não sabendo onde ela ia dar. Eles fizeram um passeio delicioso. Daí em diante, eles passaram a acampar nos fins de semana de verão. Ela adorou aquele aniversário de casamento. Sentira falta de todos os piqueniques e acampamentos de seu passado.

Agora o marido me procura umas três vezes por ano para rever os ajustamentos, seus e da esposa. Ela vem umas duas vezes por ano, somente para fazer uma revisão. Sei que algumas escolas de terapia recomendariam que um casal com esses ressentimentos sepultados deveria expressá-los e trabalhar para superá-los. Meu ponto de vista é que é melhor vencer a questão quando se pode. Se não pode limpar a casa, não tente limpá-la; mude-se para uma nova.

No caso da luta de poder entre marido e mulher, Erickson age rapidamente se sente que há algum perigo. Ele não acredita que não se deva intervir na vida das pessoas, ou que se deva meramente dar conselhos, particularmente quando há risco de sobrevivência. Por exemplo, quando uma mãe veio vê-lo com o filho e contou sobre o marido, Erickson a aconselhou a deixar imediatamente a cidade, sem nem mesmo ir para casa fazer as malas. Ela assim o fez, e o marido mais tarde veio vê-lo, encolerizado, porque Erickson mandara a esposa para algum lugar onde ele não a podia encontrar. No entanto, o marido admitiu que havia comprado um revólver para matá-la. Mais tarde, Erickson reuniu marido e mulher em seu consultório para resolver o problema.

Parte da confiança de Erickson em seu método de tratar os pacientes é render-se à sua própria postura moral. Ele tem idéias precisas sobre como as pessoas devem se comportar, e, ao mesmo tempo, é tolerante em relação aos vários modos de vida existentes na cultura. Sua posição moral não é rígida; mas ele não a questiona continuamente, como o fazem alguns terapeutas liberais.

A posição moral de Erickson não se baseia numa idéia abstrata, mas naquilo que pode tornar a vida mais agradável. Algumas vezes, quando um dos cônjuges parece estar se aproveitando do outro, ele age para provocar uma mudança.

Um de meus pacientes tinha uma esposa que se casara catorze vezes antes. Ele pensava que ela havia se casado duas vezes. Gostei do rapaz. Tinha uma personalidade agradável, forte. Ele sentia sua força, mas não queria exercê-la em sua boa, doce, errada e neurótica esposa, que não podia ser culpada por ter tido dois casamentos malsucedidos.

Recebi a mulher sozinha; ela não pretendia me contar a respeito dos catorze casamentos anteriores, mas, de algum modo, "espontaneamente", contou. E me fez prometer que não contaria ao marido. Salientei que o marido estava sendo terrivelmente paciente e generoso com ela. Ela falsificara cheques e ele os pagara. Ela se descontrolara, batera o carro, e ele pagara o conserto. Ela repetidamente corria atrás de outros homens. Eu lhe disse que o marido estava, no momento, tentando decidir se deveria ficar com ela. Perguntei-lhe: "Você não acha que deveria lhe contar a respeito dos outros doze casamentos que ainda não mencionou?". Ela respondeu que não, e eu repliquei: "Bem, esta é sua resposta; *agarre-se* a ela".

Naturalmente, ela contou ao marido. Ela não agüentava receber ordem de homens, e eu lhe dera uma ordem: "agarre-se à sua decisão". Ela me desobedeceu, contando a ele.

Quando ficou sabendo a respeito de todos os casamentos anteriores, o homem adotou uma atitude diferente. Ele lhe perguntou: "Quantas vezes em seus casamentos anteriores você fez falsificações?". Ela lhe contou. "Quantas vezes correu atrás de outros homens?" Ela lhe contou. Ele disse: "Muito bem, eu me casei com você e estou apaixonado por você, mesmo que seja uma parasita. Mais uma falsificação, mais uma escapada, e me divorcio. Tenho a excelente base legal de que você escondeu de mim informação vital".

A esposa se endireitou. Teve medo de perder aquele décimo-quinto marido.

Quando lida com um casal, Erickson geralmente evita tomar partido de um contra o outro, uma regra geral que considera importante, exceto em casos onde haja violência ou uma total falta de cooperação. Algumas vezes, recebe os esposos individualmente, e outras, juntos. Com freqüência, decide na sala de espera. Ele conta:

Quando um casal chega, vou vê-los e quase invariavelmente pergunto: "Qual dos dois quer me ver primeiro, ou querem entrar juntos?". Então observo seu comportamento facial e postura da cabeça.

Quando vejo que olham um para outro como se estivessem dizendo: "Por favor, entre comigo!", convido os dois a entrar. Se o marido me olha quase com um choque de horror e aponta para a esposa com um gesto que indica que é ela que vai entrar, então olho para ela, para ver se está apontando do mesmo modo para ele. Se está, convido os dois a entrarem. Se ele aponta para ela e eu observo sua expectativa, faço-a entrar primeiro.

Uma vez ou outra, um marido diz: "Antes que receba minha esposa, quero falar com o senhor primeiro". Às vezes, a esposa deseja me ver antes do marido. Nem sempre me guio por esses desejos. Algumas vezes digo: "Muito bem, mas suponha que para minha melhor compreensão eu receba os dois juntos durante uns cinco ou seis minutos. Então, entrevistarei um de vocês". Faço isto porque, se eles são muito ditatoriais sobre quem devo ver primeiro, estão tentando assumir o comando — assim, eu o assumo. Então, quando os recebo juntos, posso prolongar o tempo para quinze ou vinte minutos, mas quase sempre fico em cinco ou seis minutos. Peço então que um se retire, dizendo: "Agora vou falar com um de vocês durante uns cinco ou seis minutos''. Sempre limito o tempo, e me dou a oportunidade de reconstituir o procedimento.

Algumas vezes, um dos esposos se recusa a vir ao consultório para lidar com um problema matrimonial; com freqüência é o marido, e não a esposa. Terapeutas diferentes manipulam este problema de modos diferentes. Usualmente, um pedido direto ao esposo relutante traz bons resultados, mas, quando isto não acontece, Erickson tem uma maneira particular de trazer o cônjuge à terapia.

Um marido me trouxe a esposa, dizendo que estava cansado de pagar consultas para um terapeuta três vezes por semana, sendo que ela só havia piorado desde que iniciara o tratamento. Declarou que não falaria comigo, só queria que eu trabalhasse com a esposa e fizesse alguma coisa.
Recebi a esposa umas sete vezes antes de conseguir que ele viesse me ver. Usei um procedimento que com freqüência utilizo em casos assim. Conversei com a esposa, e, em cada sessão, trazia à tona algo com o que o marido não concordaria, dizendo: ''Não sei como seu marido se sente a respeito deste assunto específico''. Em geral, era algo que o marido pensaria que eu não estava entendendo corretamente. Após cada entrevista comigo, o marido interrogava a esposa sobre o que acontecera, e todas as vezes ela mencionava a questão que eu levantara sobre algum ponto de menor importância. Depois dessas sete sessões, ele lhe ordenou que marcasse uma hora para ele. Veio para me endireitar, e então pude trabalhar com os dois.

Há ocasiões em que Erickson acredita que é essencial receber o marido e a mulher juntos, e descreve a situação deste modo:

Quando se tem um marido e uma esposa que estão extremamente desconfiados e bravos um com o outro, é preciso recebê-los juntos. E imediatamente defino o meu papel. Se o marido despeja um monte de desconfianças, o que pode fazer de modo muito sutil, eu me viro para a esposa e digo: ''E ele realmente acredita nisto e é sincero em sua afirmação, não é mesmo?''. A esposa pensa: ''Ele está do meu lado'', e o marido pensa que eu estou do lado dela. Então digo ao marido: ''Agora, por gentileza, vamos ouvir alguns comentários de sua esposa''. Ela então retaliará com uma suspeita menos sutil e acusações. Porque foi colocada na defensiva. Então eu me volto para o marido e faço exatamente a mesma afirmação sobre como ela realmente acredita no que está dizendo e é sincera. A esposa subitamente percebe que estou do seu lado, mas também do lado do marido, e ele sente as coisas do mesmo modo. Eu lhes dou só o tempo suficiente para absorver isto e digo: ''Agora, vocês vieram aqui em busca de ajuda. Certamente querem que eu examine ambos os lados da questão, sistematicamente, de modo que possamos chegar à verdade. E estou seguro de que vocês dois não têm medo da verdade real''. Deste modo, defino a verdade real como *meu* ponto de vista a respeito da questão. Cada um pensa que estou do seu lado, e então descobre que estou do lado da verdade real com a cooperação total deles.

Geralmente, sinto que devo conseguir estar do lado dos dois parceiros, mas uma vez ou outra, assumo uma atitude inteiramente diferente. Se a queixa começa com o mais vociferante dos dois, e percebo que essa pessoa está sendo irracional, volto-me para o outro e digo: ''Ele sinceramente acredita em tudo isso. Está convencido disto. Ora, você sabe que grande parte do que ele diz, ou talvez tudo, não tem nenhum fundamento. Você quer que ele entenda muito bem tudo o que tem bases sólidas, e que descarte o que não tem. Do mesmo modo, ele quer que você descarte tudo que realmente não se encaixa''.

Deste modo, justifico aquele que é vociferante e solicito uma atitude de objetividade absoluta do outro. Ao mesmo tempo, é dito ao vociferante que ele vai rejeitar tudo o que não cabe, e que tem que concordar com o que está sendo proposto. Ora, isto soa como se eu estivesse deliberadamente dirigindo e controlando a situação. Na verdade, tudo que faço é tornar possível a uma pessoa alterar seu próprio pensamento e seus próprios pontos de vista. Estou meramente salientando: ''Aqui estão algumas dezenas de outros caminhos que se pode percorrer e que vocês nem notaram no mapa''.

Quando um casal tem dificuldade para conversar sobre alguma coisa a respeito da qual se sente culpado, Erickson restringirá a comunicação entre eles de tal modo que falar sobre a culpa se torna apropriado.

Algumas vezes, quando estou recebendo juntos o marido e a mulher, impeço a esposa de olhar para o marido e vice-versa. Eles sentem esta restrição como algo muito forte. A tendência é tentarem dar uma olhadela furtiva para o outro, para verificar como ele está aceitando a situação. Mas isto é uma travessura, segundo pensam. E assim, eles apresentam mais material do que jamais pensaram apresentar. Veja, eles precisam fazer alguma coisa, não conseguem fazê-la inteiramente e, ainda assim, têm que fazer alguma coisa. Como não conseguem evitar o olhar furtivo, têm que se comunicar verbalmente. Como se sentem culpados a respeito de, ocasionalmente, terem olhado furtivamente, expressam idéias e pensamentos que carregam culpa. É uma situação geradora de culpa, e assim eles comunicam a culpa. No entanto, nesta situação é preciso estar atento para que eles não a utilizem como vingança e não comecem a se recriminar. "Ele não quer me levar para jantar fora." Ninguém quer este tipo de coisa. Ela é simplesmente a mania de criticar.

Erickson está disposto a restringir a comunicação dentro do consultório de vários modos, e, tanto dentro como fora dele, ele se sente muito à vontade ao requerer um comportamento estranho e inapropriado para atingir determinado fim. Algumas vezes seu método pode ser uma terapia do absurdo. Ele pode instruir o paciente a guiar vinte quilômetros pelo deserto e descobrir a razão de estar lá. Pode também encorajar o comportamento absurdo dentro de um casamento.

Certa vez, apresentei a ele o caso de um jovem casal que expressava um problema comum de forma extremada. O marido era incapaz de iniciar um comportamento; esperava que a esposa o dirigisse em tudo o que fazia. Como uma ilustração particular, aos sábados, a esposa limpava a casa e o marido a seguia por todos os cômodos, observando-a tirar a poeira e passar o aspirador. Isto a irritava, mas ela não sabia como parar com aquilo; em todos os lugares da casa, encontrava o marido por perto, observando seu trabalho. O marido afirmou que gostava de observar o trabalho dela. Erickson explicou como lidaria com o problema. Ele receberia a esposa sozinha e a instruiria a realizar seu trabalho, no sábado seguinte, como de costume. Quando terminasse de passar o aspirador em cada cômodo, seguida pelo marido, ela deveria dizer: "Bem, aqui está pronto", e passar para a sala seguinte. Quando houvesse completado a limpeza, deveria tirar o saco de pó do aspirador e retornar a todos os cômodos. Deveria espalhar a poeira por cada cômodo, dizendo: "Bem, até o próximo sábado". E recusar-se-ia a discutir a questão com o marido. Segundo Erickson, o marido seria incapaz de segui-la novamente, e eles brigariam, durante a semana, em torno de algum tema matrimonial importante.

Quando Erickson deseja provocar uma briga entre um casal que está sendo muito afável, ele pode se aproximar do problema gentilmente ou introduzir algo absurdo. Para lidar gentilmente com ele, dirá: "Se você fosse uma mulher menos tolerante, e se você fosse um homem menos tolerante, sobre que coisas vocês discordariam?". Deste modo, o casal é forçado a dar um passo rumo à expressão dos desacordos.

Ao discutir o modo de produzir uma briga de maneira mais extremada, Erickson diz: "Pode-se começar uma briga introduzindo qualquer coisa que seja incompreensível. Peça a uma criança que engraxe seus sapatos, e quando ela acabar, então, deliberadamente, respingue água neles. Então, tolamente, diga: 'Isto os deteve, não?'. A sensação de perplexidade é desagradável e conduz à ação. Ou peça a alguém que costure um botão e quando ele relutantemente o fizer, diga: 'Ele realmente estava apertado, não?'. Se você desfaz algo que foi feito e faz algo incompreensível, torna-se muito destrutivo".

Algumas vezes Erickson não provoca uma briga entre um casal, mas, ao contrário, o encoraja a continuar brigando da maneira usual. Brigar sob coerção força uma mudança na natureza da briga. Esta técnica de encorajar as pessoas a se comportarem da maneira habitual é típica de Erickson e parece surgir de seu modo de encorajar um comportamento de resistência quando hipnotiza alguém. Como um exemplo de como ele encoraja um casal a fazer o que fazem usualmente, de modo que a modificação possa ocorrer, temos a maneira como ele lidou com o problema de alcoolismo de um casal. Ele relata:

Um casal veio me ver, e a mulher era um tanto alcoólatra. Bebia em segredo. Todos os dias, quando o marido voltava do escritório, ela estava bêbada, e eles travavam uma batalha noturna, enquanto ele, em fúria, procurava uma garrafa pela casa. Ela ficava maluca porque ele dava busca. Tornou-se um jogo de habilidades encontrar a garrafa, assim como travar a batalha noturna.

Descobri que a idéia dele de um bom fim de semana era se esticar numa espreguiçadeira e ler o *Business Week*, o *Wall Street Journal* ou um livro. A idéia que ela tinha de um fim de semana agradável era ir para o quintal, trabalhar nas flores e, quando ninguém estivesse olhando, deixar escorrer em sua boca parte do conteúdo daquela garrafa de uísque escondida na terra. Ela gostava realmente de jardinagem; e também gostava muito de uísque.

Com os dois em meu consultório, salientei que todas as noites ele laboriosamente tentava encontrar a garrafa escondida e que ela tinha um prazer jubiloso em escondê-la. Disse-lhes que continuassem exatamente com esse procedimento. Ele deveria procurar a garrafa e ela deveria escondê-la. Mas, se ele não conseguisse encontrá-la, *ela teria o direito de esvaziar a garrafa no dia seguinte.*

Deixei-os jogar este pequeno jogo durante certo tempo. Não era um bom jogo, mas ele não gostava daquela caçada e ela se deliciava muito com ela. No entanto, o procedimento *roubou dela o privilégio de esconder a garrafa secretamente*. Ela agora tinha que escondê-la propositalmente, não era mais aquele ocultamento culposo, envergonhado e furtivo. Isto tirou dela parte do prazer. Eles ficaram atônitos quando sugeri que ela escondesse a garrafa, que, como recompensa, seria dele se ele a encontrasse, e dela se isso não ocorresse. Mas, de qualquer modo, era o que eles estavam fazendo nos últimos doze anos.

O próximo passo foi fazer com que ele comprasse um *trailer* e a levasse para Canyon Lake para pescar — sem uísque. Escolhi co-

227

mo recreação um passeio de barco porque descobrira que ela crescera numa região lacustre e que *odiava* lagos e peixes. Ele também detestava pescar.

Salientei que o fato de estarem sozinhos na água dentro de um barco pequeno, sem uísque, a manteria sóbria, o que seria bom para a sua saúde. Seria bom também para o marido respirar ar fresco, ao invés de meter o nariz num jornal com indolência e inércia.

Previsivelmente, eles começaram a usar o *trailer*, mas não foram pescar de barco. Acampavam durante os fins de semana, atividade que agradava aos dois. Ela começou a ficar sóbria, manter-se sóbria, e começaram a se divertir. Eles acampavam todos os fins de semana em todas as áreas disponíveis para isso e desistiram de sua batalha.

Este caso ilustra uma técnica adicional que é típica de Erickson. Foi solicitado ao casal que comprasse um *trailer* e fosse pescar num lago. Erickson queria que eles modificassem o padrão de comportamento dos fins de semana: ao invés de ficarem em casa, evitando-se mutuamente e bebendo, ele queria que saíssem para uma nova atividade. No entanto, escolheu a pesca no lago — coisa de que nenhum dos dois gostava. Eles escolheram outra alternativa *dentro do quadro* que Erickson estabelecera e começaram a acampar durante os fins de semana, atividade que agradava aos dois. Deste modo, o casal fez uma escolha "espontânea" a respeito de como passar seu fim de semana de modo diferente.

Além de encorajar as pessoas a se comportarem como usualmente o fazem, Erickson também antecipará alguma mudança neles, preparando-as para ela. É mais provável que a modificação ocorra se as pessoas estiverem fazendo coisas que só fariam se a mudança tivesse ocorrido.

Outro modo de lidar com o problema da bebida ilustra esta abordagem. Como Erickson acredita que um problema grave, como beber, envolve mais do que uma pessoa, comumente trabalha com a família em tais casos. Ele descobriu, e não foi o único, que a esposa de um alcoólatra pode reagir negativamente quando ele pára de beber, o que com freqüência o obriga a continuar bebendo. Erickson antecipa esta reação como um modo de modificá-la. Ele conta:

> Quando um alcoólatra desiste de beber, a esposa não tem mais oportunidade de aborrecê-lo. Com freqüência ela se sente perdida e sem objetivo na vida. Uma maneira que às vezes emprego para lidar com isso é receber o alcoólatra e a esposa juntos. Peço ao marido que me defina a situação problemática. Ele dirá algo como: "Acho que eu não teria me tornado alcóolatra se minha mulher não me abor-

recesse o tempo todo''. Meu comentário para a esposa é: "Duvido que realmente o aborreça; espero que expresse seu ressentimento legítimo a respeito do fato de ele beber demais. Isto exigiu muito de sua energia no passado. À medida que ele melhorar, onde você vai empregar essa energia?''.

Eu a convenço a pensar sobre o assunto. Mas, ao colocar a coisa dessa maneira, dou ao marido a oportunidade de vigiá-la para que ela utilize a energia em outras áreas. E ele tem de parar de beber para que ela tenha energia disponível para utilizar em outras áreas. Deve-se sempre amarrar os dois juntos, mas nunca contar a eles. Quando obrigo a mulher a usar seu tempo e energia em outro lugar, também estou obrigando o marido a dar-lhe esta oportunidade.

E chamo a atenção dela para o seguinte: "Todas as manhãs você acorda com uma certa quantidade de energia. Durante o dia, você a utiliza e, na hora de dormir, está cansada. Quer ir para cama e refazer o suprimento. Quando ele parar de beber, como vai utilizar a energia durante o dia?''.

Algumas vezes, adoto o mesmo método com toda a família, pois sempre há uma reação familiar quando um alcoólatra melhora. Posso perguntar à filha, assim como fiz com a esposa: "Quando seu pai deixar de ser um alcoólatra, como é que você vai passar o tempo que gastava no passado desejando que ele não bebesse, ou evitando-o, ou mesmo magoando-o para que se corrigisse?''. Um estudante me respondeu: "Bem, posso gastá-lo na minha geometria." Uma esposa replicou: "Então terei a oportunidade de participar do trabalho da comissão da igreja''.

Atualmente, não são só os jovens que se envolvem em várias viagens de drogas; seus pais também ficam presos a seus próprios tipos de drogas. Uma das mais comuns são os tranqüilizantes. Ao contrário de muitos psiquiatras, que encaram os medicamentos como um modo de aquietar e estabilizar as pessoas, Erickson os encara como um modo inapropriado de vida. Algumas vezes, é-lhe atribuída a tarefa de libertar alguém de alguma espécie de droga. Ele comenta:

Não receito calmantes para as pessoas. Com freqüência, meu problema é fazer com que alguém abandone os tranqüilizantes. Quando uma pessoa me pede uma receita de calmantes, se eu simplesmente a recusar, ela irá a outro médico para obtê-la. Por isso, não nego a receita, mas, de alguma maneira, também não a forneço.

Por exemplo, uma mulher veio me ver e pediu, com certo desespero, que eu lhe desse uma receita do calmante que estava tomando. Eu disse: "Sim, certamente'', e comecei a procurar alguma coisa em minha escrivaninha. "Meu receituário está bem aqui'', disse, e procurei-o em cima da mesa. Eu me mexo ativamente nestas ocasiões, mas não consigo localizar o bloco, e, enquanto isto, começamos a conversar. De um jeito ou de outro, no final da entrevista ela vai embora e nós dois não lembramos da prescrição do calmante. Se ela tiver algum em estoque, terá que lançar mão dele, porque continuo me esquecendo do assunto nas entrevistas seguintes.

Quando esqueço, e ela também esquece, então sua incapacidade de me lembrar durante as sessões faz com que entre elas fique pensando: "Preciso lembrá-lo", ao invés de ir a outro médico. Mas, obviamente, é um esquecimento inocente de minha parte, e um esquecimento não intencional da dela. Deste modo, mantenho as solicitações centradas em mim.

Algumas vezes, quando alguém está preso aos calmantes, e tenho que receitar algum, ofereço a ele a amostra grátis que as companhias me fornecem. Chamo sua atenção para o fato de que assim economizará muito dinheiro. Com isto, as pessoas adquirem os calmantes só de mim, e posso controlar a quantidade e a freqüência.

Algumas vezes Erickson usa o que denomina uma cura normal com um viciado em calmantes. No caso seguinte, ele relata o uso desta cura num problema bem grave.

Um médico descobriu que a esposa tinha uma lesão no fígado causada por tranqüilizantes, e me telefonou de sua cidade, perguntando se eu estaria disposto a tê-la como paciente. Se uma folha caísse de uma árvore ou um pedaço de papel caísse no chão, ela precisava tomar um calmante. Quando veio me ver, com o marido, sua aparência sugeria que gostaria de ser encarada como uma pessoa normal. Pude perceber que, se sugerisse que era neurótica, ela se tornaria hostil e reservada, não importa o quanto cooperasse comigo. Queria ser tratada como uma pessoa normal. Ela se submetera a tratamento psiquiátrico várias vezes por semana, por razões obscuras. Quando conversei com ela, fiquei sabendo que obtivera um bacharelado em música, e o marido, que parecia um homem sensato, tinha um doutorado em ciências. Como o maior interesse dela era pela música clássica, sugeri que qualquer tranqüilizante para o seu problema tinha que ter um caráter positivamente clássico. Algo que a sustentasse através dos anos.

Salientei que, pela sua aparência, o modo como cruzava as pernas e se apoiava no braço, ela claramente estava tomando muitos calmantes e sofrendo os resultados. Disse-lhe que tinha uma variedade de tranqüilizantes que certamente apreciaria e que seu marido aprovaria. Disse-lhe que eles seriam extremamente benéficos, mas ela teria que trabalhar bastante para se preparar para tomá-los. Então, contei-lhe de que tipo eram. Disse que toda vez que ela sentisse o desejo compulsivo de engolir um calmante, deveria se sentar e, verbal e enfaticamente, proclamar em alto e bom som todas as obscenidades e blasfêmias que conhecesse. Achou que era uma boa idéia, e o marido também. Ela reagiu ao meu conselho passando a acreditar que não havia nada de errado com ela, e o que quer que fosse desapareceria tão logo os tranqüilizantes que estavam em seu interior fossem expelidos. Os dois saíram felizes, e eu marquei outra hora para recebê-los novamente.

Quando sugeri as obscenidades e blasfêmias, expliquei-lhe que ela havia reprimido uma infinidade delas durante toda a infância e adolescência, e que a vida deveria ter sido um inferno para ela nesse período. Ela concordou comigo. Contou-me vários detalhes a respeito das intromissões da mãe durante seus primeiros anos de casamento, narrou suas exigências, suas expectativas e maneiras arbitrárias. Ressaltei que a blasfêmia clássica era algo que acontecia desde a época do homem da caverna, e que sempre se mostrara eficiente. Ela gostou de conversar comigo e adotou esta solução. Foi uma solução normal para um problema normal.

Quando o casal compareceu à consulta seguinte, perguntei: "Vocês têm outros problemas que acham necessário discutir?". Eles concordaram comigo que o passado estava morto e enterrado, e que seria lembrado com inteligência.

ENTREVISTANDO A FAMÍLIA COMO GRUPO

Admite-se em geral que a terapia de família, definida como a entrevista conjunta de seus membros, teve início nos anos 50. Muitos terapeutas escolheram este procedimento naquela época, e Erickson foi um deles, embora seu trabalho com a família não seja muito conhecido, porque ele publicou pouco a respeito de seus métodos de tratamento familiar. Embora sua terapia seja orientada no sentido de definir a psicopatologia como um problema da família, ele rotineiramente não reúne todo o grupo familiar numa entrevista. Quando o faz, trabalha com um estilo particular, bem diferente da abordagem de outros terapeutas de família. Por exemplo, quando reúne toda uma família, pode acontecer de a mãe ser dominadora e ficar na defensiva, impedindo os outros familiares de expressarem o que têm a dizer. Muitos terapeutas familiares lidam com esses problemas solicitando que a mulher fique quieta, usualmente sem sucesso; ou eles a instigam através de instruções ou quebram a família em subsessões, para que os outros membros tenham uma oportunidade de serem ouvidos. Erickson aborda este problema de maneira um tanto diferente.

Um pai veio me ver para perguntar se eu estaria disposto a receber sua família. Veio em sigilo, sem que a esposa ficasse sabendo. Contou que era incrivelmente infeliz e que seus filhos estavam tendo problemas com a lei. Mais tarde, quando trouxe a família, ficou claro que a mãe era o tipo de mulher que pensava não ser necessário que os outros da família falassem; ela se encarregava disto.

Eu disse à mãe que ela precisava se preparar para uma situação completamente incomum. Fiz com que colocasse as mãos no colo, que as sentisse atentamente, e continuasse fitando as mãos, mantendo os polegares somente um quarto de polegada separados um do outro. Disse-lhe que devia observar com atenção os polegares, e não permitir que se movessem mais para perto ou para longe. Afirmei que teria uma luta excessivamente árdua para manter a boca fechada, mas que deveria fazer isto, não importa o que as outras pessoas da família dissessem. Assegurei-lhe que, mais tarde, ela teria a última palavra, mas que no momento queria apenas que focalizasse seus polegares e não falasse. Então voltei-me para o marido e pedi a ele para ficar de boca fechada. A mesma coisa solicitei ao primeiro e ao segundo filho. Então pedi ao menor da família, o menos importante de todos, aquele cuja opinião era a menos momentosa, que começasse a verbalizar sua opinião sobre cada um dos membros da família. Eles o escutaram com tolerância, especialmente a mãe, embora encrespasse os lábios, porque aquilo era simplesmente conversa de criança. Assim, tendo aceitado escutar o filho menor, a mãe estava também afirmando o direito de o segundo e o primeiro filho falarem, e, sem dúvida, o marido também. Ela teve que ouvir atentamente, porque, para dar a última palavra, teria que responder ao que fora dito. Uma vez ou outra, eu levantava a questão: "A senhora está realmente escutando?". Ela não conseguia falar sem mover os polegares, de modo que, cada vez que tentava, eu apontava para eles e ela ficava quieta, e escutava de novo. Manter os polegares separados era uma coisa sem importância, mas, antes de poder fazer qualquer coisa, ela teria que desfazer a posição, e não havia razão para desfazê-la.

Deste modo, foi possível restringir a comunicação na família e motivar seus membros a se tornarem mais comunicativos. É só uma restrição temporária. Porque, se ouvimos o pequeno Johnny, e então Willy, o filho do meio, e depois Tom, o mais velho, cada um motiva o outro a ser mais comunicativo, porque foi autorizado. Quando chegou sua vez de falar, a mãe literalmente teve que repassar tudo, porque a sua seria a última palavra. Numa situação usual, ela poderia falar durante uma hora inteira sem conseguir dizer nada. Mas, naquela situação, tinha muito a dizer sobre todos os pontos mencionados pelos outros. Uma espantosa quantidade de informação pode surgir deste arranjo simples.

Este procedimento demonstra a preferência de Erickson em engajar a pessoa numa luta em seu próprio terreno, ao invés de colocá-la no terreno da outra pessoa. A mulher era uma especialista em tagarelice, mas não na manutenção dos polegares separados a certa distância. Presa ao esforço de provar a Erickson que conseguiria manter os polegares separados, ela se viu cooperando ao deixar que as outras pessoas da família falassem, o que era o objetivo de Erickson.

Quando Erickson está trabalhando com todo o grupo familiar, ele gosta de definir a posição de cada um geograficamente, e então mudá-los de uma cadeira para outra.

Ele tem outras técnicas para encorajar a família a falar de maneiras que considera produtivas.

Quando alguém, num grupo familiar, não está falando e sinto que deveria falar, começo ressaltando o fato. Volto-me para a pessoa e digo: "Não sei quantas coisas foram ditas aqui que você acredita devam ser formuladas diferentemente". Então, volto-me para os outros e os deixo falar. Depois, dirigindo-me à pessoa, repito: "Certamente deve haver alguma coisa que você realmente pensa que deva ser reformulada". Na terceira vez, direi: "Você decidiu qual dentre as primeiras coisas precisa ser formulada de outro modo?", e, antes que a pessoa possa responder, eu a frustro, voltando-lhe as costas e me dirigindo aos outros.

A frustração da fala é um modo de encorajar alguém a falar. Algumas vezes, quando uma pessoa tem um problema emocional relacionado à sua capacidade de fala, eu pergunto: "Qual é o seu nome, quantos anos tem, em que cidade nasceu, para que time de beisebol você torce?". Cada vez que o paciente luta para responder, ensaia trejeitos com os lábios para começar a falar, a próxima pergunta é formulada. Essas pessoas tendem a falar impulsivamente. Com um paciente que deseja permanecer mudo, você faz uma pergunta, inicia uma pausa e não lhe dá oportunidade de responder. Na próxima pergunta, você espera, mas não o suficiente. Você está tão diligente que o frustra, até que, finalmente, ele diz: "Quer calar a boca? A resposta é...". Ele tem que abandonar seu comportamento e agarrar algo novo, e o algo novo é o que você está apresentando.

Algumas vezes, na primeira entrevista é necessário ajudar a pessoa a falar. Ela vem lhe contar seu problema, mas reluta em discuti-lo. Uma maneira de lidar com isto é dizer: "Esta é sua primeira entrevista comigo. Você me diz que deseja falar a respeito de coisas muito dolorosas. Em outras palavras, julgo que existem algumas coisas que preferiria não me contar. Penso que não deveria me contar essas coisas que quase não agüenta não contar. Conte-me as coisas que puder, com um mínimo de sofrimento. Mas, sem dúvida, refreie as coisas que não suporta me contar". A pessoa começa a falar, e no fim

233

da hora dirá: "Bem, eu lhe contei todas as coisas que não suporto contar". O que fazem é escolher. Pensam: "Ouso dizer isto ou não? Sou livre para retê-la, mas talvez possa contar esta outra coisa". Eles sempre votam a favor de contar. Adiam a revelação, mas é isto que é reter.

Com um casal, pode-se abordar o assunto de maneira similar. Pode-se dizer: "Bem, quero ouvir ambas as histórias. Mas certamente existem coisas que vão esconder. Você vai retê-las porque prefere que sua esposa me conte do que fazê-lo você mesmo". Deste modo, estamos na verdade dizendo: "Você prefere me contar ou prefere que outra pessoa o faça?". É um enfrentamento da realidade. Algumas vezes, alguém diz que existe algo que preferiria não contar e que não devo insistir. Eu digo que, se me contar espontaneamente, não poderá me acusar de insistir. Usualmente, a pessoa fala espontaneamente.

Outra variação de como encorajar as pessoas a se comunicarem pedindo que se contenham é dar instruções simples à família.

Recebo a mãe, o pai e o filho juntos e peço que se assegurem de não falar nada que não desejem que os outros saibam. Em outras palavras, torno cada um deles muito vigilante a respeito do que diz. Mas, enquanto cada um deles está se vigiando, também se torna extremamente vigilante em relação aos outros. A mãe prestará atenção a suas declarações, mas vai observar como o pai e o filho se traem. O que vêm à tona são ressentimentos, não meras recriminações. Deste modo, você assume o encargo do que eles iriam fazer de qualquer jeito, mas a coisa surge da sua série de atividades. Você os manda caçar onde deseja que eles cacem. Isto também impede uma aliança contra você, se não é isso o que quer.

Embora algumas vezes Erickson entreviste a família toda junta, ou um casal, ele geralmente prefere modificar um problema familiar trabalhando com um indivíduo, enquanto, ocasionalmente, recebe os outros membros da família. Quando permite que um problema seja "trabalhado totalmente", faz isso através do cuidadoso arranjo de como deve ocorrer. Um tal arranjo é descrito no caso seguinte, que ilustra o ponto de vista de Erickson sobre a relação existente entre compreensão e mudança. Ele não tem nenhum entusiasmo pelo *insight*, e o comenta assim: "Ajudar um paciente a entender a si mesmo, tornar-se mais consciente de si, não tem nada a ver com modificá-lo. A maioria dos psiquiatras tornam as pessoas mais autoconscientes, mas nunca conseguem que o paciente se torne consciente do que pode *fazer*. É irrelevante saber por que uma pessoa faz o que faz. Se observarmos a vida das pessoas felizes, bem ajustadas, perceberemos que elas nunca se preocuparam em analisar sua infância ou seus relacionamentos parentais. Eles não se preocuparam com isso, e não irão se preocupar''.

No entanto, Erickson acredita na utilidade de certo tipo de compreensão. Como ele coloca: ''Quando não se pode forçar a pessoa a ultrapassar os limites imediatos de uma configuração emocional e encarar algo objetivamente, eles adquirem uma visão diferente, e então não há nada que possam fazer a respeito dessa nova compreensão que desenvolvem. Eles têm que aceitar uma mudança''. O caso a seguir ilustra este ponto.

Tenho como paciente uma mulher que tem tido uma série de casos amorosos. O marido evidentemente não sabe de nada. Ela me disse que quer que ele descubra os casos para que eles possam se separar ou restabelecer o casamento em bases mais sérias. Eu lhe disse que receberia o marido à uma da tarde de sábado, e queria que ela saísse da cidade e não voltasse até domingo de manhã.

Quando o marido — vamos chamá-lo Gerald — entrou, começou a me dizer, de modo repetitivo, que tinha uma esposa boa e doce. Ele simplesmente não conseguia entender por que tinham conflitos ou qual era o problema.

Falou sobre a vida comum dos dois. Disse que toda vez que tinha que sair da cidade em viagem a esposa ficava solitária e por isso um de seus amigos aparecia para visitá-la. Ele ficava contente que o amigo aparecesse, porque assim ela não se sentia solitária. Mencionou que um dos amigos havia deixado um tubo de pasta de dentes na pia do banheiro. Outra vez, ele notou no lixo uma lâmina de barbear usada de marca diferente da que usava.

Ele falou a respeito dos amigos visitantes como se eles houvessem chegado sábado, ido embora na hora do jantar, voltado no domingo, e ido embora na hora do jantar. O amigo e a esposa haviam escutado discos juntos e conversado.

Falou sobre o relacionamento com a esposa e sobre as constantes brigas e atritos. Então mencionou que a esposa trabalhava como assistente social num bairro pobre da cidade. Comentou que, quando voltou de uma das viagens, havia em casa um cereal matinal de tipo diferente do usual e que a louça suja do desjejum dava a impressão de que a esposa havia tomado dois cafés da manhã.

Ele começou a falar à uma da tarde e, finalmente, às seis, ele comentou: ''Sabe, se minha esposa fosse qualquer outra mulher, eu diria que ela estava tendo casos amorosos''.

Eu perguntei: ''De que maneira sua esposa difere de outras mulheres?''.

Ele disse: ''Meu Deus, minha esposa é como qualquer outra mulher!''. Neste ponto, ele ficou muito perturbado, gritou, abanou os braços e continuou repassando os mesmos detalhes de novo. O tubo de pasta de dente no banheiro, a lâmina de barbear, os desjejuns. Ele identificou cada detalhe no novo contexto.

Durante a tarde inteira, eu esperara que ele dissesse alguma coisa que me permitisse fazer aquele tipo de pergunta. Foi por isso que deixei que repetisse, uma série de vezes, sua história; procurava alguma pequena observação que me permitisse arrancá-lo para fora daquela configuração restritiva. Quando ele reconheceu que a esposa era "outra mulher", não havia nada que pudesse fazer sobre esta nova compreensão.

Marquei uma entrevista para ele e a esposa no dia seguinte, e os recebi juntos. Disse à esposa: "Agora, fique bem quieta. Seu marido tem algo a dizer". Como ela estivera fora da cidade, eles não haviam conversado, e eu não queria que o fizessem agora. Queria que ela simplesmente escutasse.

O marido repassou a história inteira, detalhe por detalhe. Fria e deliberadamente, identificou o tubo de pasta de dente, a lâmina de barbear, a louça, os itens da conta da quitanda quando ela havia cozinhado algo especial para um namorado, e assim por diante. A esposa ficou sentada lá, muda, obviamente aborrecida e sofrendo. Ela ficou espantada com a acuidade da percepção inconsciente dele. Gerald cometeu também alguns erros em suas afirmações sobre o que deveria ter acontecido, e ela teve de aceitar os erros, porque tinha que permanecer calada. Eu não queria que ela se defendesse, pois isso transformaria a situação. Ela queria se defender, mas sua emoção se prendeu à idéia: "Posso muito bem assumir também essa desgraça". Ela estava se punindo com a arma que o marido lhe oferecia.

Quando ele terminou o que tinha a dizer, eu disse à esposa: "Vá para a outra sala, porque quero perguntar a seu marido o que deve ser feito a seguir". Conversei com ele sozinho. Ele havia recebido uma confirmação passiva através do silêncio dela e sabia que tudo era verdade. Ele disse: "O que devo fazer?". Eu respondi: "Você tem uma porção de coisas a fazer. Quer continuar o casamento ou quer um divórcio, ou uma separação?". Ele disse: "Eu a amo muito. Gostaria de deixar tudo isto no passado". Eu lhe disse: "Esta é uma declaração muito impulsiva. Volte daqui há uma semana. Enquanto isso, não veja sua esposa. Reflita sozinho".

Ele foi para casa, e ela para um hotel, seguindo uma sugestão minha. Marquei uma consulta para ela para dali há uma semana, e uma para ele. Aconteceu que marquei as duas consultas no mesmo horário, mas eles não sabiam; cada um esperava somente me encontrar. Assim, vieram despreparados.

Quando entraram, fiz a pergunta que o marido teria feito se tivesse pensado nela. Disse: "Antes de começarmos a entrevista que determinará o futuro de vocês, há uma questão que quero colocar:

236

Você na semana passada viveu num hotel. Sua cama foi ocupada só por você?''.

Ela replicou: ''Fiquei tentada várias vezes, mas imaginei que meu marido poderia me querer de volta. Sabia que queria voltar, e não quis arriscar isto por alguns momentos de prazer''.

Eles discutiram pouco a respeito dos casos, de modo que tive que fazer uma pergunta pessoal. Perguntei parte para ele, parte para ela: ''E quanto ao seu bom amigo Jack?''. Ele respondeu: ''Ele era um bom amigo, mas receberá um adeus na próxima vez que o encontrar''. Perguntei à esposa: ''E quanto a Bill?''. Havia uma dúzia de amigos dele com os quais ela estava tendo um caso. Notei que o marido enfatizava alguns, e era sobre esses que eu lhe perguntava. A ela, fazia perguntas sobre os outros. Eles estavam se desfazendo de tudo aquilo.

Eu desejava que a confrontação se desse na minha presença, porque não queria uma discussão onde pudessem voltar a padrões anteriores de comportamento. Ele pensaria: ''Se eu tivesse dito aquilo...'', e ela pensaria: ''Se tivesse respondido aquilo...''. Então seria uma reafirmação dos padrões passados. Com a confrontação, a separação e a nova confrontação, não havia possibilidade de uma discussão até que essa situação abrasiva tivesse esfriado. Não era muito difícil impedi-los de demorarem-se no passado — eu queria saber sobre o futuro, não sobre o passado. Tudo isto é o fim da relação de vocês ou o começo de uma nova? Se é o término — ponto final. Se é uma nova relação, o que esperam dela?

Os dois foram embora juntos, e o problema dos casos amorosos não surgiu novamente. Um ano mais tarde, quando os vi, eles estavam economizando dinheiro e planejando ter filhos, que mais tarde tiveram. Durante alguns anos eu os encontrei socialmente. Certa vez, alguns anos depois, numa conversa que estávamos tendo, ele comentou: ''Já estava na hora de eu descobrir que minha esposa era simplesmente como qualquer outra mulher'', e disse isso com um tom divertido na voz.

Embora alguns problemas matrimoniais sejam claramente parte de uma luta no casamento, outros podem surgir como um sintoma num indivíduo. Muitos sintomas de um indivíduo são obviamente um produto da situação matrimonial, e Erickson lida com eles de tal modo que os sintomas e os problemas matrimoniais são resolvidos concomitantemente. O modo como trabalha é, com freqüência, tão sutil que uma apresentação detalhada de um caso é necessária aqui.

Uma paciente veio me ver devido a acessos de sufocação, de palpitação, sensação constante no peito, medo de não sobreviver durante a próxima meia hora. Quando esses acessos de sufocação e palpitação ocorriam? Ela disse que a qualquer hora do dia ou da noite. Mas não levei muito tempo para descobrir que eles tendiam a acontecer na hora de ir para a cama. Descobri também que eles aconteciam na hora do almoço, à tardinha, ao meio-dia, quando os amigos vinham fazer uma visita, se histórias picantes fossem contadas. E então deixei que minha paciente pensasse que estava separando sua sintomatologia do quarto de dormir, relacionando os acessos também a visitas ocasionais de vizinhos, grupos sociais casuais. Mas eu sempre dava um jeito de fazê-la pensar em alguma história picante que sua vizinha tivesse lhe contado, alguma história picante que havia sido contada num encontro social. Em geral, não deixava a paciente me contar a história. Vamos inibir a história. O objetivo era conseguir arrancar as inibições e trabalhá-las, mas inibindo alguma outra coisa; inibamos a história, a narrativa dela, ao invés de inibir sua respiração. Não faz sentido algum tentar privá-la do padrão de inibições. É melhor dar-lhe muitas e muitas oportunidades de usar as inibições. E, assim, eu lhe permitia sentir-se inibida quanto a me relatar as histórias, mas a *instruía* para se inibir. Ela não as teria mesmo contado, de modo algum, mas eu meramente assumi esta direção. Então insinuei que aquela falta de ar e aquelas palpitações na hora de dormir deviam ter tornado a preparação para a cama difícil. Será que o vapor do chuveiro agravava sua falta de ar e sua palpitação? Ela teve que pensar a respeito do assunto, mas o que não sabia era que estava pensando em si mesma nua. Esta pergunta me permitiu fazer com que ela pensasse sobre si mesma nua sem lhe pedir que passasse pelo processo de tirar a roupa. Assim, ela estava fazendo isto para mim enquanto estudava a questão. Então perguntei-lhe se sair do chuveiro e pisar no chão — a súbita mudança de temperatura do ar quente e úmido do chuveiro para um ar relativamente mais frio do banheiro —, será que esta súbita mudança de temperatura em sua pele agravava sua respiração de algum modo, acelerava as palpitações ou a falta de ar? Se agravavam, então, ao secar o corpo com a toalha, ela melhorava, os sintomas diminuíam, ou o que acontecia? A mulher está pensando em si mesma nua, no meio da sala, não atrás de uma cortina de chuveiro, e está discutindo abertamente comigo.

Então, a próxima coisa que queria que ela fizesse era se perguntar o que, *possivelmente*, existia em seu quarto que poderia causar aquele acesso, aquelas palpitações e sensação de dor no peito. Isto porque ela desenvolvia os sintomas talvez uma hora ou uma hora e meia antes de ir para a cama. Por conseguinte, era a antecipação psicológica de algo que havia no quarto. Algo no quarto! Não alguma coisa que ia para a cama no quarto, mas alguma coisa *no* quarto.

Presumo que seu problema está relacionado com o quarto devido à maneira extremada e trabalhosa com que alisa o vestido e esconde os pés cuidadosamente embaixo da cadeira, mantém-se rígida e empertigada, pela blusa de gola alta que está usando, pelo cabelo puxado para trás, de modo muito meticuloso, pelo fato de ter apenas um filho. Todas as suas maneiras são extremamente rígidas, pudicas. Todo o seu comportamento sugere isto — não sei se é verdade ou não. Mas ela é rígida e empertigadamente recatada, e tem falta de ar e palpitações todas as noites.

Na discussão que lhe ofereci, ela encarou o fato de estar nua no meio da sala, e um homem estranho estar discutindo sua pele despida. Isto foi feito tão rápido e tão facilmente, mas é um fato, e já aconteceu. Isto vai ensiná-la que ela irá encarar muitas outras questões no quarto. Agora, muito provavelmente, mencionei, em algum ponto da entrevista, que indubitavelmente ela tem esta sintomatologia quando vai visitar a mãe ou o pai, quando visita amigos — o que lhe dá a entender que os sintomas necessariamente não se relacionam somente ao *seu* quarto e esconde o fato de que estou cônscio de que isto possa estar relacionado a seu marido. Eu a estou ajudando a esconder qualquer percepção da possibilidade de que isso tudo esteja relacionado com o marido. Mas *eu a estou ajudando a esconder*. Então, quais são as coisas do quarto? Bem, sabemos que há janelas com cortinas, cadeiras, e há o guarda-roupa. A pergunta que lhe fiz, com grande interesse, foi: "Você guarda aí o baú de seu enxoval?". Você percebe como um baú de enxoval incorpora ou simboliza todas as hesitações e incertezas que uma jovem nubente tem sobre o casamento e sobre o sexo, e todas as possíveis incertezas, todas as possíveis inibições? Felizmente, ela guardava ali seu baú de noiva. Eu não sabia, mas queria ter uma confirmação.

Quando ela mencionou o baú de enxoval, perguntei se ele era totalmente feito de cedro, ou era uma daquelas adoráveis arcas próprias para guardar roupa-branca, ou uma combinação de materiais. Já me esqueci como era. Ela me contou como era lindo o seu baú, e então perguntei: "Há quanto tempo está casada?" "Há uns doze anos." Eu disse: "Houve muitas mudanças em seu baú de enxoval, especialmente depois que sua filha nasceu". "Muitas mudanças em seu baú de enxoval" — sem nenhuma outra especificação, nenhuma outra análise. Houve uma longa pausa, uma refletida pausa, que lhe deu a oportunidade de, ao nível consciente, assim como inconsciente, poder pensar em todas as mudanças que haviam ocorrido desde que aquele baú de enxoval se tornara uma realidade para ela; haviam transcorrido doze anos de casamento.

O que mais havia no quarto? Naturalmente, o carpete. *Naturalmente*, havia o carpete. Vejamos o que é esta afirmação. É a mais expressiva ênfase no óbvio. É claro que há um carpete — é óbvio que exista uma cama. Mas eu mencionara aquela cama enfaticamente ao dizer que naturalmente havia o carpete. Assim, também aquela cama é boa para ser mencionada e descrita. E, naturalmente, há todas as outras coisas — não nos esqueçamos de que eu mencionara o guarda-roupa, as cortinas e as cadeiras. Minha paciente conhece o resto da mobília, e eu fiz uma menção incompleta das coisas. É uma tarefa interrompida, incompleta, e minha paciente sabe disto. Ela, na verdade, não se interessará em mencionar a cama. Assim, fui ao encontro da necessidade de minha paciente de não mencionar a cama. Mas há ainda a necessidade de completar a tarefa de mencionar a mobília do quarto, e eu finalmente consigo isto ao dizer: "*Naturalmente*, há um carpete". Este "naturalmente" significa: "Bem, é um quarto, você não precisa mencionar tudo o que há no quarto". Agora minha paciente sabe que vou fazer perguntas sobre o comportamento no quarto. Não é isso que fazem os psiquiatras? Minha paciente é graduada por uma faculdade. O sexo tem que aparecer. Tenho que perguntar o que faz no quarto. E eu pergunto: "Ao pendurar suas roupas à noite, você as coloca no espaldar da cadeira, ou em algum lado particular do quarto?". Estou na verdade indagando de que lado da cama ela se despe — do lado direito, do lado esquerdo ou aos pés da cama. Mas não estou na verdade falando sobre isto. Estou falando sobre o local em que pendura suas roupas. Por exemplo, você coloca sua blusa nas costas ou no braço da cadeira? Como se isto fosse uma questão importante, e é uma questão importante; a palavra "costas" e a palavra "braço" se insinuaram nas perguntas e ninguém notou, exceto o inconsciente, devido à susceptibilidade. Como tenho diante de mim uma mulher, suspeito que tenha conflitos sexuais de medo ou ansiedade. E então chegamos à pergunta a respeito de onde coloca suas roupas quando as tira. E então minha pergunta faz uma relação com o banheiro. Eu realmente não conheço seu metabolismo. Algumas pessoas gostam de dormir muito aquecidas à noite; precisam de pijamas e cobertores. Outras gostam de dormir com um mínimo de roupas noturnas; alguns mulheres realmente apreciam camisolas decotadas, realmente apreciam. Algumas gostam de pijamas sumários, e outras de pijamas compridos e camisolas longas. Usualmente, essa escolha está relacionada ao modo como a pele reage à mudança de temperatura. Ainda estamos falando em ir para cama em relação à temperatura do corpo, às sensações da pele, à quantidade de cobertas. Então, podemos fazer um comentário de que um dos problemas do casamento é com freqüência a diferença na reação fisiológica, uma questão de temperatura corporal ao dormir. Algumas vezes, o marido quer colocar uma porção de cobertores, e outras não quer nenhum. Quando marido e mulher concordam fisiologicamente, não é necessário colocar um cobertor de um lado da cama e dois do outro. Mas já mencionei o desacordo entre marido e mulher e dificuldades em seu ajustamento. Ela replicou que Joe gostava de dormir nu e ela gostava de usar camisolas bem compridas. Consegui minha informação de maneira muito, muito indolor — através do processo de cultivo de cada uma de suas inibições.

A seguir, falei-lhe sobre os diferentes padrões de sono. Algumas pessoas dormem profundamente, outras muito levemente, e algumas muito desassossegadamente. Não sei qual o efeito que essa falta de ar e essas palpitações têm sobre seu padrão de sono. Mas gostaria que pensasse a respeito do padrão de sono de sua filha e de seu marido, e então especulasse a respeito de seu próprio padrão de sono. Ela me contou que a filha podia continuar dormindo durante um terremoto. A casa podia pegar fogo e ela continuaria dormindo. Eu salientei: "Você sabe, se tiver um segundo ou um terceiro filho, sem dúvida notará que eles têm diferentes padrões de sono. Por falar nisso, sua filha foi planejada, você queria só um filho, ou na verdade gostaria de ter uma família maior?". Quando perguntei se a filha era uma criança *planejada*, se queria um filho *único*, se na verdade desejava outros, o que estava realmente perguntando? Eles costumavam planejar as relações sexuais de modo muito definitivo, eles ainda mantêm relações sexuais planejadas? Ainda assim, as perguntas são as perguntas casuais que se pode esperar de um amigo. Ela declarou que a filha era uma criança planejada, que eles queriam desesperadamente outros filhos, mas que isto não parecia dar certo — "parecia não dar certo". Assim, ela está mencionando, diretamente, as relações sexuais. Então mudei a direção da conversa para a questão da camisola *longa*. "Seus pés ficam frios durante a noite?". Ora, todos nós sabemos o que significam pés frios. "E o que, em particular, parece intensificar sua falta de ar e sua palpitação? Por exemplo, quando seu marido lhe dá um beijo de boa-noite. Isto aumenta sua falta de ar e sua palpitação?" Ela disse: "Nós não nos beijamos para dar boa-noite, porque ele sempre quer me abraçar quando o faz, e não suporto a pressão ao redor de meu peito". Ofereci-lhe minha simpatia e insinuei que isto também deveria interferir no ato de fazer amor, não? Mas, veja você, isto é uma observação superficial. O que estamos discutindo é o beijo de boa-noite, e eu faço uma observação superficial a respeito do abraço interferir com o ato sexual. Fazendo o tema vir à tona deste modo, estou lhe fornecendo uma explanação que salva as aparências, e ela pode me contar bem depressa e facilmente. Eu lhe mostro como se defender ao explicar as dificuldades sexuais. Eu prefiro o *meu* método de fazê-la se defender em suas dificuldades sexuais do que qualquer outra coisa que ela pudesse pensar, porque isto coloca a situação em minhas mãos. Se o tema tivesse surgido de modo diferente, ela poderia ter dito que não tinha nenhuma dificuldade no ato sexual. Assim, fiz surgir esta questão das dificuldades nas relações sexuais. Minha afirmação é essencialmente esta: Você sabe, cedo ou tarde terei que entrar no assunto do ajustamento sexual com seu marido; suponho que podemos muito bem fazer isto agora. Não tenho muita certeza a respeito da quantidade de detalhes de que precisaremos, mas diria que qualquer coisa que seja particularmente não usual em sua mente deve ser suficiente para discutirmos. Agora, não sei se gosta de sexo ou tem dificuldades para atingir o orgasmo. Suponho que as suas palpitações interfiram bastante em sua satisfação. Mas fico cogitando se há alguma coisa em particular que você possa pensar que eu consideraria não usual ou diferente. Ela falou: "Bem, suponho que vai rir de mim quando lhe contar que sempre me dispo no escuro".

Primeiro, eu lhe pedi que pensasse em termos de seus próprios pensamentos; então, pedi que pensasse em termos de seus objetivos ao vir me ver. Bem, ela usou seus próprios pensamentos, isto é total e completamente seguro. Assim, ela começa a pensar nestes termos seguros, e então eu lhe peço para começar a pensar em seus objetivos ao vir me ver. Foi ela que veio a mim, e isto era uma coisa segura, porque *ela* decidiu vir. Então ela me conta tudo isso e então me pede para não caçoar dela. Perguntei-lhe se achava que alguma coisa que governara o comportamento de uma pessoa durante doze anos de vida matrimonial era alguma coisa risível. Ela respondeu que não. Eu lhe disse as palavras "governara seu comportamento durante doze anos de casamento". Qual é seu comportamento nestes doze anos de casamento? É um belo resumo de doze anos de relações sexuais. Então perguntei: "Seu marido é solidário com sua modéstia?". Não era. "Você o culpa por ser impaciente com sua extrema modéstia, ou reconhece que ele é um homem? E que pensa e se comporta como homem?".

Eu já tenho algo muito crucial a respeito do comportamento dela. Uma mulher que se despe no escuro — isto me diz que o marido gostaria de deixar as luzes acesas, gostaria de vê-la despir-se. Por conseguinte, acrescento: "Naturalmente, você age do mesmo modo quando está em casa sozinha, não é?". Por que digo isso? Ela não pode realmente admitir que tem tanto medo do marido, e não quero que ela se humilhe confessando que tem tão pouca disposição para entrar na relação matrimonial. Porque ela irá se condenar, e já o está fazendo amedrontadoramente. Assim, chamo sua atenção para o fato de fazer a mesma coisa mesmo quando está sozinha em casa.

Eu mencionara as cortinas anteriormente, e agora sei estas coisas sobre o comportamento de tirar a roupa; por isso retorno e pergunto sobre as cortinas. Fico sabendo que são cortinas muito especiais; estores, persianas e cortinas, tudo nas mesmas janelas, e que ela tem cortinas à prova d'água muito especiais no box do banheiro, que é de vidro opaco. Depois que obtenho todas essas informações, de modo tão seguro, eu lhe peço: "Pense sobre qual seria a pior coisa que poderia fazer quando se prepara para ir para a cama. Qual seria a coisa mais horrível que poderia fazer? Simplesmente especule a respeito, não me conte, simplesmente especule. Penso que isto vai lhe dar uma nova visão a respeito de qual é seu problema, mas não tenho certeza. Não me conte, porque quero que fique livre para especular sobre a coisa mais horrível que poderia fazer quando se prepara para ir dormir''. Ela ficou sentada ali, pensando, corou e empalideceu; e, enquanto ela corava, eu disse: "Você realmente não quer me contar, quer?''. Então ela teve que ter certeza de que realmente não queria me contar, o que é, literalmente, uma intrusão — "Elabore esta fantasia, qualquer que ela seja. Vista-a, porque realmente não quer me contar''. Finalmente, ela desatou a rir e disse: "É tão terrivelmente ridículo que quase gostaria de lhe contar''. Eu disse: "Bem, pense bem se realmente quer me contar, mas, se é tão engraçado assim, eu gostaria de saber''. Ela disse: "Joe morreria se eu entrasse no quarto nua, dançando''. Eu disse: "Nós não *devemos provocar nele um ataque do coração*''. Você percebe minha intenção? Vamos dar a Joe alguma coisa, mas não um ataque do coração. Eis aí minha base, estabelecida rápida e efetivamente. Eu lhe disse que ela irá fazer *alguma coisa*. Digo-lhe então que ela sabe que Joe realmente não cairia fulminado por um ataque cardíaco se entrasse nua no quarto, dançando, mas que ela poderia pensar em muitas outras coisas que ele faria. Ela disse: "Sim'', com excitação. Eu disse: "Naturalmente, você pode fantasiar entrar assim no quarto. Você sabe o que realmente pode fazer — pode se despir no escuro, ficar nua, e seu marido usualmente apaga as luzes, não é? Porque ele é um homem que tem consideração, não é? Você pode entrar no quarto escuro dançando e ele não saberá''. Você percebe o que isto vai fazer na atitude dela em relação ao sexo? Eu estava literalmente dizendo a ela: *Você pode* realizar esta fantasia ridícula. *Você pode* achá-la divertida. Você *pode* experimentar uma porção de sentimentos em seu interior, de maneira muito, muito segura. Assim, eu a coloquei num processo de lidar com sua própria realidade, seus próprios sentimentos. E também, sem dúvida, havia o duplo sentido — eu lhe disse que não achava que ela deveria fazer isto "logo''. Eu a adverti para que não fizesse naquela noite, ou na seguinte, ou mesmo na semana seguinte. Mas na outra semana — nem mesmo saberia dizer se poderia acontecer na primeira ou na segunda metade daquela semana.

Ela me perguntou qual era o real sentido de se engajar numa coisa tão infantil. Respondi que havia uma maneira de descobrir. Enquanto sua filha estivesse na escola maternal e ela sozinha em casa, por que não escurecer a casa e tentar, realmente, descobrir por si mesma como é agradável a sensação da nudez completa? Continuei discutindo o prazer de nadar nu. As pessoas com freqüência só percebem como o maiô é um impedimento quando sentem a água escorregando, não sobre a roupa de banho, mas sobre seu corpo nu. Nadar torna-se muito mais agradável. E, se ela duvidava, deveria tomar um banho de imersão usando um maiô. Poderia descobrir como a roupa é uma desvantagem. Então perguntei-lhe que tipo de dança aprecia-

243

va. Bem, ela gostava de danças de roda — havia dançado quadrilha — e tivera algumas aulas de balé. E gostara. Por falar nisso, ela confecciona muitas malhas de tricô, bordados, crochê. Faz pegadores de panela e echarpes para dar de presente de Natal. Gosta de costurar. Quando descobri isto, perguntei-lhe se fazia suas próprias camisolas. Mostrei-lhe que deveria confeccionar suas roupas para a noite, ao menos "montar rapidamente uma". Empreguei a mesma frase algum tempo depois. Este é um termo usado pelas costureiras — montar um vestido, uma blusa. Numa entrevista posterior, falei sobre deixar seu hábito noturno montar até o pescoço, depois até a cabeceira da cama. Ela realizou a dança nua, e gostou. Contou-me como foi. Disse que pela primeira vez em sua vida realmente havia apreciado entrar no quarto. Contou que foi dormir rindo e que o marido quisera saber por que estava rindo.

Como as crianças se sentem quando fazem algo que consideram ridículo e ousado? Ficam rindo sozinhas. Especialmente quando é algo ridículo e ousado que não podem contar para os outros. Elas dão risadinhas, e dão risadinhas, e dão risadinhas — e aquela mulher foi dormir dando risadinhas, não contou nada ao marido, e não sentiu falta de ar e palpitações. Ela não poderia, de modo algum, imaginar ir para a cama com falta de ar e palpitação sob aquela imensa sensação de ridículo, de ousado, de ter realizado algo embaraçoso. Sentia muitas inibições em relação a contar ao marido, sentia muitas inibições em se exibir para o marido. Tinha muitas inibições, e elas eram risíveis. Então saliententei: "Você pode imaginar que com todos aqueles risinhos seu marido deve ter ficado intrigado. Realmente, foi uma infelicidade não terem feito amor, porque você com certeza estava com vontade em meio a todos aqueles risinhos". Você deveria ter visto a expressão incrivelmente pensativa em seus olhos. Mas fora um comentário casual de minha parte. Então perguntei a ela o que mais deveria fazer. Gostara realmente da sensação de liberdade física? E *onde* tinha deixado a camisola quando dançara nua no quarto? Ela respondeu: "Eu a estava usando como uma echarpe, e, antes de entrar na cama, coloquei-a".

Comecei a lidar diretamente com sexo, perguntando: "Como se sente a respeito das relações sexuais com ele? Você sabe, realmente devemos chegar aos fatos duros e frios de seus desajustamentos. Logo que se sinta pronta a discutir o assunto, avise-me. Deixe-me saber direta ou indiretamente. Não me importa como, e se eu for muito estúpido e não perceber uma menção indireta, chame minha atenção". Na consulta seguinte, ela disse: "Gostaria que me falasse sobre as relações sexuais — como um homem deveria se comportar e como uma mulher deveria se comportar". Então, me forneceu um relato muito adequado de sua frigidez, seus medos, suas ansiedades, aquele comportamento de falta de ar e palpitação. O modo como ficava sem ar quando pensava em penetração, em defloração. Seu próprio comportamento de ficar sem ar e ter palpitações, da inabilidade e falta de jeito de Joe, das incertezas e dos medos dele. Mais tarde, me contou a respeito dos ensinamentos tolos e rígidos que sua mãe lhe dera e sobre seu comportamento inibido na escola e na faculdade; uma maneira de evitar qualquer aprendizado sexual incidental. Nunca fora realmente capaz de pensar no assunto. Queria saber o que era um orgasmo, e que eu o descrevesse — o que se sentia? Disse-lhe que cada mulher tinha seu orgasmo individual. "Só posso lhe descrever o que várias mulheres me contaram — mas isto não significa muito. O orgasmo tem que ser experimentado e tem que ser desenvolvido. Agora, o que quer que eu faça para assegurar seu comportamento sexual com seu marido? Você tem usado esta falta de ar, essa apreensão, por muito tempo, para se garantir contra isto. Agora, suponha que eu insista que você use este comportamento de falta de ar e palpitação para uma outra coisa, algo diferente."

Muitos pacientes se ressentem se afastamos as dificuldades deles. Muitos guardam seus apêndices em garrafas entre os tesouros familiares. Não é raro ouvirmos alguém dizer: "Este é o apêndice que o médico retirou. Sabe quantas crises de apendicite eu tive?". As pessoas entesouram o problema, mas querem entesourá-lo com segurança. O que eu estava dizendo a ela era: "Vamos colocar sua falta de ar e sua palpitação num certo tipo de garrafa — e pode guardá-la, é sua". Ela me contou por que queria ter aquele tipo de comportamento. Contou: "Há um casal que é nosso amigo há muito tempo, e não gosto deles. Eles sempre vêm nos visitar, sempre querem tomar alguma coisa e sempre bebem demais. Sempre fazem críticas se não temos o melhor uísque. Joe gosta deles. Eu não. Joe sempre ignora uma particularidade: o homem, sempre que tem uma chance, quando a mulher está fora da sala, menciona que, recentemente, viu uma bela loira. Sei que está enganando a esposa. Quero me livrar deles. Não quero que sejam nossos amigos". Toda vez que o casal porventura telefonava, ela tinha um acesso de falta de ar e palpitação; agora livrou-se deles.

Ann agora sente-se muito, muito livre, para discutir sexo. Vai para a cama nua; depois de fazer sexo, veste a camisola. Ela gosta de dormir com a camisola, e gosta de fazer amor nua. Faz sexo três vezes por semana, quatro vezes por semana, algumas vezes sábado à noite e domingo de manhã, domingo à noite. Algumas vezes, quando estão sozinhos e a filha foi visitar alguma amiga, também nas tardes de domingo. Liberdade perfeita. Ela desfilou alguns modelos de camisolas sumárias para sua mãe na presença do marido. A mãe ficou sentada, gélida de horror. Ann disse: "Sabe, sinto pena de minha mãe, porque sei exatamente como estava se sentindo e gostaria que não se sentisse assim".

Este caso ilustra o extremo cuidado de Erickson para, algumas vezes, proteger seus pacientes que ainda não estão prontos para encarar determinados assuntos. Cautelosamente, ele manipula a entrevista de modo que a pessoa não seja confrontada com uma idéia que não consegue tolerar. Mas ele é também suficientemente flexível para confrontar os pacientes e forçá-los a encarar as questões, se sente que este é o melhor método para aquela pessoa específica. O caso seguinte ilustra uma abordagem de confronto. Representa também a economia e a eficiência com que ele lida com os problemas à medida que vai ficando mais velho. O caso é o de uma família com vários membros, cada um com um problema grave, que havia resistido a terapias anteriores. Erickson os reforma rapidamente, utilizando uma técnica direta com cada um deles. Como é típico da terapia familiar, se o terapeuta puder produzir uma mudança num dos membros da família, ou no relacionamento familiar, tem chances de obter sucesso com o próximo que abordar.

Um homem entrou e disse: "Tenho uma dor de cabeça teimosa. Ela me persegue desde os sete anos de idade. Consegui cursar a escola e a faculdade a despeito dela. Construí meu próprio negócio. Ele vai muito bem, mas sinto dor de cabeça o dia inteiro. Já fui a centenas de médicos, fiz milhares de raios X; gastei milhões. Tentaram me dizer que está tudo em minha cabeça. E sei que é verdade, mas não queriam dizer isto; queriam dizer que sou louco. Finalmente, decidi vir vê-lo porque faz aconselhamento familiar e minha família tem uma porção de dificuldades. Espero que não me insulte. Outra razão por que estou aqui é que penso ter ficado viciado em drogas. Não consigo viver sem cocaína e Perkodan".

Deixei que ele me contasse toda a história. Então, para sua surpresa, resumi deste modo: "Você sente esta dor de cabeça desde os sete anos de idade. Você a sente todos os dias. Vai para a cama com ela à noite. Acorda de manhã com ela. Você a sentia no dia em que se casou, no dia em que cada um de seus seis filhos nasceu, quando cada um deles aprendeu a andar, no dia em que cada um dos seus seis filhos foi para o jardim-de-infância. Você é um homem de negócios honesto? Você realmente se acha um homem de negócios ético e honesto?".

Ele ficou muito espantado. Eu disse: "Há várias espécies de honestidade. Ela não se relaciona somente ao dinheiro, a coisas materiais. Você me contou que guarda a dor de cabeça de uma criança de sete anos durante anos a fios. Por que cargas d'água não deixa aquela criança de sete anos *ter* a sua dor de cabeça? O que faz um homem adulto como você guardar a dor de cabeça de uma criancinha durante trinta anos?

Ele tentou explicar, mas eu só conseguia entender que *ele* havia conservado a dor de cabeça de um garoto de sete anos, e eu realmente o culpei por isso.

Ele era honesto nos negócios. Tinha de se defender num assunto de negócios. Tinha que concordar comigo. Era terrivelmente difícil concordar e discordar ao mesmo tempo.

Tinha que concordar que era honesto nos negócios, o que era importante para ele. E colocar a afirmação de honestidade nos negócios no mesmo nível da acusação de ter roubado a dor de cabeça de um garotinho — não se pode colocar as duas coisas no mesmo nível. E não tinha nenhuma maneira de me contestar.

Se eu não o tivesse enquadrado deste modo, começando primeiro com os negócios, não teria nada de efetivo para dizer sobre a dor de cabeça. Temos que começar de tal maneira que as pessoas não tenham como nos contestar.

Ele foi embora muito bravo comigo. Notou, na hora do jantar, que não sentia dor de cabeça. Mas sabia que a sentiria quando fosse para a cama. E sabia que iria precisar de sua dose de remédio. Mas não sentia dor de cabeça e não quis seu Perkodan. Mas sabia que teria dor de cabeça ao acordar, e ansiaria pela droga. Ficou muito surpreso quando isto não aconteceu.

Ele veio me ver pela primeira vez em 26 de fevereiro, e no dia 17 de abril ele entrou em meu consultório e, desculpando-se, embaraçado, disse: "Receio que estivesse com a razão. Eu estava agarrando a dor de cabeça de um garotinho. Esperei, e esperei. Esperei diariamente desde aquele primeiro dia, e agora, finalmente, concluí que não sou viciado em drogas. Não sinto dor de cabeça".

Comentei: "Bem, isto tomou-lhe muito tempo — do dia 26 de fevereiro ao dia 17 de abril. Custou a decidir que não sentia dor de cabeça. Você é lento para aprender, não? Há algo mais. Você mencionou que sua família não era muito feliz. Conte-me que espécie de sofrimento você infligiu à sua esposa, em que tipo de megera infeliz você a transformou, e a quantos de seus seis filhos causou danos?".

Ele respondeu: "Bem, meu filho mais velho é difícil de lidar. O seguinte é uma menina obesa. O seguinte é um menino, tem catorze anos e ainda está na primeira série. Gastamos milhares de dólares tentando ensiná-lo a ler. O filho seguinte tem lábio leporino e não fala com clareza. Os outros dois ainda são muito pequenos para demonstrarem quanto dano foi feito".

Eu disse: "Agora que você sabe todo o dano que causou ao se agarrar à dor de cabeça de garoto, é melhor que peça à sua esposa que venha me ver. Você sabe que corrigi sua desonestidade. Agora me envie sua esposa e deixe-me corrigir os danos que fez a ela. Faça com que traga a menina gorda e o menino de catorze anos que ainda está na primeira série".

Gastei umas quatro horas dizendo à mulher, em termos muito malcriados, que ela era a suprema megera, que deveria se envergonhar de si mesma. Ela ficou consternada. Tentou se defender. Continuei insultando-a. A menina e o garoto de catorze anos tentaram defendê-la. Eu disse à menina: "Fique de pé e dê meia-volta. Quantos anos você tem, quanto pesa, percebe que parece uma bruxa horripilante?".

A menina ficou tão furiosa que foi embora. Eu disse ao menino de catorze anos: "Agora, quando chegar em casa, quero que pegue o jornal e simplesmente copie umas cem palavras dele. Uma de um lugar, outra da página seguinte, e assim por diante. Não copie nunca palavras que estiverem juntas, mas copie palavras de cem lugares diferentes".

Virei-me para a mãe e disse: "Quanto a você, simplesmente reflita como se transformou de uma jovem boa e doce numa megera rabugenta, briguenta e gritona. Realmente, deveria envergonhar-se de si mesma. Já tem idade suficiente para saber das coisas". Após quatro horas desta arenga, a mãe finalmente exclamou: "Não vou agüentar mais estes insultos", e correu para fora do consultório. Ela morava há uns dez quilômetros de distância. Entrou no carro, e pude notar a fumaça saindo pelo escapamento quando fez a curva. Após um espaço de tempo suficiente para percorrer aqueles dez quilômetros, o telefone tocou. Era a voz dela, e ela estava ofegante. Disse: "Corri da garagem até aqui para telefonar para você. Estava a meio caminho de casa quando percebi que disse a verdade. Estava me consumindo durante o trajeto até perceber que tudo o que você disse era verdade. Quando posso ter outra consulta?".

Marquei-lhe uma consulta para o dia seguinte, e disse: "Traga seu marido, e seu filho de catorze anos. Providencie para que ele tenha copiado as cem palavras".

Quando os pais chegaram, eu disse: "Vocês já conseguiram calcular quantos milhares de dólares gastaram com escola particular, psicólogos, professores particulares para a leitura e outras coisas?". O pai respondeu: "Bem, o Estado paga parte de tudo isso, porque a direção da escola se sente obrigada a fazer com que o menino leia. Por isso, estão pagando dois terços do custo. Mas está nos custando uns cem dólares por mês".

Eu disse: "Bem, vejamos o que o menino copiou. Não é espantoso que ele reconheça as letras maiúsculas, as minúsculas, o início das frases, que até mesmo coloque um ponto numa palavra que é a última da frase? Sabem, penso que o menino consegue ler e está escondendo este fato dele mesmo, assim como de vocês. Se me deixarem trabalhar com ele, farei com que termine a oitava série. Estamos em abril, o semestre termina no fim de maio. Darei ao menino o mês de junho para descobrir sozinho que sabe ler. No dia 1º de julho, se

248

ele não conseguir ler o manual da oitava série, eu me encarregarei de sua educação. Cancelem o contrato com a escola especial. E peçam ao diretor da escola elementar que dê a ele um diploma da oitava série. Ficarão contentes em se livrar do menino. Eu o receberei''. Marquei uma data para recebê-lo sozinho.

Quando veio me ver, eu disse: "Bill, ande daqui até lá. Agora, ande de costas de lá até ali. Agora, ande de lado para a direita, e para a esquerda. Ande em minha direção, de frente, agora ande em minha direção de costas, ande para longe de mim de frente, e para longe de mim de costas''. Depois que ele fez tudo isto, eu disse: "Agora você pode se formar na oitava série. Você consegue andar. Não pode negar o fato de que sabe andar. Ora, você vive a uns dez quilômetros daqui. A partir de amanhã você pegará seu pé direito e o colocará à frente do esquerdo, e então o esquerdo à frente do direito, durante os dez quilômetros de sua casa até chegar aqui, às nove horas. Quando chegar, pode se sentar numa das salas, pode beber um copo de água. Traga um sanduíche. E poderá ficar lendo até as quatro horas. Não me importo com o que vai trazer para passar o tempo. Mas não traga nada com que possa brincar''.

Um dia ele demonstrou que a batalha havia sido ganha quando, às quatro horas, me disse: "Posso ficar mais uma hora? As frações são muito interessantes''. Havia trazido seus livros escolares. Passou para o segundo grau.

Quando veio me ver pela primeira vez, não conseguia atirar uma bola; não havia aprendido como fazê-lo. Nunca havia brincado com outras crianças, simplesmente ficava observando. Ele começou o segundo grau naquele setembro, porque eu havia lhe explicado: "Bill, você pode continuar andando dez quilômetros até aqui todas as manhãs, chegando às nove horas. E quando voltar andando para casa estará cansado o suficiente para ir para a cama. Sua mãe lhe dará um jantar adequado; você terá bastante fome para comer, e cansaço suficiente para ir direto para a cama. Pode fazer isto durante setembro, outubro, novembro, dezembro — quer dizer, no dia de Ação de Graças, de Natal, todos os domingos — janeiro, fevereiro, março, abril, maio, junho, julho, agosto, setembro, outubro, novembro, dezembro, e assim por diante. Durante quantos anos quiser. Ou pode se matricular no segundo grau e rezar para passar em todos os exames''.

Ele se matriculou, passou nos exames com notas C e B e então se interessou pelo time de tênis e começou a participar dele no primeiro semestre. Agora cursa o último ano do segundo grau.

O pai voltou a ter dor de cabeça em maio, quando um negócio deu errado. A esposa me telefonou e contou que a dor de cabeça do marido havia voltado. Eu disse: "Diga para ele me telefonar quando chegar em casa''. Ele o fez, e eu perguntei: "A que distância fica seu escritório?''. Ele respondeu: "A uns cinco quilômetros". E eu: "Assegure-se de conseguir levantar bem cedo para poder caminhar até ele; o ar fresco curará a dor de cabeça".

A garota gorda se casou. Fugiu duas vezes do marido nos primeiros seis meses. Trancou-o fora do apartamento. Certa feita, ele teve de arrombar a porta. Então, na sua ausência, ela voltou para a casa da mãe, que refletiu: "Seis meses de casamento, duas fugas, uma porta trancada, uma porta arrombada, uma terceira fuga de volta à casa dos pais. O casamento não é bom". Levou a filha de volta ao apartamento e fez com que empacotasse todas as suas coisas. Escreveu um bilhete dizendo que não queria ver o marido de novo. A mãe trouxe a filha para me ver e disse: "Você endireitou todos nós, e quanto à minha filha?".

Eu disse: "Sente-se na outra sala. Não feche a porta muito bem". Voltei-me para a filha e pedi: "Conte-me a respeito de seu marido". Durante uns três quartos de hora, fiquei escutando ela me contar como o marido era maravilhoso, como ela estava apaixonada, como todas as suas brigas não passavam de ataques momentâneos de raiva, como tudo era açúcar sobre o mel.

Ao fim de três quartos de hora, a mãe entrou e disse: "Estava ouvindo minha filha lhe contar como o marido é maravilhoso", e, voltando-se para a filha: "E você sabe o que *me* contou a respeito dele. Acho que fui a maior tola do mundo. Acho que meti meu nariz onde não era da minha conta. Vou levar você para casa. Você não vai discutir seu casamento com seu pai ou comigo. Não vai usar o telefone para discuti-lo com seu sogro. Pode ficar em nossa casa quanto tempo quiser, mas vai resolver seu casamento sozinha. Ou você fica casada ou se divorcia. Mas seu pai e eu não vamos interferir. Vamos deixar que coma e durma lá em casa, mas não lhe daremos dinheiro para nenhuma outra coisa".

A jovem estava tão absorvida em seus pensamentos que nem notara eu dizer à mãe para "não fechar muito bem" a porta.

Mas, e quanto àquela minha maneira arbitrária de lidar com eles? A mãe perguntou: "Por que cargas d'água sempre engoli o que você me impingiu?". Respondi: "Você estava em dificuldades, sabia disso, e eu também sabia. Não conseguia encontrar uma desculpa para suas dificuldades. E não conseguia sair delas. Você toma um remédio. Não sabe o que é, mas engole porque o médico receitou. Foi por isso que você fez o que mandei".

VIII

DESEMBARAÇANDO
PAIS E FILHOS

Um dos consolos da vida é sabermos que os problemas humanos permanecem os mesmos através dos séculos, o que nos dá uma sensação de continuidade. Apesar disto, aprendemos a pensar em velhos problemas de maneiras novas, e então temos a oportunidade de mudar. Uma idéia nova apareceu no mundo durante o século atual, e este livro, especialmente este capítulo, é uma tentativa de comunicar as novas possibilidades de resolução de velhos problemas. Examinemos o modo como um problema foi definido, e a cura tentada, pelo grande hipnotista Anton Mesmer, há cento e cinqüenta anos, e façamos uma comparação com a abordagem contemporânea do hipnotista Milton Erickson.

Escrevendo, no século XVIII, Mesmer relata:

> Assumi o tratamento da srta. Paradis, de dezoito anos... Ela recebe uma pensão porque é quase cega desde a idade de quatro anos. Tem uma amaurose perfeita, com convulsões nos olhos. Além disso, é vítima de melancolia, acompanhada de obstrução do baço e do fígado, o que, em geral, provoca um acesso de delírio e raiva de tal intensidade que ela estava convencida de que estava perdendo a razão.

Mesmer levou a moça, junto com outros pacientes, para sua casa e tratou dela com a assistência da esposa e de outras pessoas.

> O pai e a mãe da srta. Paradis, que testemunharam sua cura e o progresso que ela estava fazendo no uso de sua visão, se apressaram em tornar conhecido o ocorrido e como estavam satisfeitos... O sr. Paradis começou a temer que a pensão da filha, e várias outras vantagens de que desfrutava, pudessem cessar. Por isso, pediu que ela voltasse para sua casa. A moça, apoiada pela mãe, não se mostrou disposta a retornar, e demonstrou medo de que a cura não esti-

vesse completa. O pai insistiu, e a disputa fez reaparecerem os acessos de delírio, conduzindo a uma infeliz recaída. No entanto, eles não tiveram efeitos sobre os olhos e ela continuou vendo melhor. Quando o pai percebeu que estava melhor... exigiu calorosamente sua filha e forçou a esposa a fazer o mesmo. A moça resistia... A mãe arrancou, com raiva, a filha das mãos daqueles que estavam tomando conta dela, dizendo: "Menina desventurada, você se tornou unha e carne com as pessoas desta casa!", enquanto arremessava com fúria a moça contra a parede.

Mais tarde, o pai polidamente pediu para levar a filha para uma casa no campo para um repouso, e Mesmer relata:

No dia seguinte, fiquei sabendo que a família da moça afirmava que ela ainda estava cega e continuava sujeita aos ataques. Eles a exibiram e forçaram a imitar os ataques e a cegueira.*

Mesmer, pensando dentro do contexto de sua época, considerou que o problema era a srta. Paradis. Como sua observação era individual, Mesmer considerava a família periférica ao problema da moça. Ela se tornou um obstáculo ao tratamento, e um enigma para ele, visto que o pai e a mãe não acolheram bem seu sucesso em ajudar a filha a se modificar.

Se caminharmos cem anos no tempo, vamos encontrar Sigmund Freud refletindo, da mesma maneira, sobre um problema similar.

Há muitos anos, aceitei uma moça para tratamento analítico; durante um período considerável, ela, devido a um terror, não era capaz nem de sair de casa, nem conseguia ficar sozinha. Após muita hesitação, a paciente confessou que seus pensamentos haviam estado muito ocupados com alguns sinais de afeição que havia notado, por acaso, entre sua mãe e um amigo abastado da família. Muito sem tato — ou com bastante esperteza —, deu à mãe uma pista do que estava sendo discutido na análise; ela o fez alterando seu comportamento em relação à mãe, insistindo que ninguém, a não ser a mãe, poderia protegê-la contra o terror de ficar sozinha e colocando o corpo diante da porta quando ela tentava sair de casa. A mãe anteriormente era muito nervosa, mas se curara, anos antes, com uma estada num estabelecimento hidropático — ou, em outras palavras, podemos dizer que fora então que conhecera o homem com quem estabelecera a relação que havia se mostrado satisfatória em mais do que um aspecto. Desconfiada com as exigências apaixonadas da filha, a mãe de repente *compreendeu* o que o terror dela significava. A moça adoecera para fazer da mãe uma prisioneira e roubar-lhe a liberdade

---

* J. Ehrenwald, *From medicine man to Freud,* Nova York, Dell, 1956, pp. 268-74.

necessária para manter seu relacionamento com o amante. A mãe imediatamente tomou uma decisão: colocou um fim no tratamento prejudicial a seus interesses. A moça foi mandada para uma casa para pacientes nervosos e, durante muitos anos, era ali apontada como uma "infeliz vítima da psicanálise"; durante este mesmo período, fui perseguido pelos rumores danosos a respeito dos resultados infelizes do tratamento. Mantive silêncio porque me sentia preso às regras do sigilo profissional. Anos mais tarde, fiquei sabendo por um colega que visitara a casa que a moça sofria de agorafobia, que a intimidade entre a mãe e o homem rico era do conhecimento de todos, e que com toda a probabilidade contava com a conivência do marido e pai. A cura da moça fora sacrificada a este tipo de "segredo".

Como Mesmer, Freud pensou que seu problema era a moça, e que a mãe estava interferindo no tratamento devido a interesses pessoais, com a colaboração do pai. Falando a respeito de famílias, na mesma discussão, Freud diz:

> No tratamento psicanalítico, a intervenção dos parentes é um verdadeiro perigo e, mais ainda, um perigo com o qual não sabemos lidar. Estamos armados contra as resistências do paciente, que reconhecemos como necessárias, mas como podemos nos proteger contra as resistências externas? É impossível contornar os parentes com algum tipo de explicação, nem os podemos induzir a ficar fora do assunto; nunca se pode ficar íntimo deles, porque se corre o risco de perder a confiança do paciente em nós, porque este — com acerto, naturalmente — exige que a pessoa em quem confia tome seu partido. Qualquer um que conheça algo a respeito das dissensões que comumente dividem a vida familiar não ficará abalado em sua capacidade de analista ao descobrir que as pessoas mais próximas ao paciente freqüentemente demonstram menos interesse em sua recuperação do que em mantê-lo como está... os parentes... não deveriam opor sua hostilidade aos nossos esforços profissionais. Mas como induzir pessoas que não nos são próximas a tomar esta atitude? Pode-se naturalmente concluir também que a atmosfera social e o grau de cultura do ambiente imediato ao paciente exercem considerável influência sobre as perspectivas do tratamento.
> Este é um panorama melancólico para a psicanálise como terapia, que pode mesmo explicar a maioria esmagadora de nossos fracassos levando em conta estes fatores externos perturbadores!*

---

* Sigmund Freud, *Introductory lectures on psycho-analysis* (Nova York, Norton, 1929, pp. 385-86). A solução pessoal de Freud para sua inabilidade em lidar com a família é curiosa. Ele afirma: "Nos anos que precederam a guerra, quando o fluxo de pacientes de muitos países me tornaram independente da boa vontade ou desfavor de minha cidade natal, formulei a regra de nunca aceitar para tratamento alguém que não fosse *sui juis*,

Mesmer e Freud pensavam saber o que fazer com um paciente individual, mas não sabiam o que fazer com os parentes, embora Freud reconhecesse que o tratamento poderia fracassar se não se lidasse com acerto com a família. Ambos trabalharam com uma moça e descobriram que, quando produziram melhoras, os pais reagiram contra eles e tiraram as filhas do tratamento. Tentando resolver este comportamento intrigante dos pais, cada terapeuta procurou uma explicação segundo seus interesses. Mesmer pensou que os pais da srta. Paradis estavam preocupados com a perda da pensão e suspeitou também de que poderia haver alguma trama política contra ele. Freud buscou uma explicação na tentativa de esconder o comportamento sexual imoral da mãe da moça. Defrontados com um problema similar, outros terapeutas explicariam a situação sobre outras bases. Mas o que foi descoberto neste século, em centenas de casos, é que este tipo de resposta dos pais à melhora de um adolescente que tem um problema grave é típica. A explicação não pode sempre se restringir a questões financeiras ou de moralidade; um fator mais geral opera aqui. Quando um filho se aproxima da idade apropriada para deixar a casa dos pais, o "problema" não é o filho, mas o estágio de crise no qual a família entra. Lidar com os pais é essencial para o tratamento, porque *eles* são o problema. Tanto o relato de Mesmer quanto o de Freud seriam vistos por muitos terapeutas familiares como problemas típicos do estágio da vida familiar no qual as crianças cresceram e começam a sair de casa. Nesta época, novos problemas aparecem, os antigos se tornam mais extremados, e o terapeuta que está intervindo na situação não está lidando com um indivíduo, mas com uma fase da vida da família onde as dificuldades podem adquirir uma variedade de formas.

Anteriormente, neste trabalho, enfatizamos os dilemas de um jovem que tentava se separar dos pais e estabelecer sua própria vida. Para que isto possa ocorrer, os pais precisam se desembaraçar dos filhos, e é este aspecto do problema que será realçado aqui. O ser humano é o único animal que tem parentes por afinidade, e também é o único que precisa enfrentar a extraordinária mudança que representa deixar de cuidar dos filhos e passar a tratá-los como companheiros. Quando os filhos crescem e começam a rumar para uma vida independente, mudanças importantes devem ocorrer na família.

O que Mesmer e Freud não tinham era a idéia de que os "sintomas" são contratos entre pessoas que desempenham muitas funções, inclusive as protetoras. Não só os pais resistirão à melhora do

---

independente dos outros em todas as relações essenciais da vida. Todos os psicanalistas não podem fazer estas estipulações" (p. 386). Um tal tipo de estipulação elimina essencialmente todos aqueles envolvidos com outras pessoas por qualquer vínculo de dependência.

adolescente perturbado, mas o filho também resistirá às mudanças se algo não for feito a respeito de sua família. Quanto mais extremado o comportamento, mais se torna possível que uma catástrofe surja na família com esta modificação. Uma vez que se tenha apreendido este ponto de vista, uma variedade possível de métodos para resolver a situação se torna evidente. Um terapeuta pode empreender um tratamento de crise e reunir toda a família neste momento de instabilidade, ou pode intervir através da mãe, do pai, do filho, dos parentes, ou através de todas essas técnicas simultaneamente. A probabilidade de fracasso é maior se tentar estabilizar a situação através de uma hospitalização ou da prescrição de remédios para o filho. Ele terá melhor chance de ser bem-sucedido se mantiver o foco sobre toda a família e mover o filho para fora, rumo a uma situação vivencial normal, enquanto mantém o seu envolvimento com a família.

Erickson usa uma variedade de maneiras para lidar com a crise neste estágio da vida familiar. Seu modo de trabalhar com uma jovem e seus pais pode ser comparado com as abordagens de Mesmer e Freud. Ele descreve a maneira como lidou com o problema:

> Uma jovem me foi trazida pelo pai. Sofria de esquizofrenia aguda. O pai permaneceu na cidade uma semana para evitar que a mãe viesse buscar a filha e levá-la para casa. Então conheci a mãe. Arrumei para que a moça ficasse na cidade enquanto os pais voltavam para a costa.
>
> A jovem tinha excesso de peso; suas coxas e seus quadris eram horrivelmente gordos. Ela tinha também um estilo especial de se recolher, um tipo vago de fantasia que a afastava deste mundo. Não coordenava as sensações táteis com a visual. Podia sentir o braço da cadeira, mas quase não o percebia visualmente.
>
> Segundo a moça, desde a mais tenra infância a mãe a odiara. A mãe costumava aproveitar-se das ausências do pai para espancá-la quando criança. Costumava dizer-lhe que ela era repelente e sem graça, que não tinha futuro, que o pai não prestava para nada, era um egoísta. A mãe insistia em que havia sido muito bonita, e que ter aquela criança miserável havia arruinado sua aparência. Meu problema era ensinar a moça a reconhecer o fato de que era uma jovem bonita. E que não precisava comer demais. Expressei curiosidade a respeito das belas coisas que deveriam estar dentro daquele envoltório de gordura.
>
> Conversei com a mãe a respeito da filha. Ela não desejara a criança, e, quando engravidou, nem ela nem o marido ficaram contentes. A mãe fixou na menina a idéia de não ser uma criança desejada. De fato, ria quando a garotinha estava na banheira, chamando-a

de gorda e repelente. Quando conversei com a filha a respeito da mãe, chamei a mãe de porca gorda. Perguntei-lhe por que cargas d'água o pai não torcia o pescoço de uma porca gorda como a esposa, que berrava, uivava e batia numa criança que era fruto do que deveria ter sido uma relação sexual feliz. Quando dizia este tipo de coisas, a filha ficava tensa. Quando a tornava tensa o suficiente, eu a distraía. Perguntava: "Seu cotovelo está confortável no braço da cadeira?". E iniciava uma investigação. Dizia: "Sim, você quase não consegue encontrar o braço da cadeira — só o sente com seu cotovelo. Como pode encontrá-lo com o cotovelo, pode realmente desfrutá-lo. Seu braço pode achar o braço da cadeira e você pode achar seu braço". Assim, desenvolvi cada vez mais sua capacidade de sentir.

Eu a distraía quando ela ficava tensa com as críticas feitas à mãe, que mobilizavam suas emoções. Não queria que suas emoções fossem despertadas, e por isso deixava que as dispersasse a seu próprio modo. Eu podia mobilizá-las, distraí-las e as emoções ficavam exatamente onde eu queria que ficassem. Então podia oferecer outra crítica à mãe, intensificando suas emoções, distraindo-a de novo. Dizia que se o pai quisesse ter uma amante, quando a esposa lhe negasse sexo, eu entenderia. Eu mobilizara suas emoções e ela podia ligá-las às necessidades do pai e a seus direitos. Toda a sua intensidade emocional se dirigia para o direito do pai de manter relações sexuais com qualquer mulher que escolhesse, inclusive sua mãe. Na verdade, sem dúvida, o pai *nunca* havia dado um passo em falso, mas a mãe fizera a filha pensar que ele dera. Ao construir as emoções dela, e então mencionar os direitos do pai, eu a estava dirigindo para tornar-se protetora em relação ao pai e inclinar-se a favor dos direitos que eu queria que identificasse com ele. Era difícil para ela identificar-se com a mãe, exceto na gordura e em todas as coisas erradas. Mas o pai era um bom homem, e quando ela começou a defender os direitos dele, passou a se identificar com todas as coisas boas dele. Você começa a defender meus direitos e então o que acontece? Você se torna meu aliado, você se torna parte de mim.

De acordo com esta descrição, parece que Erickson está apenas enfocando a filha como outros terapeutas, que ignoram o contexto familiar. Na medida que a filha faz triangulação com os pais, ela não pode adquirir autonomia sem ocasionar uma ruptura na vida deles. Com a melhora, em tais casos os pais geralmente retiram a filha do tratamento, criam problemas entre eles e, com freqüência, se divorciam. Não é uma questão da percepção da filha a respeito dos pais, mas das reações deles, em suas vidas reais, à mudança da filha, ao fato de ela deixar de ser um veículo de comunicação entre eles. No entanto, Erickson não lida meramente com a filha. Enquanto trabalha com ela, continua a relação com os pais e os ajuda a sobreviver à melhora da filha. Como ele conta:

Aconselhei o pai a se separar da esposa e viver em um lugar diferente. Uma vez ou outra, poderia achar a esposa apetecível, ir para casa e manter uma relação sexual com ela. Ficaria uma semana, ou duas, se a situação estivesse agradável. A mãe era uma excelente jogadora de golfe e, sob muitos aspectos, uma companheira maravilhosa.

Consegui que ela me telefonasse regularmente enquanto estava tratando a filha. Ela me usava como uma espécie de pai, que podia falar com ela de modo rude, porém impessoal. Quando ela fazia alguma coisa errada, me telefonava, me contava, e eu a chicoteava pelo telefone. Assim, me mantive em contato com os pais enquanto tratava a filha.

Trabalhei bastante com a moça. Ensinei-lhe como seu corpo era bom debaixo do envoltório de gordura. Podia elogiar seu corpo, dizer-lhe como era atraente; mas, ainda assim, ele permanecia coberto, não só por suas roupas, como por uma camada de gordura. Ela não havia enxergado a beleza de seu corpo, e eu estava falando a respeito dela — de modo que era um tema remoto, sobre o qual eu discorria livremente. Dei-lhe uma boa apreciação narcisista a respeito de seus seios, seu ventre, suas coxas, seu monte de Vênus, os grandes lábios, a pele macia da parte interna da coxa, por baixo da camada de gordura. Eu estava muito interessado em descobrir o que era aquela moça bonita por baixo do envoltório de gordura. Ela agora está casada e feliz e vai ter um bebê neste verão. Casou-se com um bom rapaz, que eu aprovei. Ela me perguntou: "Devo convidar minha mãe para o casamento?". Temia que a mãe pudesse aparecer e fazer uma cena lacrimosa, histérica. Temia que ela censurasse os dois, os parentes do noivo e seu pai. Ainda assim, sentia que deveria convidar a mãe. Eu disse: "Ponha sua mãe na linha. Diga-lhe para se sentar, fechar a matraca e escutar o que tem a dizer. Então, com absoluta firmeza, explique-lhe que é bem-vinda ao casamento e forneça *sua* definição de uma boa mãe — uma pessoa bem-comportada, bem-equilibrada e cortês". A moça realmente estabeleceu os limites e a mãe ficou aterrorizada. E se comportou de maneira excelente.

O método de Erickson, neste caso, é claramente fazer a família ultrapassar uma fase de seu desenvolvimento. Ao invés de enfocar a moça e fazer com que os pais a retirassem do tratamento quando ela melhorasse, ele abordou também a situação dos pais. Simultaneamente, lidou com as deficiências da moça, estabeleceu uma relação contínua com a mãe e o pai, deu-lhes seu apoio e reconheceu seu casamento ao fazer o pai se mudar e então voltar em seus próprios termos. Ao invés de deixar os dois se separarem espontaneamente à medida que a filha melhorasse, o que acontece em muitos casos, Erickson arranjou a separação, retirou a moça de casa e a estabeleceu num casamento; então, juntou os pais de novo sob novas bases.

Ao contrário de muitos terapeutas de família, Erickson não trabalhou com a família reunindo-a regularmente como um grupo. Algumas vezes ele faz isto, outras não. Nos primórdios da terapia familiar, os terapeutas em geral pensavam que pais e filhos deveriam continuar a viver juntos enquanto a terapia os ajudava a clarear suas comunicações mútuas e a chegar a um entendimento. Quando esta abordagem fracassou, muitos terapeutas de família passaram a usar uma estratégia de mudar o filho para um cenário normal (ao invés de transferi-lo para o hospital mental), como um apartamento ou pensão, enquanto continuavam as sessões de terapia familiar. Meramente fazer com que a família converse reunida enquanto o filho permanece em casa nunca resolve a crise da saída dele. Erickson aprendeu a preferir um método que não visava fazer surgir uma aproximação nesta situação. Numa conversa, em 1958, ele objetava contra a idéia de manter o filho dentro da família, "para que aprendesse a manejar os pais de modo diferente". Ele disse: "Pode um jovem viver neste tipo de família e realmente aprender a manejar seus pais diferentemente? Ele teve toda uma vida para aprender como *não* lidar com eles com sucesso. Aprendeu uma enorme quantidade de maneiras, muitas pequenas habilidades de como não lidar bem com os pais. Usualmente, arranjo para que o jovem fique separado enquanto continuo lidando com os pais".

Algumas vezes Erickson recebe toda a família e modifica o relacionamento entre filhos e pais, embora com maior freqüência prefira recebê-los separadamente, e só ocasionalmente juntos. Um exemplo de como lida com um problema relativamente brando recebendo a família toda junta ilustra como ele rapidamente força os pais e o jovem adulto a se relacionarem de modo mais maduro e com respeito.

Uma família composta de pai, mãe e filha veio me ver, e eu os recebi juntos em meu consultório. Os outros filhos da família eram adultos e moravam fora de casa. Esta última era adolescente, e muito turbulenta. Os pais também eram turbulentos, e os três eram incapazes de se ouvir reciprocamente.

Quando percebi a situação, mandei-os sentar e disse-lhes que queria que falassem, um de cada vez. Declarei que, enquanto uma pessoa estivesse falando, as outras duas deveriam manter suas bocas fechadas. Encorajei um relato completo e tendencioso do pai, da mãe e da filha. Não me lembro da ordem em que os fiz falar — algumas vezes eu a vario. Mas, neste caso particular, deixei que a filha fosse a última.

Cada um deles expressou seus sentimentos, enquanto os outros dois escutavam. Então eu falei: "Muito bem, deixem-me pensar". Depois de alguns minutos, voltei-me para a filha e disse: "Quero que você, durante cinco ou dez minutos — pode olhar o ponteiro de segundos do relógio em frente —, pense bem, em sua mente, tudo o que quer dizer a seus pais — coisas agradáveis, desagradáveis, indiferentes — e estabeleça a ordem na qual quer dizê-las. Faça isto franca, categórica e honestamente. Agora, eu também ficarei olhando para o relógio. Isto deve durar uns dez minutos. Então você saberá exatamente como usar os dez minutos seguintes".

Ora, presumivelmente eu a estava fazendo refletir sobre o que tinha a dizer, mas, na verdade, eu estava alterando a situação. Eu disse: "Ao fim de dez minutos você saberá o que vai fazer e o que fará nos dez minutos seguintes". E com isto a menina mudou.

Ao fim de dez minutos, ela afirmou: "Eu disse tudo o que gostaria de dizer a eles, que simplesmente não escutaram. Mas eles sabem o que eu falei, assim como eu também sei. Não faz sentido repetir". Eu disse à menina: "Você se importa de esperar na sala de espera?". Quando ela saiu, voltei-me para os pais: "O que pensam sobre a afirmação de sua filha? Ela afirma que já disse tudo o que havia para dizer, que vocês não escutaram e não há sentido em repetir". Então, disse-lhes: "Agora, fiquem quietos e reflitam sobre o assunto. Ao fim de cinco minutos, saberão como lidar com os cinco minutos seguintes". Eu dera dez minutos à garota, mas dei aos pais somente cinco, como uma especial concessão por serem adultos.

Depois de cinco minutos, eles afirmaram, em essência: "Quando você realmente pára para pensar sobre todas as coisas estúpidas que costuma falar, todas as emoções fúteis que pode sentir, percebe que ninguém tem respeito por ninguém. Com certeza, nenhum de nós demonstrou respeito pelo outro aqui no consultório. Você parecia ser o único que demonstrava algum respeito".

Eu perguntei: "Precisamos contar à sua filha o que pensam?". Eles responderam que achavam que ela sabia tanto quanto eles.

Chamei a filha de volta à sala e disse: "Seus pais pensam que você pode voltar para casa. Afirmam que sabem o que devem fazer e que você também sabe. Eles disseram que acham que você é tão inteligente quanto eles".

Recebi a família esta única vez. Mas sei, por outras fontes, que a menina se saiu muito bem.

Um dos problemas que enfrentamos ao desligar pais e filhos é a preocupação, a benevolência e a superproteção, que impedem filhos e pais de se situarem num relacionamento mais igual. Os pais mais destrutivos não são aqueles que maltratam os filhos, mas aqueles que se mostram tão indulgentes e protetores que os impedem de caminharem rumo à própria independência. Quanto mais benevolentes e pressurosos forem os pais neste estágio da vida, mais difícil se torna a tarefa terapêutica de desembaraçá-los. Um caso que não teve um desfecho satisfatório pode ilustrar um problema típico.

Um médico me telefonou perguntando se poderia atender seu filho, um jovem ginasiano que se tornara um problema cada vez maior. Eles haviam lhe dado um carro, um aparelho de som, uma tevê colorida; haviam lhe dado uma mesada muito generosa, e o rapaz cada vez se tornava mais exigente, egoísta e destrutivo com toda a família.

Respondi que entrevistaria o menino na presença da mãe e do pai. Eles o trouxeram. Pedi ao jovem que se sentasse e ficasse de boca fechada; queria ouvir todas as coisas ruins a respeito dele que o pai e a mãe pudessem contar. Relutando, eles narraram todos os maus comportamentos do filho. Enquanto falavam, o menino os olhava com expressão gratificada no rosto. Eu lhe perguntei: "Essa história está razoavelmente bem contada?".

O menino respondeu: "Diabos, não, eles deixaram de fora um mundo de coisas porque têm vergonha de contar. Eu rasguei as calcinhas de minha mãe, me gabei de todas as minhas façanhas na frente deles, proferi todos os palavrões em que pude pensar, urinei sobre o jantar. Sabe o que meu velho sempre fazia? Ele me dava uma nota de cinco ou dez dólares e minha mãe chorava".

Eu disse: "Bem, seus pais querem que eu o aceite como paciente. Não sou seu pai e nem sua mãe. Também não sou igual a você fisicamente. Mas uma coisa você irá descobrir sobre mim: meu cérebro é muito mais forte e rápido do que o seu. Agora, se quer ser meu paciente, tem que concordar com certas coisas. Não vou ser nem um pouco amável como seu pai e sua mãe. Eles querem sair numa viagem de férias. Ficarão duas semanas fora e, enquanto isto, você pode ficar aqui e ser meu paciente. Vai morar num bom motel próximo daqui. O preço será de cento e quarenta e cinco dólares por mês, e você pode pedir a refeição que quiser. Pode viver a vida como Riley. Mas todos os dias terá que vir me ver durante uma hora ou duas. Vamos descobrir se você pode agüentar várias e numerosas coisas que vou lhe dizer com calma e objetividade. Penso que não vai gostar do que tenho a dizer. Agora, acha que consegue me aturar durante as duas semanas em que seus pais estarão de férias?".

Ele respondeu: "Posso tentar com afinco. Mas, além do motel e das refeições, o que me diz sobre dinheiro para gastar?".

260

Respondi: "Sejamos razoáveis. Eu lhe direi quanto dinheiro pode ter no bolso, e isso será tudo o que terá. Seu pai não vai gostar, talvez você não goste. Mas pode ter vinte dólares por semana, nem um centavo a mais, nenhum cartão de crédito, e não pode contrair nenhuma dívida".

E ele: "Bem, será divertido verificar o que você pode fazer".

Voltei-me para os pais: "Ele concordou. Agora podem iniciar sua viagem de férias e, quando voltarem, apareçam para ver como ele está indo". Assim, eles partiram.

O rapaz leu bastante durante os primeiros dias, boas leituras. Ele conversava comigo a respeito dos livros e discutíamos a respeito do que queria da vida. Ele podia se divertir fazendo os pais infelizes, mas poderia continuar depois que eles morressem? Para o que estava preparado? Quanto dinheiro o pai deixaria para ele, se é que deixaria algum?

Depois de alguns dias, ele disse: "Sabe, pagar um dinheirão por um quarto com uma cama não faz sentido nenhum. Vou procurar um apartamento e conseguir um emprego". Assim, encontrou um apartamento — que dividiria com outros dois jovens. Ambos estavam com quase vinte anos, empregados, trabalhavam duro para pagar a faculdade. Não bebiam nem usavam drogas. Ele mudou-se decidido a conseguir um emprego; e conseguiu.

Uns três dias antes da data marcada para a volta dos pais, ele me disse: "Pro inferno com tudo isto. Depois de todos os danos que causei a meus pais, não quero mais ser um peso para eles. Não vou mais vir aqui".

Nos dois dias seguintes, tive dificuldade em fazer com que o rapaz viesse para a consulta, mas ele compareceu sob coerção. Então arrumei para que viesse no dia seguinte, quando os pais estariam de volta. Os pais entraram e eu disse a ele: "Agora, faça uma saudação adequada a seus pais". Ele usou um palavrão. Eu disse: "Tire os sapatos e as meias, vá para a outra sala, sente-se no chão e reflita sobre esta situação".

Conversei rapidamente com os pais e lhes disse: "Vocês lidaram com o rapaz de tal modo que isto se tornou uma disputa". Relatei todas as coisas boas que ele fizera, citei os livros que lera, contei que havia realmente obtido um emprego e o mantivera por alguns dias. Então percebera que os pais estavam para voltar, e que seria confrontado com a mesma antiga vida tola. Ele se rebelara, e eu tivera que fazer com que o trouxessem para as sessões. Declarei que desejava lavar as mãos em relação ao rapaz.

Os pais tentaram me dizer que no fundo ele era um bom menino. Talvez tivessem sido muito generosos, muito magnânimos. Eu afirmei: "Bem, não há nada que possa fazer com ele agora. Vou deixar que descubram da pior maneira possível a maneira estúpida como lidaram com ele".

Fiz com que o rapaz se sentasse do outro lado da sala em que estavam seus sapatos e meias e disse: "Você vai para casa com seus pais. Agora vá até ali e pegue seus sapatos e meias. Volte para sua cadeira e os calce". O rapaz sentou-se com ar desafiador.

A sala estava em silêncio absoluto. Eu esperei e esperei e esperei e esperei. Finalmente, o pai atravessou a sala, pegou os sapatos e as meias e entregou-os ao filho. A esposa disse: "Ah, não, não faça isto!". Quando ele perguntou o que queria dizer, ela respondeu: "Não importa o que esteja acontecendo, você sempre entrega os pontos, você amolece, você faz coisas".

Eu disse ao jovem: "Agora, o que gostaria de fazer? Eu não quero um sabichão esperto, intencionalmente malcomportado, em minhas mãos. Se quiser cooperar, eu coopero com você. Senão, pode ir para casa com seus pais e ficar refletindo sobre o vazio de seu futuro. Penso que seu futuro é a escola correcional, ou um hospital mental, e isto não está muito longe".

Ele respondeu: "Bem, volto para casa com meus pais e serei mais independente. Não usarei o carro da família, andarei a pé. Conseguirei um emprego e vou vender várias coisas minhas para conseguir meu próprio dinheiro".

Eu falei: "Muito bem, por que não vai até o motel, fazer as malas? Vou conversar um pouco com seus pais". Depois que ele saiu, eu disse: "Vocês ouviram as declarações de seu filho". O pai disse: "Achei maravilhoso". E a mãe: "Tem certeza de que ele está decidido?". Eu lhes respondi: "Ele promete a vocês o mundo numa salva de prata e repetirá essas promessas, muitas vezes, com palavras incandescentes. Mas não cumprirá nenhuma. Ele tem amigos que usam drogas e que são ladrões; pode se juntar a eles". A mãe afirmou: "Não acredito que as coisas estejam tão ruins. Ele manterá sua palavra".

O rapaz não cumpriu nenhuma de suas promessas. Tornou-se um problema cada vez maior para os pais que, finalmente, o internaram num hospital mental estadual. O rapaz me telefonou do hospital e perguntou se estaria disposto a aceitá-lo como paciente. Respondi que estaria disposto, mas ele teria de encarar o tratamento com a mesma seriedade com que eu o faria. Declarou que após algumas semanas naquele lugar miserável, com aquela gente nojenta, comendo aquela comida fedorenta, ele realmente estava pronto para a terapia.

Seus pais vieram me ver e afirmaram ter estragado o rapaz. Salientei que tinham dois outros filhos e que esperava que não fossem tão indulgentes com eles. Responderam que não eram.

Mais tarde, recebi um telefonema do pai dizendo que ele e a esposa queriam me agradecer por tudo o que fizera e tentara fazer pelo rapaz. Afirmaram que iriam tratar corretamente os outros dois filhos. O pai me recomendou a outros pacientes.

O rapaz voltou a me telefonar, algumas semanas depois, e eu lhe disse que ele sairia do hospital em poucos dias e que o aceitaria como paciente. Afirmei que o aceitaria, e ele conhecia as condições. Ele teve a satisfação de me dar a esperança de vê-lo e nunca mais ouvi falar dele.

Não tinha esperança em relação ao rapaz, mas tinha, de certa maneira, em relação aos pais. Se eles sacrificassem completamente aquele rapaz, então seriam forçados a tratar os remanescentes da maneira certa. Ouvi dizer, por pessoas que os conhecem, que foi exatamente isto o que aconteceu.

Neste caso, Erickson enfocou mais o rapaz e menos os problemas dos pais, como faz usualmente. Tentou desembaraçar diretamente o rapaz, colocá-lo numa vida normal produtiva, e fracassou. Em outros casos, Erickson trabalha com um ou os dois pais para tirar o filho daquela situação; neste caso, ele não o fez. Qualquer que fosse a função do mau comportamento do rapaz na situação matrimonial e familiar, ela não foi abordada, e Erickson se viu numa situação similar àquela de Freud e Mesmer, onde a família era vista como um impedimento ao tratamento do filho, ao invés de ser encarada como o problema a ser tratado.

Um aspecto especial deste caso era o emaranhamento entre o rapaz e o pai. Usualmente, quando um filho é perturbado, um dos pais fica preso a ele de uma maneira indulgente. O outro é mais periférico. O tratamento usualmente traz o mais periférico para uma posição mais central, para quebrar o relacionamento excessivamente intenso do outro pai. Na maioria dos casos, é a mãe que é superprotetora com o filho e o pai é periférico. Neste caso, era o pai médico que estava intensamente envolvido com o filho. Pode-se dizer que a superproteção que o pai dava ao rapaz era equivalente à proteção que o filho dava ao pai, que não aceitava se separar dele. Erickson não interveio de maneira a alterar o relacionamento.

Com freqüência, Erickson trabalha diretamente com o filho e o desembaraça da família com sucesso. Algumas vezes, faz com que o jovem adulto enxergue criticamente os pais e pense por si mesmo a respeito de onde quer chegar na vida. Os pais não são ignorados, mas são tratados como periféricos aos interesses reais do filho. Foi esse o método utilizado no caso a seguir:

Uma jovem de uma família da Nova Inglaterra foi trazida à Phoenix pela mãe para me ver. Ela havia passado por uma experiência infeliz. Tivera um acidente de carro em companhia de uma amiga. Ela sofrera ferimentos leves, mas quatro famílias diferentes se envolveram em processos mútuos. A menina passou também por duas operações, que, como eu lhe disse, não eram necessárias, e ficou meses conversando com um psiquiatra a respeito de sua infância, o que eu também não achava necessário. O psiquiatra a enviara a mim porque achava que não estava fazendo nenhum progresso e porque ela tinha dores sem causa orgânica, que ele não conseguira eliminar nem mesmo através da hipnose.

Ela chegou ao consultório acabrunhada, desanimada, com o braço esquerdo numa tipóia, obviamente aleijada para sempre. Estava vivendo como uma pessoa incapacitada, que não podia se afastar dos pais, contudo, não havia realmente nada errado com ela fisicamente.

A terapia desenvolveu-se essencialmente na forma de visitas sociais casuais. Consegui que ela pensasse criticamente sobre os pais, a irmã menor, sobre se realmente havia aprendido alguma coisa na dispendiosa escola particular que freqüentara antes de iniciar a faculdade. Ela, na verdade, não havia pensado criticamente a respeito de sua vida anterior, ou o que queria fazer com ela. Chamei sua atenção para o fato de o acidente de carro a haver deixado com algumas equimoses e algumas operações sem objetivo, mas o que ela realmente queria? Relembrar o passado ou pensar a respeito dos próximos cinqüenta anos e o que desejava deles? Disse-lhe que o futuro deveria lhe dar várias coisas; nenhuma briga com os pais, nenhum processo legal. Ela deveria pensar sobre o que gostaria de fazer. Ela começou a falar a respeito de casamento, e contou que sua irmã se casara com um rapaz contra a vontade dos pais e agora esperava um bebê. Contou que os pais estavam começando a aceitar o casamento. Perguntei-lhe por que um pai e uma mãe não aceitavam a idéia de uma filha crescer e se casar.

No fim das sessões — era época da Páscoa —, perguntei-lhe se ela já ouvira dizer que os moradores da Nova Inglaterra gostam de nadar no inverno. Sugeri que tentasse a piscina quando voltasse para o motel.

A mãe da jovem entrou e disse: "Não sei o que fez com minha filha. Ela está nadando, mergulhando e se divertindo. Esta não é a menina que eduquei". Concordei com a mãe.

Depois de dezenove horas de tratamento, incluindo algumas sessões de duas horas, a moça e a mãe voltaram para casa. Antes de partirem, eu disse à mãe para conversar com o marido e esquecer a tolice daqueles processos legais referentes ao acidente de automóvel. As coisas deveriam ser acertadas fora da corte, ou deixadas de lado.

A moça retornou à faculdade, e a mãe me escreveu perguntando se estaria disposto a receber o resto da família para tratamento. Respondi a ela que, se eles se mostrassem do calibre da filha, teria muito prazer nisso.

Mais tarde, a mãe fez seis sessões comigo, e discutimos a outra filha, com cujo casamento ela estava se reconciliando. Perguntei-lhe *se havia se comportado mal o suficiente* na situação para ter se recuperado, ela concordou que tinha. Pedi-lhe que escrevesse todas as tolices que tinha feito em sua vida. Ela o fez, e rimos das coisas, principalmente de todas as vezes em que deveria ter-se divertido, mas não se divertira. Ela partiu para visitar a filha casada e apreciou a visita.

Este caso ilustra o ponto de vista de Erickson sobre a atitude que os pais deveriam ter para permitir que seus filhos conduzam suas próprias vidas, e também seu modo de abordar um problema quando a situação social o torna necessário. A moça estava se deixando usar na luta dos pais entre si e com outros parentes, a ponto de ficar fisicamente incapacitada, ao invés de enxergar criticamente a situação e sair dela rumo a uma vida própria. A terapia a encorajou a assumir a vida que desejava, enquanto também desembaraçava os pais de seu envolvimento com ela.

Em outros casos, quando um jovem está se desembaraçando dos pais, Erickson pode trabalhar com eles e lidar muito pouco com o filho. Uma situação na qual os pais eram superprotetores e indulgentes foi abordada por Erickson de maneira marcadamente diferente. Ele relata:

> Uma moça veio me ver muito alarmada com seus pais. Os dois eram muito possessivos, excessivamente solícitos. Quando ela iniciara a faculdade, a mãe cuidava de todas as suas roupas, costurava-as e supervisionava seus fins de semana. No entanto, o que mais aborrecia a moça era que, como parte dos presentes por sua graduação no segundo grau, os pais haviam construído mais cômodos na casa, de modo que pudesse morar com eles quando ela se casasse. A moça disse que não sabia o que fazer a respeito desses anexos, porque os pais esperavam que fosse morar com eles e ela não queria isto. Contudo, eles haviam investido todo o seu dinheiro nisso, e eram tão gentis! Ela estava enredada pelos pais, e sentia que nunca conseguiria ser independente, mesmo se se casasse.

O terapeuta pode encarar de maneiras diferentes este problema e escolher se intervém ou não. Pode intervir através da moça e ajudá-la a se rebelar contra os pais, com a possível ruptura da família. Os anexos da casa permaneceriam então como símbolo do sentimento desagradável entre pais e filha. Ou poderia intervir através dos pais, informando-os de que estavam tratando a filha como um apêndice incapaz, sem direitos ou privilégios, e ditando todo o seu futuro. Ele poderia, ou não, libertar a moça, mas o anexo da casa seria um monumento em memória de seu comportamento errado como pais. Erickson abordou o problema através dos pais, mas de um modo especial. Em primeiro lugar, aconselhou a moça a seguir em frente e deixar seus pais com ele, o que é típico de sua disposição de assumir a responsabilidade de fazer algo a respeito de um problema.

Recebi os pais juntos, e tivemos uma série agradável de conversas. Eu os congratulei por sua preocupação com o bem-estar da filha. Eles haviam antecipado seu futuro, de modo que eu imaginava que ela se apaixonaria, ficaria noiva, se casaria, ficaria grávida e daria à luz um filho. Nesta discussão, enfatizei como eles, muito mais do que outros pais, estavam dispostos a assumir as conseqüências desses eventos futuros. A maioria dos pais, quando cria uma filha, sente que seu trabalho acabou, mas eles podiam olhar para a frente, para uma continuação de seus labores. Com a filha morando em sua casa, no anexo, eles podiam antecipar os serviços que poderiam lhe oferecer quando ela tivesse o filho. Eles estariam à disposição para tomar conta da criança a qualquer momento, ao contrário da maioria dos pais, que não apreciam esta imposição. Podiam aguardar, ansiosamente, um choro de bebê durante a noite — mas, sem dúvida, haviam construído paredes à prova de som no anexo. Acontece que não tinham. Assim, congratulei-os por estarem dispostos a agüentar os problemas de um bebê pequeno como os que haviam tido quando eram moços e a filha era pequena. Então conversamos a respeito do futuro neto. Quando começasse a andar, e, naturalmente, morando com eles, ficaria o tempo todo entrando e saindo da casa. Recordamos o que era ter uma criança que começa a andar perambulando pela casa toda, como os objetos quebráveis tinham que ser colocados num local bem alto, e a casa sempre desarrumada. Outros avós não estariam tão desejosos em sacrificar seu modo de vida.

Os pais começaram a expressar algumas dúvidas a respeito de estarem ou não desejosos de que a filha vivesse tão próxima deles.

Para dar um empurrão nesse processo, disse à mãe que ela teria que lidar com a falta de compreensão do marido em relação ao futuro neto. Com o marido, previ a falta de compreensão da esposa em relação à criança quando se tornasse avó. Suas divergências a respeito da filha foram deslocadas, de modo que eles podiam imaginar as divergências a respeito do neto. Era um problema que teriam de enfrentar continuamente com a filha morando com eles. Ambos concordaram comigo que o outro provavelmente não seria um avô tão bom.

Após esta discussão, decidiram que realmente não queriam ter a filha e sua família vivendo com eles, e, ainda assim, enfrentavam um dilema. Aquele anexo custara tanto dinheiro que talvez *tivessem* que ter a filha morando lá. Da discussão, nós "espontaneamente" saímos com uma boa idéia. O anexo poderia ser alugado para uma pessoa madura e silenciosa e o aluguel poderia ser depositado num banco, visando à educação dos futuros netos.

266

Mais tarde, a filha se casou e foi viver numa cidade a alguma distância, com a plena concordância dos pais. Quando teve um filho, os pais vieram me consultar a respeito de quantas vezes cada um deles tinha direito a visitar o neto. Eu disse ao avô que uma avó não deveria fazer visitas mais freqüentes do que uma tarde a cada seis semanas ou dois meses. Por uma curiosa coincidência, acreditava que o mesmo espaçamento de visitas era adequado ao avô.

Quando perguntado se os pais haviam se beneficiado com algum *insight* sobre como haviam lidado com a filha, Erickson salientou o problema dos anexos da casa. Ele disse: "Você e eu podemos olhar os anexos e pensar que coisa terrível era aqueles pais quererem ditar o futuro da filha daquele modo. Os anexos são uma evidência terrível desse controle. Mas os pais não vêem as coisas desse modo. Eles pensam nisto como uma boa fonte de renda para o neto. O que é melhor? É essencial sentir-se culpado? Eu não acredito na salvação somente através da dor e do sofrimento".

Como Erickson encara as famílias em termos de diferentes estágios de desenvolvimento, acredita que a alteração principal para os pais é darem o passo seguinte e se tornarem avós. Com freqüência, utiliza essa alteração para liberar um filho no momento em que este deve deixar a casa dos pais.

Algumas vezes, quando lido com pais superprotetores, introduzo um desafio: "Quando seu filho chegar à sua idade, terá os mesmos problemas com os filhos dele?". Eu realmente os estou acusando de terem um futuro de se tornarem avós. Quando isto é feito de modo correto, eles têm que resolver as dificuldades do filho ao longo de toda a linha, até o ponto de se tornarem avós.

Quando você os faz pensar a respeito de se tornarem avós, o marido pode pensar: "Que tipo de avó ela dará?". Ela começa a pensar a mesma coisa a respeito dele. Eles não haviam percebido que esse momento estava se aproximando, e você pode fazê-los aceitar a idéia de uma modificação neles mesmos, encarar um ao outro criticamente. Para lidar com a competição e o conflito entre eles ao nível de avós, eles têm que deixar Sonny produzir um neto. A mãe então pode lidar com as deficiências do marido como um avô, e ele pode lidar com as dela. Na antecipação desta luta, eles podem prosseguir durante um período de anos, enquanto o filho está fora e *se* desenvolve.

Como Erickson não acredita na utilidade de simplesmente mostrar às pessoas por que não deveriam se comportar como o fazem, ele usualmente não aconselha os pais a se comportarem de maneira diferente, mas arranja para que o façam. Algumas vezes, faz isto alterando o terreno no qual a batalha tem lugar. Ocasionalmente, quando hipnotiza um sujeito, ele pode dizer: "Você prefere entrar num transe agora ou mais tarde?". O que é uma maneira de apresentar o tema de *quando* entrar em transe, ao invés do tema do *entrar ou não*. Esse procedimento é similar à maneira como ele altera o conflito dos pais, fazendo-os substituir a questão de se foram bons pais pela questão de se serão bons avós. No caso seguinte, ele enfoca uma mulher e o problema de como se tornar uma boa avó.

Numa família de que estou tratando, há três rapazes com a idade de vinte e três, dezenove e dezessete anos. A terapia tem se centrado em tirar o mais velho de casa, fazer o segundo viver por si mesmo e o terceiro ir morar com o irmão mais velho, enquanto freqüenta a escola. Na família, há uma luta das mais infelizes entre os pais, e a mãe sempre dirigiu todo o espetáculo. O pai é um artista que nunca conseguiu escolher nem mesmo o tipo de arte que desejava executar porque a esposa assumia a direção de tudo o que ele fazia.

Quando consegui fazer os filhos irem embora e freqüentarem escolas longe de casa, o pai começou a ficar preocupado com a mãe. Eu me concentrei nela e chamei sua atenção para o fato de estar dando um dos passos de transição mais importantes da vida — estava deixando de ser uma boa esposa e mãe para se tornar uma boa avó no futuro. Enfatizei que agora ocupava uma posição de *esperar* se tornar avó; não uma esposa ou mãe, mas alguém que estava se preparando para o dia em que os filhos se casassem e gerassem filhos, tentando dar o melhor de si, pois ela é uma mulher que gosta de fazer bem as coisas. Mas, embora tudo isto fosse vagamente definido, era ao mesmo tempo plausível e real. Ela foi deixando de ser uma supermãe para os filhos, porque não era mais mãe, mas uma avó em potencial, e brigava menos com o marido, pois tinha aquela importante tarefa para sustentá-la.

Quando uma mãe está envolvida demais com um filho e não consegue soltá-lo, Erickson não vê nisto uma questão racional, que ela pode enfrentar racionalmente. Seu método para resolver a questão varia, mas, quando lida diretamente com a mãe, ao invés de envolver toda a família, é provável que ele o faça de modo característico. Certa vez, foi-lhe colocado o problema de uma mãe que estava prendendo a filha perto dela, mas não enxergava as coisas dessa maneira. A mãe se queixava de que a filha era um perpétuo fardo, mas, ao mesmo tempo, se comportava de maneira a mantê-la ligada a si. Quando a moça fez um movimento real rumo à independência, indo para uma faculdade longe de casa, aos dezoito anos, a mãe decidiu

268

também fazer faculdade, e foi juntar-se a ela, com o encorajamento da filha. A moça teve um surto esquizofrênico e foi hospitalizada. Com o passar dos anos, durante os quais a moça entrou e saiu do hospital várias vezes, a mãe descobriu que não conseguia se entender com a filha nem se afastar dela, mas parecia não perceber que era incapaz de se separar da filha, embora vários psiquiatras a houvessem aconselhado a fazê-lo. Comentando o problema, Erickson disse que nunca tentaria tornar a mãe consciente das dificuldades que tinha para deixar a filha ir embora. Ele ofereceu alternativas.

Um procedimento que emprego é questionar a mãe superprotetora a respeito do crescimento e do desenvolvimento da filha. Digo a ela: "Você quer ver sua filha estabelecida como uma criatura independente. Está muito certa em querer isto. Mas há várias coisas que precisará me ajudar a compreender a respeito do que está errado com a moça para que ela pareça não ter vontade de partir. Quando sua filha cresceu, deixou de ser uma menininha e entrou na puberdade, qual foi a primeira mudança da adolescência que lhe chamou a atenção? Ela modificou a maneira de mover o tórax quando estava desenvolvendo os seios? Os seus quadris chamaram sua atenção? Ela deu um jeito de tomar um banho e pediu para você trazer a toalha, de modo que ficasse sabendo que seus pêlos púbicos estavam crescendo? Exatamente qual era a atitude dela em relação ao batom? Queria aprender com você como utilizar pincel de lábios?".

Desta maneira, faço a mãe percorrer sistematicamente todos os passos do crescimento e desenvolvimento pubescente da filha, enfatizando sempre como a moça é uma pessoa diferente dela. Assim, a mãe acaba percebendo que não pertence à geração da filha ou à sua classe na faculdade. Ao enfatizar o crescimento da filha, a mãe vai se percebendo como adulta, como mulher madura. Fica pensando no desenvolvimento dos pêlos púbicos da filha, no crescimento dos seios, que serão significativos para outro homem que não o pai.

Para uma mãe possessiva, a entrada da filha na puberdade é uma experiência chocante. Eu ajudaria a mãe a se tornar cônscia das dificuldades que tem em deixar a filha se afastar à medida que vai crescendo. Eu enfatizaria como a filha primeiro atraíra um jovem de quinze anos, depois um de dezesseis, de dezessete e de dezoito anos. A filha seria definida como alguém que realmente não é atraente para os homens maduros, o pai por exemplo, como a mãe é. A moça é atraente para jovens imaturos. Isto enfatiza a superior maturidade da mãe, e assim ela própria está se diferenciando. Está sendo forçada a chegar à conclusão de que a filha é uma coisa e *ela* é outra. Quem quer ser uma coisa quando realmente pode ser outra melhor?

Algumas vezes, com uma mãe superprotetora, dou um jeito de fazer com que o rapaz se mude para outro local. Quando a mãe descobre que isto aconteceu, eu a impeço de fazer qualquer coisa a esse respeito. Ela realmente quer seu filho de volta. Eu a frustro, porque continuo a recebê-la, mas me recuso positiva e absolutamente a discutir a situação de vida de seu filho. Ela não pode fazer nada para trazer Sonny de volta para casa antes de ter discutido o assunto comigo e me feito admitir que eu estava errado.

Na verdade, um filho começa a deixar a mãe quando ultrapassa os dez anos. Até então, ele é seu bebê, um ser humano indiferenciado, mas na puberdade ele se torna um homem — destinado a outra mulher.

Para encorajar uma mãe a soltar seu filho, Erickson utiliza uma outra técnica:

Às vezes, a pessoa acha que um filho atingiu a idade de sair de casa, mas ele não consegue. Não consegue se afastar dos pais nem se entender com eles. Quando se aproxima deles, eles o empurram para longe, e quando está indo embora, eles o puxam de volta. O que faço em alguns desses casos é desorientar os pais de tal modo que, quando o filho tenta se afastar, eles o empurram para mais longe ainda.

Numa família, eu estava tentando fazer o filho sair do lar familiar e ir viver com o irmão mais velho. Conversei com a mãe, uma superpossessiva muito especial. Repetidamente ela afirmava que eu não a compreendia. Quando dizia: "Mas você não compreende", eu imediatamente mencionava que, enquanto seu filho permanecesse em casa, ela teria a oportunidade de compreendê-lo. Fiz isto várias e várias vezes. Quando ela dizia que eu *não a entendia*, eu mencionava alguma coisa a respeito de seu filho ir embora de casa. Quando afirmava que eu *a compreendia* em algum aspecto, eu dizia: "A respeito de seu filho ir morar com o irmão, ainda não tenho uma idéia formada sobre o assunto". Assim, quando eu *a compreendia*, estava falando a respeito de seu filho ir embora. Finalmente, foi a mãe quem insistiu para que o filho fosse morar com o irmão. E ficou contente por ter encontrado esta solução.

Tanto a mãe quanto o pai tem uma ligação com o filho, mas este, por sua vez, desempenha também uma função no relacionamento matrimonial. Por isso, o relacionamento precisa ser mudado para que o filho possa viver uma vida independente. Os pais geralmente apresentam o problema como se ele não tivesse nada a ver com eles ou com seu casamento. Tudo vai muito bem, exceto o filho, que está se comportando de modo estranho. "Seríamos tão felizes se Sam não estivesse doente!" Com freqüência o filho é apresentado como a *única* aresta de disputa no casamento, assim como a única frustração na vida do casal. Ao apresentarem uma frente unida sobre a questão, os pais têm uma desculpa para todas as suas dificuldades. Erickson em geral desloca a questão para o casamento. Muitas vezes faz isto alterando a pseudo-aliança dos pais.

Quando um casal tem problemas óbvios, mas só enfatiza o problema do filho, é preciso lidar com a frente unida que eles estão oferecendo. É preciso romper esta aliança sem que eles percebam o que se está fazendo. Um dos modos como lido com a questão é dizer à esposa, enquanto o marido sorri presunçosamente para si mesmo: "Você sabe, para me explicar as coisas é preciso fazê-lo de modo simples. Porque, sendo um homem, realmente não consigo entender as sutilezas do que você diz". O que faz a mulher? Ela imediatamente se coloca do outro lado da cerca. Ela se diferencia do marido e de mim, é uma mulher, muito diferente de nós dois, pobres machos infelizes. O marido perceberá que sou um homem inteligente e que realmente compreendo o lado masculino. Ele dá um passo à frente e se junta a mim. Consegui desfazer a união do casal.

Para trazer a esposa para o meu lado, num dado momento faço-a perceber que não sou mais o pobre macho estúpido. Torno-me o terceiro, parceiro interessante que não está envolvido na briga dos dois. Fico então dos dois lados da cerca. Estou do lado dele, mas também do dela. Como terceiro parceiro, interessado e objetivo, posso realmente entender o lado da mulher. Isto lhe dá a oportunidade de se sentir de duas maneiras a meu respeito. Se quiser me ver como um macho estúpido, ela terá que compensar isso creditando-me inteligência. Porque simplesmente não iria perder seu tempo com um homem completamente estúpido. Ela veio me ver porque sou inteligente, objetivo. Minha estupidez lhe fornece a oportunidade de me rejeitar e, como compensação, ela se vê obrigada a me aceitar.

Quando uma situação familiar deteriora, um membro da família é com freqüência expulso para o hospital mental. Algumas vezes isto é temporário; com freqüência há uma hospitalização breve, depois uma mais prolongada, e este processo se repete até que a pessoa esteja estabelecida na carreira de paciente crônico. Como a maioria dos psiquiatras, Erickson recebeu seu treinamento num hospital mental. Ao contrário da maioria dos psiquiatras, desenvolveu maneiras efetivas de lidar com pacientes crônicos. Em sua experiência no Rhode Island State Hospital, no Worcester State Hospital, e quando foi diretor de pesquisa e treinamento psiquiátrico no Wayne County General Hospital e Infirmary, Erickson inovou sugerindo numerosos métodos para tratar os "pacientes mentais". Algumas vezes, seu objetivo era tornar o paciente uma pessoa mais produtiva dentro do hospital; outras, o objetivo era conduzi-lo de volta ao mundo.

Com freqüência, num hospital mental, os pacientes e a equipe de assistentes se envolvem numa luta de poder que pode acabar levando o paciente a se aviltar ou se destruir como pessoa. Erickson em geral entra na luta de poder, mas usa-a de tal modo que o paciente é forçado a se tornar uma pessoa produtiva. Como ele coloca: "Você sempre cuida do caso na forma de uma empresa conjunta, indo ao encontro do que a pessoa deseja". Antes de descrever o próximo caso, em que Erickson se engalfinha com o paciente e vence o que é essencialmente uma luta de morte, cabe aqui um comentário que ele fez a respeito do abuso da benevolência. Certa vez ele afirmou:

> Os psiquiatras e os médicos em geral pensam que sabem o que é bom para o paciente. Lembro-me de um milionário de Los Angeles que me disse: "Esperei muito tempo para conhecê-lo e levá-lo para jantar fora. Quero lhe pagar o tipo de jantar que aprecia. O céu é o limite". Quando nos sentamos no restaurante e examinamos o cardápio, percebi que, por acaso, havia carne de sol e repolho. O prato custava somente um dólar e sessenta e cinco centavos, e foi o que pedi. O homem ficou chocado e disse: "Você não quer comer isto". Mandou o garçom cancelar o pedido e trazer dois bifes de doze dólares. Quando o garçom os trouxe, eu disse: "Eles são para aquele senhor; ele os pediu. Agora, traga-me a carne de sol com repolho". Meu companheiro se recostou na cadeira e exclamou: "Nunca, em minha vida, alguém me fez voltar atrás assim". Eu comentei: "Mas você me disse para pedir o que quisesse, e eu gosto de carne de sol com repolho. Penso que vou apreciar mais meu prato do que você os dois bifes".

A preocupação de Erickson de que a pessoa possa escolher seu próprio caminho — seu próprio alimento — é demonstrada num caso que revela o que pode ser feito se uma pessoa está se destruindo por inanição.

Um rapaz — vamos chamá-lo Herbert — ficou profundamente deprimido e foi hospitalizado. Pesava uns cem quilos, mas, como se recusava a comer, em seis meses no hospital ficou com cinqüenta quilos. Passava o tempo de pé, num canto, sem se mover. Embora pudesse falar, falava de modo sardônico, negativista, sobre qualquer coisa.

Tornou-se necessário alimentar Herbert através de um tubo, e ele fez um comentário sardônico sobre a entubação. Insistia que não tinha entranhas, não tinha estômago, e que por isso, quando era alimentado pelo tubo, não sabia até onde este penetrava, uma vez que não tinha estômago. Achava que o tubo desaparecia por um passe de mágica. Não estava mais no quarto, mas também não estava dentro dele, porque ele não tinha estômago.

Durante uma semana, cada vez que Herbert se alimentava pelo tubo, eu lhe explicava que permitiria que ele *me* provasse que tinha estômago. Disse-lhe que também iria provar a si mesmo que percebia o tubo de alimentação; todas as provas viriam dele. Cada vez que o alimentava, eu repetia estas frases. Afirmei que ele provaria a si mesmo que tinha um estômago e então me daria a conhecer esta prova. A prova viria inteiramente dele. Herbert fazia declarações muito sarcásticas a respeito disto. Um cara que dizia as coisas que eu dizia não fazia sentido algum.

No fim de uma semana, coloquei uma mistura especial no equipamento tubular de alimentação: uma gema de ovo, óleo de fígado cru, bicarbonato de sódio e vinagre. Comumente, retira-se o ar quando se administra alimentação pelo tubo, de modo que a primeira coluna de ar é forçada para baixo. Mas eu despejei a mistura em pequenas xícaras, o que empurrou, à força, mais e mais ar em seu estômago.

Retirei o tubo e "Ahegh"! Pude sentir o cheiro, o atendente pôde sentir o cheiro. Herbert dera uma prova de que o tubo de alimentação entrara em seu estômago, e a dera primeiro para si mesmo. No entanto, ele não se alimentava porque dizia que não tinha como engolir.

Começou a engordar, e eu enfoquei o problema de engolir. Durante uma semana, cada vez que o alimentava pelo tubo, eu lhe dizia que iria engolir algum líquido na segunda-feira seguinte. Contei que na próxima segunda-feira haveria um copo de água e um copo de leite na mesa do refeitório. Ele seria o primeiro a entrar quando a porta fosse aberta, de modo que poderia beber os copos de líquido. Ele declarou que eu não regulava bem. Afirmou que não podia engolir. No entanto, eu lhe dera aquela primeira prova experimental do interior de si mesmo, e estava providenciando uma outra.

Domingo à noite, eu lhe dei, pelo tubo, uma alimentação grossa e pesada, com muito sal. Tranquei-o num quarto durante a noite. Às cinco da manhã, tendo sentido sede durante toda a noite, ele tentou correr ao banheiro para conseguir água, mas eu havia providenciado para que todos os banheiros estivessem trancados. Ele se lembrou dos dois copos com líquido no refeitório e tomou o primeiro lugar na fila à porta dele. Quando a porta se abriu, foi o primeiro a entrar e bebeu tudo. Ele me disse: "Você se acha esperto, não é mesmo?".

Respondi a Herbert: "Você tem um estômago, pode engolir, portanto, pode comer à mesa". Ele protestou: "Não consigo ingerir alimentos sólidos". Eu retruquei: "Ao menos pode tomar a sopa. Qualquer sólido dentro dela descerá com o líquido".

Sentei Herbert à mesa e não o deixei levantar até que seu prato de sopa estivesse vazio. Ele não gostava de ficar sentado ali, de modo que tomou a sopa. Acrescentei algo para ajudá-lo a comer mais depressa. A seu lado, sentei um paciente que não comia do próprio prato, mas sempre roubava comida das pessoas a seu lado. Assim, estendia seus dedos sujos para a sopa que Herbert tinha que tomar. Herbert tinha que comer rápido para impedir que o paciente colocasse os dedos sujos na sopa. Quanto mais rápido engolisse, menor seria a sujeira. E continuei aumentando a quantidade de sólidos na sopa.

Em seguida, mandei Herbert trabalhar numa fazenda ligada ao hospital. Mandei-o serrar grandes toras de madeira dura. Disse-lhe que era uma pena que as toras fossem tão malditamente enfadonhas. Ele trabalhava com um companheiro, mas o homem somente conduzia a tora e deixava o trabalho para Herbert. O clima era frio. Qualquer um fica com uma fome terrível se permanece no frio tentando cortar uma tora de madeira dura, quando o outro sujeito não faz a sua parte. Expliquei a Herbert que haveria uma refeição especial na hora do almoço. Ele indagou: "Que espécie de tortura infernal você está preparando agora para mim?". Afirmei que não era uma tortura, a cozinheira estava celebrando um aniversário, e ele poderia se sentar com ela.

Pedi que a cozinheira preparasse todos os seus pratos favoritos, e em copiosa quantidade. Essa cozinheira pesava uns cento e trinta quilos e gostava de comer. Pedi a ela que arrumasse uma mesa pequena com dois lugares e fiz com que Herbert se sentasse, observando-a comer. Faminto devido ao trabalho ao ar livre, e defrontado com todos aqueles alimentos, ele disse: "Esta é uma tortura diabólica". A cozinheira comia despreocupadamente, com grande prazer. Finalmente, Herbert lhe disse: "Você se importa se eu comer alguma coisa?". Ela respondeu: "Sirva-se, sirva-se de quanto quiser". Herbert comeu aqueles alimentos sólidos. Carne, molho, batatas. Ela era uma excelente cozinheira. Isto acabou com os problemas alimentares de Herbert. Este método baseou-se na idéia simples de que todos aqueles que já passaram pela experiência de observar alguém comendo pensaram: "Uau, isto parece bom, gostaria de provar um pouco".

Como Herbert havia se declarado incapaz de se mover, eu podia colocá-lo onde queria e ele ficava. Tive o cuidado de não modificar esta situação até mais tarde. Utilizei-a para fazê-lo observar um jogo de cartas.

Herbert era um jogador inveterado antes de vir para o hospital. Não particularmente pelo dinheiro, mas porque gostava de jogar baralho. Ele conhecia todos os tipos de jogos de cartas e se considerava um especialista. Como Herbert não se movia, eu o coloquei num canto e arrumei uma mesa de jogo à sua frente. Na mesa, coloquei quatro pacientes muito afetados pela paralisia. Eles não sabiam bem o que era o quê. Um jogava pôquer, outro bridge, outro paciência. Um dizia: "Qual a aposta?", e o outro respondia: "Venço seus dois trunfos". Eles colocavam uma carta em cima da outra sem relação nenhuma. Eu disse a Herbert: "Sabe, você realmente deveria se divertir um pouco. É uma pena que tenha que ficar parado, não possa se mexer, não possa jogar cartas. Mas fique observando este jogo". Ele declarou: "Você sempre imagina uma forma diabólica de tortura". Eu o coloquei em pé, atrás de cada um dos jogadores, dizendo: "Sabe, existem diferentes pontos de vista a respeito do jogo de cartas".

Herbert agüentou aquele jogo caótico durante várias noites e então capitulou: "Se você conseguir três bons jogadores, que saibam o que estão fazendo, eu jogarei". Ele não conseguiu tolerar o insulto a um bom jogador — ter que ficar observando as pessoas jogarem estupidamente.

Herbert e eu tivemos inúmeras batalhas como estas, e cada vez que ele perdia uma, se fortalecia nele a noção de que eu sabia o que estava fazendo. Perdeu batalhas suficientes para ir embora do hospital e viver por si mesmo.

Quando, por volta do final da década de 40, Erickson deixou seu cargo no hospital, iniciou sua clínica particular e lidava com as pessoas psicóticas no consultório da mesma maneira. Embora tenha começado a envolver mais a família, sua abordagem peculiar continuou a ser uma aceitação, de tal modo que o comportamento se alterava. Numa conversa recente, perguntaram-lhe sobre seu método geral.

ENTREVISTADOR: Voltando à esquizofrenia em adolescentes. Suponha que alguém o chame e diga que há um rapaz, de dezenove ou vinte anos, que foi um menino muito bom, mas que de repente, esta semana, começou a andar pela vizinhança carregando uma grande cruz. Os vizinhos estão aborrecidos e a família também, e pedem que faça alguma coisa. Como encararia um problema como esse? Um comportamento bizarro como esse?

ERICKSON: Bem, se o rapaz viesse me ver, a primeira coisa que faria seria pedir para examinar a cruz. E iria querer melhorá-la em algum aspecto menor. Quando conseguisse a mínima alteração, o caminho estaria aberto para uma modificação maior. E logo eu poderia lidar com as vantagens de uma cruz diferente — ele precisaria ter no mínimo duas. No mínimo três, para que pudesse escolher uma por dia. É muito difícil revelar um padrão psicótico de comportamento a respeito de um número crescente de cruzes.

ENTREVISTADOR: Você acredita que esse comportamento indica a existência de uma família maluca?

ERICKSON: Eu o tomaria como uma declaração desesperada, do tipo: "Minha família está me deixando maluco; é uma cruz que não agüento".

ENTREVISTADOR: Mas, mesmo partindo dessa premissa, você se dirigiria direto à cruz — não trataria primeiro da família?

ERICKSON: Não, porque a família iria defender o seu rapaz e atacá-lo duramente. E ele já está suficientemente solitário. Tem uma cruz insuportável para carregar. Ele está só com sua cruz, e está anunciando isto publicamente. E toda a vizinhança o está rejeitando. Ele está muito solitário. O que ele precisa é de uma melhoria na cruz.

ENTREVISTADOR: Você começaria recebendo o rapaz e não os pais.

ERICKSON: Talvez bem mais tarde eu recebesse os pais.

ENTREVISTADOR: Mas os pais reagiriam à proliferação de cruzes, não?

ERICKSON: Ah, sim, certamente. Mas, sabe, meu consultório é um lugar muito bom para guardar cruzes.

ENTREVISTADOR: A maioria das pessoas que julgassem que o rapaz está indicando com isso a existência de uma família maluca se dirigiria em primeiro lugar à família e presumiria que o rapaz mudaria logo que o que quer que estivesse acontecendo na família mudasse.

ERICKSON: Talvez eu possa dar um exemplo. Alguém lhe pede ajuda e você descobre que há uma porção de pedras grandes na estrada. Você enxerga um desvio onde há só uma pedra. Você toma o desvio, porque foi convocado pela sociedade e precisa fazer algo imediatamente. A pilha de pedras grandes é a família: o desvio com uma só pedra é o rapaz psicótico. Dê-lhe uma área na qual possa se sentir livre, uma área onde suas anormalidades não sejam rejeitadas, mas tratadas com respeito. Elas merecem atenção cuidadosa, não uma atenção destrutiva; dê-lhe isto e depois lide com a família.

Se um jovem não consegue se desembaraçar da família, pode continuar envolvido com os pais até envelhecer. Homens e mulheres de quarenta e cinqüenta anos podem continuar tão enredados com os pais quanto os adolescentes, se o processo de desengajamento não obtiver bons resultados. Algumas vezes, eles intermitentemente evitam suas famílias e agem como marginais sociais com idéias bizarras. Outras, ficam literalmente enredados com os pais, que também não conseguem se libertar.

Uma vez que se encare o processo de desembaraçamento como recíproco, é claro que não são só os pais que, através da benevolência e da ajuda, seguram os filhos, mas estes também se agarram aos pais. O sistema funciona como se a separação pudesse ser desastrosa. Esses relacionamentos patéticos podem prosseguir até uma idade avançada para todos os participantes. Um exemplo ilustra um modo de intervenção de Erickson para provocar no mínimo um desembaraço parcial entre uma mãe e um filho eternamente problemático.

Tenho trabalhado com uma mãe de setenta anos e seu filho, um esquizofrênico de cinqüenta. Ela é uma mulher enérgica e, literalmente, o arrastou para o consultório. Ela e o filho não conseguiam ter atividades independentes e estavam constantemente juntos. A mãe me contou que gostaria de passar um dia lendo na biblioteca, mas não conseguia porque precisava ficar com o filho. Ele gemia e se lamentava se ela o deixasse por um curto espaço de tempo.

Na presença do filho, eu disse à mãe que retirasse um livro da biblioteca e então fizesse um passeio de carro com o filho até o deserto. Ela deveria despejá-lo para fora do carro e continuar guiando uns dois quilômetros pela estrada. Ali, deveria se sentar e apreciar a leitura até que ele, caminhando, se juntasse a ela. A mãe não acatou a idéia. Pensava que seria muito duro para o filho andar no deserto sob sol quente. Persuadi-a a tentar. Eu lhe disse: "Agora escute: seu filho vai cair, vai engatinhar, vai ficar parado, desamparado, tentando provocar sua compaixão. Mas, na estrada, não haverá ninguém mais, e o único jeito de chegar até você é andando. Ele poderá tentar puni-la fazendo com que fique sentada, esperando, durante cinco horas. Mas lembre-se: você tem um bom livro, e ele estará por perto o tempo todo. E sentirá fome".

A mãe obedeceu as minhas instruções. O filho tentou de tudo, mas acabou tendo de fazer o percurso a pé. Ela comentou: "Sabe, estou começando a gostar de ficar lendo ao ar livre". O filho passou a andar mais e mais rapidamente, de modo que ela não tinha mais tanto tempo para ler. Sugeri que quando ele se propusesse a caminhar, ela deveria encurtar a distância para meio quilômetro. Ele quis andar, voluntariamente, e então percorria um percurso bem menor.

A mãe estava surpresa com a melhora dele. Havia pensado em interná-lo num hospital, e viera me ver para verificar se isto podia ser evitado. Agora começava a ter alguma esperança. A seguir, começou a pensar se ele poderia jogar boliche. Começou a pensar em ajudá-lo, mas não do modo antigo, doce e maternal.

Eu sabia que o filho precisava fazer exercícios. Logo que consegui que começasse a andar, sabia que iria encontrar algum outro exercício que preferiria. Ele gostou da idéia de jogar boliche e começou a praticar. Eu não me importava que ele caminhasse ou se arrastasse, pois o estava levando a fazer coisas de que gostava. Com este tipo de diretiva, você estabelece um tipo de coisas para alguém fazer, assim como a classe "fazer exercícios". Então, fornece um item nesta classe, como, por exemplo, um passeio pelo deserto escaldante, o que é algo que a pessoa não ficará muito feliz em realizar. O que você quer é que ela "espontaneamente" encontre outro item naquela classe. Os pacientes geralmente não são pessoas que fazem coisas boas para si mesmas, coisas com as quais possam ter prazer e sucesso. Elas lutam contra isto. Por conseguinte, você os inspira.

Quando se examina as técnicas de Erickson para lidar com o problema de desembaraçar pais e filhos, fica evidente que ele encara a terapia, neste estágio, como uma "cerimônia de iniciação". A maioria das culturas possui tais cerimônias, e elas funcionam não só como permissão para o jovem mudar de *status* e entrar na vida adulta, mas também para exigir que seus pais o tratem como adulto. A cultura provê maneiras de ajudar as famílias a atravessarem este estágio. Se esta cerimônia está ausente numa cultura — como parece ser o caso da americana —, então a intervenção de um terapeuta se torna o ritual que desembaraça o filho dos pais. O modelo de Erickson para lidar com este estágio da vida da família não é simples. Ele encara o processo de desembaraçar os filhos dos pais não só como um desengajamento, mas também como um reengajamento sob novas bases. Os pais não estão desistindo do filho, mas ganhando um neto, e o filho não está perdendo os pais, mas permanece envolvido com eles de modo diferente daquele do passado. Não é uma simples questão de dependência *versus* independência, mas de ultrapassar um estágio necessário na vida da família. Ao considerar tanto o dilema do filho quanto o dos pais, Erickson evita os erros de Mesmer, Freud e outros, que enxergaram o problema como um campo dividido, onde o terapeuta precisava escolher de que lado ficar na tentativa de ajudar o filho a conseguir sua "independência". Ficar ao lado dos jovens contra os pais, neste estágio, pode produzir jovens bizarros e estranhos, que perdem o vínculo com a família. Os pais também perdem o vínculo, através do filho, com sua imortalidade.

Para ilustrar a importância de ajudar um jovem e seus pais a se desengajarem e reengajarem com sucesso, podemos dar o exemplo de um procedimento empregado na Índia, onde o problema é encarado com tanta seriedade que envolve muitos anos de preparação.

> Embora natural e sincero, o poderoso elo entre mãe e filho, num país onde a existência da mãe é construída, com uma exclusividade religiosa, sobre esta ligação, e muito pouco além dela, contém o perigo de uma crise profunda e quase insolúvel para a mãe, assim como para o filho. A ameaça da crise pode envenenar o relacionamento entre mãe e filho, e toda a vida do filho. Mas a liberação natural, dolorosa e necessária do filho, fazer a mãe abrir mão de seu fruto (*phala*) como um dom (*dana*) ao mundo, é conseguida pela observação (*vrata*) da doação do fruto (*phala-danavrata*).

Aquela, que deve perpetrar um tão grande sacrifício, deve começar por coisas pequenas e, através delas, se preparar para o grande sacrifício. A época para o início deste processo é indefinida; ocorre em algum momento ao redor do quinto ano do filho, mas pode ser mais tarde. O processo continua durante um número indeterminado de anos e tem lugar durante um mês por ano. O *brahaman* da casa, diretor espiritual da família (*guru*), supervisiona e determina seu curso; é ele que decide quando a mãe está pronta para encerrá-lo; isto é, em que ponto, após quais sacrifícios preliminares, ela está preparada para o real sacrifício de seu filho. A mulher começa com o sacrifício de pequenas frutas às quais muito aprecia... Em cada uma de suas visitas, o guru lhe relata um conto mítico a respeito de uma mulher que sacrifica tudo, tirando disto a força necessária para realizar todas as coisas; silenciosa e atenta, segurando ervas sagradas em suas mãos cingidas, a mulher escuta, absorve as palavras e pondera sobre elas em seu coração.

A cada ano, um fruto novo e mais precioso serve de símbolo central de sua observação. O sacrifício avança das frutas para os metais, do ferro para o cobre, para o bronze e finalmente para o ouro. Estes são os metais com os quais são confeccionados os ornamentos femininos... O último e extremo sacrifício é um jejum total... Os *brahamans*, os parentes e os empregados da casa comparecem a esta cerimônia representando o mundo ao qual o filho precisa ser entregue... Um parente da linhagem masculina precisa também comparecer para representar o aspecto do mundo mais envolvido com o sacrifício que a mãe fará do filho... Nesta observância, o mito e o rito se combinam para efetuar a transformação necessária na mãe: liberá-la de seu filho bem-amado, uma ligação da qual tem plena consciência e que gostaria de manter para sempre.*

Embora as mães e os filhos americanos possam não ser tão envolvidos uns com os outros como neste exemplo da Índia, o elo é profundo e o desengajamento nunca é um processo simples. Por muitos anos Erickson experimentou uma variedade de procedimentos para ajudar as famílias a passarem por este estágio de desenvolvimento. Tipicamente, ele lida com o filho e os pais. Usando a si mesmo como ponte entre as gerações, faz com que os pais aceitem o inevitável crescimento do jovem e ajuda o filho a formar envolvimentos fora da família.

De acordo com Erickson, só tirar o filho do lar parental e resolver as dificuldades dos pais pode, em alguns casos, não ser sufi-

---

* Henrich Zimmer, "On the significance of the Indian tantric yoga", in *Spiritual Disciplines*, ed. por Joseph Campbell, vol. IV, Bollingen series. New Brunswick, N.J., Princenton University Press, 1960, pp. 4-5.

ciente. O filho, durante algum tempo, pode ter dificuldades para se integrar à rede externa, particularmente se em sua família houver regras contra a intimidade com pessoas de fora. Em tais casos, o jovem pode estar vivendo por si mesmo, mas, subjetivamente, ainda não estar funcionando como pessoa autônoma: "Estou fora de casa há setenta e dois dias e vinte e três horas". Usualmente, um processo de corte o envolve com seus pares. Algumas vezes, é uma fase de pré-corte, na qual o filho começa a responder a alguém que não seus pais. Erickson fornece um procedimento para iniciar o filho numa vida diferente.

Quando se ajuda um filho a se afastar dos pais, inicia-se também o processo de fazê-lo identificar pessoas em seu novo ambiente. Por exemplo, eu finalmente consegui fazer com que a filha de uma família de que estava tratando se mudasse para seu próprio apartamento. Mesmo assim, ela dorme no apartamento com o sentimento de ainda estar dormindo ao lado de papai e mamãe. Afirma que tudo é tão irreal e ao mesmo tempo tão real. Ela quase ouve seus pais ressoando e se virando na cama. Ela realmente não deixou os pais.

Coloquei para a moça a questão de descobrir de quantas maneiras a sua senhoria e seu senhorio eram diferentes de seu pai e sua mãe. Ela começou a relatar que a senhoria e o senhorio eram pessoas rudes, falavam um inglês capenga. Eram gananciosos, nada generosos. "Eles não são atenciosos." E logo incluiu o conceito: "Mas eles realmente me *amam*". Neste ponto, eu havia conseguido inserir a cunha de abertura, e a jovem estava começando a identificar outras pessoas. É um simples problema de identificação de dois espécimes da raça humana. A senhoria era alta e gorda, e o senhorio tinha um bigode. Com o tempo a moça começou a encará-los não como objetos físicos, mas como seres humanos. Quando descobrem a primeira coisa, já construíram um certo relacionamento com outras pessoas. Quanto mais relações um jovem construir com outras pessoas, mais seu relacionamento com o pai e a mãe se altera. Se, ao mesmo tempo, o pai e a mãe estiverem ocupados com seus próprios interesses, o jovem ficará menos envolvido com eles.

IX

A DOR DE ENVELHECER

Muitas pessoas enfrentam o envelhecimento com encanto e encontram a morte com dignidade, mas nem sempre as coisas se passam assim. Os problemas que surgem neste estágio podem ser os mais difíceis para o terapeuta. Não se pode utilizar a esperança no futuro como alavanca para uma mudança, e é preciso trabalhar para que o inevitável seja aceito. Quando a cultura valoriza muito a juventude e pouco a velhice, os problemas dos mais velhos aumentam. Ao invés de serem valorizados porque sua longa vida lhes conferiu sabedoria, os idosos podem sentir que nesta época de mudanças rápidas estão desatualizados e são supérfluos. Com freqüência, também, problemas e sintomas da família que eram toleráveis se tornam mais insuportáveis com a idade.

Antes de prosseguir e descrever algumas das maneiras de Erickson lidar com os problemas implacáveis do sofrimento e da morte, examinemos um caso mais divertido, que mostra a cura de um problema que, embora presente a vida inteira, se tornou mais grave com a idade. Um senhor idoso veio ver Erickson para se curar do medo de elevadores que o acompanhara durante a vida toda. Há muitos anos ele trabalhava no último andar de um certo edifício e sempre subira pelas escadas. Agora que estava ficando velho, a subida estava ficando muito difícil, e ele queria se livrar do medo.

Erickson, tipicamente, utiliza a hipnose quando trabalha com um tal sintoma. Se uma pessoa puder experimentar um passeio de elevador sem medo, ela em geral se recuperará e será capaz de andar nele daí em diante. Um procedimento rotineiro de Erickson quando utiliza a hipnose é dar sugestões pós-hipnóticas para distrair o paciente de seu medo de elevadores. Por exemplo, ele fornecerá ao paciente a sugestão de que ele ficará extremamente preocupado com as solas de seus pés no trajeto para um determinado endereço. O endereço será de um escritório no topo de um edifício, e o homem precisará tomar o elevador para chegar até lá. Devido a suas preocupações com a sensação nos pés enquanto o elevador sobe, a pessoa ficará distraída, não sentirá medo e, uma vez que tenha experimentado com sucesso a subida do elevador, poderá andar nele no futuro. Com este senhor idoso, Erickson não utilizou a hipnose. Aproveitou uma situação social para distrair o homem, assim como poderia ter usado uma situação pós-hipnótica. O senhor era um homem muito decente, puritano, casado com uma mulher decente e puritana. Foi a sua excessiva preocupação com a decência que determinou a estratégia de Erickson. Ele relata:

Quando o velho senhor me perguntou se podia ajudá-lo a mudar o medo de andar em elevadores, eu lhe disse que provavelmente poderia mandar seu medo em *outra* direção. Ele me disse que nada poderia ser pior que seu medo de um elevador.

O elevador daquele edifício em particular era operado por moças, e combinei previamente com uma delas o que deveria ser feito. Ela concordou em cooperar e achou que iria ser divertido. Entrei, com o senhor, no elevador. Ele não tinha medo de entrar no elevador, mas, quando este começava a se mover, a experiência tornava-se insuportável. Por isso, escolhi uma hora não muito movimentada e o fiz entrar e sair, entrar e sair, do elevador. Então, numa das vezes em que entramos, eu disse à moça que fechasse as portas e "Vamos subir". Ela subiu um andar e parou entre dois andares. O senhor começou a gritar: "O que aconteceu?". Eu disse: "A ascensorista quer beijá-lo". Chocado, ele respondeu: "Mas sou um homem casado!". A moça disse: "Não me importo". E caminhou em direção a ele, que deu um passo atrás, dizendo: "Ligue este elevador". Foi o que ela fez. Foi até o quarto andar e parou novamente entre dois andares. Disse: "Estou ansiando por um beijo". Ele respondeu: "Cuide do seu serviço". Ele queria o elevador subindo, não parado. Ela replicou: "Bem, vamos descer e começar tudo de novo", e começou a descer. Ele disse: "Não vá para baixo, vá para cima!", porque não queria passar por tudo *aquilo* de novo. Ela começou a subir e parou o elevador entre dois andares. Disse: "Você promete descer pelo meu elevador, e comigo, quando parar de trabalhar?". Ele respondeu: "Prometo qualquer coisa se prometer não me beijar". Subiu o resto do trajeto aliviado e sem medo do elevador — e pôde usá-lo daí em diante.

Uma das especialidades de Erickson é a utilização da hipnose em seu trabalho com a dor. Com freqüência, é chamado para prover alívio a alguém nos últimos estágios de uma dolorosa doença terminal. Em tais casos, a pessoa pode morrer entre terríveis dores ou, quando está muito dopada por medicamentos, ficar fora de contato com a vida muito antes de morrer. Um método rotineiro que Eri-

282

ckson emprega em sua abordagem a este problema difícil é descrito no caso a seguir.

Uma mulher estava morrendo de câncer no útero e era mantida num semi-estupor narcótico como uma maneira de controlar a dor, o que lhe permitia dormir e comer sem muito enjôo e vômito. Ela se ressentia de não poder passar as semanas restantes de sua vida em contato com a família; o médico da família decidiu tentar a hipnose. Erickson foi chamado e pediu para que não fossem ministrados narcóticos no dia em que deveria vê-la. Fez isso para que as drogas não interferissem em seu trabalho e a paciente pudesse estar altamente motivada para responder a ele.

Eu trabalhei com a paciente durante horas, sistematicamente ensinando-a, a despeito de seus ataques de dor, a entrar em transe, a desenvolver uma surdez em relação a seu corpo, a absorver-se num estado de fadiga profunda, de modo que pudesse ter um sono fisiológico a despeito da dor e apreciar a comida sem sofrimento gástrico. Sua situação desesperadora a motivou a uma aceitação rápida das sugestões, sem dúvidas ou questões. Eu também a treinei para responder hipnoticamente ao marido, à filha mais velha e ao médico da família, de modo que a hipnose pudesse ser reforçada no caso de algum acontecimento novo durante minha ausência. Esta única sessão hipnótica longa foi o bastante. Ela pôde deixar de lado a medicação, a não ser uma forte injeção administrada nas quintas-feiras à noite, que lhe dava alívio adicional e lhe permitia permanecer em pleno contato com a família, num estado descansado, durante os fins de semana. Ela também participava das atividades noturnas da família durante a semana. Seis semanas após o transe, enquanto conversava com a filha, ela subitamente entrou em coma. Morreu dois dias depois sem recuperar a consciência.

Este método é várias vezes relatado por Erickson, algumas com variações. Ele pode ensinar o sujeito a desenvolver uma insensibilidade corporal, ou acrescentar também uma sugestão para que o paciente se sinta desligado e dissociado de seu corpo. Algumas vezes, incluirá uma alteração da noção de tempo da pessoa. Por exemplo, com um homem bem mais velho, em seus estágios terminais de uma enfermidade carcinomatosa, ele procedeu deste modo:

O paciente se queixava de uma dor constante, pesada, entorpecida, latejante, assim como de dores lancinantes de dez em dez minutos. Sugeri que seu corpo se sentisse tremendamente pesado, como um peso de chumbo insensível. Devia senti-lo chumbado de sono e incapaz de outra coisa, exceto o cansaço pesado. Quando ele experimentasse este cansaço insensível e pesado, o corpo adormeceria enquanto a mente permaneceria desperta. Para lidar com as dores agudas recorrentes, eu o fiz fixar os olhos no relógio à espera da próxima dor aguda. Os minutos de espera em pânico pareceram horas ao paciente, e aliviaram o terror da espera. Deste modo, a antecipação e a dor foram diferenciadas para ele em duas experiências separadas. Fui então capaz de ensinar-lhe a distorção de tempo hipnótica, para que ele pudesse aprender a estender o tempo sentido subjetivamente para que este tempo fosse mais longo do que o que realmente marcara o relógio. Ele podia estender o tempo entre as dores e assim passar períodos mais longos sem dor, o que diminuía o tempo que realmente sentia a dor. Ensinei-lhe, também, a ter amnésia da dor, para que não olhasse para a dor anterior com sofrimento, ou para a próxima com pânico ou medo. Esquecia imediatamente cada dor, de modo que a seguinte ocorria como uma experiência inesperada. Como a dor não era nem antecipada nem lembrada, tornou-se uma experiência passageira, um lampejo de sensação. O paciente relatou que a hipnose o havia livrado quase completamente das dores, que ele se sentia pesado, fraco e insensível fisicamente, e que não mais do que umas duas vezes ao dia alguma dor "irrompia". Algumas semanas mais tarde, ele entrou em coma e morreu.

Uma abordagem única, para um problema similar, foi o caso de um homem chamado Joe. Ele era florista; cultivava flores e as vendia. Era tido como um comerciante entusiasta, respeitado pela família e amigos. Desenvolveu um tumor num dos lados do rosto, e quando o cirurgião o removeu, descobriu que era maligno. Joe foi informado de que teria um mês de vida. Ficou infeliz e deprimido e desenvolveu dores extremamente agudas. Foram-lhe dados narcóticos para aliviá-lo, e um parente pediu a Erickson que tentasse a hipnose. Erickson concordou em vê-lo com relutância, duvidando de que pudesse fazer muita coisa naquela situação. Joe tinha reações tóxicas decorrentes do excesso de medicação, e não apreciava nem mesmo a menção da palavra "hipnose". Além disso, um de seus filhos era um residente de psiquiatria, que havia sido ensinado que a hipnose não tem valor algum.

Fui apresentado a Joe, que me cumprimentou de modo cortês e amigável. Duvido que soubesse por que eu estava lá. Quando o examinei, notei que boa parte de seu rosto e pescoço havia desaparecido por causa da cirurgia, da ulceração, da maceração e da necrose. Haviam-lhe feito uma traqueotomia, e ele não podia falar. Comunicava-se através de lápis e papel. Dormia pouco e tinha enfermeiras especiais constantemente à sua disposição; mesmo assim, constantemente pulava para fora da cama, escrevia inúmeras notas a respeito de seu trabalho e de sua família. Dores fortes causavam-lhe sofrimento contínuo, e ele não conseguia entender por que os médicos não desempenhavam suas funções de modo tão eficiente e completo como ele administrara seu negócio de flores.

Depois da apresentação, Joe escreveu: "O que quer?". A despeito de minhas dúvidas quanto a poder ajudá-lo, pensei que, se estivesse genuinamente interessado nele e desejasse ajudá-lo, poderia dar algum conforto a ele e aos membros de sua família, que estavam no quarto, a uma distância da qual podiam me ouvir. Iniciei uma abordagem à hipnose que denomino técnica interspersal. É uma maneira de falar que parece uma conversa casual, mas na qual é dada especial ênfase a certas palavras e frases, para que se tornem sugestões efetivas. (Elas estão em itálico no trecho que se segue.) Disse: "Joe, gostaria de falar com você. Sei que é um florista, que cultiva flores e que cresceu numa fazenda em Wiscosin; *gostaria de ter cultivado flores. Ainda gostaria*. Vou lhe dizer uma porção de coisas, mas não sobre flores, porque você conhece o assunto melhor do que eu. *Não é isto que você quer*. Agora, enquanto eu falar, e posso fazer isto *confortavelmente*, quero que você *me escute confortavelmente* enquanto discorro sobre o tomateiro. Isto é uma coisa estranha a respeito da qual falar. Faz a gente ficar *curiosa*. *Por que discorrer sobre um tomateiro?* Coloca-se uma semente de tomate no solo. Pode-se *ter esperança* de que ela cresça e se torne um tomateiro que *dará satisfação* pelo fruto que fornece. A semente chupa água, *sem muita dificuldade* devido às chuvas que *trazem paz e conforto*, e à alegria de se tornar flor e tomate. Aquela pequena semente, Joe, lentamente se dilata e põe para fora uma raizinha com cílios. Ora, você pode não saber o que são estes cílios, mas são *coisas que trabalham* para ajudar a semente de tomate a crescer, a elevar-se acima do solo como uma planta que se desenvolve rapidamente, e *você pode me ouvir, Joe*, por isso continuarei falando e *você pode continuar ouvindo, cogitando, somente cogitando a respeito do que pode aprender*, e aqui está seu lápis e seu bloco; mas, falando sobre o tomateiro, veja como ele cresce lentamente. *Você não pode vê-lo crescer, não pode ouvi-lo* crescer, mas ele cresce — a primeira coisa que surge é uma folhinha na haste, são os finos cabelinhos no caule. Esses cabelos também aparecem nas folhas, como os cílios nas raízes; eles precisam fazer com que o tomateiro *se sinta muito bem, muito confortável*. Se você conseguir imaginar uma planta sentindo, então *pode não vê-lo crescer, pode não sentir que está crescendo*, mas aparece outra folha na haste do tomateiro, e outra mais. Talvez — e isto é falar como criança —, talvez o tomateiro *se sinta confortável e em paz* à medida que cresce. Cada dia ele cresce, e cresce, e cresce, *é tão confortável, Joe*, observar a planta crescer e *não ver* seu crescimento, *não senti-lo*, mas simplesmente saber que *tudo está melhorando* para aquele pequeno tomateiro, que está incorporando mais uma folha, e mais outra, e um galho, e *está crescendo confortavelmente* em todas as direções''. (Muito do que está transcrito acima foi repetido várias vezes; em algumas, só frases; em outras, todo o período. Tive o cuidado de variar as palavras, e também de repetir as sugestões hipnóticas. Algum tempo depois, a esposa de Joe entrou no quarto na ponta dos pés, trazendo um bloco de papel no qual havia escrito esta pergunta: "Quando vai começar a hipnose?''. Não cooperei com ela, não olhei para a folha de papel, e foi preciso que ela colocasse a folha à minha frente, e por conseguinte em frente de Joe. Eu continuava a descrever o tomateiro ininterruptamente, e a esposa de Joe, quando olhou para ele, percebeu que ele não a estava enxergando, não sabia que ela estava ali, percebeu que ele estava num transe sonambulístico. E foi embora imediatamente.) "E logo o tomateiro terá um broto em algum lugar, num galho ou outro, mas isto não faz diferença, porque todos os galhos, todo o tomateiro, logo terão estes belos brotos. Fico pensando se o tomateiro pode, *Joe, sentir, realmente sentir, uma espécie de conforto*. Você sabe, Joe, uma planta é uma coisa maravilhosa, e *é tão bom, tão agradável* somente ser capaz de pensar a respeito de uma planta como se fosse um homem. Teria ela *bons sentimentos, uma sensação de conforto*, à medida que os pequenos tomates começassem a se formar, tão pequenos, ainda assim tão *cheios de promessas de lhe dar o desejo de comer* um tomate suculento, amadurecido ao sol? É *tão bom ter alimentos no estômago*, aquela sensação maravilhosa que uma criança, uma criança sedenta, tem e então *quer beber. Joe*, é deste modo que um tomateiro se sente quando a chuva cai e lava tudo, de modo que há *uma boa sensação*?'' (Pausa.) "Você *sabe, Joe*, um tomateiro floresce só um dia, *só um dia por vez*. Gosto de pensar que o tomateiro *conhece a plenitude do conforto cada dia*. Você *sabe, Joe, só um dia por vez*, para o tomateiro. E é a mesma coisa com todos os tomateiros.'' (Joe subitamente saiu do transe, pareceu desorientado, pulou da cama e sacudiu os braços; seu comportamento era altamente indicativo das ondas repentinas de toxinas que se observa em pacientes que reagem desfavoravelmente aos barbitúricos. Joe não parecia me ouvir ou ver antes de pular da cama e andar na minha direção. Segurei com firmeza seu braço, e Joe imediatamente o relaxou. A enfermeira foi convocada. Ela limpou o suor da testa dele, mudou sua veste hospitalar e lhe deu, pelo tubo, água gelada. Joe então me deixou conduzi-lo à sua cadeira. Pretextei ter curiosidade a respeito do antebraço de Joe, e então ele pegou o lápis e o papel e escreveu: "Fale, fale''.) "Ah, sim, Joe, eu cresci numa fazenda, e acho que uma semente de tomate é algo maravilhoso; *pense*, Joe, *pense*, naquela sementinha que *dorme, tão sossegadamente, tão confortavelmente*, uma linda planta que ainda deverá crescer e que terá galhos e folhas tão interessantes. As folhas, os galhos, são tão bonitos,

286

aquela linda cor, *você realmente consegue se sentir feliz* olhando uma semente de tomate, pensando a respeito da maravilhosa planta que ela contém, *dormente, repousando, confortável, Joe.* Logo eu vou sair para ir almoçar, mas voltarei e falarei mais.''

A despeito de seu estado tóxico, espasmodicamente evidente, Joe definitivamente era acessível. E, mais ainda, ele aprendia rapidamente, a despeito de minha absurdamente amadorística rapsódia sobre a semente e a planta do tomate. Joe não tinha verdadeiro interesse em afirmações sem sentido a respeito do tomateiro. Ele queria livrar-se da dor, queria conforto, queria dormir. Era isto que estava em primeiro lugar na mente de Joe, em seus desejos emocionais, e ele tinha uma necessidade compulsiva de encontrar alguma coisa que pudesse ter valor para ele em minha arenga. Aquele valor desejado estava lá, apresentado de modo tal que Joe podia literalmente aceitá-lo sem reconhecê-lo. Joe despertou do transe após eu ter lhe dito algo tão aparentemente inócuo como: "Quer água, Joe?''. A reindução do transe também não foi difícil; foi conseguida com duas frases curtas: "Pense, Joe, pense'' e "Durma muito sossegadamente, muito confortavelmente'', embebidas em duas seqüências de idéias um tanto sem significado. Mas o que Joe queria estava naquela narrativa, sob outros aspectos sem significado, e ele prontamente a aceitou.

Durante o período de almoço, Joe primeiro ficou tranqüilo e depois levemente agitado; outro episódio tóxico ocorreu, segundo o relato da enfermeira. Quando voltei, Joe estava esperando impacientemente por mim. Queria se comunicar escrevendo notas. Algumas eram ilegíveis devido à sua extrema impaciência ao escrevê-las. Ele as escrevia com irritação. Um parente ajudou-me a ler essas notas. Elas diziam respeito a coisas da história passada de Joe, seus negócios, sua família, "a terrível semana que passou'', e "ontem foi horrível''. Não havia queixas, nem exigências, mas algumas solicitações de informação a meu respeito. Até certo ponto, tivemos uma conversação satisfatória, o que pude perceber pela crescente diminuição de sua agitação. Quando sugeri que parasse de andar pelo quarto e se sentasse na cadeira em que sentara de manhã, ele o fez rapidamente e ficou me olhando com expectativa.

"Sabe, Joe, eu poderia lhe falar mais sobre o tomateiro, e se eu o fizesse você provavelmente adormeceria — de fato, teria um bom sono profundo.'' (Esta declaração inicial tinha todas as características de uma elocução casual, um lugar-comum. Se o paciente responde hipnoticamente, como Joe fez prontamente, tudo está bem. Se o paciente não responde, tudo o que você disse não passou da afirmação de um lugar-comum, nem um pouco digna de nota. Se Joe não tivesse entrado imediatamente em transe, poderia ter havido uma variação, tal como: "Mas, ao invés disso, vamos falar sobre a flor do tomate. Você já viu filmes que mostram as flores *lenta, lentamente,*

se abrindo, dando-nos uma *sensação de paz, de conforto* quando contemplamos o desabrochar. Tão bonito, *tão repousante* de se olhar. Pode-se se sentir um *conforto infinito* vendo um tal filme.'')

A resposta de Joe, naquela tarde, foi excelente, apesar da intervenção de vários episódios de comportamento tóxico e vários período em que eu, deliberadamente, interrompia meu trabalho para julgar mais adequadamente o grau e a quantidade do aprendizado de Joe.

Quando fui embora, no fim da tarde, Joe cordialmente apertou minha mão. Seu estado tóxico havia diminuído bastante; ele não tinha queixas, não parecia sofrer dores lancinantes, e parecia estar feliz e contente.

Os parentes ficaram preocupados com as sugestões póshipnóticas, mas assegurei-lhes que elas haviam sido dadas. Elas haviam sido dadas do modo mais gentil, quando descrevi o crescimento do tomateiro em tantos detalhes e repetições, e depois, com cuidadosa ênfase, disse: "Sabe, Joe, como a plenitude do conforto a cada dia", e "Sabe, Joe, só um dia por vez".

Mais ou menos um mês depois disso, em meados de novembro, pedi para ver Joe novamente. Ao chegar à sua casa, contaram-me uma história muito desagradável, mas não desditosa. Joe havia mantido a excelente reação que demonstrara desde que eu fora embora na primeira visita, mas os boateiros do hospital haviam espalhado a história da hipnose de Joe, e os internos, os residentes e o corpo de funcionários começaram a se aproveitar da capacidade hipnótica de Joe. Cometeram todos os erros possíveis, já que eram amadores mal informados, cheios de concepções errôneas e supersticiosas a respeito da hipnose. O comportamento deles enfureceu Joe, que sabia que eu não havia feito nenhuma das coisas ofensivas que eles estavam fazendo. Esta foi uma percepção afortunada, pois permitiu a Joe conservar todos os benefícios adquiridos sem deixar que as hostilidades dele contra a hipnose interferissem. Depois de vários dias de aborrecimento, Joe deixou o hospital e foi para a casa, mantendo uma enfermeira em período integral, com relativamente poucos deveres.

Durante aquele mês em casa, ele engordara e ficara mais forte. Raramente sofria um ataque de dor, e, quando isto acontecia, podia ser controlado ou com aspirina ou com 25 miligramas de Demerol. Joe estava muito feliz por estar com a família.

A saudação que Joe me deu nesta segunda visita foi de patente prazer. No entanto, notei que mantinha um olhar desconfiado sobre mim, e por isso tomei todo o cuidado para ser totalmente casual e para evitar qualquer movimento de mão que pudesse ser remotamente mal entendido como um "passe hipnótico", do tipo empregado pelo pessoal do hospital.

Cheio de orgulho, ele me mostrou os quadros pintados por um membro muito talentoso de sua família. Conversamos casualmente sobre sua melhora, sobre o peso que ganhara, e eu me via repetidamente obrigado a encontrar respostas simples para encobrir sugestões pertinentes. Joe se ofereceu para se sentar e me deixar falar com ele. Embora eu fosse completamente casual em minhas maneiras, era muito difícil manejar a situação sem despertar a desconfiança de Joe. Talvez minha preocupação fosse infundada, mas eu queria ser o mais cuidadoso possível. Finalmente, eu recordei "nossa visita em outubro último". Joe não percebeu como aquela visita podia ser fácil e prazerosamente recordada para ele por uma declaração simples como: "Discorri então sobre o tomateiro, e é quase como se pudesse estar *falando sobre o tomateiro agora. É tão agradável falar sobre uma semente, uma planta*". Assim ocorreu, clinicamente falando, uma recriação de todos os aspectos favoráveis da entrevista original.

Joe insistiu bastante em supervisionar meu almoço naquele dia, que consistiu num bife grelhado, sob seu olhar atento, na churrasqueira do quintal ao lado da piscina. Foi uma reunião feliz entre quatro pessoas que gostavam de estar juntas; Joe, obviamente, era o mais feliz.

Depois do almoço, Joe orgulhosamente exibiu suas inumeráveis plantas, muitas delas raras, todas plantadas pessoalmente por ele no amplo quintal. A esposa de Joe fornecia os nomes latinos das plantas, e ele ficava especialmente feliz, quando eu reconhecia alguma planta rara. Não era um pretexto falso, pois até hoje me interesso pelo crescimento das plantas. Joe encarou esse interesse comum como um elo de amizade.

Durante a tarde, Joe sentou-se voluntariamente, tornando evidente que eu poderia fazer o que quisesse. Iniciei um longo monólogo no qual incluí sugestões psicoterapêuticas de bem-estar, conforto, ficar livre da dor, desfrutar a família, o bom apetite e um contínuo interesse em tudo o que o circundava. Essas e outras sugestões similares eram entremeadas, sem serem notadas, entre muitas afirmações. Abrangiam uma multidão de tópicos, para impedir que Joe analisasse ou reconhecesse as sugestões entremeadas. Também como disfarce adequado, eu precisava de uma variedade de tópicos. Se tanto cuidado era necessário ou não, em vista da boa relação, é uma questão discutível, mas preferi não correr nenhum risco.

Do ponto de vista médico, a doença era irreversível, mas, apesar disso, Joe estava numa condição física muito melhor do que um mês atrás. Quando me dispus a partir, Joe me convidou a voltar.

Joe sabia que eu faria uma viagem para dar palestras no fim de novembro e começo de dezembro. Inesperadamente, recebi um interurbano antes de partir para esta viagem. O chamado era da esposa dele: "Joe está na extensão e quer dizer 'olá'; por isso, escute". Ouvi dois breves sopros de ar. Joe segurara a boca do telefone em cima do tubo da traqueotomia e exalara duas vezes com força para simular um "olá". A esposa disse que tanto ela quanto Joe me desejavam uma ótima viagem, e tivemos uma conversa amigável através da esposa, que lia as notas dele.

Recebi um cartão de Natal de Joe e sua família. Numa carta separada, a esposa dizia: "A hipnose está indo bem, mas o estado geral de Joe está piorando". No começo de janeiro, Joe estava fraco, mas se sentia bem. Finalmente, nas palavras de sua esposa, "Joe morreu tranqüilamente a 21 de janeiro", quatro meses após a descoberta de sua enfermidade.

Esta "indução do tomateiro" de Erickson é característica de seu modo de trabalhar indiretamente com pessoas que podem resistir a sugestões mais diretas.

Um método indireto muito mais ativo é ilustrado no caso a seguir. Embora a maior parte da hipnose seja conduzida numa díade, esta era uma situação na qual havia uma indução triádica.

Uma mulher foi-me recomendada por um médico da cidade de Mesa. Era uma mulher inteligente, com um mestrado em inglês, e havia publicado vários livros de poesia. Desenvolvera um câncer no útero, com metástases tão graves nos ossos que se tornou inoperável, e a terapia de cobalto não poderia ajudá-la. Sofria muitas dores, e os narcóticos não a aliviavam. Ela também não acreditava que a hipnose pudesse aliviar a dor, mas seu médico me pediu para verificar o que poderia ser feito.

Fui até a casa dela e me apresentei. A mulher estava de cama, e a filha estava com ela. Era uma jovem muito bonita e doce, de dezoito anos, que estava muito preocupada com o bem-estar da mãe. Estávamos em outubro, e haviam dito à mulher que ela só teria alguns meses de vida. Ela me contou que tinha dois desejos verdadeiros: gostaria de ver a filha se casar e o filho se graduar na faculdade, em junho. Ela disse: "Não sei como posso cooperar com você para ser hipnotizada. Para ser sincera, não acredito que uma coisa como a hipnose possa amainar a dor que sinto".

Eu lhe disse: "Você não acredita que possa ser hipnotizada, e os resultados dolorosos do câncer não lhe dão uma base para pensar que possa ser aliviada desse tipo de dor. Mas você sabe que muita gente fala em ver para crer. Assim, suponha que fique observando sua filha sentada na cadeira, e não perca nada, porque quero que você observe e note tudo. Você não vai gostar nem um pouco do que vai ver, e, porque não vai gostar, vai acreditar. Vai acreditar que é muito real se não gostar muito. Ver para crer, e enxergar esta situação definitivamente, será acreditar".

Voltando-me para a filha, eu disse: "Você quer ajudar sua mãe. Agora, suponho que nunca tenha sido hipnotizada antes. Estou perfeitamente disposto a permitir que leve o tempo de que precisar. Mas espero que queira que sua mãe veja você entrar em transe o mais rápido possível. Fique certa de responder a minhas sugestões com cuidado e completamente, e se descobrir que não está conseguindo, vá mais devagar, não tenha pressa. Agora, olhe direto para alguma mancha naquele retrato do outro lado do quarto. Simplesmente fique olhando, e perceberá, enquanto está olhando, sem desviar seu olhar, que alterou seu ritmo respiratório e que suas pálpebras estão piscando numa velocidade diferente da comum. Posso notar pela pulsação em seu tornozelo que o ritmo cardíaco ficou mais lento. Suas pálpebras estão se fechando lentamente, logo permanecerão fechadas. Como sabe, elas se fecharam e vão permanecer fechadas; você sente uma necessidade compulsiva de respirar fundo e dormir profundamente. Então respirará fundo de novo, para desfrutar estar profundamente adormecida. Respire fundo de novo e desfrute saber que está aqui, sozinha comigo, que se sente confortável e bem, embora tudo indique que não consegue se mexer, exceto quanto às respirações cuidadosas e lentas, e talvez uma percepção de seus batimentos cardíacos e de que não está mais engolindo. Agora começa a perder toda e qualquer sensação de seu corpo. Todo ele está perdendo qualquer sensação, e você não perceberá mais nenhum estímulo — estímulo físico — de seu corpo, do mesmo modo que não percebe o das roupas de cama à noite, ou os de seus vestidos durante o dia. Então todas as sensações irão desaparecer completamente, e você não terá mais sensações, como se fosse uma escultura de mármore. Embora eu tenha lhe dito que estamos sozinhos neste quarto, se por acaso eu virar minha cabeça em outra direção e dirigir minha fala a uma outra área, você não ouvirá''. E então me dirigi à mãe: "Quero que observe isto com muito cuidado''. Levantei a saia da moça até metade de suas coxas. A mãe subitamente pensou que eu estava tomando liberdades com a moça e *não gostou do que viu*. Eu havia lhe dito que ela enxergaria e acreditaria, mas não gostaria. Então levantei minha mão e dei um tapa forte na coxa da moça. A mãe observou o rosto da moça; não havia nele a menor evidência de qualquer reação. Disse à mãe: "Isto é incrível, não? Vamos tentar no braço''. Dei um tapa no braço. A mãe disse: "Você sentiu?''. A moça não respondeu. Eu disse à mãe: "Quando estou falando com você, ela não pode nem mesmo *me* ouvir''. Voltei-me para a moça e perguntei: "Estamos sozinhos neste quarto? Balance a cabeça para dar sua resposta''. Ela balançou a cabeça, e eu me voltei de novo para a mãe: "Podemos repetir isto até que tenha realmente certeza de que acredita no que vê. Você sabe que é assim, e percebe que é ver para acreditar''. Novamente, bati com força nas coxas da filha. A mãe observava o rosto dela. O som daquele tapa foi detestável. Fora forte. Eu disse à moça: "Quando você abre os olhos, o que vê?''. Ela os abriu e disse: "Você''. "Estamos sozinhos aqui?'' "Sim.''

291

"Agora, pode olhar suas mãos?" "Sim." "Muito bem, olhe suas mãos agora. Olhe até o fim delas, e, enquanto seus olhos se movem para baixo, diga o que vê." "Minha blusa, minha saia, minhas coxas, meus joelhos e meus pés".

Eu disse: "Gostaria de ver algo que a agradaria?". Dei-lhe um outro tapa forte na coxa, e ela disse: "Eu não senti nada, há algo errado?". Eu respondi: "Não, mas você viu o que fiz. Você acredita? Sabe que não sentiu nada. Assim, após despertar, quero que explique à sua mãe que se sente bem, que está pronta a entrar em transe. Então quero que observe seu colo. Você notará alguma coisa que lhe causará dor, mas não será capaz de fazer nada. Descobrirá que terá que me pedir para fazer por você".

Despertei a moça, e ela contou à mãe que estava pronta para entrar em transe, e então disse: "Minha saia está levantada, não consigo abaixá-la, não sei como fazê-lo. Você pode abaixá-la para mim? Não quero ficar com as pernas de fora".

Eu disse: "Sua mãe presenciou uma coisa surpreendente, porque ver é acreditar. Sabe, acredito que não sinta nenhuma sensação em suas coxas". Ela disse: "Como foi que minha saia subiu? Você deve ter me hipnotizado e anestesiado minhas pernas. Não consigo mover minhas mãos, simplesmente não entendo". Eu disse: "Você não sentiu nada quando bati em suas coxas; conte para sua mãe". E ela disse: "Não sei como fez isso, mas você realmente bateu forte em minhas coxas e eu não senti nada, e, mamãe, quero realmente que me diga que acredita, porque gostaria de abaixar minha saia". A mãe disse: "Mas eu acredito!". Então abaixei a saia e disse: "Feche os olhos por um momento. Quando abri-los, você não vai se lembrar do que aconteceu. Sua mãe vai tentar lhe contar alguma coisa, mas você não vai acreditar nela. Respire fundo algumas vezes e desperte". A mãe disse: "Como é que não sentiu aqueles tapas em suas coxas nuas quando ele bateu daquele jeito em você?". E a moça respondeu: "Ele não bateu em minhas coxas nuas". A mãe percebeu como ela enrubescera e notou o tom de sua voz. Escutar também é acreditar, assim como sentir é acreditar.

A primeira visita durou menos de quatro horas. O próximo passo era fazer com que a moça se visse na cadeira do outro lado do quarto, e então fazê-la vivenciar a si mesma estando lá. Assim, eu daria as costas a ela e conversaria com ela encarando a outra direção. Então ela poderia me ouvir. Mas não conseguiria me ouvir quando eu olhasse na direção em que estava realmente sentada, e a mãe veria tudo. Então eu a faria ver o tapa na sua coxa nua. Eu lhe disse que ela poderia me questionar a respeito de coisas que lhe haviam acontecido. Ela disse: "Eu ouvi você falando comigo. Ouvi o som do tapa em minha coxa. Mas não senti dor alguma". Eu disse: "Certo. Toda vez que eu quiser tirar a dor de seu corpo e colocá-la do outro lado do quarto, posso fazê-lo? Será que pode ensinar sua mãe? Muito bem, vou tirar a sensação de suas costas agora mesmo e colocá-la do outro lado do quarto". Ela tentou pressionar as costas contra a cadeira, mas não conseguia localizá-las somaticamente. "Devo ficar atrás de você e testá-la, ou devo simplesmente dizer a suas juntas que relaxem de modo que possa se recostar na cadeira?" Uma jovem inocente, inteligente, ingênua. Assim, retirei a sensação de suas costas. Disse: "Suponha que traga a sensação de volta a seu corpo e você pense que está totalmente acordada, de modo que possa compreender a experiência quando está desperta e quando está em transe também. Você a entende melhor em transe. Então pode se lembrar quando estiver desperta, conversar comigo e fazer perguntas. Agora suponha que eu pegue todo o seu corpo, exceto a cabeça, o pescoço e os ombros e braços, e coloque toda a parte de baixo de seu corpo do outro lado, na cama. Agora suponha que ponha sua cabeça e ombros numa cadeira de rodas, de modo que você possa dirigir a cadeira para a sala de estar". Assim, pusemos seus ombros e braços na cadeira de rodas, e o resto do corpo na cama. "Sua mãe tem observado tudo, ela entende. Pergunte-lhe se entende." A mãe respondeu: "Eu entendo".

A mãe aprendeu que todas as sensações de dor poderiam ficar com o corpo quando o colocava na cama. Ela podia ficar em sua cadeira de rodas com a cabeça, o pescoço e o ombros, e ir até a sala de estar ver um programa de televisão.

Fui ver a paciente na manhã seguinte, e a nova enfermeira da noite me contou que ela dormira bem a noite inteira. "Mas ela está indo assistir programas na tevê, e toda vez que digo alguma coisa, ela me manda calar a boca", ela disse.

Disse à mulher: "Você se importaria em contar para a enfermeira que deixa o corpo na cama obedecendo ordens médicas e vai até a sala de estar para ver televisão? Diga-lhe que faz isto obedecendo ordens médicas". A mulher o fez, e a enfermeira olhou para mim e disse: "O que isto quer dizer?". Respondi: "Quer dizer que ela está em profundo transe hipnótico, está sentindo alívio da dor e apreciando o programa de televisão — sem nenhum comercial".

Em julho ela estava recebendo visitas na sala de estar e apreciando a conversa. Era o que ela pensava, porque na verdade estavam todos ao redor de sua cama. Ela subitamente entrou em coma e morreu duas horas depois. Ela realizara seus dois desejos em junho. Vira o filho se formar — imaginando a cena da formatura. A filha se casara no quarto, em sua presença.

Além de ajudar a pessoa a morrer com dignidade, Erickson considera que esta tarefa também ajuda alguém a viver seus últimos anos tão plenamente quanto possível. Algumas vezes, atinge este objetivo através de esforços hipnóticos delicados: outras, ataca o problema energicamente. Erickson considera o método do caso a seguir não-ortodoxo, e parece apropriado encerrar este trabalho com a descrição de uma estratégia terapêutica não-usual. Erickson relata:

Uma mulher da Califórnia me escreveu contando que o marido estava totalmente paralisado depois de um ataque e não conseguia falar. Ela perguntava se podia trazê-lo para me ver. Era uma carta tão pungente que concordei, pensando que talvez pudesse confortar a mulher o bastante para ela aceitar sua difícil situação.

Ela trouxe o marido a Phoenix, instalou-se num motel e veio com ele me ver. Fiz com que meus dois filhos carregassem o homem para a casa e levei a mulher para o consultório; conversei com ela a sós. Ela contou que o marido, um homem na casa dos cinqüenta, havia tido um ataque um ano antes, e desde então ficava deitado, indefeso, numa cama de enfermaria do hospital da universidade. Os membros do hospital o mostravam aos estudantes, e, na sua presença, comentavam que era um caso terminal, que estava completamente paralisado, que não conseguia falar e que tudo que podiam fazer era mantê-lo saudável até que ele morresse.

A mulher me disse: "Ora, meu marido é um alemão prussiano, um homem muito orgulhoso. Ele construiu seu negócio sozinho. Foi sempre um homem ativo e um leitor voraz. Foi sempre um homem extremamente dominador. E agora, sou obrigada a vê-lo lá, deitado, indefeso, sendo alimentado, lavado, comentado como uma criança. Cada vez que vou visitá-lo no hospital vejo dor e fúria em seu olhar. Eles me disseram que ele é um caso terminal e eu perguntei a meu marido se haviam lhe contado isto; ele piscou os olhos afirmativamente. Este é o único meio de comunicação que tem".

À medida que ela ia me contando, percebi que não seria apenas preciso confortar a mulher; algo precisava ser feito pelo homem. Ponderei: eis aqui um prussiano, irritadiço, dominador, muito inteligente, muito competente. Ele se mantivera vivo um ano com uma raiva furiosa. A esposa conseguira, com imenso trabalho, colocá-lo num carro, guiar desde a Califórnia, içá-lo do carro e colocá-lo num motel; então o havia retirado de novo, colocado no carro e guiado até minha casa. Meus dois filhos tiveram dificuldade em carregar o homem para dentro de casa, e ainda assim aquela mulher o havia movido, sozinha, através do país.

Disse pois a ela: "Você trouxe seu marido até mim em busca de ajuda. Farei o máximo que puder para ajudá-lo. Quero falar com ele, e quero que esteja presente, mas não posso permitir que interfira. Você não vai compreender o *que* ou *por que* estarei fazendo aquilo. Mas pode compreender minha afirmação de que deve se sentar e ficar quieta, com o rosto composto, e não deve dizer nada, fazer nada, não importa o que aconteça". Ela conseguiu aceitar as condições; mais tarde, quando quis interferir, um olhar imperativo a deteve.

Sentei-me diante do homem, que estava indefeso na cadeira, incapaz de se mexer, a não ser pelas pálpebras. Comecei a falar com ele aproximadamente da seguinte maneira: "Então é um alemão prussiano. Os estúpidos, malditos nazistas! Como os alemães-prussianos são incrivelmente estúpidos, preconceituosos, ignorantes e bestiais! Pensaram que eram donos do mundo, destruíram seu próprio país! Que tipo de epíteto pode-se aplicar a estes terríveis animais? Eles realmente não parecem viver. O mundo ficaria melhor se eles fossem usados como fertilizante".

A raiva em seus olhos era impressionante. Eu continuei: "Você tem ficado por aí, jogado numa cama de caridade, tem sido alimentado, vestido, cuidado, banhado, suas unhas cortadas. Quem é você para merecer alguma coisa? Você nem mesmo se iguala a um criminoso judeu mentalmente retardado!".

Continuei deste modo, dizendo todo o tipo de coisas desagradáveis que conseguia, acrescentando algumas, como: "Você é um maldito tão preguiçoso que se contenta em ficar deitado numa cama de caridade". Depois de algum tempo, eu disse: "Bem, não tive muita oportunidade, ou tempo, para pensar em todos os insultos que você merece. Você vai voltar amanhã. Eu terei bastante tempo, durante o restante do dia, para pensar nas coisas todas que quero lhe dizer. E você vai voltar, não?". Ele voltou! Com um explosivo: "Não".

Eu disse: "Então! Durante um ano você não falou. Agora tudo que tive de fazer foi chamá-lo de porco nazista sujo, e você começa a falar. Você vai voltar aqui amanhã e receber uma *real* descrição de si mesmo!".

Ele disse: "Não, não, não!".

Não sei como conseguiu, mas ficou de pé. Empurrou a esposa para o lado e cambaleou para fora do consultório. Ela ameaçou correr atrás dele, mas eu a impedi, e disse: "Sente-se, o pior que pode acontecer com ele é esborrachar-se no chão. Se ele conseguir cambalear até o carro, isto é exatamente o que você quer".

Ele cambaleou para fora de casa, até mesmo desceu os degraus, e conseguiu entrar, se arrastando, dentro do carro. Meus filhos ficaram observando, prontos para correr em seu socorro.

Não há realmente nada igual a um prussiano; eles são dominadores, ditatoriais e incrivelmente sensíveis ao que consideram insultos. Eu já trabalhei com prussianos. É muito grande o respeito que exigem, suas auto-imagens são muito inchadas de auto-satisfação. Ali estava um homem que pensava ter sido insultado além do que podia tolerar por mais de um ano no hospital — então eu lhe fiz uma demonstração do que era verdadeiramente um insulto, e ele reagiu.

295

Disse à esposa: "Traga-o de volta amanhã, às onze da manhã. Leve-o agora para o motel e arraste-o para o quarto. Coloque-o na cama, siga a sua rotina anterior para cuidar dele. Quando estiver na hora de ele dormir, quando estiver saindo do quarto dele e indo para o seu, diga-lhe que tem uma hora marcada comigo amanhã, às onze. Então continue andando para fora do quarto.

"Amanhã de manhã, dê a ele o café da manhã e vista-o. Então, às dez e meia, diga: 'Temos que sair agora para ir ao consultório do dr. Erickson'. Saia e vá buscar o carro, leve-o até a porta da frente e acelere o motor. Espere até ver a maçaneta da porta girar. Então pode ajudá-lo a entrar no carro."

Na manhã seguinte, eles chegaram. Ele, andando, só com a ajuda dela. Entrou no consultório e nós o ajudamos a se sentar na cadeira. Eu disse simplesmente: "Sabe, valeu a pena passar ontem por todo aquele inferno para ser capaz de andar até o consultório. Para ser capaz de pronunciar ao menos uma palavra. Agora o problema é: como faço você falar, andar, desfrutar a vida e ler livros? Prefiro não ser tão drástico quanto fui ontem. Mas você não estava acreditando nem um pouco em si mesmo. O que fiz foi suficientemente desagradável para não lhe deixar outra alternativa a não ser protestar. Espero que agora possamos ser amigos. Comecemos a trabalhar em sua reintegração ao menos em alguma atividade normal".

A expressão facial dele demonstrava muita preocupação. Eu disse: "Você percebe que posso fazê-lo falar insultando-o, mas penso que conseguirá dizer 'sim' para uma pergunta agradável. À luz do que já realizamos, depois de seu ano de terrível impotência, acredito que queira que eu continue ajudando-o. Você pode responder 'sim', ou pode responder 'não'". Ele lutou e conseguiu fazer sair um "sim".

Depois de uns dois meses ele estava pronto para voltar para a Califórnia. Claudicava muito, tinha um uso restrito do braço e a fala afásica, e conseguia ler livros somente se os mantivesse longe e lateralmente. Perguntei-lhe o que o havia ajudado. Ele disse: "Minha esposa me trouxe até o senhor para fazer hipnose. Sempre senti, depois daquele dia em que me enfureceu, que estava me hipnotizando e me levando a fazer cada coisa que consegui fazer. Mas também me dou crédito por andar dez quilômetros, certo dia, para chegar ao zoológico Tucson. Fiquei muito cansado, mas consegui".

Ele queria saber se poderia voltar a trabalhar, ao menos meio período. Disse-lhe que precisaria fazer uma lista das coisas mais simples que pudesse executar e se contentar com elas. Ele concordou.

Recebi, periodicamente, cartas deles durante uns sete anos. Foram anos felizes. A correspondência chegava com intervalos cada vez maiores e finalmente cessou. Então, uns dez anos depois daquela visita, a esposa me escreveu contando que o marido tivera um novo ataque. Estaria eu disposto a recebê-lo de novo e restaurar sua saúde física?

Considerando a idade dele, percebi que não seria possível aceitá-lo como paciente. Respondi à esposa salientando que ele já passara dos sessenta anos e havia sido muito prejudicado pelo primeiro acesso. O segundo o havia deixado inconsciente durante vários dias. Ele ficara pior do que antes. Disse-lhe que não havia mais nada que pudesse fazer.

NOVAS BUSCAS EM PSICOTERAPIA
VOLUMES PUBLICADOS

1. *Tornar-se presente — Experimentos de crescimento em Gestalt-terapia* — John O. Stevens.
2. *Gestalt-terapia explicada* — Frederick S. Perls.
3. *Isto é Gestalt* — John O. Stevens (org.).
4. *O corpo em terapia — a abordagem bioenergética* — Alexander Lowen.
5. *Consciência pelo movimento* — Moshe Feldenkrais.
6. *Não apresse o rio (Ele corre sozinho)* — Barry Stevens.
7. *Escarafunchando Fritz — dentro e fora da lata de lixo* — Frederick S. Perls.
8. *Caso Nora — consciência corporal como fator terapêutico* — Moshe Feldenkrais.
9. *Na noite passada eu sonhei...* — Medard Boss.
10. *Expansão e recolhimento — a essência do t'ai chi* — Al Chung-liang Huang.
11. *O corpo traído* — Alexander Lowen.
12. *Descobrindo crianças — a abordagem gestáltica com crianças e adolescentes* — Violet Oaklander.
13. *O labirinto humano — causas do bloqueio da energia sexual* — Elsworth F. Baker.
14. *O psicodrama — aplicações da técnica psicodramática* — Dalmiro M. Bustos e colaboradores.
15. *Bioenergética* — Alexander Lowen.
16. *Os sonhos e o desenvolvimento da personalidade* — Ernest Lawrence Rossi.
17. *Sapos em príncipes — programação neurolingüística* — Richard Bandler e John Grinder.
18. *As psicoterapias hoje — algumas abordagens* — Ieda Porchat (org.)
19. *O corpo em depressão — as bases biológicas da fé e da realidade* — Alexander Lowen.
20. *Fundamentos do psicodrama* — J. L. Moreno.
21. *Atravessando — passagens em psicoterapia* — Richard Bandler e John Grinder.
22. *Gestalt e grupos — uma perspectiva sistêmica* — Therese A. Tellegen.
23. *A formação profissional do psicoterapeuta* — Elenir Rosa Golin Cardoso.
24. *Gestalt-terapia: refazendo um caminho* — Jorge Ponciano Ribeiro.
25. *Jung* — Elie J. Humbert.
26. *Ser terapeuta — depoimentos* — Ieda Porchat e Paulo Barros (orgs.)
27. *Resignificando — programação neurolingüística e a transformação do significado* — Richard Bandler e John Grinder.

28. *Ida Rolf fala sobre Rolfing e a realidade física* — Rosemary Feitis (org.)
29. *Terapia familiar breve* — Steve de Shazer.
30. *Corpo virtual — reflexões sobre a clínica psicoterápica* — Carlos R. Briganti.
31. *Terapia familiar e de casal* — Vera L. Lamanno Calil.
32. *Usando sua mente — as coisas que você não sabe que não sabe* — Richard Bandler.
33. *Wilhelm Reich e a orgonomia* — Ola Raknes.
34. *Tocar — o significado humano da pele* — Ashley Montagu.
35. *Vida e movimento* — Moshe Feldenkrais.
36. *O corpo revela — um guia para a leitura corporal* — Ron Kurtz e Hector Prestera.
37. *Corpo sofrido e mal-amado — as experiências da mulher com o próprio corpo* — Lucy Penna.
38. *Sol da Terra — o uso do barro em psicoterapia* — Álvaro de Pinheiro Gouvêa.
39. *O corpo onírico — o papel do corpo no revelar do si-mesmo* — Arnold Mindell.
40. *A terapia mais breve possível — avanços em práticas psicanalíticas* — Sophia Rozzanna Caracushansky.
41. *Trabalhando com o corpo onírico* — Arnold Mindell.
42. *Terapia de vida passada* — Livio Tulio Pincherle (org.).
43. *O caminho do rio — a ciência do processo do corpo onírico* — Arnold Mindell.
44. *Terapia não-convencional — as técnicas psiquiátricas de Milton H. Erickson* — Jay Haley.
45. *O fio das palavras — um estudo de psicoterapia existencial* — Luiz A.G. Cancello.
46. *O corpo onírico nos relacionamentos* — Arnold Mindell.
47. *Padrões de distresse — agressões emocionais e forma humana* — Stanley Keleman.
48. *Imagens do self — o processo terapêutico na caixa-de-areia* — Estelle L. Weinrib.
49. *Um e um são três — o casal se auto-revela* — Philippe Caillé
50. *Narciso, a bruxa, o terapeuta elefante e outras histórias psi* — Paulo Barros
51. *O dilema da psicologia — o olhar de um psicólogo sobre sua complicada profissão* — Lawrence LeShan
52. *Trabalho corporal intuitivo — uma abordagem Reichiana* — Loil Neidhoefer
53. *Cem anos de psicoterapia... — e o mundo está cada vez pior* — James Hillman e Michael Ventura.
54. *Saúde e plenitude: um caminho para o ser* — Roberto Crema.
55. *Arteterapia para famílias — abordagens integrativas* — Shirley Riley e Cathy A. Malchiodi.
56. *Luto — estudos sobre a perda na vida adulta* — Colin Murray Parkes.
57. *O despertar do tigre — curando o trauma* — Peter A. Levine com Ann Frederick.
58. *Dor — um estudo multidisciplinar* — Maria Margarida M. J. de Carvalho (org.).
59. *Terapia familiar em transformação* — Mony Elkaïm (org.).
60. *Luto materno e psicoterapia breve* — Neli Klix Freitas.
61. *A busca da elegância em psicoterapia — uma abordagem gestáltica com casais, famílias e sistemas íntimos* — Joseph C. Zinker.
62. *Percursos em arteterapia — arteterapia gestáltica, arte em psicoterapia, supervisão em arteterapia* — Selma Ciornai (org.)
63. *Percursos em arteterapia — ateliê terapêutico, arteterapia no trabalho comunitário, trabalho plástico e linguagem expressiva, arteterapia e história da arte* — Selma Ciornai (org.)
64. *Percursos em arteterapia — arteterapia e educação, arteterapia e saúde* — Selma Ciornai (org.)

leia também

A IMAGINAÇÃO NA CURA
XAMANISMO E MEDICINA MODERNA
Jeanne Achterberg

A autora faz comparação entre as práticas dos antigos curadores e procedimentos da medicina moderna. Associando cuidados científicos e sensibilidade, mostra como o uso de imagens pode auxiliar pacientes durante o parto, tratamento de queimaduras ou até mesmo exercendo influência positiva no tratamento do câncer.

REF. 10489   ISBN 978-85-323-0489-6

PANORAMA DAS TERAPIAS FAMILIARES - VOL. 1
Mony Elkaim (org.)

O livro apresenta as principais escolas que lançaram suas raízes e inovaram o campo de terapias familiares. Apresenta aspectos teóricos e práticos das diversas correntes. Neste primeiro volume são apresentadas vertentes do movimento sistêmico, o modelo trigeracional, a terapia contextual, a terapia familiar psicanalítica, a escola estrutural, as pesquisas da escola de Milão e a terapia comportamental de casal.

REF. 10614   ISBN 978-85-323-0614-2

PANORAMA DAS TERAPIAS FAMILIARES - VOL. 2
Mony Elkaim (org.)

Nos mesmos moldes do primeiro volume, são apresentados aqui o modelo de Carl Whitaker, a terapia simbólico-experimental e o trabalho de Virginia Satir. Seguem-se as práticas feministas em terapia familiar, tratando de questões como gênero e identidade sexual, o construtivismo, o construcionismo e as terapias narrativas. A obra é completada pelo artigo de Mony Elkaim, que mostra a evolução do movimento das terapias familiares em todo o mundo.

REF. 10615   ISBN 978-85-323-0615-9

PSICOTERAPIAS E ESTADOS DE TRANSE
Lívio Túlio Pincherle, Alberto Lyra,
Dirce Barsottini T. da Silva e Alla Milstein Gonçalves

Um livro pioneiro, reunindo temas de grande atualidade terapêutica: a terapia das vidas passadas, a hipnose, a psicologia transpessoal. Temas que requerem também um retrospecto histórico, ao qual vários autores dão um tratamento cuidadoso. Os estados de transe são o elo de ligação entre os diferentes capítulos.

REF. 10219   ISBN 978-85-323-0219-9

www.gruposummus.com.br